명상은
행복으로 가는
큰 길입니다

알기쉬운 ───
명상
입문

사단법인 **한국명상지도자협회**
Korea Association of Meditation Teacher

 대한불교조계종 포교원

발간사

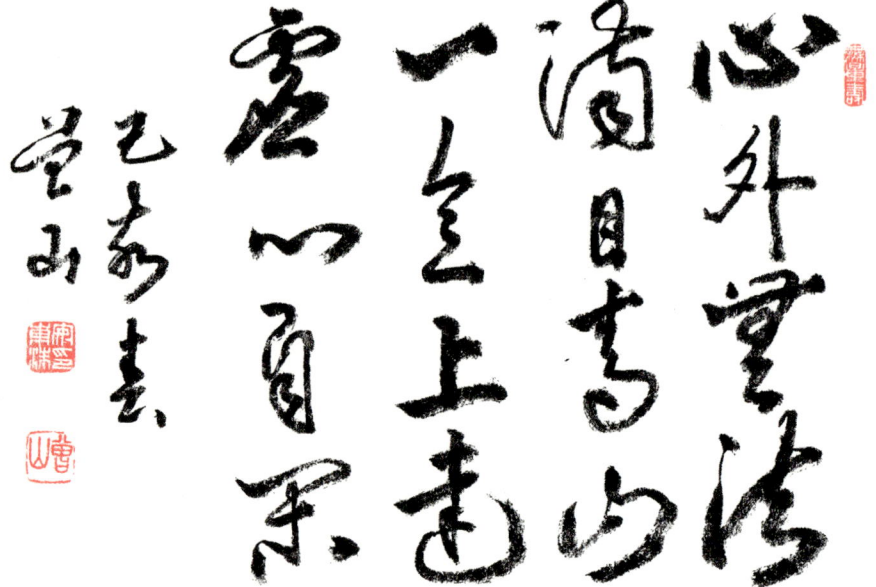

심외무법　心外無法
만목청산　滿目靑山
일념상달　一念上達
허심자한　虛心自閑

마음밖에 법이 없으니
눈에 청산만 가득하고
일념 최상에 달하니
텅빈 마음 스스로 한가하네

발간사

轉蓬瓢而車輪成
窕木流而舟楫設
蜘蛛布而羅網陣
鳥迹見而文字作

쑥대 뭉치덩이 굴러가는 것을 보고 수레를 만들고
텅 빈 나무 물위에 띠가는 것을 보고 배를 만들고
거미줄 처져 있는 것을 보고 그물을 만들고
새의 발자국을 보고 문자를 만들었다

이 구결은 이미 상고시대에도 관찰하고 사유하고
사유하고 관찰하면서 문화가 향상되고
점차적으로 문명이 발전해 왔음을
짐작케 하는 口訣이라 하겠다.
관찰 사유라는 말은 정념으로 관찰하고
일념으로 사유한다는 뜻으로 온 인류의
안목을 향상시키고 모든 사람의 심성을 맑혀서
지혜를 열어주는 한 방법으로서
수행과정의 路程이 되어져 왔다.
昨今의 수행 방법의 기틀이 되어 온
관찰사유가 명상 사유로 전환하면서
삼계에 인본주의의 꽃이 피고
삼세 불멸의 불씨가 지펴졌다 하겠다.
이에 이제 제방의 대선지자들의 가르침을 모아
불교 명상 안내서를 제작 발간하게 되어
간행사를 쓰는 기쁨을 만끽 할 수 있게 되어
제방 선지자들께 머리 숙여 감사의 인사를 드린다.

2019년 봄. 혜거 합장

축사

명상 안내서 발간을 축하하면서

이 지구촌은 여러 가지 좋은 것들을 지니고 있습니다. 그런데 그 중에서도 가장 소중한 것을 꼽는다면 그것은 바로 명상 문화라고 할 수 있겠습니다. 명상문화가 어째서 그렇게 소중할까요? 이 지구 위에 문화문명이 발달해오면서 여러 가지 일그러진 현상들이 많이 생겨났습니다. 그렇게 망가진 지구 기운을 바로 잡고 회복시키는 길은 명상밖에 없다는 것이 필자의 생각입니다. 그러니까 많은 명상가들이 배출되고 명상을 지향하는 명상 문도(門徒)들이 나온다면 지구의 기운은 필히 바로 잡혀질 것입니다.

명상의 기운으로 바로 잡혀지지 않은 채 기존 그대로의 차원에서 발달된 지구의 문화문명을 봅시다. 그것은 겉보기로는 지구와 지구의 존재들에게 어떤 이익을 주고 있는 것처럼 보이기도 합니다. 그러나 그 속엔 우리의 지구와 우리 자신들을 거의 회복불능의 경지로까지 망쳐놓을 위험요소들이 수없이 널려 있습니다. 이런 위험성에서 우리를 그나마 지켜내고 있는 힘은 바로 명상의 힘입니다. 이런 시점에 우리 한국에 명상학회며 명상지도자 협의회가 발족되었다는 것은 무척이나 기쁘고 크게 축하해야 할 일입니다. 이런 시스템들이 만들어져 많은 명상가들이 형제처럼 손을 잡고 명상 문화를 구축해 간다는 것은 진정 경사스러운 일이 아닐 수 없습니다. 거듭 찬탄의 박수, 감사의 박수를 보내는 바입니다.

그러면 명상이란 무엇입니까. 일단 명상이라고 하면 명상적인 효과를 올리는 것은 무엇이나 명상이라고 할 수 있을 것입니다. 예를 들어 춤을 춘다고 해봅시다. 춤을 추었더니 몸이 정화되고 마음의 스트레스가 정화되어 영성적인 도움을 받게 되었다고 하면 그것은 바로 춤 명상이라고 할 수 있습니다. 노래를 불렀더니 스트레스가 해소되고 마음이 즐거워지면서 명상으로 얻어지는 성과와 같은 효과를 얻었다면 그것은 노래 명상이라고 할 수 있습니다. 글쓰기나 놀이도 마찬가지입니다. 글을 쓰면서 혹은 어떤 놀이를 통하여 명상적인 효과가 얻어진다면 그 글쓰기는 글쓰기 명상이요, 그 놀이는 놀이 명상이 됩니다.

이렇게 다양한 명상 개념을 전제해 놓고 명상의 에센스가 되는 뜻이 무엇인가 살펴보도록 합시다. 명상(瞑想)이란 바로 그 글자가 그 뜻을 잘 나타내고 있습니다. 명(瞑)이란 고요함을 뜻하고 상(想)이란 생각을 뜻합니다. 명상과 비슷한 말로 지관(止觀)이라는 말도 있습니다. 또 정혜쌍수(定慧雙修)의 정혜(定慧)라는 말도 있습니다. 정혜, 지관, 명상. 이런 말들은 모두 뜻은 같고 그 말만 다른 것들입니다. 그러니까 명상이란 명(瞑), 마음을 고요히 하는 것을 바탕으로 해서 상(想), 지혜롭게 생각하는 것입니다. 이것이 일단 명상이라고 보면 좋겠습니다.

그러나 여기에서 유념할 것이 하나 있습니다. 그것은 명상을 명과 상, 둘로 분석해서 이야기한다면 상(想)은 목적개념이고 명(瞑)은 상이 잘 되도록 하기 위한 보조 수단이 된다는 점입니다. 수행자 싯다르타는 웃다카 라마풋다 스승 밑에서 명(瞑)의 극치인 비상비비상처정(非想非非想處定)에 올라갔습니다. 그러나 마음을 고요히 하는 것만으로는 깨달음을 얻을 수는 없다고 단정을 하고 그 수정주의(修定主義) 교단을 떠납니다. 수정주의는 바로 명을 닦는 것입니다. 그래서 웃다카 라마풋다의 교단을 떠나 고행(苦行)에 들어갔습니다. 그러나 고행 또한 길이 아님을 알고 고행림 마저 떠납니다.

우리 한국 명상가들이 이런 점에 조금 주목을 하였으면 좋겠습니다. 석가모니가 뜻하는 명상의 본래 뜻은 상(想), 사유 쪽에 있었음을 간과하지 말았으면 하는 것입니다. 팔정도 중에서 정견(正見), 정사유(正思惟)가 일번과 이번으로 대서특필된 것은 바로 이런 까닭입니다. 사유를 통해서 정견을 잡아냈으니 정견을 삶의 기본 주칙으로 삼고 살자는

축사

가르침이 바로 팔정도(八正道)입니다. 정견을 얻기 위해서는 사유를 해야 되고 그 정견을 더 심화시키기 위해서는 또 사유를 해야 됩니다. 그러니까 사유야말로 진리의 어머니인 것입니다. 정견이 진리라면 정견이라는 진리를 낳는 것은 사유였습니다. 물론 사유 이외에도 정견을 얻어낼 수 있는 길이 있을 수는 있습니다. 그러나 일반적으로는, 보편적으로는 사유를 통해서 정견이라는 결론을 얻어내는 것입니다. 그것이 석가모니의 가르침이었습니다. 석가모니의 생애나 석가모니가 가르침을 펴던 원시 불교를 읽어가다 보면 사유가 대전제로 깔려있음이 참으로 분명히 드러납니다. 석가모니는 법문을 통해 가르침을 폈습니다. 그리고 수없이 법문을 할 때, 듣는 사람들은 들으면서 사유하고, 사유하면서 이해를 하고 깨달음을 얻었습니다. 그래서 불교인이라면 이 언저리에 조금 머무르면서 석가모니의 정론이 무엇인가를 한 번 음미해 보았으면 좋겠습니다. 이런 바탕 위에 각자 본인들이 가지고 있는 다양한 명상적 기법들이 있다고 하면 그것을 펴가면 될 것입니다. 그 기법들 또한 우리들의 이고득락(離苦得樂)에 도움이 되니 그것도 잘 펴나가신다면 더없이 바람직할 것입니다. 감사합니다.

2019년 봄, 용타 합장

목차

발간사 ǀ 혜거스님	002
축 사 ǀ 용타스님	004

01 명상의 이해   011

초심자를 위한 참선 입문   013
들어가는 글   015
1. 참선의 목적   015
2. 좌선 전의 마음가짐(誓願)   017
3. 일제의 반연을 놓아버린다 (放捨諸緣)   018
4. 음식의 조절(調食)   019
5. 수면조절(調眠)   019
6. 장소의 선택(擇處)   020
7. 몸의 조절(調身)   020
8. 호흡의 조절(調息)   024
9. 마음의 조절(調心)   025
10. 참선의 공능(功能)   027
11. 좌선시 나타나는 장애(魔障)   028
12. 참선을 끝내는 방법(出定)   029
13. 간화선과 화두   030
나오는 글   032
부록   032

명상 어떻게 할 것인가?   037
1. 들어가는 글   039
2. 명상(瞑想)이란 무엇인가?   039
3. 명상과 석가모니 부처님   044
4. 동사섭과 삶의 5대원리   051
5. 마치는 글   062

명상이란 무엇인가? 명상의 이해   065
들어가는 글   067
1. 마음과 디폴트모드   069
2. 믿음을 바탕으로 마음을 개발하는 불교명상   073
3. 명상   076
4. 간화선과 조사선   080
5. 마음을 극복하기 위한 방법   082
6. 자애명상   084
7. 명상에 대한 오해   088
8. 자애명상 실습   089
나오는 글   097

선(禪)은 안심법문이다!   099
1. 대면관찰! 해탈의 기쁨!   101
2. 무명(無明) 이전은?   102
3. 선(禪)은 안심(安心)법문이다!   103

목차

4. 마하반야바라밀을 구념심행(口念心行)하라!	106
5. 한 물건이란 무엇인가?	107
6. 나는 맞은 적 없다	108
부록 1. 참선실습 지침	111
부록 2. 「본 마음 참 나리셋」 7단계	114

세 가지 모습의 자아 −불교명상의 특징− 　117
　1. 들어가는 말 　119
　2. 현대 심리학에서 본 자아 　121
　3. 나의 모습 　125
　4. 무아를 자각하는 불교명상 　130
　5. 나오는 말 　134
　참고문헌 　135

02 불교전통에 기반한 명상 　137

알아차림 명상과 선 　139
　1. 선의 시작 　141
　2. 선의 세 가지 길− 조사선, 묵조선, 간화선 　144
　3. 알아차림 명상과 선 　151
　4. 명상의 실제 　157

마하 사마타 위빠사나명상법(마하위빠사나 명상원 수행법) 　165
　1. 예비수행과 본수행 　167
　2. 본수행의 사념처 위빠사나 수행 　173
　3. 위빠사나체험사례[수행 체험] 　187
　참고문헌 　196

자비명상 　199
　1. 소개 　201
　2. 자비명상 연습 　211
　3. 나오는 글 　224

지계(持戒) 나루명상 　227
　1. 개요 　229
　2. 수행 단계 　230
　3. 수행법 　240
　4. 경전자료 　244
　5. 〈지계(持戒) 나루명상〉 일상발원문 　248
　참고문헌 　249

성철 생활참선 프로그램 영원한 대자유의 길 　253
　1. 들어가는 말 　255
　2. 성철 생활참선 프로그램이란? 　255
　3. 간화선과 중도 　262
　4. 화두 참선에 대하여 　268
　5. 나오는 말 　276

03 명상의 현대적 응용 … 279

고집멸도 명상상담 … 281
- 1. 개요 … 283
- 2. 명상상담의 성격 … 285
- 3. 프로그램 세부 활동지침 … 291
- 참고도서 … 298

자비다선 차명상 … 301
- 1. 현대사회와 차명상의 의의 … 303
- 2. 차명상의 역사 … 309
- 3. 차명상의 대상 … 311
- 4. 차명상의 방법 … 315
- 5. 차명상의 실습 … 324
- 6. 차명상 코칭 및 그 효과 … 343

하트스마일명상의 이론과 실제 … 351
- 1. 하트스마일명상의 개요 … 353
- 2. 하트스마일명상의 실제 … 354
- 3. 하트스마일명상의 특징과 과학적 효과성 검증 … 357
- 4. 하트스마일명상의 역사 … 360

가피명상 … 363
- 1. 들어가는 글 … 365
- 2. 주의(注意)와 연결감 … 368
- 3. 함께 나누기(brainstorming) … 370
- 4. 하나 되어보기 명상-실습 … 375
- 5. 의식(意識)에 대하여 … 376
- 6. 마무리 … 377

표현명상 … 381
- 1. 삶은 접촉과 표현의 변주 … 383
- 2. 표현명상의 정의 … 385
- 3. 표현명상의 역사 … 386
- 4. 표현명상의 구성요소 … 387
- 5. 표현명상의 필요성과 유용성 … 397
- 6. 표현명상의 종류 … 398
- 7. 표현명상의 치유과정과 단계 … 404
- 8. 표현명상 프로그램 … 409

서구 사회의 마음챙김 혁명과 MBSR … 417
- 1. 들어가기- 스트레스로 가득한 삶과 마음챙김 명상 … 419
- 2. 마음챙김 혁명, MBSR을 중심으로 … 420
- 3. 마음챙김이란 무엇인가? … 423
- 4. 마음챙김을 왜 해야 하는가? … 429
- 5. MBSR 임상효과 연구 … 432
- 6. MBSR 프로그램 개괄 … 435
- 7. 나오기 … 438

01
명상의 이해

초심자를 위한 참선 입문
혜거스님 | 금강선원장

명상 어떻게 할 것인가?
용타스님 | 재단법인 행복마을 이사장

명상이란 무엇인가? 명상의 이해
김재성 | 자애통찰명상원(명상의집 자애) 대표

선(禪)은 안심법문이다!
월호스님 | 행불명상센터 대표

세 가지 모습의 자아 - 불교명상의 특징 -
명법스님 | 은유와 마음연구소 대표

01
명상의 이해

초심자를 위한 참선 입문

혜거스님
금강선원장

01 명상의 이해

초심자를 위한 참선 입문

/ 목 / 차 /

들어가는 글

1. 참선의 목적

2. 좌선 전의 마음가짐(誓願)

3. 일체 반연을 놓아버린다(放捨諸緣)

4. 음식의 조절(調食)

5. 수면조절(調眠)

8. 호흡의 조절(調息)

9. 마음의 조절(調心)

10. 참선의 공능(功能)

11. 좌선시 나타나는 장애(魔障)

12. 참선을 끝내는 방법(出定)

13. 간화선과 화두

들어가는 글

우리가 현대를 살아가면서 주변상황에 휘둘리지 않고 지혜를 얻을 수 있는 방법은 무엇일까? 여러 가지 방법이 있겠지만, 불교명상수행만이 가장 확실한 방법이라 하겠다. 건강을 위해서 열심히 운동하여 체력을 단련하듯이 심력(心力), 즉 마음의 힘을 키우는 방법으로 불교명상수행만한 것이 없기 때문이다. 최근에는 명상이란 말이 보편적인 단어로 사용되기 때문에 불교에서도 명상이란 말을 사용하게 되었지만, 예로부터 우리나라는 참선이라는 단어를 사용해 왔다. 따라서 여기에서는 참선이란 단어를 사용하도록 하겠다.

불교의 수행법은 크게 사마타 수행, 위빠사나 수행, 간화선 수행 세 가지로 나눌 수 있다. 아무리 수행방법이 많다고 해도 이 세 가지를 벗어나지는 않는다. 여기에서는 초심자를 위한 간화선의 입문교재로 1500년간 계속 이어서온 기본 참선 교과서인 자각종색선사(慈覺宗賾禪師)의 『좌선의(坐禪儀)』를 중심으로 설명하고자 한다. 『좌선의』는 모든 명상의 기초라 할 수 있기 때문에 명상을 바르게 이해하는데 기초가 될 것이다.

1. 참선의 목적

참선수행의 목적은 무엇인가. 우리가 참선을 해야 되는 가장 중요한 목적은 선정력(禪定力) 향상이다. 선정이란 다른 말로 삼매라는 뜻으로, 더 쉬운 말로 하면 집중을 의미한다. 요즘 사람들이 예전 사람들에 비해 집중력이 많이 떨어져 있는 것은 사실이고, 세상은 복잡해지고 할 일도 다양해져 한 가지 일에 집중하는데 어려움이 있다. 만약 우리가 삼매를 성취하기만 한다면, 만 가지를 다 성공 할 수 있을 것이다.

김연아 선수의 경우를 예로 들어보자. 그녀가 경기 중에 점프를 해서 회전을 한 후 착지를 할 때 안 넘어지고 착지하는 것을 볼 수 있다. 공중에 떠서 착지를 할 때까지 무념 상태라야 안 넘어지고 착지를 할 수 있게 된다. 그때 마음이 조금이라도 동하면 넘어지

1장 명상의 이해

게 되어 있다. 우리가 종이에 자신의 이름을 써본다고 가정해보자. 이름 한 글자를 정성스레 쓸 때 숨이 멎을까 안 멎을까? 한 획 한 획 그을 때에도 우리의 숨은 멈춰진다. 이를 넓게 보면 이 세상에 한 가지가 성취 되려면 멈춰져야 된다는 것이다. 이 멈춤의 극치가 선정이고, 그때 비로소 지혜가 발현되는 것이다.

선정을 성취하기 위해서 필요한 훈련이 바로 관찰이다. 관찰 없이 이루어지는 것은 아무것도 없다. 그냥 눈으로 보고 있다고 해서 관찰이 되는 것이 아니다. 그것은 단지 본 것에 불과하다. 내 눈하고, 이 물건하고, 내 마음, 이 세 가지가 하나가 될 때 진정한 관찰이라고 할 수 있다.

인류는 둥근 물체가 굴러가는 것을 보고 수레를 만들고, 속이 빈 나무쪽이 물에 떠내려가는 것을 보고 배를 만들고, 거미줄을 보고 그물을 만들고, 새의 발자국을 보고 문자를 만들었던 것처럼 눈을 보고 카메라를 만들고, 뇌를 본떠 컴퓨터를 만들었다. 사실 모든 문명과 문화는 관찰과 살핌으로 비롯되었다고 해도 과언이 아니다.

그렇다면 참선은 무엇일까? 마음을 살피고 관찰하는 것이다. 참선의 집중대상이 바로 마음인 것이다. 마음을 살필 때 큰 호기심과 의문, 그리고 깊은 관찰과 사유가 있어야 비로소 선정에 이를 수 있다.

부처님께서 태자시절에 동서남북의 4문을 유관하시다가 죽은 사람의 장례행렬을 보시고 "죽지 않는 법이 무엇일까"하는 의문을 가지시게 되었는데, 그 의문이 곧 부처님의 출가동기가 되었다. 그리고 그 의문이 마음에 가득 사무쳐서 성도하실 때까지 이를 참구하고 또 참구하여 마침내 생사가 본래 없는 이치를 깨달으시게 된 것인데, 이것이 곧 성불이다. 이와 같이 의문이 사무치는 것을 몰입이라 하며, 몰입하고 몰입하여 선정에 이르러 의문이 타파될 때까지 계속해서 반복하는 것을 참선수행이라고 한다.

선정 하나 성취하면 관찰력(觀察力), 지관쌍수(止觀雙修), 구경성취(究竟成就)까지 이를 수 있다. 지관(止觀)은 무엇일까? 지(止)는 멈춘다는 뜻이다. 물이 고요해져 물결이 다 멈추어진 그런 상태가 지(止)의 상태라고 할 수 있다. 물이 고요해져 물결이 다 멈추어진 맑은 물에는 만상이 다 비치는데, 바로 이것이 지혜다. 멈추어야 바로 볼 수 있다.

우리의 마음도 마찬가지로 온갖 망상으로 어지러운데, 마음을 멈추면 바로 볼 수 있게 된다. 이것이 바로 관(觀)이다. 멈추고 멈추는 지(止)에서 선정(禪定)이 나오고, 멈추고 멈춰 모든 것이 고요해진 상태에서 바로 지혜가 생겨나는 것이다. 그렇기 때문에 지관을 함께 닦는다고 하여 지관쌍수(止觀雙修), 정혜쌍수(定慧雙修)라고 하는 것이다. 구경성취(究竟成就)란 최후의 성취를 의미하며, 최후의 성취란 결국 깨달음을 이루어 대자유인이 됨을 의미한다.

2. 좌선 전의 마음가짐(誓願)

참선을 하기 전에 마음가짐이 굉장히 중요한데, 그 마음가짐에 대해 『좌선의(坐禪儀)』에서는 먼저 ① 대비심(大悲心)을 일으키고, ② 큰 원(願)을 발하며, ③ 정밀하게 삼매를 닦고, ④ 중생제도의 서원을 세우며, ⑤ 오로지 자신만을 위하여 해탈을 구하지 말아야 한다는 등의 5가지가 제시되고 있다. 이 5가지의 서원은 그 기본 사상을 보살정신, 즉 대승사상에 바탕을 두고 있다는 것을 알 수 있다. 대승 즉, 이타(利他)에 바탕을 두지 않는 수행은 무의미할 뿐, 나보다 다른 이를 먼저 생각하는 이타행(利他行) 이야말로 대승불교인의 바른 행이라고 할 수 있다.

부처님께서도 다른 사람에 대한 태도로서 자비의 정신을 강조하셨으며, 인간뿐만 아니라 살아 있는 모든 생물에까지 자비를 베푸는 것을 이상으로 삼으셨다는 것을 알 수 있다. 자비의 가장 큰 특성은 자타불이(自他不二) 즉, 나와 남을 구별하지 않는 것이다. 그리고 간절한 마음을 가지고 있어야 삼매를 성취할 수 있다. 서원 없이 참선하면 간절함이 덜하게 되는 것이다. 또한 내가 참선을 하여 깨달음을 성취했으면, 다시 중생세계에 내려와 고통 받는 중생들을 교화하여 이 세상을 고통 없는 불국토로 만들어야 하겠다는 마음을 발해야 한다. 이 5가지 마음가짐은 처음 발심할 때부터 깨달음을 성취하고 나서까지도 한결같이 잊어서는 안 되는 중요한 대승의 기본사상인 것이다. 참선을 시작하기 전에 '나는 왜 참선을 하려고 하는가?'에 대해 충분히 생각하고 서원을 세워 수행을 한다면, 더 진지하게 열심히 수행할 수 있게 될 것이다.

3. 일체의 반연을 놓아버린다 (放捨諸緣)

다음으로는 "일체의 반연을 놓아버린다(放捨諸緣)"이다. 여기서는 "방사(放捨)"란 내버린다, 놓는다, 버린다라는 뜻이다. 절에 다니면 '쉬어라', '놓아라', '버려라', '비워라' 등 이런 말을 수없이 듣게 된다. 그런데 실제로 놓는다는 것이, 버린다는 것이 쉬운 일이 아니다.

어떻게 해야 놓고 버릴 수 있을까? 모든 생활 자체가 단순해져야 한다. 생활 자체가 단순하면 마음이 안정되고 집중하기가 쉬워진다. 선(禪)이라는 용어 자체는 simple, 즉 단순을 의미하는 것이다. 생각도 단순하게, 먹는 것도 단순하게, 입는 것도 단순하게, 모든 생활 자체를 단순하게 하는 것이다. 이렇게 하면 수행에 한발 더 가까이 다가갈 수 있게 된다.

달마대사는 '밖으로 모든 반연을 쉬고, 안으로 마음에 헐떡거림이 없어서 마음이 장벽과 같아야 가히 도에 들 수 있다.(外息諸緣 內心無喘 心如牆壁 可以入道)'고 하였다.

'밖으로 반연을 쉬다[外息諸緣]'는 것은 세상의 모든 명리(名利)를 잊고, 바깥의 희로애락의 경계에 동하지 않는 것을 의미한다. 명리를 추구하고 희로애락에 물든 마음이 대비심과 서원으로 바꾸어지려면 인식의 대전환이 있어야만 한다. '안으로 마음에 헐떡거림이 없어야 한다[內心無喘]'는 것은 탐·진·치에서 발현된 5욕 곧 재물, 여색, 지식, 명예, 수면에 대한 본능적 탐욕이 일어나지 않아야 하고, 자비심과 서원, 그리고 모든 법을 성취하고자 하는 집착도 일어나지 말아야 하며, 선·악을 분별하는 마음까지도 일어나지 않아야 한다는 것이다. 그러므로 '안으로 마음에 헐떡거림이 없어야 한다[內心無喘]'는 것은 오로지 담담하고 고요해서 긴장감 없는 평온한 마음경지를 의미한다.

그리고 '마음이 장벽과 같아야 한다[心如牆壁]'고 한 것에서 "장벽"이란, 마음이 조금도 동요되지 않는다는 뜻을 비유적으로 표현한 것이다. 수행을 하는 사람은 바깥으로는 온갖 유혹에 동요되지 않고, 안으로는 번뇌가 일어나지 않아야 한다. 오직 당면한 문제, 곧 의문으로 제기된 화두 참구에만 몰입하고 몰입하여 내 모든 것이 화두가 되어야 법계와 더불어 계합되어서 도에 들 수 있는 것이다.

이렇듯 모든 반연을 놓아 버리는 것을 선가(禪家)에서는 "빙하착(放下着)"이라고 한다. 방하착이란, 모든 집착을 놓아 버리고, 구하는 것을 놓아 버리고, 자신마저도 놓아 버리는 것을 말한다.

4. 음식의 조절(調食)

그 다음은 음식조절이다. 음식은 부처님 당시 수행자에게 하루에 한 끼니만을 먹는 것부터 엄격히 절제되어 왔다고 할 수 있다. 먹는 것과 잠자는 것은 수행이 깊어지면 자연히 조절되는 것이지만, 여기에서 각별히 유념케 한 것은 초심자에게는 중요하기 때문이다. 참선 전에 지나치게 배불리 먹으면 졸음이 오고, 반대로 지나치게 적게 먹으면 몸이 여위고 마음이 불안하여 생각이 견고하지 못하게 된다. 그러므로 이 두 가지 모두 참선에 방해가 된다. 따라서 음식의 양을 조절하여 많이 먹거나 적게 먹지 말아야 합니다. 먹고 싶은 양의 7부를 먹는 것이 선가식의 적량(適量)이다. 또한 식사 직전, 식사 직후의 좌선은 피하는 것이 좋다.

5. 수면조절(調眠)

잠 역시 음식과 마찬가지로 지나치면 참선을 방해할 뿐만 아니라, 마음을 어둡게 해

선근(善根)을 사라지게 한다. 또한 너무 적게 자면 몸과 마음이 지치고 피곤하여 마음이 불안하게 된다. 그러므로 잠을 조절하여 정신과 기운을 맑게 하고, 생각과 마음을 밝고 깨끗하게 해야 한다. 음식과 수면을 조절하는 것은 어찌 보면 사소한 일처럼 여겨지기 쉽지만 참선은 이런 사소한 것의 조절과 절제로부터 시작되는 것이며, 이것이 실패하면, 멀고 험한 수행의 길은 얼마 지속되지 못하고 쉽게 좌절된다. 그러므로 사소하다고 생각하지 말고, 수행 초기부터 잘 조절하고 절제하면 자신이 생각한 것보다 훨씬 더 빨리 선정에 이를 수 있을 것이다.

6. 장소의 선택(擇處)

좌선을 하려고 할 때는 먼저 좌선할 장소를 택해야 하는 것이 좋다. 이것을 택처(擇處)라고 한다. 사람들에게 많이 받는 질문 중의 하나가 "어디에서 참선하는 것이 가장 좋습니까?" 또는 "몇 시에 참선하는 것이 좋습니까?"이다. 산사나 선방이면 더할 나위 없이 좋겠지만, 그렇지 않은 경우라도 수행하는 동안 어떠한 방해도 받지 않고 집중할 수 있는 곳으로, 조용하고 정갈한 장소를 고르는 것이 중요하다. 참선을 잘하기 위해서는 좌선을 하는 동안 방해하는 것이 전혀 없어야 하기 때문이다. 이제 막 참선을 시작하는 사람이라면, 늘 같은 장소에서 같은 시간에 하는 것이 좋다. 그리고 더 중요한 것은 선지식으로부터 지도를 받을 수 있는 곳, 다시 말해 선지식이 주석하고 계시는 곳이 최고로 좋은 장소라고 할 수 있다.

7. 몸의 조절(調身)

여기서 말하는 몸 조절은 바로 앉는 법을 의미한다. 좌선을 하려면 먼저 앉는 방법을 알아야 한다. 그러면 지금부터 좌선하는 법을 알아보기로 한다. 명상을 하든, 참선을 하든 일단 앉아서 수행하는 것을 기본으로 한다. 사실 바른 모양을 갖춘 자세로 앉는 것은 몸을 다스리는 것이기도 하지만, 궁극적으로는 마음을 다스리는 것이기도 하다.

먼저 넉넉하게 큰 좌복을 준비해서 좌복의 삼분의 일 정도를 접어 엉덩이 밑에 넣어 앉는다. 사람마다 신체가 다 다르기 때문에 방석의 높이는 자신의 신체에 맞게 하는 것이 가장 이상적이다. 자신이 앉아 보아 양 무릎이 땅에 닿고, 허리가 곧게 펴지며, 불편하지 않아야 한다. 그 다음 허리띠를 늦추어 몸과 호흡을 자유스럽게 한다.

좌선의 자세로 가장 이상적인 자세는 결가부좌(結跏趺坐)이다. 결가부좌는 두 발을 교차시킨 다음 좌우의 발등을 두 넓적다리 위에 놓는 것을 말한다. 부처님께서는 반드시 결가부좌로 앉았기 때문에 결가부좌를 부처님의 좌법이라고도 하며 다른 말로 불좌(佛坐) 또는 여래좌(如來坐), 연화좌(蓮花坐)라고도 하는데, 이는 신성을 나타내는 모습이기도 하다.

그런데, 동양 사람은 다리가 짧아 결가부좌를 하기 매우 힘들기 때문에, 이런 경우 반가부좌를 해도 무방하다. 반가부좌는 한쪽 발 위에 다른 쪽 발을 올리는 것을 말한다. 보통 오른발 위에 왼발을 올려야 한다고 주장하는 경우도 있는데, 이것은 옳지 않으며 두발을 번갈아 가며 앉는 것이 더 적절하다. 한번은 오른발 위에 왼발을 올렸으면, 다음은 왼발 위에 오른발을 올린다. 어느 한쪽으로만 반복해서 앉는 것은 몸에 불균형을 초래하여 오히려 건강을 해칠 수 있으므로 발의 위치를 바꿔 앉는 것이 좋다. 결가부좌나 반가부좌 모두 앉는 자세로는 가장 과학적인 자세로 지구력과 집중력을 배가할 수 있는 자세이다.

다음으로 손의 자세는 발의 자세와 같아야 한다. 만약 왼발이 위에 있을 때는 오른손을 밑에 놓고 왼손은 그 위에 포개어 가지런히 하되 엄지손가락이 서로 맞닿도록 하고, 만약 오른발이 위에 있을 때는 손도 바꾸어서 왼손을 밑에 놓고 오른손을 위로하여 가지런히 엄지손가락이 서로 맞닿도록 하면 된다. 이와 같은 손의 자세를 법계정인(法界定印) 또는 선정인(禪定印)이라고 하는데, 이는 예로부터 망념을 버려 움직이지 않고,

1장 명상의 이해

마음을 한 곳에 모아 삼매경에 들게 하는 수인(手印)으로 입정을 상징한다. 결가부좌를 취할 때 발의 왼쪽이 올라와 있으면, 손도 왼쪽이 올라와야 하고, 발의 오른쪽이 올라와 있으면 손도 오른 쪽이 올라와 있는 것이 좋다. 이처럼 발의 자세와 손의 자세를 같이 하는 이유는 기(氣)의 역리현상을 방지하여 기가 순행하게 하기 위해서이다.

발과 손의 위치가 정해졌으면 몸을 천천히 앞과 뒤, 왼쪽과 오른쪽으로 반복해서 흔들어 몸의 중심을 잡은 뒤 긴장을 풀고, 단정히 앉는 것이 바른 자세다. 자세 중에서 제일 중요한 것은 허리를 똑바로 세우고, 등과 머리가 일직선이 되도록 바로 앉는 것이다. 그런 다음 턱을 들지 말고 약간 앞으로 당긴다. 이렇게 하여 등이 똑바로 세워지면 집중력이 향상되고, 생각도 안정되며, 졸음을 극복하기 쉽게 된다.

처음 참선을 할 때는 늘 자신의 자세를 스스로 살피는 것이 중요하다. 참선하는 동안 왼쪽으로 기울지는 않았는지, 오른쪽으로 치우치지는 않았는지, 또는 자세가 앞으로 구부러져 있는지, 아니면 뒤로 젖혀져 있는지를 살펴야한다. 뿐만 아니라 몸에 힘이 너무 들어가 있는지, 얼굴은 인상을 쓰고 있는지, 손에 힘이 너무 들어가 있는지 살피고, 또 살펴야한다.

흔히 처음 참선할 때 몸이나 손, 얼굴 등에 힘이 너무 들어가 경직되어 보이는 경우가 많은데, 힘을 빼고 자연스럽게 해야 한다. 얼굴에도 인상을 가득 쓰고 참선을 하는 경우가 있는데, 입에는 가볍게 미소를 띠고 표정은 온화한 모습으로 하는 것이 좋다. 특히 처음 참선하는 초심자는 늘 자신의 자세를 살펴 바른 자세를 익히도록 노력해야 한다. 이렇게 하여 오래오래 바른 자세가 익어지면 자연히 몸과 마음에도 힘이 빠지게 된다. 비록 처음에는 자세에 신경 쓰느라 힘이 들겠지만, 모든 일은 시작이 중요하고, 기초가 바르게 된 후에 좋은 결과를 기대할 수 있듯이, 참선하는 데도 앉는 자세가 올바로 되어야 오래 편안하게 집중할 수 있다.

가부좌를 하여 몸이 곧게 일직선이 되고 경직되지 않으며 편안한 자세가 되면, 우선 바른 자세가 되었다 할 수 있다. 이 자세는 참선하는 사람이 아니라도 반드시 훈련하여야 할 자세인데, 이는 바른 의지와 지구력 그리고 집중력이 바른 자세에서 나오기 때문이다. 예로부터 귀골(貴骨)을 가리는데 몸이 굽지 않은 사람을 으뜸으로 여겼으며, 귀격(貴格)을 가리는데 의지가 굳고 생각이 바른 사람을 으뜸으로 삼았으니, 참선의 바른 자세는 최상의 귀격을 이루는 관문이라 할 것이다.

몸도 살피고 마음도 살피는 것, 그 자체가 바로 참선이다. 자연스럽게 몸과 마음에 힘이 빠져야 비로소 앉을 줄 안다고 하는 것이다. 이는 마치 운동이나 운전 그리고 그 이외의 어떤 것도 능해지면 힘이 안 드는 이치와 같은 것이다.

참선하는 경우 눈은 어떻게 하는 것이 좋은가. 전통적으로 간화선 수행자들은 눈을 뜨고 수행해 왔다. 눈은 반드시 떠야 한다. 옛 선지식들은 눈감고 참선하는 자를 흑산귀굴(黑山鬼窟)에 들어간다고 하였다. 눈을 감으면 마음이 고요하고 정신이 집중되는 것 같지만, 금방 잠에 떨어지고 멍한 상태에 이르기 쉽다.

그렇다면 눈을 뜨고 어떻게 참선을 하는가? 그것은 눈을 뜨고 한 곳 시점(視點)을 정하여 응시해야 한다. 앞에서 이미 말한 바와 같이 앉는 자세를 바르게 한 뒤, 허리를 굽히고 팔을 쭉 뻗어서 손끝이 닿는 곳을 응시점으로 삼는다. 만약 벽을 향해 앉는다면, 두 팔을 앞으로 뻗어서 벽이 닿을 수 있는 거리에 정좌하고, 허리와 머리가 곧바로 일직선이 되게 한 다음, 눈에 힘을 빼고 편안하고 자연스럽게 하여 응시한다.

위빠사나 수행하는 사람들은 눈을 감고 수행하라고 지도하고, 정통 간화선 수행법에서는 눈을 감지 말고 뜨라고 했다. 그러면 어떻게 하는 것이 옳을까? 바로 자신이 선택한 수행법대로 하면 된다. 눈을 뜨고 참선해서 완전히 집중할 줄 알고 능해지면, 그때는 눈을 뜨고 감는 것에 구애받지 않는다. 눈을 떠도 되고, 감아도 된다. 다만 초보자의 경우에는 간화선의 방식을 좇는 것이 좋을 것이다.

그러면 좌선시간은 얼마나 앉아야 할까? 보통 선방에서는 50분 앉고, 10분 포행하는 것이 일반적이다. 그러나 처음 참선하는 사람들은 자신의 몸에 맞게 시간을 정해 앉는 것이 좋다. 왜냐하면 처음부터 너무 무리해서 앉으면, 힘들어서 도중에 포기하는 경우가 생기기 때문이다. 좌선 시간은 50분이 기본이지만, 50분에 익숙해질 때까지 30분부터 시작하여 차츰 시간을 늘려가는 것도 좋다.

8. 호흡의 조절(調息)

자세를 바르게 하고 난 다음에는 호흡을 고르게 해야 한다. 호흡은 심기상태(心氣狀態)를 조절할 수 있는 유일한 방법으로, 마음가짐과 호흡이 직결되어 있다. 따라서 참선하는 사람의 마음이 안정되면 호흡도 안정되고, 마음이 불안정하면 호흡이 불안정할 수밖에 없는 것이다.

호흡은 마음의 상태와 많은 관련이 있다. 곧 마음이 동요되면 호흡이 흩어지고, 호흡이 흩어지면 마음도 흔들리게 된다. 그리고 호흡은 산소를 흡수하여 혈액을 정화하고, 이산화탄소를 밖으로 내보내 생명력을 촉진시킬 뿐만 아니라 복압력을 강화하여 내장의 운동을 돕기도 한다. 이렇듯 호흡은 우리의 생명과 직결되므로 매우 중요하다.

『소지관』에서는 호흡을 풍(風), 천(喘), 기(氣), 식(息)의 4가지로 분류한다. 풍(風)은 "씩씩" 소리 나는 호흡이고, 천(喘)은 숨이 차서 내는 호흡이며, 기(氣)는 소리도 없고, 끊어짐도 없는 호흡이다. 이 앞의 3가지 풍(風), 천(喘), 기(氣)를 호흡이 조절되지 못한 모습이라 하고, 나중의 식(息)을 호흡이 조절된 것이라고 한다. 호흡이 조절된 상태인 식(息)에 대해서는 "호흡이 소리도 없으며, 막히지도 않고, 거칠지도 않으므로 끊임없이 이어지면서 호흡이 있는지 없는지도 모를 뿐 아니라, 정신이 안정되어 기쁘고 즐거운 느낌을 가지게 되는 것이다"라 말한다.

호흡은 수식관(數息觀)을 수행하느냐, 간화선(看話禪)을 수행하느냐에 따라 근본적으로 다르다. 간화선을 수행하는 사람은 오로지 화두 참구에 몰입하는 것을 위주로 하기 때문에 호흡을 따로 의식할 필요가 없다. 화두가 깊어지면 호흡도 경미해져 자연히 참구하는 마음과 호흡이 일치하기 때문이다. 그러나 수식관을 하는 경우에는 호흡 자체가 참선하는 방법이 되기 때문에 이럴 때에는 호흡에 대한 바른 인식이 필요하다.

한 가지 예를 들어보자. 호흡법 중에서 제일 기초적인 호흡법이 하나 있다. 부처님 당시에 부처님 사촌동생이 결혼을 했는데, 부처님 설법을 듣고 출가를 하게 된다. 그런데 그의 부인인 '손타라'는 당시 미인 중의 하나였다. 부인의 얼굴이 자꾸 떠올라 참선을 못하자 부처님께서 "코끝이 하얗게 될 때까지 코끝만 쳐다보는 훈련을 해라."하고 숙제를 내주셨다. 처음에는 그것을 할 수가 없었음은 당연했다. 그런데 1주일, 2주일, 3주일이 지나자, 드디어 숨 쉬는데 코에 숨이 들어왔다 나갔다 하는 것이 보이게 된 것이다. 그래서 그 숨을 계속 관찰을 하게 되었고 계속 관찰을 했더니 들어갔다 나왔다 하는 이 숨이 하얗게 보이는 것이었다. 이것이 바로 수식관, 즉 호흡관의 시작이다. "너는 쉬는 것을 관찰해라."하지 않으시고, "코끝이 하얗게 될 때까지 봐라"하고 가르쳐 주셨는데, 하다보니까 코끝이 하얗게 된 것을 보는 것이 아니라 숨이 들어오고 나가는 것을 보게 되었다는 말이다. 화두도 이와 같이 '정전백수자(庭前柏樹子)' 하니까 '뜰 앞의 잣나무가 무엇이다'하고 딱 치고 나오는 것이 아니라, '뜰 앞의 잣나무'를 일념으로 하니까 일념이 무념이 되고, 무념이 허심이 되어 대경즉응(對境卽應: 경계를 대한 즉시 감응하다)되면 '뜰 앞의 잣나무'를 화두로 든 공능이라 하겠다.

9. 마음의 조절(調心)

우리가 명상을 하는 목적은 결국 마음조절에 있다고 할 수 있다. 마음조절하기 위해서는 마음을 고요히 하여 한 대상에 모아야 한다. 사실 '선이란 마음을 한결같이 어느 대상에 집중하여 가라앉히고, 한 생각을 깊이 사유하여 사물의 본성을 궁구하는 길이다'라고 할 수 있다. 호흡을 하는 사람이든지, 화두를 드는 사람이든지, 모두 그 대상에 한결같이 집중하여 산란한 생각이 쉬고 조용해질 때까지 계속하다 보면, 마음은 저절로 가라앉고 평온해 지며, 몸과 호흡, 마음은 균형을 이루어 편안해진다. 이런 경지에 이르는 것이 결코 쉬운 일은 아니다. 이렇게 될 때까지 열심히 정진해야 한다.

호흡에 집중하든지, 아니면 화두에 집중하든지 상관없이 만약 다른 생각이 나면, 그 생각을 좇아가지 말고 자신이 하던 수행법으로 계속해서 돌아와야 한다. 그것이 좋은 생각이든 나쁜 생각이든 할 것 없이 한 생각 일어나면, 결국 그 생각은 꼬리에 꼬리를

1장 명상의 이해

물고 계속 이어지게 되어 있다. 몸은 가만히 있지만 머리속은 쉬지를 못하고 계속 생각에 생각을 이어가기 일쑤다. 마음이 다른 곳으로 벗어났음을 알아차릴 때마다 돌아와야 한다. 아마 그런 일은 마음이 길들여 질 때까지 수천 번도 넘게 반복될 것이다. 고려시대 보조지눌(普照知訥 1158~1210)스님은 『수심결(修心訣)』에서 "망상이 홀연히 일어나거든 절대로 따라가지 말고, 버리고 또 버려서 무위에 이르러서야 비로소 구경(究竟)에 이르게 된다."라고 하셨다.

그리고 수행하다 보면 일반적으로 다음 4가지 마음상태가 나타난다.

① 부상(浮相) : 마음이 산란하게 움직여 다른 대상을 생각하는 것은 들뜬 모습[浮相]이다. 이럴 때 우리는 집중이 어렵게 된다. 이럴 때는 호흡을 보통 때보다 세게 몇 번 해주면 도움이 된다.

② 침상(沈相) : 좌선할 때 마음이 어두워 기억이나 상념(想念) 하는 바 없이 머리가 자꾸 밑으로 처지는 것을 가라앉은 모습[沈相]이다. 생각이 너무 많은 것도 안 좋지만, 생각이 너무 없어 아무 생각도 안 나는 것을 보통 무기라고 한다. 참선할 때 가장 경계해야 하는 것이 이 무기이다. 근데 생각이 없다고 본인이 삼매에 들었거나 참선을 잘하는 줄 착각하는 사람들이 있는데, 이것은 아주 큰 병이다. 선지식을 찾아가 점검을 받아야 한다.

③ 급상(急相) : 빨리 삼매에 들어가고자 마음이 조급하면, 마음과 기가 위로 향하게 된다. 이것은 욕심이 많은 사람이 이런 병에 걸린다. 빨리 깨달음을 얻고 싶고, 삼매에 들고 싶은 마음이 앞설 뿐, 몸과 마음이 따라가 주지 못할 때 모든 기운이 위로 향하게 된다. 보통 '상기되었다.', '상기병에 걸렸다'고 하는 경우가 있는데, 이것이 바로 급상인 것이다.

④ 관상(寬相) : 마음이 이곳저곳 유람하여, 몸은 힘 빠진 뱀 같고, 입에서는 침이 흐르며, 느슨한 모습[寬相]이다. 이런 경우는 너무 느긋해서 '오늘 안하면 내일하면 되지'라고 생각하면서 열심히 하지 않고 계속 미루는 사람이 여기에 속한다고 할 수 있다. 필자가 보기엔 이런 부류의 사람들이 가장 많은 것 같다.

좌선할 때 가끔 자신의 마음 상태를 잘 살펴서 위의 네 가지 종류의 마음상태에 있다고 느끼면, 몸을 다시 추슬러 허리를 곧바로 세우고 생각을 거두어 마음을 집중대상에 머물게 해야 한다. 소가 도망가면 고삐를 당겨 소를 돌아오게 하듯이 마음이 집중대상을 벗어나 이리 저리 헤매고 있는 것을 알면, 헤매는 마음을 거두어 다시 집중대상으로 돌아와야 한다. 모든 것은 하루아침에 이루어지는 것이 아니니 계속 반복하고 반복하는 끈기가 필요하다.

10. 참선의 공능(功能)

참선을 하면 어떤 좋은 점이 있을까? 이를 참선의 공능이라 하는데, 『좌선의』에서는 4가지를 말하고 있다. 먼저 몸이 가볍고 편안해 지며, 잡념이 없어서 정신이 상쾌하고 예리해지며, 정념(正念)이 분명해 진다고 한다. 여기서 정념은 사념(邪念)의 반대말로써 탐·진·치의 마음이 아닌 진념(眞念)을 말한 것으로, 밖의 경계에 구애받지 않고, 동하지 않고, 물들지 않는 마음을 말한다. 마지막으로 법에 도달하여 기쁘고 행복한 상태가 정신을 도와 고요하고 편안해져 즐겁게 되는 것이다. 수행을 잘 하면 우리도 이러한 경지에 이를 수 있게 된다.

이밖에 참선을 해서 얻어지는 좋은 점은 수도 없이 많다. 실질적으로 미국, 유럽 등 서양에서는 명상하는 사람들의 몸과 마음에 어떤 변화가 생기는지에 대하여 연구하고 발표함으로써 많은 자료들이 쏟아지고 있다. 요즘 뇌과학에서도 명상하는 사람들의 뇌를 연구하여 발표하고 있고, 그 자료들을 바탕으로 많은 사람들이 명상에 더욱 더 관심이 늘어나고 있는 상황이다.

오늘날 선에 관심을 갖는 사람들 가운데 선수행의 과정에서 나타나는 효용에 목적을 두는 사람이 많은데, 이 점에 대해서는 유의해야 할 것이다. 우리의 생활주변에 나타나는 선의 효용이라 할 현상들은 선수행에서 부차적으로 나타나는 지엽적 현상이므로, 그

것이 선의 궁극적 목표일 수는 없다. 수행과정상의 효용을 목표로 삼아서는 참된 선이라 할 수 없는 것이다.

11. 좌선시 나타나는 장애(魔障)

책에서는 "좌선을 잘하면 몸이 가볍고 편안해지며, 정신이 상쾌하고 예리해진다. 정념이 분명해지고, 법미가 정신을 도와 적연하고 청정하여 즐겁게 되나, 이렇게 되어 점점 도가 높아지면, 마(魔) 역시 치성하여 역과 순이 끝이 없게 된다."고 나온다. 보통 수행을 할 때나, 기도를 할 때, 장애가 생기면 마장이 생겼다고 말한다. 참선에서의 마장은 몸과 마음을 소란하게 하여 불도를 닦는 데 방해되는 가지가지 형태의 장애를 통칭해서 마 또는 마구니라고도 한다.

사실 참선이 반드시 이익만 있는 것은 아니다. 참선 수행을 하는 사람들은 반드시 수행하는 도중 여러 가지 부작용들을 만나게 된다. 그런데도 사람들은 부작용에 대해 잘 모른다. 수행에만 주력하기 때문에 수행을 잘못하면 도리어 병을 일으킨다는 사실을 모를 뿐만 아니라, 병을 얻더라도 대처하는 법을 몰라 방황하는 사람 또한 적지 않다. 이 때 올바른 선지식을 만나지 못하고 삿된 스승을 만나게 되면, 영원히 병을 고치지 못하게 되기도 한다.

수행을 하다보면, 그 과정이 순탄치 않고 장애가 생기는 경우가 많다. 물론 참선 수행이 아니더라도 사람들은 살아가면서 끊임없이 장애를 만나게 된다. 이러한 장애를 만났을 때 어떻게 이겨내는가 하는 것이 무척 중요한데, 이를 이겨내는 가장 좋은 방법은 늘 선지식 밑에서 수행하고 지도를 받는 것이다.

보통 사람들은 대부분 좋은 경계는 탐착하고, 안 좋은 경계는 싫어하는 마음을 내게 마련이다. 그러나 실은 좋은 경계와 안 좋은 경계 모두 외부에서 온다기보다는 자신의 무지(無知)와 미혹(迷惑)에서 생긴다고 할 수 있다. 수행 중 부처님을 만나거나 이상한 체험을 하더라도 이것들은 모두 마치 허공에 핀 꽃과 같다고 생각을 해야 한다. 중생들이 미혹해서 끊임없이 있다고 집착할 뿐이다. 흔히 한 생각 돌리면 세상은 변한다고 한다. 우리에게는 우리 앞에 닥친 현실이 비록 어렵더라도 그것을 얼마든지 좋은 방향으로 돌릴 수 있는 힘이 있다. 마찬가지로 수행하는 가운데 나타나는 마경도 얼마든지 깨달음을 향한 초석으로 삼을 수 있는 것이다. 무엇이든 집착하는 순간 그 모든 것은 마가 되고, 장애가 되는 것이기 때문에 좋은 일이든, 나쁜 일이든 놓아버려야 한다. 그리고 '오늘은 이런 상황이 있었구나.' 할 뿐 거기에 의미를 두지 말고, 그냥 계속 정진하다 보면 수행이 깊어지게 될 것이다.

12. 참선을 끝내는 방법(出定)

참선을 시작하는 것을 입정(入定), 또는 입선(入禪)이라고 하고, 참선을 끝내는 것을 출정(出定) 또는 방선(放禪)이라고 한다. 참선을 시작하는 것은 고요한 상태로 들어가는 것이고, 참선을 끝내는 것은 고요한 상태에서 나온다고 하여 붙여진 이름이다. 참선을 끝낼 때는 천천히 몸을 움직이고, 편안하고 조심스럽게 일어나되, 갑작스럽게 일어나서는 안 된다. 먼저 마음으로 좌선이 끝났음을 생각한 후, 조용히 눈을 감고 몸과 마음을 추슬러야 한다. 그런 다음 몸을 천천히 움직이되 먼저 손을 살살 쥐었다 폈다 한 뒤, 목을 앞뒤 좌우로 움직여 준다. 그리고 허리를 앞뒤 좌우로 살살 틀어준 다음, 두 발을 천천히 움직여 유연하게 해준다. 가끔 참선을 끝내고 갑자기 몸을 움직여 목이나 허리를 다치기도 하고, 등에 담이 걸리는 경우도 있는데, 이는 모두 앉는 자세가 바르지 않고, 참선 후에 너무 급하게 몸을 움직였기 때문이다.

여러 사람이 함께 참선을 할 때는 계속해서 참선하는 사람들에게 방해가 되지 않도록 해야 한다. 『좌선의』에서도 "출정하고 난 뒤에도 항상 방편으로 선정을 유지하되 마치 어린 아이 보호하듯이 하라"고 말한다. 만약 선정에 있다가도 출정하고 나서 일상으로 돌아와 매양 보통 때와 똑같다면 그 수행은 하나마나한 것이다.

참선은 그 자체로도 중요하지만, 더 중요한 것은 참선 때 얻은 선정을 참선이 끝난 뒤에도 계속 유지하는 것이다. 그래서 스님들이 참선 수행할 때 선정을 유지하기 위해 묵언을 하고, 계율도 지키는 등 나름대로의 규칙을 정해 일상생활에서 선정이 깨지지 않도록 어린 아이 보호하듯 몸가짐을 조심했던 것이다.

13. 간화선과 화두

간화선은 송(宋)나라 대혜종고(大慧宗杲: 1089~1163) 이후 지금까지 북방선(北方禪)의 수행법으로 우리나라 선의 주류를 이루고 있는 대표적인 수행법이다. 간화선은 화두를 참구하여 견성(見性)을 목표로 하는 선으로 본질적인 문제에만 몰입할 뿐 지엽적인 것은 문제 삼지 않는 것이 특징이다.

그렇다면 화두(話頭)가 무엇일까? 화두는 깨달음을 얻기 위하여 참구하는 문제로 공안(公案) 또는 고칙(古則)이라고도 하는데, '말보다 앞서 있는 것' 또는 '언어 이전의 소식'이란 뜻이다. 보통 1700 종류의 공안이 있으며, 하나의 의심을 타파하면 천 가지 만 가지 온갖 의심이 일시에 타파된다.

화두를 드는 데 있어서 무엇보다도 중요한 것은 의정(疑情)을 일으키는 것이다. 하나의 의문을 자신의 생명처럼 여기고, 좌선에 전념하는 것을 화두를 든다고 한다. 다시 말하면 간화선은 모든 의식을 하나의 화두에 집중하는 수행법인 것이다.

그러면 어떤 화두를 들어야 하는가. 화두 간택은 초심자인 경우는 먼저 자신 스스로의 문제를 화두로 삼아 공부하는 것이 좋다. 사람들은 각자 살아가면서 꼭 해결하고 싶은 간절한 문제들이 있을 것이다. 바로 지금 자신에게 봉착해 있는 문제 중 해결나지 않는 것을 화두로 삼아 공부를 시작할 것을 권하고 싶다. 이것이야말로 현재 나 자신에게 살아 있는 생생한 의문이 될 것이기 때문이다. 그러면 해결하고 싶어지는 간절한 마음 때문에 집중하기 쉬워지게 된다. 문제가 해결되면 또 다른 문제점을 찾아 해결하고 또 해결해 나가게 된다. 이렇듯 삶에서 일어나는 문제들의 해결에 익숙해지게 되면 선지식과의 상담 후 선지식에게 일생을 해결할 수 있는 진짜 의문인 화두를 직접 받는 것이 가장 좋다. 그런 후 죽을 때까지 이 화두를 놓치지 말고 계속 정진하여야 한다.

　선이란 보고 들어서 알 수 있는 것을 참구하는 것이 아니다. 선이란 보고 들어서 알 수 없는 것을 참구하는 것이요, 세상에서는 찾을 수 없고 더 이상 배우려고 해도 배울 수 없는 것을 참구하는 것이다. 세상의 식견으로는 선을 알 수가 없다. 선이 궁금하거든 모름지기 의문하나를 붙들고 열심히 참구해서 그 의문을 스스로 타파해야지 누구에게 배워서 알려고 해서도 안 된다.

　그런데 하나의 의문이 일어나서 그 의문을 가지고 정진하다가 보면 그와 관련된 다른 궁금증들이 계속해서 떠오르게 된다. '오늘은 인연법을 한 번 화두로 삼겠다'고 생각한다면, '인연법, 도대체 무엇이 인연의 실체인가? 무엇이 이렇게 엮어놓고, 묶어놓고, 또 갈라놓고 공부하게 만들고 공부하기 싫게 만들고 하는 것일까? 이 인연법이 무엇인지 내가 한 번 알아내야 되겠다.' 라는 궁금증들이 떠오르게 된다. 그래서 인연이 도대체 어디서 나오는지, 무엇에 의해서 인연이 발생하는지를 의심하면서 계속 참구하고, 참구하고, 또 참구하게 된다. 그러면 이 사람은 인연법을 참구하는 사람인 것이다. 모든 화두의 공통이 '이것이 왜 이럴까? 이것이 왜 이러지? 왜 이러지? 왜 이러지?'가 바로 '이뭐꼬'로 변하는 것이다. '이뭐꼬'가 다른 것이 아니다. '이것이 뭘까? 이것이 왜 이럴까? 왜 이러지? 이것이 뭘까?' 하면 이것이 '이뭐꼬'인 것이다. '이뭐꼬' 화두 그 안에는 업도 그 속에 들어가 있고, 인연도 그 자리에 들어가 있고, 마음도 그 자리에 들어가 있다. '마음, 이것이 무엇일까? 마음이 무엇인고? 마음, 이것이 무엇일꼬?' 이렇게 뭐든 의문이 집약되어서 하나로 똘똘 뭉쳐서 "이게 뭐야?" 하고 딱 붙잡는 것이 바로 '이뭐꼬'이다. 그런데 이렇게 의심해 들어가지 않고 그냥 '이뭐꼬, 이뭐꼬'만 하는 것은 그냥 염불하는 것과 똑같아 아무 공능이 없다. '이뭐꼬' 화두 하나에 마음을 묶고, 방석 한 장에 몸을 묶어 열심히 정진해서 큰 공부 이루기를 바란다. 정진이란 하루에 10분도 좋고

30분도 좋고 1시간도 좋고 매일 꼭 참선할 시간을 정해놓고 그 시간을 매일 꼭 지키는 것 이것이 정진이다. 하다말다하면 공부가 자꾸 끊어져 결실을 보기 어렵다.

나오는 글

마지막으로, 요즘 참선을 수행하고자 하는 일반 재가불자가 급격히 증가하고 있는 시점에서 반드시 점검해 봐야할 것이 있다. 첫째는 원력이요, 둘째는 지구력이요, 셋째는 방편이다. 원력이란 중생의 업을 벗어버리고 보살도를 행하고자 하는 마음이 얼마나 절실한가를 살피고 살펴서 온 마음에 가득해야 하는 것이고, 지구력이란 한번 세운 서원은 반드시 이루어 질 때까지 잠시도 방심하지 말고 열심히 정진하는 것이며, 방편이란 이루어진 공부를 중생에게 회향하는 것을 말한다. 열심히 수행을 잘해서 정말로 좋은 참선지도자가 되기를 기원하는 바이다.

부록

1. 입정하는 방법
1) 먼저 대·소 두 장의 방석을 준비한다. 작은 방석을 엉덩이 부분에 놓는다. 방석은 자신의 신체에 맞게 방석을 깐다. 사람마다 신체가 다르기 때문에 방석의 높이는 자신이 앉아서 양 무릎이 땅에 닿고 허리가 펴지며 지나치게 불편하지 않아야 한다.
2) 허리띠를 늦추어 몸과 호흡을 자유스럽게 한다.
3) 그 다음에 방석 위에 가부좌(跏趺坐)를 한다. 반가부좌도 무방하다.

4) 손은 법계정인(法界定印)을 한다. 한 손을 다른 손에 포갠 뒤 엄지손가락 끝을 서로 맞댄다.
5) 발과 손의 위치가 정해져서 정좌(正坐)하고 난 뒤에는 몸을 천천히 앞과 뒤, 왼쪽과 오른쪽으로 반복해서 흔들어 몸의 중심을 잡은 뒤 허리를 반듯이 편 후 긴장을 풀고 단정히 앉는다.
6) 왼쪽으로 기울거나 오른쪽으로 치우쳐서도 안 되며, 앞으로 구부리거나 뒤로 젖혀서도 안 된다. 중요한 것은 귀와 어깨가 나란히 되도록 하고, 코와 배꼽이 일직선이 되도록 한다.
7) 눈은 뜨고 시선은 앉은 자리에서 팔을 최대한 뻗어 손 끝이 닿는 지점에 놓는다.
8) 힘을 빼고 자연스럽게 앉는다.
9) 좌선 도중에도 자세를 스스로 살펴 바른 자세를 취하여야 한다.
10) 다리가 아프고 저릴 경우에는 다리를 바꾸어도 좋다. 그러나 바꾸고 싶다는 충동을 느끼는 즉시 바꾸는 것은 좋지 않다. 먼저 왜 자세를 바꾸려고 하는지 알아보고, 몸이 고통스럽게 여기는 부분을 주목해 보아야 하며, 정직하고 면밀하게 관찰하는 법을 배워야 한다.
11) 처음 집중대상을 응시하다가 생각이 일어나면 바로 알아차린다. 알아차리면 그 생각은 사라진다. 그러면 집중대상으로 돌아온다. 또 다른 생각이 일어나면 알아차리고 다시 집중대상으로 돌아온다. 이렇게 좌선 끝날 때까지 계속 반복하여 집중대상에만 몰입할 수 있도록 한다.
12) 몸을 살피고 마음을 살피는 것, 그 자체가 참선이다.
13) 좌선 시간은 50분이 기본이지만, 50분에 익숙해질 때까지 30분부터 시작하여 차츰 시간을 늘려간다. 50분 좌선하고 5-10분 포행한다.

2. 출정하는 방법

1) 마음으로 좌선이 끝났음을 생각한 후 눈을 조용히 감고 몸과 마음을 추스린다.

2) 그 후 몸을 천천히 움직이되, 먼저 목을 앞과 뒤, 좌우로 천천히 움직여 준 뒤 어깨, 손의 순서대로 움직여 준다.
3) 다음 허리를 앞뒤 좌우로 살살 틀어준 후 두 발을 천천히 움직여 부드럽게 한다.
4) 손으로 팔과 다리 등을 골고루 맛사지 한다.
5) 이어 손바닥을 문질러 따뜻하게 두 눈을 덮는다.
6) 몸의 열이 약간 가라앉을 무렵이 되면 좌선을 끝낸다.

3. 화두드는 방법

1) 좌선 자세를 잡고 허리를 편 자세로 몸의 긴장을 푼다.
2) 눈은 뜬 채로 한 시점에 고정하고, 자연스럽게 호흡을 시작한다.
3) 호흡에 집중하다가 어떤 생각이 갑자기 들어오면 그 생각을 따라가지 말고 "이 생각은 어디에서 온 것인가?", "이것이 무엇인가?" 한다. 집착하는 생각이 있으면, "이것이 무엇인가?" 한다. 다리가 아픔을 느끼면 "이 아픔을 느끼는 것은 무엇인가?" 한다. 이와 같이 온갖 상황을 만날 때마다 그 상황을 이어가거나, 그 상황에 온갖 마음을 일으키지도, 마음을 빼앗기지도 말아야 한다. 그 상황을 만나자 마자 "이것이 무엇인가?" 하면서 계속한다.
4) 생각이 없을 때는 다시 호흡을 하면서 "들이 마시고 내쉬고 하는 이것은 무엇인가?, 무엇이 이렇게 하는 것인가?" 하면서 계속한다.
5) 화두를 들 때는 답을 구하려고 하지도 말고, 생각으로 화두를 헤아리지도 말며, 깨닫기를 기다리지도 말아야 한다. 이렇게 하면 사구(死句), 즉 죽은 화두를 참구하게 되는 것이다. 또한 깨닫고자 하는 조급한 마음이 알음알이를 내게 하며, 공부를 제대로 못하게 하고 의정을 일으킬 수도 없게 한다. 따라서 화두를 참구함에 있어서 무엇보다도 주의해야 할 점은 깨침을 기다리지 않는 것이다.
6) 오직 "이것이 무엇인가?", 보고, 듣고, 말하고, 생각하고 하는 이 모든 작용의 "본체자리는 무엇인가?" 하면서 간절한 마음으로 화두 일념을 이어가야 한다.

이것이 활구(活句), 즉 살아있는 생생한 화두참구인 것이다.

7) 일상생활 속에서 때때로 자신의 공부가 잘되고 있는지 점검한다.

01
명상의 이해

명상 어떻게 할 것인가?

용타스님
재단법인 행복마을 이사장

01 명상의 이해

명상 어떻게 할 것인가?

/ 목 / 차 /

1. 들어가는 글
2. 명상(瞑想)이란 무엇인가
3. 명상과 석가모니 부처님
4. 동사섭과 삶의 5대원리
5. 마치는 글

1. 들어가는 글

동사섭은 1980년도에 시작되어 현재 37년이 된 명상 프로그램이다. 그 동안 동사섭 프로그램은 크게 보면 여섯 블록으로 변화·발전해왔고, 세세하게는 100여 회 업그레이드되었다고 할 수 있다. 지금은 5박6일짜리 생활명상(일반과정), 4박5일짜리 정화명상(중급과정), 또 4박5일짜리 초월명상(고급과정), 그리고 지도자과정, 엔카운터 등등의 프로그램이 마련되어 있다. 이 글에서는 동사섭 프로그램을 통한 명상생활과 명상지식을 간략하게나마 안내하고자 한다.

2. 명상(瞑想)이란 무엇인가?

1) 명상의 비조(鼻祖)는 싯다르타 사문

명상의 비조(鼻祖)격인 분은 바로 보리수 아래에 앉아 있는 싯다르타 사문이다. 그 분은 명상의 역사에서 시간적으로는 최초는 아니었겠지만 실질적인 내용으로 보면 최초의 인물이라고 해도 좋을 것이다. 그 싯다르타 사문이 지금 보리수 아래에서 명상을 하고 있다. 그러면 그 분은 지금 무엇을 어떻게 하고 있는 것인가. 명상지도자가 되고자 하는 사람은 스스로가 명상가가 되어야 한다. 명상을 잘하는 사람이 되어야 한다는 말이다.

명상(瞑想)이라고 하는 글자를 잘 음미해보면 명상이 무엇인지 그냥 드러난다. 그러니까 명상을 잘 하려면 해야 할 일은 두 가지이다. 즉 명(瞑)과 상(想)이라는 두 글자를 잘 하면 된다는 것이다. 명(瞑)은 마음을 고요히 가라앉히는 것이고, 상(想)은 지혜롭게 생각하는 것이다. 그러면 명상의 뜻을 자세히 살펴보기 전에 먼저 한 가지 중요한 사항에 대해 이야기하고자 한다.

2) 천진성(天眞性)은 명상의 중요한 요소

독자 여러분에게 지금 9 곱하기 9는 얼마인가 하고 묻는다면 여러분들 속에서 무언가가 발동한다. 만일 여러분이 그냥 천진하다면 9 곱하기 9는 얼마인가 하는 물음에 바로 '81'이라고 답할 것이다. 그런데 어떻게 하다가 그 천진성이 굴절되었다고 한다면 '어째서 저 따위 질문을 다 하지?' 하는 생각을 하게 될 것이다. 이번엔 하나 더하기 하나는 얼마인가 하는 질문을 해보자. 그러면 더욱더 황당해 질 것이다. 그러나 이런 때에 천진하게 그냥 답할 수 있어야 한다.

동사섭 교육문화 속에서는 천진성을 대단히 강조한다. 그래서 웃을 때는 "으하하하" 하고 신나게 웃으라고 권한다. 그리고 또 울어야 할 자리가 된다면 그냥 엉엉 울자고 하는 것이다. 그러니까 "하나 더하기 하나는?" 하고 물으면 "둘이요" 하고 답할 수 있어야 한다. 그렇게 천진한 수순을 밟을 때마다, 천진의 발자국을 일보일보 뗄 때마다 우리들의 세포는 무더기로 새파랗게, 생생하게 살아난다. 무병장수하기 싫으면 이런 질문을 받을 때 마음을 비틀어버리면 된다. '하나 더하기 하나는 얼마냐 하는 그 따위를 왜 물어?' 그렇게 하면 된다는 것이다. 그렇게 마음보를 비뚤게 하면 우리 몸의 세포들이 굳어진다. 그러면 무병장수하기 힘들게 된다. 그러나 130세까지 무병장수 하려면 천진해져야 한다. "하나 더하기 하나는 얼마입니까?" 이런 질문을 받으면 "둘이요" 하고 담백하게, 상(相)없이 답하게 되는지 스스로 점검해보자. 그래서 모든 경우에, 가능하면 모든 경우에, 자신이 생각을, 말을 그리고 행동을 천진스럽게 하고 있는지 늘 살펴보도록 하라. 명상에서 천진이라고 하는 이것이 대단히 중요하다. 명상으로부터 어긋나는 것은 바로 천진성에서 벗어난다는 것이다. 그래서 『금강경』에서는 무엇이라고 했는가? 천진성에서 벗어나는 모양새를 아상(我相), 인상(人相), 중생상(衆生相), 수자상(壽者相)이라는 네 범주로 말하고 있다. 『금강경』은 이렇게 말하고 있다. "이 네 가지 상에서 벗어나라, 천진해져라, 자연스러워져라, 부드러워져라, 본디의 자리로 돌아가라." 그러니까 우리 모두는 되도록 빨리 천진해지도록 해야 한다.

명상 어떻게 할 것인가?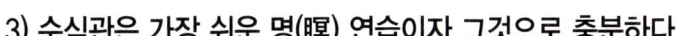

3) 수식관은 가장 쉬운 명(瞑) 연습이자 그것으로 충분하다

명상이라고 하는 것을 조금 더 살펴보기로 하겠다. 명상의 명(瞑), 이것은 마음이 고요해지는 것을 말한다. 고요해지기 위해서는 보통 집중이라는 작업을 한다. 이 집중 법 중에서 하나만 소개해 본다. 초심자부터 130세 노장들까지 할 수 있는 쉬운 방법이다. 자기 전에, 아예 누워서, 100까지만 세는 것이다. 숨 한 번 마시고 토하면서 하나, 마시고 토하면서 둘, 이렇게 해서 100까지 세어 올라가는 것이다. 이 때 다른 사념이 끼지 않도록 하려면 조금 더 마음을 기울이도록 한다. 이렇게 세어가는 도중에 혹시 잠이 온다고 하면 그냥 잠을 자면 된다. 우리가 취침관리를 잘못하면 잠을 자면서도 사념에 시달려서 숙면할 수 없게 된다. 숙면을 하려면 자기 직전에 수면관리를 잘 해야 한다. 이런 수면관리 중에서 최고의 것이 바로 하나부터 100까지 세는 것이다. 그런데 100까지 세었는데도 잠이 안 오면 염려 말고 또 하나부터 올리기는 것이나. 그래도 역시 잠이 안 오면 어떻게 할까? 그것은 곧 도(道)를 통하려는 것이니까 계속 세어 가면 된다. 그런데 대체로 건강한 사람이라면 100을 세기 전에 잠이 든다. 취침 전의 이런 수식관은 명(瞑) 공부에 좋다.

이러한 명(瞑)공부는 위에서 말한 것으로 충분하다. 왜냐하면 사람으로 태어났다고 하는 것은 전생에 명(瞑)수련을 많이 하고 잘 했다는 것이기 때문이다. 명(瞑) 관리는 우선 하나부터 100까지 세는 것 정도로 생각해 두면 된다. 그러니까 이미 과거에 닦아 놓은 명(瞑)수준을 믿고, 이제는 상(想)에 대해 공부해보기로 하겠다.

4) 명상(瞑想)이란 명(瞑, 고요한 마음)한 상태로 상(想, 사유)하는 것

명상은 간단히 말해서 집중과 통찰이다. 이 명상의 명(瞑)은 마음을 고요히 하는 것이고, 상(想)은 속에서 움직이는 것이다. 즉, 상(想)은 사유를 하는 것인데 그 사유를 지혜롭게 하는 것이다. 그래서 명상을 쉽게 말해본다면 마음을 고요히 가라앉히고 생각을 하되 그 생각을 지혜롭게 하는 것이다. 이것이 일단 명상의 주축이라고 이해하면 된다.

여러분들이 과거에 저 두 축 차원에서 어떻게 살아왔는지 스스로를 한 번 살펴보면 좋을 것이다. 또한 앞으로도 저 두 축을 고려하면서 자기 공부 점검을 하면 좋다. 이것을 또 다른 말로는 지관(止觀)이라고 표현하기도 한다. 지(止)가 마음을 고요히 하는 쪽이고, 관(觀)은 지혜롭게 움직이는 쪽이다. 그리고 정혜(定慧)라고도 한다. 계(戒)·정(定)·혜(慧) 삼학(三學) 중에 계(戒)가 행동축이라고 한다면, 정(定)과 혜(慧)는 마음축이다. 여기에서 정(定)은 고요한 쪽이고, 혜(慧)는 지혜롭게 사유하는 쪽이다. 또 선정(禪定)이라고 하는 것도 있다. 일상삼매(一相三昧)와 일행삼매(一行三昧), 지행(知行) 등 수없는 말이 있는데, 그 말들이 모두 이 두 가지 목표점을 가리키고 있다. 그래서 마음을 고요히 가라앉히는 것과 깊게 사유하는 것이 일단 명상의 전부라고 이해해도 된다. 이것이 명상의 전부라고 하면 딱 맞지는 않겠으나 전부라고 해도 좋을 정도로 기본 개념이라는 뜻이다.

5) 거부감은 명상적 의식을 해친다

최근, 명상이라는 말이 널리 쓰이고 있다. 어떤 것을 했더니 명상적인 성과가 나타났다고 하면, 그것을 모두 명상이라고 하고 있다. 노래를 마구 부르면 기분이 좋아지고, 우울했던 마음이 해소되는 명상적인 효과를 불러온다. 그래서 요즈음에는 노래에도 명상을 붙여서 노래명상이라고 한다. 노래명상이라고 하면 거부감이 드는가, 아니면 그럴 듯하게 생각되는가? 그럴듯하게 생각하는 편이 좋다. 어떤 경우에도 거부감을 가질 필요가 없다. 왜냐하면 거부감이 들었다고 하면 그것은 그 순간 스스로 자기 지옥을 만들고 있는 것이기 때문이다.

혹시 거부감이 들어야 할 만한 상황에 있을 때는 간단히 이렇게 생각을 전환시키면 된다. '아, 저 사람은 그렇게 생각하고 그렇게 느끼는구나. 나는 이렇게 생각하고 이렇게 느끼듯 저 사람은 그렇게 생각하고 그렇게 느끼는구나.' 얼굴이 서로 다르듯 생각하고 느끼는 것도 서로 다를 수가 있는 법이다. 그렇게 생각하면 좋다. 간단하다. 그렇게 생각을 전환시키면 거부감을 느낄 필요가 없다. 다른 스님들이나 여러 교수님들, 법사님들이 강의할 때도 그렇다. 그 강의가 마음에 들지 않는다고 속으로 '쌍!' 할 필요는 없

명상 어떻게 할 것인가?

다. 속으로 '쌍!' 하는 것은 거부감이다. '쌍!' 하면서 거부감을 일으키면 그 거부감 정도만큼 내 속에서 아드레날린이 분비되고, 과도하게 분비되면 건강을 해치게 된다. 물론 마음도 해치게 된다. 그것은 어리석은 일이다. 어떤 경우에도 거부감을 일으킬 필요는 없다.

필자 자신도 꽤나 거부감을 가지고 살아왔던 사람이다. 그런데 나중에 깨닫고 보니, 인식하고 보니, 자각하고 보니, 거부감이 일어날 상황은 본래 없는 법이었다. 다 늙어서야 그렇다는 것을 확실히 느끼고 자각하였다. 그런데 젊어서 그런 것을 이해한다면 얼마나 다행인가. 한 살이라도 더 젊을 때에 그런 기초양식을 깨달음으로 굳게 심어 두어야 한다. 이 세상에 거부감이 일어날 경우란 없다.

자녀들이 혹시 사고를 치고 들어왔다고 하더라도 우선은 감사한 일이다. 사고를 치고서 피를 철철 흘리고 들어있다고 상상해보라. 그냥 사고만 친 것은 거부감이 일어날 상황이 아니다. 더 나아가 그 아들이, 그 딸이 죽어버렸다면 어찌할 뻔 했는가. 그것이야말로 큰일 아닌가. 그러니까 그 정도로 돌아와 준 것만으로도 감사한 일이다. 그래서 거부감이 일어날 경우란 없다고 하는 것이다.

그렇게 거부감이 일어나지 않아야 내 마음이 명상적인 의식 분위기에서 이탈되지 않는다. 명상적인 의식 지평이 튼튼해야 어떤 상황에서도 베스트를 찾아내는 지혜가 원활하게 작동되는 것이다. 이것이 명상에 대한 이론이다. 어떤 스님은, 혹은 어떤 분은 명상에 대해서 다르게 말했는데 저 말씀은 틀린 것은 아닌지 하는 생각이 드는가? 그럴 때는 그렇게 생각하기보다는 이렇게 생각을 전환해보라. '아! 저것은 용타스님이 명상에 대해서 저렇게 생각한다는 것이야.' 하고 생각하면 된다. 여기에 신(神)을 믿지 않는 사람이 있다고 해보자. 그런데 저쪽 동네에는 신을 믿는 사람들이 많다. 그러면 어떻게 하면 좋을까? 누가 신을 믿는다고 하면 이렇게 생각하면 된다. '아! 나는 안 믿는데 저 분은 믿는구나. 나는 없는 쪽을 믿는데 저 분은 있는 쪽을 믿는구나.' 그렇게 생각하면 자신의 생각과 다른 것에 대해서 거부감이 들지 않는다.

결국 천하가 여여실상(如如實相)이 되어야 한다는 말이다. 원래 천하는 여여실상이다. 내가 제대로 눈을 뜬다고 하면 원래 천하가 여여실상이므로 여여실상이 그냥 보여야 한다. 그런데 자기의 생각과 다르다고 '쌍!' 한다면, 한 만큼 실상에서 벗어난 것이다.

3. 명상과 석가모니 부처님

1) 사유(思惟), 부처님 정각(正覺)의 방편(方便)

부처님의 정각(正覺)과 명상의 관계를 한 번 생각해 보기로 하자. 부처님이 정각(正覺)을 얻으신 방편은 무엇인가? 부처님의 정각(正覺)은 사유(思惟)로부터 왔다. 물론 사유에 의해 정각을 얻기 전에 이것저것 많이 했기 때문에 그것들이 분명히 정각을 얻는 데 도움을 주었을 것이다. 정각에 앞서서 공들였던 것을 무시하는 것이 아니다. 그런데 부처님 스스로 그것을 부정했다. "이와 같은 수행으로는 정각을 얻을 수 없겠구나." 부처님은 그렇게 앞에 했던 것을 부정하는 선언을 하셨다. 그리고는 새 길을 잡아야 되겠다고 다짐하였다. 그러면 그 길이 무엇이었겠는가? 경전을 열심히 들여다보아도 그 새 길을 어떻게 잡고 했는지 잘 발견되지 않는다. 그런데 경전의 행(行)만 들여다보는 것이 아니라 행간(行間)을 잘 보고 읽게 되면 그것이 드러난다.

부처님께서 정각을 얻으신 방편, 그것은 사유이다. 사유는 무엇인가. 묻고 답하는 것이 사유이다. 하나 더하기 하나는 둘이다. 구 곱하기 구는 팔십일이다. 이런 것들이 다 사유이다. 부처님은 그 사유를 통해서 보리수 아래에서 대각을 터뜨리게 된다. 사유를 토대로 해서 부처님은 무엇을 했는가. 천하에 존재하는 유형, 무형, 모든 존재자들의 존재법칙인 연기(緣起)를 발견했던 것이다. 이것이 바로 명상의 본질이 드러나고 있는 대목이다. 부처님께서는 연기를 만들어낸 것이 아니라 발견하신 것이다. 천하에 존재하는 모든 것들이 이미 연기 법칙대로, 연기의 이치대로 존재하고 있음을 발견했던 것이다. 그러면 연기를 발견하기 이전에 저 싯다르타 수행자는 어떻게 살고 있었을까? 연기시(緣起視)하고 살았던 것이 아니라, 실체시(實體視)하고 살았다 하는 것이다.

2) 연기시(緣起視)와 실체시(實體視)

연기(緣起)라는 말의 상대개념은 실체(實體)이다. 불교적인 마음공부를 하는 사람이라면 실체와 연기, 연기와 실체 사이의 함수관계를 확실히 잡아야 한다. 이 함수관계를 확실히 잡는 것은 하나의 도통(道通)이라고 할 수 있다.

그러면 연기와 실체에 대해 조금 더 이야기 해보자. 실체시는 바로 지옥행을 뜻한다. 반대로 연기시는 극락 쪽으로 올라가는 것이다. 그러니까 존재하는 것을 실체시 하게 되면, 그 실체시하는 것에 내 에너지가 꽉 달라붙어 굳어져 버린다. 탁 트여서 열려야 할 에너지가 어느 한 곳에 고착이 된다는 말이다. 물은 한 곳에 고이게 되면 썩는다. 그와 같이 우리 마음도 어느 한 곳에 고착하게 되면 썩는 법이다. 외동아들이 있다고 하면 부모들이 그 외동아들에게 얼마나 집중하고 집착을 하겠는가. 그런 상황에 대해 당연히 그렇게 되겠지 하고 이해는 되지만, 그것이 깊고 바람직한 일은 아니다. 실체시는 바로 지옥행이고 연기시는 극락행이다. 이 말씀이 명상을 통해서 확실한 가치관으로 정립되면 좋겠다.

연기를 발견했다는 말은 〈아! 세상에 그 어떤 것도 실체적으로 존재하는 것이 아니구나〉 하는 것을 깨달았다는 것이다. 이것에 대해 조금 더 이야기 해보자. 여기, 내가, '나'라는 존재가 이렇게 존재한다고 하면 그것은 '나' 라는 것을 실체시 하는 것이다. 그런데 그 '나'를 가만히 살펴보았다. 그랬더니 '나'라는 것이 아버지, 어머니 없이는 존재하지 못한다고 하는 관계의 법칙이 보인다. 나는 아버지, 어머니와 서로 인연 화합되어 있는 것이다. 인연으로 묶여져 있는 것이다. 그런데 또 살피고 살펴보았다. 그랬더니 '나'는 공기와 인연관계가 되고, 물과 인연관계가 되어 있다. 이런 식으로 더 나아가 살펴보면 아예 세상에 존재하는 모든 것이 다른 모든 것과 연기적인 화합을 통해서 존재하고 있는 것이 보인다. 이것은 어떤 부분을 딱 끊어서 '무엇이다' 하고 실체시할 상황은 본래 없다는 말이다. 그 관계의 철학, 연기의 철학이 수긍되면서 드디어 '나'라는 것은 본래 없었음을 발견한 것이다. 본래 실체라고 나타날 만한 상황은 없다 하는 것이 확연해진 것이다. 그에 따라 나는 늙기 싫다든지 죽기 싫다고 하면서 '나'에 집착하던 마음이 보인다. 싯다르타 수행자의 주제는 〈나는 죽기 싫다〉는 것이었다. 나는 죽게 되어 있으나 죽기 싫다. 이것이 싯다르타 수행자의 주제였다. '나'라고 하는 것을 실체시하였기 때문에 '나'에 걸려들어서 번민을 만들어내고 있었다는 말이다.

3) 명상은 초종교적(超宗教的) 방편

명상은 초(超)종교적이다. 명상은 불교가 아니다. 연기법은 그냥 하나의 사실이다. 명상을 통해서 발견된 하나의 사실에 불과하다. 그러니까 그 사실만 뚫으면 된다. 그 사실을 뚫고 나면 진정 평화가 오게 된다. 어느 순간에 내 마음이 속상하게 되는 것이 평화를 잃는 것이다. 속상하다는 것은 무엇에 대해서 속상하다는 뜻이다. 그런데 그 무엇을 제대로 보면, 그 무엇은 연기적인 그 무엇이다. 그래서 무엇을 실체시하고 그것에 걸려들어 있던 마음이, 응축되어 있던 에너지가, 연기가 수긍되면서 해체되는 것이다. 해체되면 느낌으로 그것을 알게 된다. 응축되어 있을 때는 무언가 답답하다. 그런데 연기가 수긍되면, 응축되어 답답했던 마음이 놓이면서 가슴이 탁 트이는 감(感)을 느끼게 된다. 가슴이 탁 트이는 이 느낌, 이것이 니르바나이다. 이 때, 100.00% 순수해진 지고한 상태만을 니르바나라고 여긴다면, 그것은 하나의 법집(法執)이라고 할 것이다. 법집이란 해탈을 대단히 실체시한다는 뜻이다. 연기니 해탈이니 하는 중요한 불교적 개념들은 항상 어떤 역동성을 가지고 있다. 어느 하나에 고착시켜서 실체시할 수가 없다 하는 것이다.

4) 연기(緣起)–무아(無我)–해탈(解脫)

이제 석가모니 부처님이 발견한 연기라는 존재법칙에 대해 살펴보도록 하자. 명상에 들어서 연기라는 법칙을 사유해보면 연기이기 때문에 '나'라고 할 만한 것이 없다는 무아(無我)를 수긍하게 된다. 싯다르타 수행자는 어떻게 해서 무아(無我)를 수긍하게 되었는가? 출가 전의 싯다르타 태자는 '나'를 실체시하면서 그 '내'가 노병사(老病死)하는 것이 끔찍하게 싫었다. 그것만 떠올리면 불쾌하고, 그것만 떠올리면 우울하고, 그것 때문에 행복한 순간이 없는 상태였다. 싯다르타 태자는 이 세상의 그 누구보다도 어떤 하나를 강력하게 파고드는 성품을 가졌던 것 같다. 그래서 노병사에 대해 더 심각해지고, 고뇌가 더 심했다. 나는 죽어야 한다. 그런데 죽기 싫다. 죽어야 하는데 죽기 싫은 이 나, 나, 나. 이 '나'는 도대체 무엇이란 말인가. 이렇게 강력하게 매달렸다. 여러분들은 살면서 그렇게 매달려 본 적이 있는가. 매달린다 하더라도 정신 차려야 한다. 대상을 잘못 선택해서 매달리게 되면 정신병동에 가게 된다. 그러니까 석가모니는 자칫 정신병동으로 추락해야 하는 심리적인 흐름을 가지고 있었다고 보아도 될 것이다. 이것이 심리학적으로 생각해본 역사적인 인물, 싯다르타 수행자이다. 경전에 그렇게 쓰여 있다는 것이 아니라 그런 식으로도 역사적인 인물을 생각해볼 수도 있겠다는 말이다. 빛나는 붓다이기 때문에 이러한 식으로도 한 번 조명해본다는 것이지, 석가모니를 깎아내리는 이야기는 아니다.

그런데 무아(無我)가 확연해졌을 때 그 석가모니의 느낌은 어떠하였겠는가? 집착하고 있던 나의 마음이 놓여났을 때, 그 느낌이 어떠했겠는가를 묻는 것이다. 그것은 탁 트인 시원한 느낌이었을 것이다. 이 때, 그 트인 느낌에 대해 지고한 100.00% 니르바나만을 생각해서는 안 된다. 느낌이 탁 트이게 되면 그 자리에서 그렇게 트인 정도만큼의 니르바나를 경험하는 것이다. 기분이 꼬였는데 조금 이해를 했더니 기분이 살짝 풀린다고 해보자. 이해를 잘못해서 기분이 꼬였을 때의 그것이 삼악도(三惡道)인 것이고, 기분이 살짝 풀려서 탁 트인 듯하면, 그것이 행복이요, 해탈이다. 그러니까 불교공부, 마음공부는 흑백(黑白)적으로, 양 극단적으로 생각해서는 좋지 않다. 이때는 100% 만을 생각하는 대신 '만큼' 철학을 고려해야 한다. 여러분들의 의식 속에 만큼 철학이 들어가 있으면 개인적으로도 평화로울 뿐 아니라 인간관계에서도 평화를 끌어올 수가 있는 법이다.

5) 연기-동체-대비

석가모니 부처님은 그렇게 명상을 통해서 연기를 발견하였고, 무아(無我)임을 알고 해탈하였다. 그런데 부처님께서 연기를 보니까 무아(無我)뿐 아니라 동체(同體)도 보였다. 전부 서로서로 이어져 있다고 해보자. 그러면 나는 이 책상과 연기적으로 어우러져 있기 때문에 나와 책상은 끝내 둘로 끊을 수 없다는 결론이 나오게 된다. 그래서 연기가 확연해지면 확연해진 만큼 도무지 세상 어느 부분을 끊어서 둘, 셋으로 갈라놓을 수 없다는 말이다. 그래서 동체(同體), 한 몸이라고 하는 것이다. 그렇게 한 몸임이 확연해진다면 어떻게 되겠는가? 주변 사람들을 실체로 보는 것이 아니라 연기시하게 되면 내 옆에 있는 사람에게 묘한 친화의 감정이 일어난다. 그리고 사람과 사람 사이에서 칸막이가 사라져 가는 것이 자연스럽게 느껴진다. 우리가 진실로 명상을 한다면, 그것을 바로 현장에서 느낄 수 있다. 동체이기 때문에 한 몸이고, 한 몸이니까 천하를 바라볼 때 내 몸을 바라보듯이 바라보면서 대비(大悲), 큰 자비(慈悲)가 나오게 된다. 그래서 저 연기로부터 끌어낼 수 있는 1번 키워드가 무아해탈(無我解脫)이고, 2번 키워드가 동체대비(同體大悲)이다. 또 연기이기 때문에 3번, 4번, 5번 등 이후의 다양한 이치들이 마구 나오게 된다. 네트워크적인 우리들의 세상은 전부 저 연기에 뿌리를 두고 있다. 그래서 석가모니 부처님이 보리수 아래에서 바로 해탈을 했다는 것은 바로 연기-무아-해탈(緣起-無我-解脫) 축을 말하는 것이다.

6) 팔정도(八正道)의 제1번, 정견(正見)

석가모니의 명상은 위에서 말한 식으로 꽃을 피웠다. 그래서 부처님이 세상에 내놓을 교과서를 만들 때 8가지 실천목표 중에서 1번을 바로 정견(正見)이라고 하였다. 그것은 가치관을 바로 정립하라는 말씀이다. 즉, 연기, 무아 등의 바른 견해를 세우라는 것이다. 내가 존재한다고 하는 견해를 세우지 말고 무아(無我)라는 견해를 세우라는 것이다.

실천 목표의 두 번째는 정사유(正思惟)이다. 정사유란 무엇인가? 사색이라는 뜻이다. 팔정도의 체(體)는 바로 정견과 정사유이다. 그 둘 중에서도 정견(正見)은 체의 체라고 할 수 있다. 그래서 정견이 도(道)의 체(體)라고 하고 나머지 7가지는 도(道)의 지(枝)라고 한다. 2개를 끌어와서 체를 만든다면 단연 정견, 정사유가 체이고, 나머지 여섯은 용(用)이 되는 것이다.

불교 공부를 계정혜(戒定慧) 삼학(三學)이라고 하는 것이 좋다. 계정혜 삼학은 훌륭하기 때문에 계(戒)나 정(定)을 부정해서는 안 된다. 계(戒)가 좋은 만큼, 정(定)이 좋은 만큼, 혜(慧)가 좋기 때문에 부정할 수는 없다. 그런데 혹시 계(戒)를 더 갈고 닦고, 정(定)을 더 갈고 닦은 다음에야 혜(慧)가 나오는 법이라고 생각하고 있다면 그런 생각은 시급히 수정되어야 한다. 계문(戒門)이나 정문(定門)을 딱 닫아놓고 혜(慧)로 지금 바로 들어간다 해도 모두 3개월 안에 아라한과를 얻을 수 있다. 이것은 부처님이 60명 아라한을 만들어내신 것만 보아도 알 수 있다.

석가모니께서는 대각을 성취하신 다음에 녹야원으로 가서서 오비구(五比丘)를 먼저 제도하신다. 오비구를 아라한으로 만드신 것이다. 오비구는 전문 수행자이기 때문에 쉽게 아라한과를 얻게 했을 수도 있다. 그런데 그 다음 6번째 제자는 전문 수행자가 아닌 재가자(在家者) 야사이다. 야사가 아라한과를 얻고 나자 이번에는 야사의 친구들 54명이 녹야원에 몰려온다. 야사와 야사의 친구들 55명은 그냥 시정(市井)의 한량들이었다. 마음공부를 열심히 하고 있던 사람들도 아니고 세상에서 그럭저럭 살았던 사람이라는 뜻이다.

그런데 그런 사람들이 녹야원에 와서 3개월 안에(길게는 6개월) 모두 아라한이 된다. 3개월에 60명 아라한 제자를 만들어 내었다고 하면 부처님을 너무 칭송한 것이 아니냐고 할 수도 있을 것이다. 그런데 그 기간을 6개월 이상으로 잡으면 그 후의 이야기가 잘 맞지 않게 된다. 그리고 3개월이면 충분하다. 이런 말을 들으면 이렇게 생각할 수도 있다. '그 60명은 부처님과 전생, 전생, 전생부터 깊은 인연이 있어서 이미 성근 공덕을 쌓아가지고 있었기 때문에 그렇게 되었던 것이지 우리가 어떻게 그 60명 속에 낄 수 있겠는가'

그런 생각을 하는 사람들은 정신을 차려야 한다. 그 60명의 아라한들은 2500년 전 사람들이기 때문에 좀 더 순박했을 수도 있다. 그래서 머리를 조금 덜 썩혔을 수도 있다. 그러나 그 사람들도 이 시대 사람들과 똑같다. 아함부 경전을 읽어 보면 똑같다. 이 시대 사람들에게 해주면 좋을 이야기를 부처님께서 그 때도 했다는 것이다. 2500년 전 사람이나 후의 사람이나 시간만 조금 달라졌을 뿐이지, 그 마음 씀씀이는 똑같다. 차이가 없다. 그럼에도 불구하고 3개월 안의 아라한과를 의심하는 사람들이 있다. 어떻게 3개월 안에 아라한과를 얻을 수 있겠느냐고 생각하는 것이다. 그래서 참 답답하다. 그렇게 생각하는 사람을 납득시키기가 정말 힘들다. 그래서 오히려 불교인들에게 강의하기가 복잡하다.

필자를 따르는 제자들 중에는 불교인이 아닌 사람이 많다. 그 사람들을 가르치기가 훨씬 쉽다. 불교인들은 이런 저런 지식을 가지고 와서는 따져대곤 한다. 예를 들어서 고락사 삼수(苦樂捨 三受)에 각수(覺受)를 더해서 고락사각(苦樂捨覺) 네 가지 수(受)가 있다고 강의를 한다고 해보자. 그러면 불교인들은 경전에 고락사 삼수만 되어 있는데, 어째서 각수(覺受)를 붙이냐고 따진다. 그런데 불교인이 아닌 사람은 그냥 수긍한다. 역경계를 만나면 고수(苦受)를 체험하고, 순경계를 만나면 락수(樂受)를 체험하고, 그럭저럭하면 사수(捨受)를 경험하고, 깨달음을 얻으면 깨달음을 얻은 각수(覺受) 느낌을 경험하는 것은 너무 당연하다고 쑤욱 받아들이는 것이다. 그런데 불교인들은 배웠다고 하는 상(相)을 가지고 복잡하게 따지는 경우가 있다.

7) 명상의 결과물을 바로 지금 이 자리에서 맛보아라.

명상의 목적지는 어디인가. 지금부터 부지런히 달려서 10년 정도 지나면 목적지 가까이에 가있지 않을까 하고 생각하고 있는가? 그런데 유감스럽게도 10년이 지나기 전에 죽어버리면 어떻게 할 것인가. 목표지점에 한 번도 닿아보지 못하고 죽어버린다면? 그러니까 명상의 결과물은 10년 후가 아니라 바로 즉시 그 자리에서 맛을 볼 수 있어야 한다.

돈벌이를 한다고 해보자. 10억이 필요하다면 어떻게 할까. 10억을 벌려면 이래야 되고 저래야 되고 하면서 따져 보고서 10년이 되어도 어렵겠다는 결론이 내려지면 어떻게 할 것인가? 10년 후에라도 10억을 벌게 되면 다행이지만 중간에 다 망해버렸다면 그 인생은 어떻게 할 것인가? 그렇다면 생각을 어떻게 바꾸면 되겠는가? 10억을 목표로 해서 계획을 세우고 있으니 이렇게 설렌다. 이 설렘이 나의 행복이다. 그렇게 생각하는 것이 벌써 이 순간의 내가 10억 프로젝트의 결과를 누리는 것이다.

그래서 지금 여기(here and now)를 항상 보러 와야 한다. 명상이라는 달리기를 할 때 골인 지점을 미래의 어느 시점에 두지 말라고 하는 것은 아니다. 구경각(究竟覺)이라

명상 어떻게 할 것인가?

고 하는 것이 있다. 삼명육통(三明六通) 자재하는 구경각의 경지, 묘각의 경지가 있다. 그래서 구경을 골인 지점으로 여기고 살아가는 것은 좋다. 그런데 그것만이 유일한 목표이고 나머지는 아무것도 아니라고 한다면 인생을 망치게 된다. 구경각을 향해서 가기는 하되, 그 과정에서 공부의 공덕에 따르는 나의 행복을 포기하지 말라고 하는 것이다.

4. 동사섭과 삶의 5대원리

동사섭은 행복론이자, 인품론이며, 공동체론이다. 이것은 바로 명상의 심화확대를 위한 답이다. 이 시대의 명상을 어떻게 할 것인가에 대한 답을 찾아 그것을 개발하고, 변화·발전시키면서 37년간을 체온 것이 동사섭 수련법이다. 프로그램에 대한 첫 소식은 서양의 것이었다. 칼 로저스 프로그램, 펄스 프로그램, 엘리스 프로그램, 이런 것들을 음으로 양으로 경험하면서 점점 불교와 비교하고, 불교를 부각시켜 오면서 지금의 동사섭은 거의 불교 프로그램이 되었다. 불교에 최소한의 인문학이 더해져 지금의 동사섭이 된 것이다.

동사섭에서는 '삶의 5대원리'를 벼리로 삼는다. 삶의 5대원리는 수련의 전 과정에, 전 인생의 과정에, 그리고 전 역사의 과정에 기초가 되고 벼리가 된다. 그것은 정체(正體), 대원(大願), 수심(修心), 화합(和合), 작선(作善)이라는 삶의 다섯 가지 원리이다. 동사섭 프로그램은 이것을 각론으로 쪼개서 이론화하고 실습화한 것이다. 그래서 지금부터 최소한의 실습을 해보려고 한다. 그러면 5대원리의 각론을 살펴보도록 한다.

1) 돈망(頓忘) 명상 실습
(1) '그냥 있는다'
'그냥 있는다'는 동사섭 고급과정의 주제이다. 고급과정을 하려면 그 전에 일반과정과 중급과정을 이수하여야 한다. 그런데 이 자리에서는 잠깐 '그냥 있는다'를 실습해보기로 하자. 마음을 편안하게 가지고 '그냥 있는다'를 속으로 읊조려 본다. 그러면서 그냥 있어 보도록 하라. 이 '그냥 있는다'를 4박5일 수련을 하고도 '그냥 있는다'가 무엇인지 모르고 가는 수련생도 있다. 지금 준비된 사람은 '아, 그냥 있는다고 하는 것이 바로 이것이구나.'라고 할 수도 있다. '그냥 있는다'가 되면, 교진여와 같은 아라한 제자가 되는 것이다.

(2) 의식의 원단, 존재의 원단 경험하기

'그냥 있는다'고 하는 것이 처음에는 그럴싸하다. 그런데 도대체 어떻게 하는 것이 그냥 있는 것인지 점점 궁금해질 수가 있다. 그런 과정을 모두 통과해 보는 것이 좋다. 그래서 힌트를 제공한다. 그냥 있는 것이란 의식의 원단으로 있는 것을 말한다. 의식의 원단으로 있어야 그냥 있는 것이다. 스스로 그냥 있어보도록 하라. 정좌(定座)하고 눈을 감거나 하는 것이 아니다. 그냥 눈뜨고 자연스레 그냥 있는 것이다. 또 걸으면서 그냥 걷는다고 해도 된다. 위빠사나 철학을 깊게는 이해하지 못하기 때문에 함부로 이야기는 못하지만, 그냥 있음은 아마도 위빠사나 수행의 극점수행이라고 할 수 있을 것이다. 그냥 있는 것이 의식의 원단이라고 했다. 그러니까 그냥 있을 때, 아버지가 생각나고 어머니가 생각났다 하면, 그냥 있는 것이 아니다. 의식의 원단이란 아무런 경험이 없는 원단, 아버지 경험, 어머니 경험이 없는 원단을 말한다. 무색무취한 원단, 의식의 원단이다. 그냥 있는 것이란 지금 의식의 원단으로 그냥 있는 것이다. 의식의 원단에서 벗어난 정도만큼 의식이 오염되어 있는 것이다.

그 다음은 존재의 원단이다. 여러분들, 지금 존재하고 있지 않은가? 존재자(存在者)이지 않은가? 그 존재를 자연 그대로, 아무것도 끼지 않은 상태 그대로, 존재하는 것이 그냥 있는 것이다. '그냥 있는다'는 그것이 되는 만큼 틀림없이 걸림 없는 자유함이 경험될 것이다.

(3) '그냥 있음'은 등각, 묘각의 에센스

등각(等覺)이 무엇이고 묘각(妙覺)이 무엇인가. 복잡스런 대답도 할 수 있겠지만, 가장 본질만을 딱 들어서 이야기 해보자. 등각, 또는 묘각이란 바로 '그냥 있음'이다. 그러니까 무언가 순간순간 그냥 있음에서 벗어나 있는 상태가 되면 얼른 그냥 있음으로 돌아가 보도록 하라. 여기에도 연습이 필요하다. 그냥 있음으로 돌아가면 걸림 없는 자유함으로 있는 것이다. 우리들 인생의 궁극의 목적은 무엇인가? 바로 걸림 없는 자유함이 궁극의 목적이다. 어떻게 걸림 없는 자유함이 궁극의 목적이냐고 질문할 수도 있다. 그러나 그것은 사유가 부족하기 때문이다. 조금 사유해 들어가 보면 인생의 궁극적 목적이 그 무엇도 아니고 바로 걸림 없는 자유함이라고 통찰하게 된다.

필자가 아주 젊은 수행자였을 때, 궁극의 목표는 육신통을 하는 것이었다. 삼매를 갈고 닦아서, 즉 명상의 명(瞑)을, 명-명-명-명-명의 극점에 가서 멸진정(滅盡定)이라고 하는 곳까지 가게 되면, 삼명육통(三明六通), 육신통(六神通)이 열린다는 말을 들었다. 그 소식을 교학적으로 처음 전했을 때 그 을 빈남 삼농뇌었다. 얼마나 기뻤던지 속으로 마구 외쳤다. "아! 내 인생은 이제 이것이다. 이것이 내 인생이다." 그런데 지금은 '그냥 있는다'가 전부이다. '그냥 있는다'를 통찰하면, 만족할 정도로 뚫게 되면 돈망 파지자(頓忘 把持者)라고 하는 일종의 도인가(道認可)를 해줄 수도 있다. 지금 우리 공동체는 돈망 파지자가 44호까지 나와 있다. 준파지자까지 합치면 70명 정도 된다.

2) 나지사(구나·겠지·감사) 명상 실습

'그냥 있는다' 하려고 하는데 역경계에 걸리면 복잡해진다. '그냥 있는다' 하는데 밖에서 나에게 "이 새끼야!"하고 욕을 했다. 그러면 어떻게 되는가? 마음이 편안한가? 아니다. 심사가 확 뒤틀린다. 그러니까 그냥 있으려면 어떻게 해야 하는가? "이 새끼야!" 하는 욕을 들었다면, 어떻게 해야 되겠는가? 거기에 걸려들지 않으면 최고이다. 그런데 걸려들지 않기가 쉽지 않다. 그러니까 딱 걸려들었을 때는 걸려든 줄 알고 빨리 빠져나오면 좋다. 걸려들지 않아야 하는데, 왜 걸려들었냐고 자신을 비난하게 되면 이것이 바로 이중화살을 맞는 것이다. 그러니까 이미 걸려들었으면 걸려든 줄 알고, 발을 빼고 나와 버리면 된다.

1장 명상의 이해

(1) 역경계에서 빠져 나오기

그래서 빨리 발을 빼서 나오려고 하는데 잘 빠지지 않는다. 마음에 떠올리기만 해도 불쾌해지는 그런 사람들이 있는가? '그냥 있는다' 하는데 그 친구가 떠오른다. 그냥 있으려고 하니까 그런 현상들이 일어난다. 그럴 때는 그 사람을 작업하면 된다. 나를 흔들어서 유쾌하지 못하게 만드는 그 사람은 말하자면 내 원수이다. 그 원수를 명상으로 얼른 해결해야 한다. 그 해결의 열쇠가 '구나, 겠지, 감사'라고 하는 나지사 명상이다. 이제 그것을 실습해보기로 한다.

마음속에 현재 원수가 없다면 과거의 경우를 떠올려서 실습을 하도록 한다. 옛날 생각이 떠올랐다 하는 것은 심리학적으로 아직 잔재가 남아있음을 말한다. 그러니까 기억을 더듬어도 없을 정도로 깨끗해져 있어야 한다. 그러면 실습에 들어가 보자. 생각하면 불쾌해지는 그 친구나, 그 사건을 떠올려 본다. 길동이가 5년 전에 나에게 "이 상놈의 새끼!"라고 욕을 해서 내가 화가 났는데, 그것이 아직 안 풀렸다고 가정을 하고, 나지사 명상으로 그것을 해결하는 실습을 하는 것이다. 명상을 통해서 해결이 되었다고 하면, '그냥 있는다' 할 때 그 원수가 와서 콕콕 쏘지 않는다.

(2) '-구나'는 띄어 놓고 바라보기

나지사 명상처럼 쉬운 명상도 없다. 우선 '-구나'를 한다. '길동이가 나에게 "이 새끼야" 하는구나.' 하고 그것을 좀 띄어놓고 바라보는 것이다. 이것은 위빠사나이다. '-구나'야말로 위빠사나이다. 그때 길동이를 코앞에 놓고 하지 말고, 떨어져서, 멀리 떼어 놓고 해본다. 외국과 같은 먼 곳에 가면 문제의 현장인 한국에 있을 때보다 '-구나'가 훨씬 쉬워져 명상이 더 잘된다. 달나라까지 여행가면 훨씬 더 쉬워진다. 그렇게 길동이를 멀리 떼어 놓고, '길동이가 "이놈아!" 하는구나.' 하는 것이다. 길동이에 대한 감정을 멀찍이 떼어 놓고 생각하게 되면, 이 마음이 좀 더 가라앉는 것이 느껴진다. 참 재미있는 현상이다. 화가 난 대상을 멀리 떼어 놓고 보면 그 감정이 부드러워지고, 무엇인가 더 해결된 듯한 감을 느끼게 된다. 그러니까 명상을 하려면 느낌에 눈을 떠야 한다.

니르바나란 바로 느낌이다. 느낌 중에서 최고의 느낌이 교과서적인 니르바나이다. 그것보다 조금 낮은 단계는 만큼의 니르바나이다. 그렇게 니르바나를 만큼으로 정리하는 것이 좋다. 화가 났는데 그 화가 딱 풀릴 때의 정서는 어떠한가? 기분이 좋다면 그것이 그 만큼의 니르바나이다. 그래서 '-구나' 하면, 바로 만큼의 니르바나를 경험하게 되는 것이다.

(3) '-겠지'는 연기 살피기

그 다음에 '-겠지'도 해보자. '-겠지'는 어떻게 하는가? 길동이가 나에게 "이놈아!" 할 때는 그렇게 말할 만 한 사정이 있는 법이다. 그렇게 사정을 고려하는 것이 연기관(緣起觀)이다. 길동이가 나에게 "이놈아!" 한 것만 달랑 떼어내 실체시했기 때문에 문제가 된 것이다. 저렇게 "이놈아!" 한 때에는 그리지너만 사정이 있지 않겠느냐 하고 연기를 살피게 되면 기분 나쁘던 것이 해체된다. 그렇게 해체되면서 마음이 부드러워진다. 길동이가 나한테 "이놈아!" 할 때에는 그럴 만한 사정이 있는 것이다. 그 전날 내가 길동이에게 이러고저러고 했으니까 그럴 만도 하다고 이해하는 것, 이것이 바로 연기관이다.

원인이 확실하게 떠오르면 좋지만 떠오르지 않는 경우도 많다. 그럴 때는 그냥 추상적으로 '그럴만한 사정이 있겠지' 해 보는 것이다. 첫 번째의 '-구나'로도 좋지 않은 마음이 풀린다. 그런데 그 위에 '그럴만한 사정이 있겠지.' 하게 되면 '-겠지'로도 확 풀리는 감이 느껴진다. 풀린 이것이 바로 만큼의 니르바나라고 할 것이다. 그러니까 우리는 순간순간의 삶 속에서 니르바나와 해탈에 친숙해져야 한다. 삼아승지겁(三阿僧祇劫)을 닦아야 해탈이 온다고 하는 것은 아니라는 말이다.

(4) 무엇인가 풀렸다면 그 만큼의 해탈(니르바나)이다

필자가 젊은 시절에 십생(十生) 후에 성불한다는 목표를 세워놓은 때가 있었다. 그래서 상좌에게 그런 이야기를 했다. 그랬더니 그 상좌 답변이 스님이 되었으면 당생(當生)

에 성불을 해야지, 무엇 때문에 십생 후에나 성불하느냐는 것이었다. 생각해보니 그 상좌의 말이 정말 맞는 말이었다. 그야말로 제대로 밥값을 한 말이었다. 상좌에게 그런 말을 한 까닭은 삼아승지겁에 비하면 십생은 금방이기 때문이었다. 그런데 그 상좌의 한 마디는 딱 옳은 말이었다. 영 창피한 노릇이었다. 그래서 며칠 생각해서 당생 성불로 돌렸다. 그리고는 내 나름대로 이리 뚫고, 저리 뚫고 하다 보니까, 순간순간이 니르바나였다. 순간순간이 태평성대이며 순간순간 그저 깨달음의 춤을 추게 되는 것이었다.

이렇듯 구나·겠지·감사 하게 되면 내 속에서 평화스런 마음이 경험된다. 그런데 조금 더 집중적으로 해보면 이 마음이 아주 깨끗해진다. 그런데 어떤 것은 깨끗해졌다가 또다시 아상(我相)이 들어오기도 한다. 그럴 때는 어찌 하면 되겠는가? 또 구나·겠지·감사를 반복하는 것이다. 한 두 번의 나지사 명상으로 풀리지 않는 난이도가 높은 사안에 대해서는 몇 번이고 반복하는 것이 방법이다. 개인적으로는 한 가지 상황을 두고 열 번 이상 나지사를 한 적도 있다.

(5) 나지사 명상은 그냥 있음의 순도를 높인다

처음 출가할 때의 목표는 삼매가 깊어져 멸진정(滅盡定)에 이르러 삼명육통을 하는 것이었다. 그러나 출가 후에 내 나름대로 불교 살림이 커졌다. 그러다 보니까 이제는 그저 쉬운 개념으로 '그냥 있는다'를 가르치게 되었다. 그래서 지금은 우선 '그냥 있는다.'고 하는 묘각을 해놓고, 그 다음에 삼명육통 하고 싶은 사람은 하라고 하는 불교로 변화발전 하였다. 우리가 '그냥 있는다.'를 실천해 보는 것도 좋다. 왜냐하면 우리는 이미 그냥 있기 때문이다. 이미 지금 상당히 자유롭게 존재하고 있다. 친구 아무개가 "이놈아" 해서 속이 상한다면, '그냥 있는다'에 조금 집중하면서 해결하면 된다. 그렇게 하면 '그냥 있는다.'의 순도가 높아진다. 그래서 지금 내가 가르치고 있는 명상의 마지막 과정은 '그냥 있는다.' 이다. 이 명상은 참으로 쉽고 간단하다. 우리 모두 이미 그냥 있다. 거기에 무엇인가 오물 같은 것이 묻어 있다면, 그것을 조금 털어내면 된다.

3) 삶의 오대원리(五大原理) 실습

이번엔 삶의 오대원리를 공부해보자. 정체(正體), 대원(大願), 수심(修心), 화합(和合), 작선(作善), 이 다섯 가지는 그냥 쉽게 된 것 같지만 이 다섯 가지로 딱 정립될 때까지는 20년이라는 시간이 걸렸다. 처음에는 그냥 단순한 것을 가지고 동사섭 프로그램을 시작했다. 그리고는 프로그램을 업그레이드해서 한 20년이 지났을 때 오대원리로 정리했다. 그 오대원리를 실습치원에서 한번 해보자.

(1) 대원(大願)학습

지금 이렇게 해보자. 두 손 끝으로 자기의 가슴 중앙을 짚은 다음 두 팔로 둥글게 원을 그린다. 그런 동작을 하면서 읊조린다. "나는 우리 모두의 행복을 위하여 수심하고, 화합하고, 작선한다." 이때 행복은 해탈까지를 아우른다. 그러니까 '행복 해탈을 위하여' 라고 해도 좋다. 그러면 '나는' 이라고 할 때 이 '나'라는 것은 무엇인가. 그것을 제대로 규명해야 한다. 그리고 '우리 모두의 행복 해탈을 위하여' 라고 할 때는 어떤 마음이어야 하는가. 그것은 '진정 지구에 있는, 우주에 있는, 모든 존재들에 대해서 연민지정을, 자비심을, 불러일으킨다.' 하는 것이다. 그래서 그들의 고통이 내 한 쪽 팔의 고통으로 여겨지도록 '우리 모두의 행복 해탈을 위해서 나를 바치리라.' 하는 마음을 일구어내는 것이 대원학습이다. 『금강경』에 보면 대원학습을 하는 것으로 이미 니르바나를 결정한다고 되어있다. 그러면 다시 한 번 해보자. "나는 우리 모두의 행복 해탈을 위하여 나의 모든 것을 바치리라." 이런 말을 거듭 하고 있으면, 점점 내가 그 말대로 변해간다. 대원학습은 우리 모두의 행복 해탈을 위하여 나의 전 존재, 전 에너지를 바치리라고 하는 마음을 길러내는 것이다. 그 마음이 어느 수준까지 길러졌다 하면, 그 사람은 이미 상당한 수준의 니르바나를 살고 있는 것이다. 이것이 『금강경』 제3장 정종분(正宗分)의 말씀이다.

(2) 수심(修心), 화합(和合), 작선(作善)

그 다음에는 이렇게 읊조린다. "나는 우리 모두의 행복해탈을 위하여 안으로 수심(修

心) 잘 하여 마음천국 이루고, 밖으로 화합(和合) 잘 하여 관계천국 이루며, 나아가 작선(作善) 잘 하여 세상 천국 이루겠습니다." 수심을 잘 한다고 할 때는 두 손으로 가슴을 닦는 동작을 하고, 화합을 잘 한다고 할 때는 두 손으로 바깥쪽을 향해 서로 교차시키는 동작을 하며, 작선을 잘 한다고 할 때는 두 손을 받쳐 올리는 동작을 한다. 그리고 '세상 극락 이루겠습니다.' 하는 것도 나쁠 것은 없지만 '천국'이라고 하는 편이 좋다. 극락은 불교 쪽 말이고, 천국은 기독교 쪽 말이다. 그런데 그런 것까지 불교 것을 찾아서 쓰려고 하지 않아도 된다. 천국이나 극락이나 같은 뜻이기 때문에 그럴 때는 천국이라고 쓰는 편이 좋다. 그래서 화합을 이루는 것이다. 우리 모두의 행복을 위해서 할 일은 3가지이다. 수심(修心)잘 해서 마음천국 이루고, 화합(和合) 잘 해서 관계천국 이루고, 작선(作善) 잘 해서 세상천국을 이루는 것이다.

(3) 화합 없이 명상 없다

화합, 이 부분이 또한 큰 공부거리이다. 그 이유는 아무리 명상을 잘 하려고 해도 가족 등 주변사람들과의 관계가 좋지 않으면, 명상이 잘 되지 않기 때문이다. 집안에서 가족들 속에서는 명상이 잘 안 되니까 아예 커피숍에 앉아서 명상을 하자고 생각할 수도 있다. 그러나 가족을 피해서 커피숍에 앉아서 명상을 한다 해도 잘 되지 않는다. 집에서 아내가 또는 남편이 "이놈의 남편네", "이놈의 여편네", 하면서 부정적 에너지를 잔뜩 품고 있는데 커피숍에서 명상한다고 해보아야 잘 안 되는 법이다. 그래서 우선 가까운 사람들 사이에서 화합이 이루어져야 한다. 화합 문제는 명상에 있어서 빼놓을 수 없는 요소가 된다. 화합은 상관없고 나는 명상만 잘 하면 된다고 생각할 수 있겠지만 그것은 천만의 말씀이다. 그러면 어떻게 화합을 이룰 것인가. 나누기를 잘 하면 화합을 이룰 수 있다.

(4) 나눔과 받아주기

수련장에서는 나눔 하나를 위해서 만 하루를 쓴다. 아침 여덟시 반에서 밤 열시까지

나눔에 대한 이론을 공부하고 실습을 한다. 그러나 여기서는 한 가지만 간곡히 당부의 말을 전하고 싶다. 이 한 가지는 꼭 기억해두어야 한다. 서로 교류를 할 때 정말 중요한 부분은 상대방과 대화를 나누는 것이다. 교류는 우선 대화이다. 대부분의 이혼들이 잘못된 대화가 그 원인이라고 한다. 이혼의 97%가 그 이유라는 것이다. 대화를 잘 하는 방법에 대한 이론을 공부해서 잘 알고 있다 해도 실습을 하지 않으면 몸으로 잘 되지 않는다. 이 자리에서는 아주 중요한 대화법 하나를 일러 드리겠다. 이미 많이 알고 계시는 내용일 것이다. 내외간이나, 친구 사이, 혹은 부자지간이라고 해도 이 원칙은 대단히 중요하다.

예를 들어, 나는 바다로 가고 싶은데 상대방은 산으로 가고 싶어 하고 있다. 상대가 이렇게 말한다. "오늘 우리 도시락 싸서 산으로 가지." 그런데 자신은 바다로 가고 싶기 때문에 마음속에서 "쌍!" 하고 부정적 에너지가 나온다. 그런데 "쌍!"이 나오면 안 된다고 했다. 그것은 단지 내가 바다로 가고 싶듯이 상대는 산으로 가고 싶어 한다고 하는 상황이다. 그러니까 "쌍!"이 나올 자리는 없는 것이다.

그러면 어떻게 하면 될까? '우리 남편은 혹은 아내는 산으로 가고 싶은 모양이구나.' 하고 생각하면서 상대방의 상태를 그대로 수용하는 표현을 한 마디 하는 것이다. "당신, 산으로 가고 싶다는 말이지?" 이렇게 한 마디를 걸쳐주는 것이다. 내가 바다로 가고 싶은 것은 차차 말하더라도 그 말 한마디를 걸쳐놓으면, 바다로 갈 확률을 높일 수가 있다. 우선 상대를 수용하는 표현을 해놓은 다음 이렇게 말하는 것이다. "그런데 나는 여차저차 해서 바다로 가고 싶네요." 그렇게 되면 확률적으로 "그럼 우리 바다로 갑시다." 이렇게 나올 수가 있다.

그런데 상대의 마음을 한 번 받아주는 에너지가 없으면 이렇게 말하게 된다. "무엇 하러 산으로 가자고 해? 바다로 가자." 그러면 어떻게 되겠는가? 못을 때리면 못이 빠지겠는가? 못은 때리면 때릴수록 더 단단하게 박히는 법이다. 그러면 대화가 소모전이 되고 만다. 불필요한 곳에 에너지를 뺏기는 것을 소모전이라고 한다. 우리들은 가정에서나 인간관계에서 소모전을 펴지 않는 것이 좋다.

(5) 먼저 들어준 다음 자기 이야기를 하라

상대방이 무엇이라고 말하면 일단 그것을 듣는 것이다. 내가 하고 싶은 이야기가 있더라도 우선 상대의 이야기를 듣고 그것을 반복해주는 것이다. 예를 들어보자. 상대가 이렇게 말하면서 싱글벙글한다. "아이고, 오늘 내가 밖에 나가서 누구누구에게 이런 덕담을 들었어. 그럭저럭 생긴 나를 보고 상호가 참 좋다고 덕담을 해주어서 기분이 좋았어." 세상의 많은 사람들은 상대의 말이 떨어지자마자 자기 이야기만 풀어버리는 식의 대화법을 쓰고 있다. 상대가 밖에서 여차저차 한 좋은 소리를 들었다고 말하는데, 그 말이 끝나자 불쑥 내 말을 하면 상대의 표현과 나의 표현 사이에 다리가 없어진다. 다리가 탁 끊어져서 두 실체가 나동그라지는 모양새가 된다. 대화가 연기적이지 못하다는 것이다. 이런 국면에서 연기적인 대화가 이루어지려면 내 자랑을 하고 싶더라도 우선 상대의 말을 이렇게 받아주는 것이다. "밖에서 아무개가 자네 상호가 좋다고 여차저차 표현을 했구먼. 그 말 듣고 보니 자네 정말로 상호가 좋거든." 이렇게 해서 상대방이 표현한 것을 내가 앵무새처럼 반복만 해주어도 그 공덕은 아주 크다. 그런 후에 자기표현을 하게 되면 자기표현의 성취도 또한 올라가게 된다. 이렇게 이리저리 하면서 마음을 주고 마음을 받는 것, 이것이 바로 나눔이다.

(6) 베풂 1호, 감사하기

그 다음으로는 베풂에 대해서 공부해보자. 동사섭에서는 인간관계에 필요한 네 가지 덕성을 '교류사덕'이라고 하는데 그 첫 번째 덕성이 '보시'이다. 뭐니 뭐니 해도 최고의 베풂은 상대방을 기쁘게 해주는 것이다. 그러면 무엇을 베풀어서 상대를 기쁘게 할까? 베풀라고 하면 호주머니에서 돈을 꺼내는 쪽으로 먼저 생각하는데, 그렇게 가지 않아도 된다. 그렇게 하면 부담이 된다. 우리는 맨입으로라도 얼마든지 베풀 수 있다. 입으로 베푸는 것이 얼마나 있겠는가? 억만 가지나 있다.

가족을 떠올려 보라. 가족들이 어떠한 역할을 했을 때 내가 얼마큼 좋았는가? 남편 또는 아내가 나에게 여차저차하게 해준 것이 나에게 기쁨으로 기억되고 있다면, 그렇게 역할 해준 것에 대한 답례로 무엇을 돌려주었는가? 이렇게 돌려주는 것이 중대한 베풂의 하나가 된다. 무엇을 돌려주어야 하는가? 감사를 돌려주는 것이다. "감사하다" 하는 표현이 베풂의 아이템이 된다.

그러면 상대가 나에게 감사하게 해주었던 것을 번호를 붙여가며 쭉 써 보자. 그렇게 해서 열 가지를 썼다고 해보자. 그러면 열 가지를 일시에 표현해 주어도 나쁠 것은 없고, 가끔 하나씩 그것을 표현해 보는 것이다. "여보, 당신하고 연애할 때, 어느 정자 밑에서 내 손을 꼭 잡아주었을 때 내가 전율할 정도로 행복했거든. 그런 행복을 주어서 고마워요." 이런 표현을 상대방에게 했다면, 그 상대방 속에서 암(癌)이 자라려고 하다가도 딱 사라지게 될 것이다. 거짓말을 하라는 것이 아니다. 거짓말로 덕담을 해서는 안 된다. 거짓말 덕담을 한 번, 두 번, 하게 되면 거짓말이 인격이 되어 버리기 때문에 그것은 안 된다. 그러나 잘 생각해보면 거짓말 밑고도 얼마든지 덕담거리가 있고 줄 것이 있다.

(7) 보시록, 감사록, 사과록 작성하기

이제는 집에서 실습을 해보자. 우선 가까운 가족들부터 시작해서 감사했던 것들을 순서대로 써 본다. 우선 가족의 이름을 써놓고 그 사람에게 감사했던 것들을 쭉 쓴다. 우선 그렇게 '감사록'을 써두고 적절하게 표현하는 것이다. 다시 한 번 더 강조하고자 한다. 인간관계를 하다 보면 감사해야 할 만한 은혜를 수없이 입게 된다. 은혜를 입고도 감사하다는 표현을 하지 않는 것은 파렴치이다. 그것을 대단치 않게 여기고 감사 표현을 할 필요가 있겠느냐는 식으로 생각한다면 그것은 삶의 중대한 미학 하나를 던져버리는 것이다. 그러니까 모두 집에서부터 실천하는 것이다. "하염없이 베풀어라." 하는 것을 잊지 마시길 바란다. 입은 은혜에 대하여 감사의 마음을 표현하는 것을 잊지 말아야 한다.

입은 은혜에 감사의 표현을 하려면 먼저 메모를 하는 것이 좋다. 감사록 노트를 만드는 것이다. 우리 수련장에서는 보시록, 감사록, 사과록, 관용록이라는 노트 4권을 권장한다. 우선 감사록 노트를 준비해서 첫 페이지에 남편부터, 아내부터 써나가도록 한다.

그리고 감사거리를 하나씩 써가다 보면 한없이 쓸 수 있을 것이다. 일단 감사록을 작성한다는 것이 가장 중요하다. 아, 그렇게 하면 좋겠구나 하는 생각만으로 끝낸다면, 그 사람은 감사하지 않을 사람이다.

(8) 감사록 작성만으로도 양장력이 높아진다

이렇게 감사록을 작성하면 작성했다는 것 자체만으로도 그 가정의 양장력 수준이 높아지게 된다. 감사록을 작성할 때 내 마음이 어떠하겠는가? 마음속 고마움이 증폭된다. 고마움을 내가 기록하기 때문에, 그 고마움이 증폭되고 그것으로 내가 기뻐진다. 그렇게 해서 기뻐진 에너지가 가정에 꽉 차게 된다. 감사록 노트를 만들어서 써 놓고, 또 써 가고 하면서 가족들에게 표현해보라. 개인적으로 해도 좋고, 경우에 따라서는 전체가 차를 마시면서 가족잔치를 해도 좋다. 어떤 방법으로든 감사표현을 꼭 하는 것이 중요하다. 그리고 다른 가족들도 할 수 있도록 권장해도 좋다. 그것 하나로 해서 우울했던 가정도 환하게 피어나게 된다.

5. 마치는 글

이상으로 명상의 의미와 실천법에 대해 기술하였다. 우리는 주로 관계에서 상처를 주고받는다. 그래서 관계 때문에 고통 받고 괴로워한다. 명상을 할 때, 아상(我相)을 내려놓고, 연기의 관점으로 '구나, 겠지, 감사'의 마음을 갖는 것이 중요하다. 그리고 우리 모두의 행복 해탈을 위하여 나의 모든 것을 바친다는 마음으로 가장 가까운 가족부터 감사의 표현을 하도록 노력하는 삶을 사는 것이 중요하다. 우리는 남이 없이는 내가 있을 수 없고, 내가 없이는 남이 있을 수 없는 연기적 존재이고, 동체이다. 그렇기 때문에 천하를 바라볼 때 내 몸을 바라보듯이 바라보면서 서로에게 감사하며 대비(대비), 큰 자비(자비)의 삶을 사는 것이다.

명상 어떻게 할 것인가?

한국명상지도자협회

01
명상의 이해

명상이란 무엇인가?
명상의 이해

김재성
자애통찰명상원(명상의집 자애) 대표

01 명상의 이해

명상이란 무엇인가? 명상의 이해

/ 목 / 차 /

들어가는 글
1. 마음과 디폴트모드
2. 믿음을 바탕으로 마음을 개발하는 불교명상
3. 명상
4. 간화선과 조사선
5. 마음을 극복하기 위한 방법
6. 자애명상
7. 명상에 대한 오해
8. 자애명상 실습
나오는 글

명상이란 무엇인가? 명상의 이해

들어가는 글

　명상이란 무엇인가라는 주제로 일종의 명상에 대한 입문강의와 위빠사나, 그리고 자애명상에 대한 설명과 실습을 하고자 한다.

　이미 알고 있는 내용을 정리하고 또 앞으로 명상을 좀 더 전문으로 하고, 명상지도자가 되실 분들이니까 기본적인 이해기 도움이 될 것이다. 그래서 "너는 왜 명상을 하냐?"라고 질문을 받을 때 이러한 이유에서 명상을 한다고 설명을 하는데 도움이 되는 자료들을 모아보았다.

　현대인들에게는 상당히 많은 스트레스가 있는데, 생명이 있는 존재들은 모두 스트레스 속에서 살아간다. 그럼에도 불구하고 인간은 안전한 환경을 만들어 놓고 그 안에서 살고 있다. 오늘날 인간이 살고 있는 환경 속에서 인간의 생존을 위협하는 동물들은 거의 찾아볼 수 없다. 특별한 환경, 즉 산속에 혼자 갔다가 멧돼지에게 습격을 받는 정도가 아니면 인간이 사는 도시나, 마을에는 다른 동물들이 와서 인간에게 스트레스를 주지 않는다. 다른 동물들은 생존에 스트레스를 받으며 산다. 그러나 인간들은 다른 인간들로부터 스트레스를 받는다. 생존하기 위해서 받는 기본적인 스트레스도 있고, 그 외 다양한 스트레스를 받으며 산다. 우리나라 사람들의 스트레스 지수는 세계에서 1~2등 정도라고 추측해 볼 수 있다. 이것을 객관적으로 보여주는 것이 자살률이다. 자살하는 분들은 삶의 스트레스를 이겨내지 못하고, 자기 생명을 끊는 것으로써 마지막 수단을 찾는 것인데, 이런 삶속에서 우리가 무엇인가 내면의 힘을 기르지 않으면, 누구든지 그런 위험에 노출될 수 있다고 생각한다.

　자살을 생각해 본 적이 있는가? '사람들은 왜 자살을 할까?' 라고 생각을 하면 여러 가지 이유가 있겠지만, 내면에서 자기가 세워놓은 어떤 가치가 무너질 때, 자기가 생각할 때 소중하다고 생각하는 가치가 이뤄지지 않거나, 깨졌을 때 자살로 죽음을 맞이하는 것 같다. 자기가 기대한 것이 되지 않았을 때도 그렇고, 자살하는 분들 가운데 꽤 많은 비율이 우울증에 의해서 심리적인 고통 속에서 자살한다고 한다. 그런 증상들을 어

1장 명상의 이해

떻게 하면 완화시키고 다스릴 수 있을까 하는 방법으로 여러 가지 방법들이 있겠지만, 그 중에서도 명상은 가장 효과적이고 가장 경제적인 방법이 아닌가 생각한다.

스트레스에 가득 찬 현대에서 살아남는 방법 중의 하나로 명상을 말할 수 있다. 최근에 '마음을 챙겨야 건강하다', '스트레스 공화국 생존법', '명상의 과학', '마음챙김 혁명'이라는 국내외 주간지 표지들을 볼 수 있다. 이 주간지의 내용들도 결국은 동서양을 막론하고 우리가 겪고 있는 고통들에서 벗어나는 방법으로 '명상'을 이야기하고 있다. 그리고 한국에서는 서양의 명상법이 들어오면서 오히려 더 자극을 받는 느낌도 있다.

서양에서 임상적으로 효과가 확인된 명상들이 한국에 들어오고 있다. 우리에게 본래 있었던 자산을 남들이 좋다고 하니까 이제 가치를 인정하고 있는 것이라 할 수 있다. 불교는 인도에서 생겨나서 2500년 이상 전해져 왔고, 한국에 전래된 지는 1700년 가까이 되었다. 그와 비교했을 때 서양에서 명상이 제대로 실천된 지 40년 정도 되었다. 그들은 명상을 동양에서 배워 갔다. 동양인들이 전해준 명상을 가지고 과학과 연결시켜서 끊임없이 좋은 성과들을 이루어냈고, 종교의 관점에서 벗어나 객관적으로 입증되는 수많은 임상적, 과학적, 생리적 데이터를 가지고 명상의 효과를 전문가는 물론 일반인들에게 알리고 있다. 그리고 많은 사람들이 종교와 무관하게 명상을 접해서 수많은 효과들을 경험하였다.

지금 미국에서는 수천만 명이 명상을 하고 있다고 이야기 한다. 명상에는 가장 넓은 의미에서 다양한 불교의 명상법이나 요가를 포함하는 힌두교의 명상법이 다 들어간다.

이처럼 서양에서의 명상이 유행하게 되었고, 한국에서도 힐링 열풍과 함께 명상에 대한 관심이 높아지고 있다. 이렇게 많은 사람들이 명상을 하는 이유는 명상에 효과가 있기 때문이라고 볼 수 있다. 명상에 효과가 없으면 2600년 동안 해오지 않았을 것이다. 인간들에게 무엇인가 보탬이 안 되는 문화들은 사라진다. 종교도 사라진다. 오랜 세월에 거쳐 수많은 종교들이 생겨났다가 사라졌다. 영원한 진리라고 이야기 하던 많은 진리들과 당대를 풍미하던 철학들도 사라졌다. 왜냐하면 그 철학이나, 종교가 생겨났을 당시는 뭔가 사람들에게 호소하는 무엇인가가 있었지만, 시대가 바뀌고, 지역이 바뀌면서 그 의미를 상실하게 되면 자연적으로 사라지게 되어있다. 종교 가운데서도 세계 4대 종교인 기독교, 이슬람, 불교, 힌두교가 있지만, 불교는 내적인 수련을 통해서 면면히 살아남은 중요한 전통이라고 할 수 있다.

1. 마음과 디폴트모드

명상을 함으로써 얻어지는 효과를 살펴보면, 효과적으로 일을 처리하고, 스트레스가 감소되고, 마음의 평화를 얻고, 그래서 일상의 아름다움과 풍요로움에 감사하는 마음이 생겨난다. 감사하기 때문에 마음의 평화를 얻는 경우도 있지만, 실제로는 마음에 평화를 깊이 경험하며 인생생활에 큰 고마움을 느끼게 된다. 내면이 풍부하지 않으면 삶이 고마운 줄 모르고 산다. 많은 사람들은 "행복과 감사 중 어떤 것이 먼저냐" 이야기할 때, 감사하면 행복하다는 말도 하고, 행복해지면 감사하는 마음이 더 생긴다고 말을 하는데, 2가지는 서로 보완해주는 그런 관계이다.

명상을 깊이해서 명상의 좋은 체험을 하면 당연히 평화를 얻고, 깊은 안정과 그 어느 것으로부터도 얻을 수 없는 행복감을 경험한다. 이것은 앞으로 명상을 지도하려고 할 때 먼저 맛봐야 하는 경험이기도 하다. 이것의 맛을 안보고 남들에게 이야기하면 내가 먹어보지도 않은 음식을 사람들에게 맛있다고 소개하는 것과 비슷하다.

이런 명상의 효과가 왜 생기는 것인가에서 조금씩 살펴보고 명상의 내용으로 들어가겠다.

평상시 마음을 잘 보라. '어떻게 작동하고 있는가.' 마음은 조절이 잘 안 된다. 사실은 마음이 어디 있는지도 모르고 산다. [볼 때 눈에 있고, 들을 때 귀에 있고, 맛볼 때 혀에 있고, 냄새를 맡을 때 코에 있다. 이것이 마음이기도 하고 불성이기도 하다.] 이런 설명이 있지만 우리의 마음은 감각대상을 접할 때마다 동요된다.

감각대상은 눈·귀·코·혀·몸 등 5가지에다가 마음이 하나 더 있다. 앞의 5가지는

1장 명상의 이해

외적 감각기관이고, 마음은 내적 감각기관이라고 할 수 있다. 이것을 불교에서는 안이비설신의(眼耳鼻舌身意), 눈·귀·코·혀·몸·마음이라고 한다. 이 6가지 감각기관은 색성향미촉법(色聲香味觸法)이라는 여섯 대상을 향해 항상 달려가고 있다. 하나의 기둥에 6마리의 짐승이 묶여있는 것과 같이 각각 활동하는 영역이 있어서 자기 영역을 향해 달려간다. 눈은 보이는 대상으로 달려가고, 귀는 소리로 달려가고, 코는 냄새, 혀는 맛, 몸은 촉감, 마음은 마음속에서 일어나는 대상들로 늘 달려가고 있다. 그래서 마음은 늘 들떠있고, 불안하고, 안정되어 있지 못하다. 이것이 마음의 상태이다.

우리 마음은 내외의 자극이라는 바람에 펄럭이고 있다. 이 마음을 잡아주는 사띠(sati,마음챙김, 깨어있음)라는 마음의 기능이 없으면, 이 마음이라는 깃발은 기둥에서 풀려 날아가 버린다. 그럼 어떻게 되겠는가? 제 정신이 아니게 되는 것이다. 사띠는 제 정신을 차리고 있는 상태이므로 사띠에 마음을 묶어두지 않으면 위험하다는 뜻이다.

붓다는 법구경 21게송에서 불방일(不放逸)을 말씀하셨다. "방일하지 않음이 불사(不死)의 길이고, 방일은 죽음의 길이니 방일하지 않은 사람은 죽지 않으며, 방일한 사람은 죽은 자와 같다."라고 말씀하셨다. 사띠를 들고 있는 사람은 죽지 않을 것이고, 사띠를 놓친 사람은 죽은 것과 마찬가지라고 할 수 있겠다.

우리가 사띠에 대한 이야기를 계속할 텐데 [**지혜로운 사람은 그래서 마음 갖기를 활 만드는 사람이 화살을 곧게 하듯이 한다.**] 라는 법구경33게송의 가르침이 있다. 이 가르침의 배경이 된 이야기가 있다. 부처님 당시 7살의 어린사미들이 아라한이 된 사례가 많이 있는데, 그 가운데 하나이다. 7세 동자승이 탁발을 하러 어떤 마을을 들어가니까 활 만드는 사람이 활을 만들고 화살을 만드는데, 나무를 깎아서 화살을 곧게 만들고 있는 것을 보았다. 그것을 보면서 '저 사람은 저 화살을 저렇게 곧게 만드는데 나는 왜 내 마음하나 곧게 못쓰나?' 하고 반성을 하였다. 그리고 이번에는 논을 걷다가 물대는 사람이 물을 자유자재로 자기 논으로 끌어들이는 것을 보았다. '저 지혜로운 농부는 자기 논에다가 물을 잘 대는데 나는 왜 내 마음의 흐름도 조절 못하나?' 라고 반성하며 걷다가 같이 탁발하러 나온 다른 스님에게 "스님 제가 절로 돌아가서 수행을 해야겠습니다."라고 말하고 탁발 도중에 바로 절로 돌아왔다. 그리고 앉아서 명상에 들었다. 그 후, 탁발하는 스님들이 절로 돌아왔을 때, 그때 부처님도 계셨는데, 다른 스님이 그 사미가 명상하는 방문을 열려고 하니까 부처님께서 방문을 열지 말라고 합니다. "지금 저 사미가 막 깨달음을 얻으려고 하니까 지금 방해하지 말라"고 만류하였다. 그리고 조금 있다가 아라한이 되고 나서 부처님이 이야기를 해주셨다.

활 만드는 사람이 화살을 곧게 하듯이 자기 마음을 곧게 가지는 것, 마음은 곧게 한다는 말을 직심(直心)이라고 할 수 있다. 곧은 마음, 또는 마음을 곧게 하는 것, 직심이라는 말은 유마경(維摩經)에 나오는 말이다. 유마거사한테 "어디서 오십니까?" 그러니까 "도량에서 옵니다." "어느 도량에서 옵니까? 유마거사께서 말씀하시는 도량은 어떤 것입니까?" 하니까 "직심(直心)이 나의 도량입니다." 이렇게 대답하였다. 내 마음을 곧게 하는 것, 바르게 하는 바로 그곳이 수행처이다. 우리가 살고 있는 장소에서 마음을 바르게 할 수 있다면 어디 살아도 그곳이 도량이고, 수행처라는 이런 뜻이기도 하다.

마음을 바르게 한다는 것이 사실은 수행의 전부를 말하는 것인데, 그런데 이 마음이 바르게 되기가 쉽지 않다. 왜 안 될까? 우리의 마음은 본래 헤매게 되어있기 때문이다.

신경과학자들이 2000년대 초반에 마음의 기본 상태를 발견했다. 이것을 "디폴트모드 네트워크"라고 이름 붙였다. 디폴트모드라는 것은 초기설정으로 이렇게 돼 있다는 이야기이다. 타고나면서부터 마음이 불안정하다는 이야기이다. 특히 뇌가 평상시에 활성화되는 곳이 두정엽부분인데, 저것들이 활성화될 때 과거에 잘못한 것에 대해 후회하는 마음, 또는 상처받은 일에 대해서 억울해하는 마음, 미래에 일어날 일에 대해서 두려워하고 걱정하는 마음, 이런 것들이 활성화되는 부위라고 한다. 이 부위들을 디볼트모드 네트워크라고 한다.

이것이 왜 기본상태가 되었을까? 앞서 인간들의 스트레스를 받는다고 한 것과 연관이 된다. 생명들은 살아남기 위해서 항상 과거에 있었던 일을 기억해야 하고 미래를 준비해야 한다. 현재에 완전히 만족하고 살 수 있다면 모르지만, 현재 자체가 과거 미래의 중간에 위치해서 흘러가고 있기 때문에 항상 과거, 미래를 비춰보면서 지금을 살아가야

1장 명상의 이해

하니 불안정하다는 것이다. 그런데 마음이 한 곳에 몰두되어 작동하기 시작하면 그때부터는 이 디폴트모드가 비활성화 되어서 편안하고 안정된다고 한다. 명상을 하거나 기도를 하면 마음이 안정된다. 그게 디폴트모드 비활성화되기 때문이라고 이야기한다. 명상을 하면 마음이 고요해지고, 안정되고, 기쁨과 전율이 일어나고, 행복해지고, 지극히 평온해지는 경험을 한다. 그냥 사띠(마음챙김)를 끊임없이 복부나 몸에서 일어나는 감각에 두고 관찰했을 뿐인데, 이게 왜 이런 결과가 일어나는지 궁금했다. 그런데 우리의 평소 심리상태 또는 뇌 상태와 명상을 할 때와 안할 때의 상태를 신경과학자들이 구분해서 밝혀놓았다. 우리가 명상을 한다는 것은 우리의 초기설정모드를 비활성화시켜서 항상 현재에 깨어있으면서 깨어있는 마음으로 과거를 보고, 미래를 대비하면더욱 안정된 마음에서 생활할 수 있다.

　사띠가 없어 깨어있지 못하면 불안정 상태에 들어가서 과잉반응을 하는 이것이 문제이다. 평소에 어느 정도 불안정한 것은 괜찮다. 그래야 과거를 반성하면서 미래를 계획하고 더 잘 살려고 노력하지 않겠는가? 근데 인간들은 쉽게 과잉화 되어버린다. 토끼나 사슴들의 불안이 과잉화 되면 주위에 살고 있는 사자들이 걱정 되서 살지 못할 것이다. 만약에 사자가 언제 공격할지 모르는 그런 정글 속에서 인간들이 산다면, 특별한 방비를 해 놓지 않고서는 불안해서 못 살 것이다. 토끼나 사슴들도 불안한 것은 마찬가지겠지만, 저쪽에서 사자들이 자고 있으면 그들은 이쪽에서 풀 뜯고 있다. 공격하기 전까지는 편안하게 지낸다. 그리고 굴속에 들어와서 '오늘 낮에 사자가 나를 공격하려고 했는데 그놈이 나한테 무슨 원한이 있나?' 그렇게 생각하지 않는다. 그냥 푹 잔다. 만약 토끼들이 그런 생각을 하고 있다면, 낮에 동료가 잡아먹혔던 일을 생각 하거나 내일 내가 잡아먹히지 않을까 걱정한다면 신경과민으로 굴속에서 못 나올 것이다. 우리주변에 그런 사람들을 볼 수 있다. 상처받고 여러 가지 어려운 경험을 당하면 집밖으로 못나오는 사람들이 있다. 인간들은 디폴트모드 네트워크가 과잉활성화 되기 때문에 그렇다고 볼 수 있다.

　우리는 과잉활성화 된 것을 가라앉히고 안정시키는 방법을 익혀야한다. 붓다는 우리에게 마음의 행복, 고통이 소멸된 길을 가르쳐주셨다. 붓다는 마음에 대해서 다음과 같이 말씀하셨다.

> [어떤 하나의 법도 개발되지 않아 큰 해로움으로 인도하는 것을 나는 보지 못하나니, 그것은 바로 마음이다. 그리고 어떤 하나의 법도 개발되어 큰 이로움을 가져오는 것을 나는 보지 못하나니, 그것은 바로 마음이다. 개발되지 않은 마음은 큰 해로움으로 이끌고, 큰 해로움을 초래하고, 개발된 마음은 큰 이익을 초래한다.]
> (대림스님 역, 앙굿따라 니까야 1권, 79. AN 1:3:3~4)

2. 믿음을 바탕으로 마음을 개발하는 불교명상

그래서 마음을 개발하는 것을 불교에서는 명상이라고 한다. 명상이라고 해서 특별한 일을 하는 것이 아니라 유익한 마음을 개발하는 것이다. 위에서 마음을 바르게 쓰는 것과 연결시켜서 설명했지만, 그래서 마음을 개발해서 향상시키는 것, 더 좋게 만드는 것이 중요하다. 만일 노력해도 마음이 향상되지 않는다면 붓다는 법을 가르치지 않았을 것이다. 또는 나빠지는 마음을 조절할 수 없다면 조절하라고도 안했을 것이다. 자신과 타인에게 불행을 초래하는 해로운 마음을 불선심(不善心)이라 하며, 이것을 극복하고, 자신과 타인을 행복하게 하는 유익한 마음을 선심(善心)이라 하며, 이것을 개발하는 작업을 명상이라고 한다.

명상은 부정적 감정을 해소시키고 긍정적 정서를 체험하게 한다. 이때 가장 큰 문제가 되는 것은 명상의 시작단계에서 5가지 부정적 정서들인 다섯 가지 덮개[五蓋]가 마음을 압도하는 것이다. 그것은 다른 것이 아니라 평상시의 우리 마음의 상태이다. 욕망, 분노, 게으름과 졸음, 불안(들뜸)과 우울, 마지막은 의심에 빠지는 것이다.

믿음을 바탕으로 이 다섯 가지 덮개를 가라앉히는 일이 일단 명상의 기본적인 목표라고 보면 된다. 어떤 명상을 해도 다섯 가지 덮개를 비활성화 되는 쪽으로 간다. 이 5가

1장 명상의 이해

지의 활성은 위에서 설명하였듯이 디폴트모드, 즉 초기설정모드가 활성화된 상태라고 말할 수 있다. 초기설정모드가 불안감이라고 했지만, 불안 속에는 의심도 있고, 게으름도 있고, 졸음도 있고, 또 욕망도 일어나고, 분노도 일어난다고 볼 수 있다. 이렇게 5가지의 장애물들이 마음속에서 계속 활성화 된다. 그런 상태가 디폴트모드이기 때문에 이것을 비활성화 시키는 방법 가운데 하나가 명상이라고 보면 된다. 이것이 비활성화 되면 훨씬 마음이 안정되고 평온하고 그 다음으로 행복해지고 행복을 넘어서 지극한 평정과 평온을 경험하게 된다. 어느 정도 명상을 해야 그 정도가 되냐고 질문하는데 사람마다 다르다. 어떤 사람들은 2-3일만 지나도 어느 정도 안정과 행복감을 느끼시는 분들이 있고 한참을 해도 잘 안 되는 사람들이 있다. 명상의 효과가 나타나는 시기는 마음의 토양의 질에 따라 다르다. 마음의 토양이 처음부터 잘 개간되어 있고, 토질이 좋으면 씨를 뿌리자마자 싹이 트는데, 어떤 마음들은 거친 황무지와 같아서 한참 개간을 해야 된다. 좀 더 마음을 가다듬는 작업이 필요할 수 있는데, 그 작업도 명상에 포함되지만 이 5가지 덮개가 가라앉는데 걸리는 시간은 우리들이 명상할 때 효과를 빨리 보는 시간이라고 할 수 있다.

그러면 5가지 덮개가 생활 속에서 활성화되어 있지만 이것을 가라앉히는 기초적인 작업이 있다. 그것을 불교에서는 계(戒)라고 한다. 계율할 때의 계, 즉 윤리적인 삶을 사는 것이다. 윤리적인 삶은 5가지 방식으로 사는 것이다. 생명을 죽이지 않는 것, 나에게 주어지지 않는 것을 취하지 않는 것, 잘못된 성행위를 하지 않는 것, 거짓말을 하지 않는 것, 술을 삼가는 것이다.

여기서 술은 곡주, 과일주를 포함한 술과 우리 마음을 취하게 하는 온갖 약물들, 우리 마음을 게으르게 하는 중독성 물질이 다 포함한다. 여기에 담배도 넣어야 한다고 생각하지만, 소승불교국가인 미얀마나 태국에서 담배를 포함시키기도 하고, 제외하기도 한다. 그래서 그 나라 스님들 가운데 담배 피는 스님들도 있다. 인류가 담배를 피운지는 역사적으로 얼마 되지 않았다. 붓다가 생존 시에는 담배가 없었다. 담배는 중독성이 강한 니코틴 중독을 야기 시키기 때문에 중독성 물질에 들어갈 수 있다. 일단

명상이란 무엇인가? 명상의 이해

은 자신에게 해롭고 주위사람들에게 해로움을 끼치기 때문에 5계에 포함시킬 수 있다고 본다.

  5가지 윤리를 잘 지키면 자기를 보호하고 남을 보호한다. 윤리라고 하는 것을 타율적인 것이 아닌, 내 마음을 보호하는, 즉 내 마음이 디폴트모드에 빠지는 것을 방지하는 아주 기초적인 방패라고 생각할 수 있다. 최대한 살생 안하려고 애써야하고, 최대한 나에게 주어지지 않은 것을 갖지 않으려고 애써야 한다. 산이나 계곡에서 돌 같은 것을 주워 자기 집에 가져다 놓게 되는데, 이런 행위도 여기에 해당한다. 그 다음에 성적인 행위를 합법적으로 정당하게 해야 하며, 그 다음에 거짓말을 삼가는 것이다. 삼가야 하는 말은 네 가지가 있다. 거짓말, 거친 말, 이간질하는 말, 쓸모없는 말이다. 부처님은 우리가 하는 대부분의 말은 다 쓸모없는 말이라 하였다. 어디에 무엇이 맛있다. 가을에 단풍이 멋있다. 여행 이야기 등 모두 쓸모없는 말들이다. 무엇에 쓸모가 없냐 하면, 우리의 마음이 행복해지는데 쓸모없다는 것이다. 여기에는 뭔가 좀 이상하게 생각하는 분도 있을 수 있다. 우리들은 이런 이야기를 통해서 서로 소통하기 때문이다. 소통을 하더라도 인간의 성장과 성숙에 도움이 되지 않는 말은 짐승들의 말이라고 한다.

  그러면 어떤 말들이 유익한 말인가? 우리 마음을 안정시키고, 위안을 주고, 편안하게 해주고, 깨달음을 얻는데 도움이 되는 말이다. 좋은 말에 5가지가 있다고 한다. 시기적절한 말, 온화한 말, 진실한 말, 유익한 말, 자애의 마음으로 하는 말이다. 이 5가지 세트가 맞아야 좋은 말이라고 이야기 할 수 있다. 자애의 마음은 자애명상에서 설명할 것이다. 이런 좋은 말을 하고 살아야 하는데 평상시에 자각하고 있지 않으면 이런 말을 하기 어렵다. 그래서 늘 자기가 하는 말을 되살펴야 한다. 내가 하는 말이 시기적절하고 이로운 두 가지 점만 있어도 괜찮다. 진실하고, 온화하고, 자애의 마음으로 이야기 하고 있는지, 상대방에게 도움이 되고, 상대방을 정말 사랑하는 마음에서 상대방에게 행복을 가져다주는 마음에서 이 말을 하는지 살펴서 말을 해야 한다. 거짓말, 이간질하는 말, 쓸모없는 말, 거친 말을 하면 마음이 계속 디폴트모드에서 작동한다. 5가지 덮개에 대해서 잘 이해하고 최소한 생활 속에서 5계를 지키면서 살아야 한다.

3. 명상

1) 명상의 정의와 분류방식

명상을 분류하는 방식은 다양하다. 먼저 종교적 전통으로서 명상이 있다. 불교인으로서 명상을 한다면 불교 전통으로서 명상을 할 수 있다. 성불하기 위해서, 깨닫기 위해서, 열반을 얻기 위해서 불교명상을 하는 것이다. 다음으로 자기 컨트롤 기법으로서, 내 마음을 조절하기 위해서 명상을 한다. 종교는 안 믿더라도 내 마음을 조절하고 주위를 집중하고 싶어서 명상을 할 수 있다.

다음으로 명상에 대한 통합적 정의를 보면, "명상이란 전통적으로 한층 더 높은 의식상태 혹은 훨씬 더 건강하게 여겨지는 상태-깨달음이나 깨달음에 가까이 가는 상태-에 도달하고자 정신적 과정을 가다듬는 것을 목적으로 하는 주의의 의식적 훈련이다."(안도 오사무 지음/김재성 옮김, 명상의 정신의학, 40쪽)

주의 집중법으로서 명상이라고 할 때 attention(주의)을 의식적으로 훈련하는 것이 명상이라는 의미이다. 의식적이라는 말은 마음을 내서 노력한다는 뜻이다. 가만히 있는 것은 명상이 아닐 수 있다. 그래서 명상은 멍 때리는 것과는 다르다. 실제로 두뇌가 사용되는 영역도 다르다. 마음이 쉬는 비슷한 효과가 있지만, 명상을 잘하면 멍 때리는 것보다 뇌의 디폴트모드가 비활성화 되는 것이다. 멍 때리는 것은 잘못하면 디폴트모드의 활성화 쪽으로 갈수 있다. 잠시 편안하다가 다시 불안해 지기 때문이다.

위의 명상의 정의는 주의의 의식적 훈련이라는 말에 핵심 의미가 있다. 현대에서는 이완이나, 심신의 이완이나 심리치료를 목적으로 행해질 수도 있고 실제로 활발하게 행해지고 있다. 미국에서 심리치료를 하는 사람들의 40%이상이 명상을 심리치료에 도입하고 있다고 한다. 직간접적으로 본인이 하든지, 회기 때마다 내담자들에게 명상을 가르치든지, 명상의 원리를 가르치든지, 여러 가지 방법으로 명상, 특히 마음챙김을 적용하는데 이렇게 해서 심리치료의 효과를 본다는 뜻이다.

샤우로 사피로에 의하면 명상에는 3가지 형태가 있는데, 집중명상, 열린 명상, 관조

명상이 그 것이다.

집중명상은 하나의 대상에 집중하는 명상이다. 불교에서는 이것은 사마타명상이라고 한다. 힌두교의 초월명상이나 자애명상, 호흡명상 이런 것들이 여기에 속하고, 욕망이나 분노 등으로 동요된 마음이 가라앉는다.

열린 명상은 심신의 모든 경험에 주의를 열어놓고 가장 두드러진 것을 대상으로 또는 일정한 패턴을 따라서 관찰하는 것을 열린 명상이라고 한다. "열린"이라는 말은 주의를 열어놓고 있다는 뜻이다. 마음을 쓸 때 주의를 어느 한곳에다가 초점을 맞추는 것이 아닌 넓은 부분을 비추려는 서치라이트처럼 비추는 것이다. 서치라이트를 비추는 대상은 그때그때 나타나는 주된 심리적 신체적 대상이거나 일정한 몸의 부위를 훑어가며 관찰할 수 있다.

관조명상은 종교적 신념이나 신앙과 관련된 명상이다. 초월적 존재를 향해 마음을 열어놓고 하는 명상이다. 불교에서 관조명상은 집중명상으로 분류한다. 향심기도나 까발라, 염불 등을 관조명상이라고 할 수 있다.

명상을 하면 긍정적인 심리효과가 많다. 만병통치약처럼 들리기도 하지만, 기억력도 좋아지고, 지능도 발달하고, 창조성, 대인관계기능, 인격향상, 자기존중감, 행복, 긍정정서, 공감, 자기실현, 우호적 신뢰감과 일체감, 영성의 향상 등등이 좋아진다고 한다. 여기서 제일 안 변하는 것은 인격인 것 같다. 명상을 한다고 인격이나 성격이 쉽게 바뀌지 않는다. 명상을 평생해도 성격은 쉽게 안 변하는 것 같다. 명상을 해서 인격이 바뀌려면 아라한이나 부처님처럼 되어야 가능할 것이다. 그것도 시간이 많이 걸리지만 명상만 가지고는 안 될 수도 있다. 또 여러 가지 보살행이라고 하는 바라밀행을 해야 한다. 그런데 인격이 더 나빠지거나 악화되지는 않는다고 할 수 있지 않을까 생각한다. 나쁜 인격이라고 하더라도 나쁜 것을 잘 조절하고 좋은 쪽으로 쓸 수 있는 요령이 생길 수 있다고 이야기한다.

2) 차드 멍 탄의 내면 검색프로그램

몇 년 전 우리나라에 왔었던 차드 멍 탄이라고 하는 구글 초기의 엔지니어였던

1장 명상의 이해

사람이 있다. 두 번 한국을 방문하였는데, 젊은 친구가 여러 명상의 대가들을 구글에 초청해서 일종의 포럼 같은 것을 했다. 거기에는 스님들도 초청하고, MBSR의 창시자인 존 카밧진도 초청했다. 그 포럼의 사회를 보면서 진행을 했는데 그가 명상프로그램을 개발했다. 혼자 한 것이 아니라 다니엘 골멘이라는 심리학자와 함께 했다고 한다. 골멘은 EQ-감성지능의 저자이기도 하다. 이 두 사람이 같이 개발을 한 것이 내면검색프로그램이다. 이것은 전통적인 수행법을 간단하게 요약을 해놓은 것이다.

1단계는 주의력 기르기로 집중된 주의와 열린 주의를 기르는 것이다. 집중된 주의가 집중명상, 열린 주의가 위빠사나 또는 관찰, 마음챙김 명상이라고 한다. 고차원적 인식 및 감정능력의 기초가 되는 주의력을 기르는 것이 중요하다. 주의의 초점을 하나에 맞춰 놓고 주의를 열어놓고서 있는 그대로 일어난 일들을 관찰하는 것도 좋다.

2단계는 자기이해와 자기통제이다. 자신의 감정흐름을 고해상도로 인식한다고 한다. 우리는 감정이 일어난 순간을 잘 포착하지 못한다. 감정이 커졌을 때, 압도되었을 때, '내가 화났구나.' 하고 이야기한다. 화의 씨앗이 마음에서 올라오는 순간 딱 포착할 수 있다면 화가 마음의 주인 노릇을 못한다. 이런 과정을 고해상도로 인식하여 조절하는 것이다.

그 다음 3단계로 유용한 정신습관을 창조하는 것인데 만나는 사람에게 순수한 선의를 일으키는 것을 말한다. 즉 자애심 같은 것을 일으키는 것이다. 위에서 좋은 말의 하나로 자애의 마음으로 하는 말을 말했듯이 자애의 마음으로 행동하고 살아가는 것, 그것이 유용한 정신습관을 창조하는 것이라고 할 수 있을 것이다.

멍탄은 원력이 있다. 불자인 그는, 자기가 죽기 전에 100만 명의 수다원 예류과를 만들고 싶다고 이야기했다. 100만 성자를 만든다는 이야기인데, 100만 명의 명상의 고수를 만들고 싶다는 원력이다. 그냥 명상의 고수가 아닌 소타판나 첫 번째 깨달음을 얻은 예류를 만들고 싶다고 하며 명상 지도하는 활동을 열심히 하고 있다. 어쨌든 좋은 일이라고 생각한다.

3) 다양한 명상방법

명상을 하면 할수록 자기에게 좋고, 주변에 좋은 영향을 미치니까, 이것은 윈-윈의 힘을 기르는 것이라고 보면 되겠다. 현대인들이 실천하고 있는 명상은 여러 가지가 있다. 먼저 만트라 하는 방법, '옴' 또는 '옴 마니 반메훔'도 좋고, '아미타불', '관세음보살'도 좋고, '평화', '사랑' 이라는 말도 모두 좋다. 의미 있는 단어나 구절을 반복하는 것이 만트라 명상이 될 수 있다. 다음에 현재 순산에 대한 마음 챙기는 알아차림 mindful awareness, 이것을 위빠사나라고도 한다. 호흡을 따라 집중(隨息觀)하거나 숫자를 세는 수식관(數息觀) 등의 호흡명상, 몸의 감각의 흐름에 주의 기울이는 바디스캔, 이것도 위빠사나의 한 방법이고, 자애, 연민, 용서와 다른 치유하는 정서를 개발하기를 불교에서는 사무량심(四無量心) 수행이라고 해서 강조한다. 저자는 호흡명상, 몸의 감각관찰, 사무량심의 방법으로 명상을 하고 명싱을 지도한다. 그리고 여러 가지 기하학적 모양에 집중하는 방법, 평화로운 장소나 치유하는 에너지 또는 대상을 심상화하는 방법이 있는데, 티베트에서 많이 한다. 특히 불보살님을 심상화해서 집중하는 그런 명상들을 한다. 영감을 주거나 성스러운 글을 읽고 반조하는 것, 성스런 존재나 성인의 사진을 바라보는 것, 또는 마음속에 그리는 것 등이다. 자애를 관조하는 것, 신을 찬양하는 성가, 이런 것들이 현대인들이 주로 하는 명상이다.(Stephan Bodian, 2012, Meditation For Dummies 3rd Edition, p. 12)

명상은 계속 반복하면서 익숙해지는 것이다. 수영에는 기본적으로 네 가지 영법이 있다. 자유형, 평형, 접형, 배영이다. 이 네 가지를 각각 계속 연습하면 수영선수들처럼 능숙해진다. 보통 그중에서 각 선수들은 주 종목이 하나씩 있다. 자유형 200m, 400m 등이다. 그 다음에 접형, 배영을 연습하다보면 그 가운데 가장 잘하는 영법이 있게 된다. 그럼 그것을 계속 연습해서 그 분야의 1인자가 되는 것이다. 명상도 마찬가지이다. 여러 가지를 섞어가면서 하는 것도 좋지만 다양한 방법을 바탕으로 집중력을 기르고 지혜를 기르는 것이다.

명상은 단순하게 분류하면, 집중하는 것과 통찰하는 것, 2가지로 요약될 수 있다. 그래서 불교명상을 2가지로 나눌 때 집중을 개발하는 방법과 통찰을 개발하는 방법 2가지로 말한다. 고요함은 집중명상, 사마타라고도 하며, 사마디를 개발해서 주의를 하나의 대상이나 주제에 집중하는 것이다. 통찰은 위빠사나라고도 하고, 지혜, 마음챙김 명상이라고 한다. 순간순간 몸과 마음에서 일어나는 경험에 열린 주의를 기울이는 것을 말한다.

4. 간화선과 조사선

그 다음에 조사선, 간화선 전통도 있다. 밖으로 모든 경계의 생각이 일어나지 않는 것을 "좌"라고 하고 안으로 자성을 보아 어지럽지 않은 것을 "선"이라고 한다고 하는 육조단경에 나오는 좌선에 대한 정의도 있다. 간화선은 좌선만을 하는 것이 아니다. 불교의 모든 수행은 행주좌와 어묵동정 전부 수행의 자세이고 어디서든 수행을 할 수 있어야 한다. 명상의 초보단계에서는 일단 좌선으로 익히지만 좌선에서 얻은 힘이 다시 걷고 서고 눕는 모든 동작에 그 힘을 쓸 수 있는 상황이 되어야 한다. 초기경전에서는 움직이면서 얻은 삼매가 강한 삼매라고 이야기한다. 앉아있을 때는 누구나 마음이 어렵지 않게 가라앉고 집중할 수 있는 반면, 움직이면서 집중을 이루기가 쉽지 않다. 정말로 자신의 삼매가 강한지 알고 싶으면, 동작하면서, 걸으면서 삼매에 들어보라고 이야기한다. 삼매에 들어서 걷는다고 자동차 사고가 나는 것이 아니라, 마음이 오롯이 깨어있는 상태에서 자기가 집중하고자 하는 대상을 딱 챙기면서도 생활을 할 수 있다는 이야기이다.

[망념이 일어나지 않는 것이 "선(禪)"이요. 앉아서 본성을 보는 것이 "정(定)"이다. 본성이란 그대의 무생심이요. 정(定)이란 경계와 마주할 때 무심하여 팔풍(八風)에 움직이지 않는 것이다.]

대주 혜해스님의 『돈오입도요문』에 나오는 문장이다. "본성이란 무생심(無生心)이라." 본래 생겨난 적이 없는 마음이라는 의미이다. 무생심은 초기 불교적으로 말하면, 열반을 말한다. 열반은 본래 생겨나지 않는 것이다. 그러니 사라지지도 않는다. 무생심이라고 할 때, 마음으로 열반을 경험하기 때문에 이렇게 부를 수도 있다.

"팔풍(八風)에 움직이지 않는다." 팔풍은 여덟 가지 우리 마음을 흔들어놓는 바람이다. 네 가지는 순풍(順風), 네 가지는 역풍(逆風)이다. 순풍(順風)은 이익을 얻는 것, 즐거움을 경험하는 것, 칭찬받는 것, 명예를 얻는 것이며, 우리는 이 네 가지를 추구한다. 하지만 이 네 가지를 얻는 일에 실패하면 손해를 보고, 고통을 경험하며, 비난을 받고, 불명예를 경험한다. 이것이 역풍(逆風)이다. 이 팔풍이 아무리 불어와도 마음이 동요되지 않는 것, 이것이 정(定)이고, 이것이 진짜 고요한 마음이라는 의미이다. 그래서 진짜 정(定)은 깨달음을 얻은 성자가 되어야만 경험한다고 생각할 수 있다. 깨닫기 전에는 팔풍 속에서 살고 팔풍을 일으키며 산다, 내가 팔풍의 원인도 되고 대상이 되기도 한다. 팔풍을 잘 견뎌야 한다. 팔풍은 "팔세간법(八世間法)"이라고도 한다.

그 다음 핵심원리는 명상이 자기를 보호하고 남을 보호하는 방법(쌍윳따 니까야 Sedaka-sutta, SN 47.19/ SN V 168-169)이라는 점이다. 이것을 불교식으로 이야기하면 자리이타(自利利他)이다. 자기에게 이롭고 남에게도 이로운 것이라는 것이다. 자기를 보호하려면 무엇을 해야 하고 남을 보호하려면 무엇을 해야 하는가? 방향은 다르지만 자기보호와 타자보호 이 둘은 상보적이다. 자기를 보호할 때 남을 보호하는 것이라고 말하고, 남을 보호할 때 자기를 보호하는 것이라고 말한다. 그러면 어떻게 자기를 보호할 때 남을 보호하는 것인가 하면 마음챙김의 확립을 통해서라고 한다. 항상 사띠가 확립되었을 때 자기 마음을 잘 지키고 보호하고 번뇌의 침입으로부터 마음을 보호한다는 뜻이다. 신경과학적으로 이야기하면 디폴드모드의 비활성화이고, 다섯 가지 장애의 제어라고 이야기할 수 있다. 그것이 마음챙김이 있을 때 가능하다는 뜻이다.

5. 마음을 극복하기 위한 방법

　마음챙김을 통해 자기가 보호되면 당연히 그런 마음으로는 남에게 해를 끼치는 행동과 말을 하지 않게 된다. 일반적으로 자기가 사랑하는 사람은 보호한다. 보통은 자기가 좋아하고 사랑하는 사람은 따뜻한 마음으로 대한다. 하지만, 사랑하는 사람이라고 하더라고 기대에 못 미치거나 마음에 안 들면 화를 낼 수 있다. 그럴 때 어떻게 해야 되느냐 하는 이야기이다. 남을 보호해야 되는 상황은 내가 남에게 해를 끼치는 것을 막고, 그 마음을 극복해야 하는 것인데, 이 방법으로 네 가지가 있다. **첫 번째**는 인내이다. 힘든 상황, 짜증이 일어나는 상황을 참으라는 것이다. 어느 정도 참아야 하는가 하면 신경과학자들은 90초를 참으라고 이야기 한다. 1분30초만 일단 참으라는 것이다. 부글부글 속은 타는데 그것을 꾹 눌러 참으려하니 안 된다. 언젠가는 폭발하게 된다. 일단 참고 분노를 가둬 놓는 것이다. 언어와 행동으로 분출되지 않게 가두어 두는 것이다. 1분30초 동안 가만히 있어 보는 것이다. 이러한 것을 "containing"한다, "담아 둔다"고 한다. 그러면 분노가 안에서 폭발하지 않고 한 풀 가라앉는다고 한다. 1분30초는 분노가 피크로 올라갔다 내려가는 시간이라고 한다. 화가 나면, 길지 않은 시간이 길게 느껴진다. 일각여삼추(一刻如三秋). 일각은 15분이지만, 삼추는 가을이 세 번 이라는 뜻으로 3년을 말한다. 이때 15분이 3년은 아니더라도 진짜 길게 느껴질 수 있다. 그래도 일단은 견디고, 참고 있으라는 말이다. **두 번째**는 연민의 마음이다. 인내한 다음, 상대방에게 연민의 마음을 일으키라고 한다. 그리고 자기에게도 연민의 마음을 일으킨다. 상대방이 나에게 피해를 끼칠 때에는 저 사람도 힘들겠다고 생각하는 것이다. 저 사람의 마음도 불편하겠다고 생각하면서 그 사람이 힘든 상황에서 벗어나기를 바라는 것이다. 일단 참으면 그런 마음이 일어날 여지가 생길 수 있다. 그리고 참는 나에게도 '나도 힘들구나. 이 힘든 상황 것에서 벗어나기를.' 이렇게 마음을 일으키는 것이 연민이다. 타인에게 연민, 나에게도 연민을 일으키는 것이다. 참으로 힘들 때, "나 힘들어!"하고 소리치지 말고 '힘든 내가 이 힘든 상황에서 벗어나기를.' 하고 마음을 일으키는 것이 자기에게 일으키는 연민이다. **세 번째**는 자애의 마음이다. 연민을 통해서 마음이 좀 가라앉으면 자애의 마음을 일으킨다. 상대방에게도 나에게도 자애의 마음을 일으킨다. '당신도 행복하기를.' '나도 행복하기를'. 이렇게 자애심을 일으키면 마음이 기쁘고 행복하게 된다. **네 번째**는 동정의 마음이다. '당신도 계속 기뻐하고 행복하기를 바라고, 나도 계속 기뻐하고 행복하기를', 이렇게 함께 기뻐하는 동감으로 진행하는 것이다. 그것이 인내와 연민과 자애와 동정의 마음을 기르는 것이다.

이렇게 남을 보호하면서 자기를 보호한다. 남에게 해를 끼치면 바로 자기에게 피해가 온다. 해를 끼치는 순간이 이미 피해를 주고 있는 순간이다. 시간을 기다릴 것도 없다. 욕설을 내뱉으면 시원할 것 같은데 이미 자기 가슴 안에 화살이 박히는 것이다. 그래도 시원하게 한마디 쏟아 붓고서 인내하면 되지 않나 생각할 수 있지만, 이미 인내의 한계를 넘어가 버리면 내가 통제할 수 있는 범위를 벗어나 버린다. 상대방에게 상처를 주면 행동의 주도권이 상대방에게 넘어가는 것이나. 내가 통제할 수 있는 것은 내면에서 평화롭게 해결하는 방법이다. 인내는 억압하고는 다르다. 억제하고 비슷하다. 억압은 우리마음을 힘들게 하는 미성숙한 방어기제라면 억제는 잘 조절하는 성숙한 방어기제이다. 억압하면 폭발하고, 억제하면 스스로 편해진다. 인내는 억제하는 마음이라고 할 수 있다. 왜냐하면 분노는 나에게 해가 될 것이라는 것을 명료하게 알기 때문에 남에게 해가 되는 것을 먼저 안하는 것이기 때문이다. 하지만 막상 현실에서는 잘 안 된다. 분노를 참는 것이 안 되면 당분간 괴롭게 살 수밖에 없다. 자꾸 화를 내다가 분노로 해결되지 않는다는 것을 자각하면 '아, 이것은 화를 낸다고 해서 해결되는 것이 아니구나. 내가 화낸다고 저 인간이 바뀌는 것이 아니구나'라고 자각하는 순간 화를 그만 내게 될 수 있다. 이 과정이 상당히 힘들 수 있다. 화를 안 내는 가장 좋은 방법은 상대방에 대한 기대감을 내려놓는 것이다. 그러나 이것은 참으로 더 힘들다. 화내는 것보다 더 힘들다. 자식에게 그만 기대할 것, 남편이나 아내에게 그만 기대할 것, 그저 그들이 잘되기를 기본적으로 바라고 내가 해줄 수 있는 일만 해줄 것, 바라지는 말 것, 이렇게 할 수 있다면 살만하지 않겠는가? 하지만 이런 마음을 가지는 것이 쉽지 않다. 기대감을 내려놓는 일이 나한테 제일 안 되고 남한테도 안 된다. 그래서 계속 복달거리면서 사는 것이 아닌가? 지혜가 없으면 마음이 계속 힘들다. 남에게 해를 끼치고 나도 피해를 받고, 또 마음챙김이 없어서 스스로 자기를 보호하지 못해서 남에게 피해를 준다.

이 두 가지 원리만 잘 알면 앞으로 안내하는 자애통찰명상, 또는 앞으로 할 명상에 대한 이야기를 다 이해할 수 있다. 자애통찰명상은 두 가지 힘을 기르는 것이다. 하나는 마음챙김을 확립시키고, 또 다른 하나는 자애를 위시로 한 자비희사(慈悲喜捨) 사무량심을 기르는 것이다. 얼마든지 기를 수 있고 기를수록 점점 더 정말 좋고, 부처님이 이것을 왜 하라고 했는지를 스스로가 깊이 경험하게 되며, 법에 의해서 보호를 받으면서 살고 있다는 것을 느낀다. 확고한 마음챙김과 사무량심의 다섯 가지 덕목을 잘 갖춰야만 자기를 보호하고 남을 보호하고, 남을 보호하면서 자기를 보호하게 되는 것이다.

6. 자애명상

1) 사랑에 대한 세 가지 방법

사마타 명상의 주제는 40가지가 있다. 마음집중을 닦는 데에는 40가지 방법이 있는데 그중에서 거룩한 마음가짐인 사무량심과 마지막에 네 가지 사대에 대한 분석을 주로 수행삼아서 한다. 그리고 어느 정도 호흡에 대한 마음챙김도 수행한다.

먼저 자애의 마음에 대해서 설명을 하고 바로 명상 실습을 할 것이다. 자애라고 하는 것은 조건과 한계가 없는 사랑을 말한다. 우리는 세 가지 방법으로 사랑을 한다. 하나는 남녀 간의 성적인 욕구가 근본이 된 사랑이 있는데, 이 사랑을 통해서 생명이 태어난다. 우리도 그렇게 태어났고, 자손들도 그렇게 태어날 것이다. 생명의 탄생과 관련 있는 욕망에 근거한 사랑이다. 까마(kāma)라는 사랑이다.

두 번째는 그렇게 태어난 아이에 대한 사랑, 특히 어머니의 사랑이 있다. 가족 간의 애착 관계의 사랑이다. 이 사랑을 삐야(piya) 또는 뻬마(pema)라고 한다.

세 번째는 메따(mettā)의 사랑이 있다. 메따는 아무런 조건이 없고 한계가 없는 그런 사랑을 말한다. 메따는 한계도 없고 부작용도 없다. 내가 누구를 향해 일으켜도 되돌아오지 않는다고 섭섭해 하지도 않는다. 왜냐하면 기대를 하지 않기 때문이다. 그저 그 사람이 행복하기를 바라는 마음만 있다. 그런데 상대방이 행복해지지 않았다면, 연민의 마음으로 변한다. '고통스럽지 않기를', '고통에서 벗어나기를' 바라는 마음이다. 내가 일으키는 자애의 마음이 아직 이루어지지 않았으면 계속 하는 것이다. 자애의 마음이 일어날 때까지 계속하기 때문에 실패는 없다. 자애를 일으키는데 끝이나 한계가 없기 때문이다. 그렇게 자애를 일으키는 사랑이 메따이다. 먼저 나한테 일으키고 다음에 다른 생명들한테 일으킨다. 살아있는 모든 존재에게. 한정된 대상을 향해서는 고마운 분, 존경하는 분에게 먼저 일으키고 그 다음에 사랑하는 사람, 중립적인 사람, 밉거나 싫은 사람한테까지 나와 똑같이 일으키는 것이다. 자신과 이 네 부류의 사람들에게 똑같은 강도로 자애의 마음이 일어날 때까지 연습한다. 아마 싫거나 미운사람까지 자애를 일으키는 것은 쉽지 않을 것이다. '나는 거꾸로 하겠다.' 이렇게 하면 안 된다. 거꾸로 즉 밉거나 싫은 사람을 향해 먼저 자애를 일으키는 것은 아직 내 마음이 그 대상들을 받아들일 준비가 안되어 있기 때문에 실패하기 쉽다. 따라서 당분간은 싫거나 미운 대상은 내려놓는다. 마지막까지. 아주 미운대상(원수)은 마지막으로 넘어야 하는 산이다. 마지막 넘어야 할 가장 높은 산을 먼저 넘으려고 했다가는 앞으로 넘어야할 산을 하나도 못 넘는다. 그래서 자애의 마음을 가장 쉽게 일으킬 수 있는 고마운 분, 존경하는 분, 특히 훌륭한 스승들, 불교에서 계정혜 삼학(三學)을 잘 갖춘 스승이나 스승에 버금가는 분을 대상으로 하라고 한다.

필자는 1단계에서 늘 나에게 수행을 가르쳐준 고마운 스승들을 대상으로 한다. 필자에게 위빠사나를 가르쳐주고 자애 명상을 가르쳐준 스승들이다. 2016년 여름에 인도에 가서 직접 뵙고 큰 가르침을 받고 온 달라이라마 등, 이분들이 나의 자애명상의 1차적인 대상이다. 이분들에게 자애의 마음을 일으킬 때마다 자애의 힘에 의해서 늘 온몸에 전율과 기쁨이 올라온다. 따라서 이런 분들을 대상으로 부지런히 자애를 일으키는 것이다.

자애 명상을 넓게 하기 전에 먼저 깊게 한다. 우물을 파는데 어디를 파도 물이 나오기는 하지만 일단은 물을 빨리 얻으려면 한 곳을 깊게 파는 것이 중요하다. 그리고 먼저

1장 명상의 이해

그 물맛을 보아야 된다. 그 다음에 다른 우물을 또 파고, 또 판다. 물맛을 못 본 상태에서 계속 여기저기 삽질만 해놓으면 물은 잘 나오지 않는다. 깊게 수행해 들어간다. 그러면 나중에 아무데나 삽만 대도 물이 나오는 것이다. 그럴 때 사랑하는 사람을 거쳐, 중립적인 사람과 미운사람에게도 자애명상을 하는 것이다. 중립적인 대상을 떠올려도 자애의 마음이 일어날 때 마지막으로 미운 사람을 대상으로 자애명상을 한다. 그리고 모든 존재에게 자애명상을 한다. 자신에게 먼저 한다는 것을 잘 기억하고 자애의 문구를 통해서 자애명상을 한다.

한정된 대상과 모든 존재는 순서를 바꾸어도 좋다. 즉 모든 존재를 먼저 하고 한정된 대상을 나중에 해도 된다. 모든 존재란 존재의 세계 전체, 즉 우주 전체에 살아있는 모든 생명으로 우리 자신처럼 몸과 마음이 있는 존재들 전체를 말한다. 우리가 직접 만나거나 보거나 들을 수 있는 존재로는 인간과 곤충, 동물 등이 있고, 우리 눈에 보이지도 접촉할 수도 없는 생명(천신이나 지옥의 존재 등)도 모두 포함한다. 그 모든 존재들을 향해 한량없는 마음으로 자애를 일으키는 것이다. "모든 존재들이 행복하고, 안전하고, 자유롭기를. 평화롭기를. 괴로움과 슬픔에서 벗어나기를."하면서 진심으로 모든 존재의 행복을 기원하는 마음을 일으킨다. 앉아서 뿐만 아니라 일상생활에서 어느 때나 이 자애의 마음을 일으키는 것이다. 잠자리에서 일어나서 잠자리에 들 때까지 이 자애를 기억하여 잊지 않고 수련한다.

2) 자애명상의 이로움

자애명상에는 11가지 이로움이 있다. "1. 편히 잠든다. 2. 편히 잠에서 깨어난다. 3. 악몽에 시달리지 않는다." 라는 수면 효과가 있다. 잠 못 드시는 분들은 잠자리에 들기 30분전에 잠자리에 앉거나 누워서 자애의 마음을 일으키면 마음이 편해지면서 잠을 잘 잔다. 그런데 자애명상을 하고 잤는데 악몽이 일어났다면, 아직 자애의 마음이 충분히 개발되지 않은 상태라고 볼 수 있다. 자애명상을 더 해가면 악몽을 꾸지 않게 되고, 편안한 잠을 자고 편히 잠에서 깨어나게 된다. 그 다음에 관계가 개선된다. 인간관계가 좋아짐에 따라 4. 사람들을 사랑하게 되고, 5. 사람 아닌 존재들을 사랑하게 된다. 동물들도 사랑하고 천신들도 사랑하게 된다. 그래서 6. 천신들이 보호한다. 천신들이 보호하는 것을 아직 본적은 없다. 천신이 주변에 있는지도 잘 모르겠지만, 자애의 마음을 일으키면 이 자애의 마음을 제일 먼저 느끼는 존재는 사람보다는 신적인 존재들이라고 한다. 그래서 그 사람을 지켜준다고 한다. 수행을 많이 한 고승들을 신장들이 지키듯이 신들은 하늘에만 있는 것이 아니다. 인간세계인 지상에도 신들이 살고 있다. 어떤 사람들은 직접 보기도 한다. 이러한 신들이 보호해서 7. 독살되지 않고, 불에 타죽지 않고, 무기에 의해서 죽지 않게 된다. 그 다음에는 8. 용모가 단정해져 아름다워지고, 9. 마음이 평온해져 집중이 잘 된다. 그리고 마지막 2가지 이로움은 죽음과 관련이 있다. 10. 죽을 때 혼미하게 죽지 않고 편안하게 잘 죽게 된다. 사랑을 많이 한 사람은 죽을 때 잘 죽는다는 말도 있다. 그 다음 마지막으로 11. 깨달음을 얻지 못하고 죽으면 죽은 뒤에 범천이라는 행복한 천상에 태어난다.

자애명상은 내 마음을 신으로 만드는 명상이라고 보면 될 것 같다. 자애의 무조건적인 사랑은 보통 사람들은 갖지 못하는 신적인 사랑이라고 보면 된다. 모든 존재들이 행복하기를 조건 없이 바라는 마음은 보통 인간이 가지는 그런 마음자세가 아니다. '내 가족도 못 챙기는데 무슨 오지랖 넓게 모든 존재의 행복을 바라는가' 이렇게 생각하지 말고, 모든 존재에 대해 마음을 열기 시작하면 모든 존재를 다 받아들여도 남을만한 마음의 공간이 생긴다. 마음은 본래 크기가 없다. 옹색해지면 바늘하나 꽂을 자리가 없고, 넓어지면 온 우주를 다 담아도 남는다고 이야기한다. 그렇게 온 우주의 모든 생명을 다 담아서 다 행복하기를 바라는 마음을 일으키는 것이다. 이 우주를 누군가 창조했다면 그런 마음이었을 것이다. 내가 만든 온 우주의 생명들이 다 행복하라는 마음이었을 것이다. 그런 마음으로 자애의 마음을 닦으니까 죽은 후 행복한 세상에 태어나는 것이라고 이해할 수 있다.

3) 자애명상과 위빠사나

위빠사나는 "꿰뚫어본다"는 뜻이다. 겉으로 보이는 현상의 모습이 아니라 존재하는 것들의 본질적 특성을 꿰뚫어본다는 것이다. 존재의 고유한 특성을 보고, 보편적인 특성으로써 '무상(無常), 고(苦), 무아(無我)를 꿰뚫어본다'는 뜻이다. 몸과 마음에서 생겨나는 현상이 무엇이든지 있는 그대로 그 순간 마음챙겨서 알아차리고 관찰하는 것이 위빠사나의 방법이다. 그래서 "마음챙김 명상"이라고도 한다. 우리 정신과 물질의 진정한 본질, 보편적인 성질은 '무상(無常)'함으로 변하고 있고, '고(苦)'임으로 안정되어있지 못하고, '무아(無我)'임으로 고정된 실체가 없다는 것을 꿰뚫어보는 것이 위빠사나이다. 이것을 통해서 깨달음인 열반에 도달하게 되는 것이다.

위빠사나의 자세는 앉거나 걷거나 일상의 모든 동작들이다. 마음챙김의 확립인 위빠사나에는 일곱 가지 이익이 있다. 중생들의 마음이 정화되고, 슬픔이 극복되고, 비탄이 극복되고, 육체적인 고통이 극복되고, 정신적인 고뇌가 극복되고, 올바른 길인 '팔정도'가 성취되고, 마지막으로 열반을 성취한다.

자애명상을 통해서는 열반을 성취한다는 말은 없다. 자애명상의 이익으로 범천에 태어난다고 하는데, 자애명상을 통해 일상적인 여러 가지 스트레스도 극복하지만 궁극의 행복인 열반은 위빠사나로 성취된다. 이것이 최상의 행복이고 불교가 궁극적으로 추구하는 마지막 이상이다.

명상을 할 때, 이 궁극의 이상에 대한 이해와 이상을 추구하는 마음이 있어야 한다. '내가 무슨 열반을 추구해. 그것은 전문적으로 수행하는 스님들도 얻기 어려운데' 이렇게 생각하지 말고, '내가 하는 이 순간순간의 명상이 열반으로 가는 길이다.'라고 확실히 이해하고 받아들이면서 명상하는 것이 중요하다. 한 순간 호흡을 알아차리든, 한 번의 자애의 마음을 일으키든, 한 번의 마음챙김으로 복부의 움직임이나 걸음을 알아치리고 관찰하든, 이것이 궁극의 행복으로 가는 그 씨앗들이 된다고 이해하는 바른 견해를 가지고 수행을 하는 것이 가장 중요하다.

7. 명상에 대한 오해

명상에 대한 오해는 열두 가지가 있다는 보고가 있다. 그 가운데 두 가지만 살펴본다면, 먼저 "명상은 어른만 하는 것"이라는 오해가 있다. 일곱 살 먹은 동자도 아라한이 되므로 이는 오해이다. 다음은 "명상을 하는 데는 수년이 걸린다."는 것이다. 그렇지 않다. 명상은 3분 정도만 해도 효과가 나타난다. 아니 하는 순간부터 효과가 나타날 수도 있다. 효과가 미미해서 잘 모를 뿐인데 바로 나타나기도 한다. 바로 나타나는 것은 마음이 편해지는 것이다. 따라서 몸도 좋아진다.

명상의 이익 몇 가지만 살펴보자면, 먼저 명상의 놀라운 사실은 뇌의 가소성을 촉진시키고 뇌의 회백질을 증가시킨다는 점이다. 명상을 하면 뇌세포 생성이 촉진되고, 기쁨을 느끼고, 행복을 느끼고, 전율을 느낀다. 뇌 안에서는 계속 신경세포인 뉴런이 만들어진다. 뇌세포가 생성되는 것을 자극하는 것이다. 그런데 우울해하고, 슬퍼하고, 괴로우면 신경세포의 생성이 줄어든다. 우울한 사람은 뇌의 새로운 뉴런이 적게 만들어지고, 치매에 걸릴 가능성이 높아지는 것이다. 뇌의 회백질의 증가도 뉴런의 생성과 관련이 있다. 그러니까 치매에 걸릴 가능성이 적어지는 것이다. 다음으로 명상에는 수면효과가 있다. 잠자는 것보다 더 깊은 수면효과가 있다. 또한 고혈압 약보다 좋은 효과가 있다. 처음 명상을 해보는 고혈압 환자에게 30분 정도 명상을 안내해보았더니 효과가 탁월하게 나타났다는 것을 짧은 시간이었지만, 확인할 수 있었다(KBS 생로병사의 비밀, 2011년 1월 22일 방영, 내 몸의 고요한 혁명). 염색체의 말단을 보호해서 노화가 방지된다. HIV진행을 늦춰준다. 면역기능의 강화 때문에 그렇다. 통증이 완화된다는 놀라운 사실들이 있다. 대략 이정도로 해서 설명을 끝내도록 하겠다.

8. 자애명상 실습

그러면 직접 스스로 명상을 경험하는 시간이다. 앞으로 명상을 계속 하겠지만 오늘 짧은 시간 함께 명상을 해보겠다.

먼저 명상의 자세를 잡는다. 가장 편안하게 집중할 수 있는 자세로 앉는다. 다리를 반

1장 명상의 이해

가부좌를 했다가 위의 다리를 앞으로 내려놓고 앉는다. 이렇게 다리를 수평이 되게 한다. 방석을 써서 뒤를 약간 높게 해서 앉으면 허리를 바르게 세우는데 도움이 된다. 이렇게 다리를 서로 겹치지 않게 앉는다. 매번 좌선할 때마다 다리 위치를 번갈아하면서 앉는다. 한번은 왼쪽 다리를 앞으로 내밀고, 한번은 오른쪽 다리를 앞으로 내민다. 이렇게 교대로 앉아야 한다. 왜냐하면 다리를 두는 위치가 다를 때 골반에 가는 힘이 달라지기 때문이다. 앉아보면 알 수 있다. 앉을 때 불편한 쪽은 조금 더 시간을 할애해 앉아줄 필요가 있다. 어느 쪽 다리를 앞에 놓아도 자세가 안정될 수 있도록 그렇게 앉는 것이 좋다. 다리는 그렇게 하고, 허리는 쭉 펴준다. 허리를 쭉 펴려면 명치를 약간 들어 올린다. 가슴이 약간 앞으로 나오게 하고 가슴을 살짝 벌리고 손은 편안한 곳에 둔다. 3개월 동안 여러 가지 방식을 해본 결과 전통적으로 배운 방식인 양손을 모으고 허벅지 위에 가볍게 놓는 것이 가장 편안하였다. 양팔을 허벅지에 걸치고 양손을 가볍게 모아서 내려놓는 것이다.

20분 정도 함께 명상을 해보도록 한다. 종소리가 울리면 시작을 알리는 것이다. 눈은 감는 것이 좋은지, 뜨는 것이 좋은지, 각자에게 달려있지만, 남방에서는 위빠사나든, 자애명상이든, 일단 감으라고 안내한다. 특히 집중력을 요할 때는 꼭 감으라고 한다. 위빠사나나 자애명상을 할 때에는 되도록 눈을 감고한다. 눈을 감아야 마음속에 대상이 선명하게 나타나 집중하기 쉬워지기 때문이다. 감고 싶지 않은 분은 뜨되, 시선을 아래로 해서 자기 코끝에 자연스럽게 떨궈 놓는다. 무엇을 보려고 하지 말되, 눈을 뜨고 있는 것이다. 그럼 보이는 것이 있을 것이다. 그렇게 해도 좋지만, 기본은 눈을 감고하는 것으로 한다.

종소리 들으면서 시작하겠다. 명상을 처음 시작하실 때에 기본적으로 앉아있는 자세를 먼저 알아차려본다. 정수리에서부터 발끝까지 앉아있는 자세를 쭉 훑어 내려가면서 알아차린다. 몸의 어느 부위가 긴장하거나 힘이 들어가 있으면 편안하게 풀어준다. 눈 주위, 입 주위, 목과 어깨, 그리고 무릎이나 다리에도 힘이 들어가 있으면 편안하게 풀어준다. 허리를 바르게 세우는 동작은 항상 유지하려고 노력해본다. 그 외에는 몸의 긴장을 풀고 편안하게 앉아있는 그 자세를 그대로 알아차려본다. 마음을 향상시키는 것, 마음을 개발하는 것이 명상이다. 그러려면 마음으로 뭔가 작업을 해야 한다. 그것이 처음에 내 몸에 대한 자세를 알아차리는 것으로부터 시작하는 것이다.

어느 정도 몸의 자세가 가다듬어지고 알아차렸다면 이제 호흡에 주의를 가볍게 기울여 본다. 호흡이 어디에서 선명하게 느껴지는지 그대로 호흡을 따라가면서 느껴본다. 코로 숨을 들어 마시고 내쉬되, 편안하고 자연스럽게 한다. 호흡은 조절하지 않는다. 빠르면 빠른 대로, 깊으면 깊은 대로, 느리면 느린 대로 호흡을 한다. 그 호흡에 주의를 기울여 가만히 알아차릴 뿐이다. 코끝에서 혹은 가슴에서 혹은 복부에서 호흡을 알아차린다. 마음이 많이 산만할 때는 호흡을 세어도 좋다. 들이마시고 내쉬면서 하나, 둘, 하면서 여덟까지 세고, 다시 하나로 내려와서 여덟까지 세는 것을 5분내지 10분 정도 반복하면 마음이 좀 가라앉을 것이다. 숫자를 셀 때, 다섯 이상, 열 이하로 센다. 여덟까지 세는 것은 사성제의 팔정도를 닦는 것을 상징하는 숫자라고 이해하면 될 것이다. 물론 다섯 까지 세도 좋고, 열 까지 세도 좋다. 호흡을 세는 것이 잘되면 그 다음에 호흡을 따라가면서 들숨과 날숨을 그대로 알아차리는 것도 좋다. 이렇게 해서 사띠(마음챙김)를 호흡을 통해서 좀 더 회복을 한 다음, 자애명상을 하든 위빠사나를 하는데, 위빠사나를 먼저 해보겠다.

위빠사나란 지금 현재 내 몸과 마음에서 일어나는 경험을 있는 그대로 놓치지 않고 마음챙겨서 알아차리고 관찰하는 것이다. 눈으로 보는 것이 아니라 마음으로 있는 그대로 마음의 눈으로 보는 것이다. 실재로 마음으로 관찰해도 뇌의 후두부인 시각영역이 활성화되는 것을 알 수 있다.

지금 이 순간 내 몸과 마음에서 일어나는 경험 가운데 가장 선명하고 분명하고 두드러지는 경험을 있는 그대로 알아차려본다. 그 경험은 몸의 여러 부위에서 나타나는 감각일수도 있다. 특히 불쾌한 감각. 허리의 뻐근함이나 얼굴의 가려움이나 다리가 저림이나 이런 감각으로 나타날 수 있다. 그 감각들이 선명하면 그것을 알아차리면 된다. 특별한 대상이 없으면 자연스럽게 호흡을 하면서 불렀다 꺼졌다 움직이는 복부에 주의를

1장 명상의 이해

기울여본다. 숨을 들여 마실 때 배가 불러오면 '부른다' 숨을 내쉴 때 배가 꺼지면 '꺼진다' 이렇게 명칭을 가볍게 붙이면서 복부의 움직임에 주의를 모으는 훈련을 하는 것이다. 이것이 가장 기본적인 복부의 움직임에 마음챙김을 확립시키는 위빠사나의 방법이다. 그러다가 복부의 움직임보다 더 선명한 경험이 몸과 마음에서 일어나면 일어나는 즉시 사띠를 보내서 있는 그대로 알아차린다. '가려움, 가려움', '생각, 생각', '욕망, 욕망' 이렇게 일어나는 대로, 경험하는 대로, 그대로 일상 언어로 명칭을 붙여가면서 마음챙겨 알아차린다. 알아차린 다음에 대상이 어떻게 진행되고 사라지는 것까지 본 다음에 다시 일차적인 대상, 기본 대상인 복부의 움직임으로 주의를 돌린다. 이 훈련을 계속 이어가는 것이 위빠사나 명상이다. 소리가 들리면 '들림, 들림' 더 이상 안 들리면 다시 복부로 돌아간다. 자 그렇게 내적인 경험에 주의를 기울이며 있는 그대로 마음챙겨 알아차리는 작업을 이어간다.

위빠사나를 할 때는 허리가 바르게 펴는 동작을 늘 유지하는 것 외에는 좀 불편하더라고 움직이지 않는다. 너무 통증이 심해지면, 알아차리면서 잠깐 자세를 바꿀 수도 있지만, 가능하면 그 통증을 대상으로 한 사띠, 마음챙김을 계속 계발해 나가는 것을 기본 원칙으로 한다. 특히 복부의 움직임에 사띠가 제대로 확립되어 있으면, 마음이 움직일 때 바로 포착할 수 있다. 사띠를 계속 날카롭게 지속적으로 유지하는 것이 위빠사나의 성공 여부를 가른다. 이것은 처음에는 쉽지 않다. 하지만 계속 연습하면 몸과 마음에서 일어나는 모든 경험을 일어나는 순간에 딱 포착할 수 있게 된다. 그러한 기민한 사띠가 점점 길러지는 것이다. 그럴 때, 마음챙김의 확립이 점점 확고해지고 내 마음에 부정적인 다섯 덮개가 일어나더라도 바로 보고 내려놓을 수 있는 힘이 생기게 되는 것이다.

이것이 나 자신을 보호하면서 남을 보호하는 구체적인 방법이다. 한번 좌선을 할 때 최소한 30분 이상씩 이렇게 마음챙김을 확립시키는 훈련을 해간다.

이제 자애명상을 해보겠다. 자애의 마음이란 조건 없는 사랑의 마음, 친절한 마음, 행복하고 평화롭고 잘되기를 바라는 마음을 말한다. 그래서 자애의 마음을 일으키기 위한 준비 단계로 용서의 마음을 먼저 일으킬 필요가 있다. 내가 잘못한 일에 용서를 구하고 남들이 나에게 잘못한 일에 대해 용서를 해준다. 일러드리는 용서의 문구를 들으면서 마음속으로 그 의미를 음미해본다.

만일 내가 다른 사람에게 몸으로 입으로 생각으로 잘못을 행했다면

내가 평화롭고 행복하게 살 수 있도록 용서받기를 원합니다.

또한 누군가가 나에게 몸으로 입으로 생각으로 잘못을 행했다면

그들이 평화롭고 행복하게 살 수 있도록 나는 용서합니다.

간단하게 다음과 같이 할 수도 있다.

내가 남에게 한 잘못에 용서를 구합니다.

남들이 나에게 한 잘못을 용서합니다.

용서의 마음을 일으키면 자책감이나 적개심에서 어느 정도 마음이 부드러워지는 것을 느낄 수 있다. 용서는 점점 깊게 다가온 내상까지 확장되지만 처음에는 불특정다수를 향해서 하는 것이 좋다.

다음에 나 자신을 향한 자애의 마음을 먼저 일으켜 본다. 내가 나를 돌보고 사랑하고 나에게 친절함을 길러내는 것이다. 한번 마음속으로 생각해보자. 이 세상에서 나에게 가장 소중한 존재는 누구인가? 내 배우자인가? 내 아이들인가? 내 부모인가? 깊게 생각해본다. 물론 그들도 소중하고 사랑스럽지만 나에게는 내 자신이 가장 소중한 존재가 아닌가 한번 생각해 본다. 내가 나에게 정말 소중하기 때문에 그래서 내 가족도, 내 친구들도, 내 주변 사람들도 소중한 것이 아닌가? 이렇게 생각하면서 나 자신의 소중함을 깊게 생각해보고 이런 나를 위해서 내가 할 수 있는, 내가 나에게 해줄 수 있는 가장 좋은 일을 지금 한다고 생각하고, 내 자신이 행복했던 일, 나의 좋은 점, 잘 한 일들을 떠올리면서 나의 행복을 바라는 마음을 일으킨다. 실수를 했거나 어려움에 처해있는 내 자신을 공격하지 말고 나에게 친절하게 다음과 같은 문구를 써서 나를 따뜻하게 감싼다.

내 자신이 행복하고 평화롭기를. 안전하고 자유롭기를.

괴로움과 슬픔에서 벗어나기를.

강조하는 말을 넣고 완성된 문장으로 다음과 같이 할 수도 있다.

1장 명상의 이해

내 자신이 진정으로 행복하고 평화롭기를, 안전하고 자유롭기를 바랍니다.
괴로움과 슬픔에서 벗어나기를 바랍니다.

누구에게 기원하는 것이 아니라 내가 바라는 마음의 발신처가 돼서 나를 향해서 그것을 일으키는 것이다. 고요히 내 자신을 향해서 나를 사랑하고 보살피는 마음으로 '**내 자신이 행복하고 평화롭기를, 안전하고 자유롭기를, 괴로움과 슬픔에서 벗어나기를**'이라는 자애의 문구를 반복하면서 진행한다. 이 문구를 주문처럼 외우지 말고 의미를 음미하면서 반복한다.

자기를 향한 자애명상은 길게 하지는 않아도 좋지만 언제라도 할 수 있다. 내가 나를 돌보는 마음으로, 특히 힘들 때, 어려울 때 내가 이 힘든 상황에서 벗어나서 평화롭고 행복하기를 바라는 마음으로 진행한다. 나를 공격하지 말고 나를 사랑하는 마음으로 반복하면 마음이 편안해지고 안정되는 것을 스스로 느낄 수 있다.

짧게는 2분에서 5분정도 자신을 향한 자애명상을 하고 나서 다음 단계로 고마운 분, 존경하는 분, 은인 중에 한 사람, 또는 한 집단을 우선 선택한다. 살아있는 사람 가운데 선택하며 생사를 모르면 일단 한번 해본다. 한 사람을 선택할 때는 이성으로 생각되는 대상은 일단 제외한다. 감각적 욕망의 사랑으로 빠지는 함정을 피하기 위해서 이성은 일단은 제외한다고 이해한다. 부부나 파트너 사이에 서로 배우자를 향해서 처음에는 자애명상을 하지 않는 것이 좋다.

선택한 분이 가능하면 존경하고 고마운 분이면 자애심이 잘 일어난다. 자애심을 일으키는 것은 내가 그들보다 더 여유가 있고 잘나서가 아니라 수평적 관계에서 누구라도 행복해지기를 바라는 마음이 좋은 의도이고, 좋은 마음이기 때문에 일으키는 것이다. 상하관계는 아무런 관계가 없다. 그저 좋은 의도를 계속 일으켜서 상대방의 입장에서 행복을 바라는 마음으로 일으키는 것이다. 한 분, 한 집단의 구성원을 선택해서 그분들과 내가 맺었던 좋은 관계, 고마웠던 일, 존경하는 면을 마음속으로 깊이 떠올려본다. 그리고 그분께서 정말로 행복하고 평화롭고 잘 되었으면 좋겠다고 생각한다. 그 대상의 이름과 호칭을 주어로 한 문구를 만든다. 얼굴모습이 어렵지 않게 기억나면 자연스럽게

명상이란 무엇인가? 명상의 이해

그 모습을 떠올려서 마주하고 해본다. 좌선할 때는 눈을 감고하는 것이 필요하다. 필자는 스승님을 예로 들어 문구를 만들어보겠는데, 각자 선택한 분의 호칭을 또는 명칭을 써서 따라 해보도록 한다.

스승님께서 행복하고 평화롭기를, 안전하고 자유롭기를,
괴로움과 슬픔에서 벗어나기를.

또는

스승님께서 진정으로 행복하고 평화롭기를, 안전하고 자유롭기를 바랍니다.
괴로움과 슬픔에서 벗어나기를 바랍니다.

다른 생각이 들어오면 가볍게 알아차리고 다시 자애의 문구로 돌아온다. 혹시 몸이 많이 불편해서 자애의 마음을 일으키는데 방해가 된다면 몸의 불편한 부분을 가볍게 움직여서 풀어주고 나서 다시 자애명상을 해도 괜찮다. 위빠사나를 할 때는 통증이 관찰의 대상이지만 자애명상을 할 때에는 그렇게까지 참으면서 할 필요는 없다. 견딜만하면 견디되, 자애의 마음이 일어나는 것이 방해가 될 정도로 아프다면, 자세를 바꿔서 몸을 편안하게 해준 다음에 하셔도 문제가 되지 않는다.

1단계 고마운 분, 존경하는 분, 은인 가운데 한 대상을 향해서 5분~10분간 계속 해본다. 대상을 자주 바꾸지 않는다. 한 시간을 해도 서너 명 이상 바꾸지 말고, 한 사람당 10분에서 20분씩 계속한다는 생각으로 한다. 처음 5분~10분간 했는데 별 느낌이 없으면 다시 한 번 그 분과 내가 맺었던 좋은 관계를 다시 떠올린 다음에 고마웠던 점, 존경하는 점을 떠올리고 다시 한 번 5분에서 10분 열심히 자애명상을 해본다. 명상이 잘 되면 같은 대상을 향해 계속해도 좋고, 두 번째에 10분 동안에도 잘 안되면 다른 대상을 찾아본다. 편안하게 찾는다. 왜 명상이 안 되는지 이유를 생각하지 말고, 미안하게 생각하지도 말고, 다른 대상을 찾으면 된다. 이렇게 1단계 고마운 분, 존경하는 분을 향해서 깊이 해보고, 이것이 잘되면(보통 몇 시간에서 며칠이 걸린다) 그 다음 2단계에서는 사랑하는 대상을 향해 같은 방식으로 자애명상을 계발해 간다, 사랑하는 대상을 향해 자애명상이 잘되면, 3단계에서는 무덤덤하고 무관한 대상을 향해 명상을 확

1장 명상의 이해

장해 간다. 그리고 마지막 4단계에서는 싫거나 미운대상까지 계속 확장시켜나가는 자애명상을 한다.

보통 각 단계마다 일주일씩 연습을 한다. 매일 매일 한 시간씩 또는 30분씩 좌선을 하면서 자애의 마음을 길러내는 것이다.

한정된 대상 다음에는 모든 존재를 향해서 자애명상을 한다. 살아있는 모든 대상, 나처럼 몸과 마음이 있는 생명들을 향해서, '이 모든 존재들도 나처럼 자신에게 가장 소중한 존재이고 사랑스러운 존재들이다. 그들도 나처럼 행복하고 평화롭기를 바란다. 그들을 위해서 아무 조건 없고 한계 없이 자애의 마음을 일으켜 보겠다.' 라고 생각하고 나서 다음과 같이 자애문구를 마음속으로 반복하면서 자애명상을 시도한다.

모든 존재들이 행복하고 평화롭기를, 안전하고 자유롭기를,

괴로움과 슬픔에서 벗어나기를.

또는

모든 존재들이 진정으로 행복하고 평화롭기를, 안전하고 자유롭기를 바랍니다.

괴로움과 슬픔에서 벗어나기를 바랍니다.

모든 존재를 향한 자애명상은 언제든지 할 수 있다. 눈을 뜨고 있을 때나, 걸을 때나, 운전을 하거나, 교통수단을 이용하거나, '내 눈에 보이는 모든 사람들이, 모든 승객들이, 모든 생명들이 행복하고 평화롭기를, 안전하고 자유롭기를, 괴로움과 슬픔에서 벗어나기를.' 하면서 명상을 할 수 있다. 만일 자신의 마음이 불편할 때면, '내가 이 불편함과 괴로움, 슬픔에서 벗어나기를' 하고 2~5분 정도 반복한다. 마음이 어느 정도 안정되고 나면, 자애의 문구 '내가 행복하고 평화롭기를' 하며 반복한다. 자기에게 먼저 해서 불편한 마음을 가라앉힌 다음, 고마운 분, 존경하는 분을 향해서 자애명상을 하면 천천히 자애의 느낌이 생겨날 것이다. 마치 씨앗을 뿌리면 바로 싹이 트지 않더라도 자주 뿌리고 또 뿌리고 물을 주고 보살피면 천천히 씨앗이 하나씩 피어나듯이 그렇게 자애의 느낌이 일어날 수 있다.

명상이란 무엇인가? 명상의 이해

나오는 글

아침에 눈을 떠서 밤에 잠자기 전까지 자애의 마음을 놓치지 말 것, 이것이 부처님께서 우리에게 자애의 명상에 대한 태도로써 일러주신 것이다. 『숫타니파타』의 「자애경」에 나온다. 자애명상을 통해서 남을 보호하면서 나를 보호하고, 마음챙김으로 나를 보호하면서 남을 보호하면, 두 명상이 새의 두 날개처럼, 수레의 두 바퀴처럼 같이 굴러가면, 마음도 빨리 행복해지고, 더욱 명료하고 지혜롭게 되는 두 효과를 같이 누릴 수 있게 된다. 자애명상을 자기에게 좀 더 깊게 해보고, 특정한 대상을 향한 명상을 할 때는 가능한 한 한 대상을 향해 오래 자애명상을 해본다. 고마운 분, 존경하는 분을 찾아서 한번 해보자. 처음에는 잘 안 될 수 있는데, 하면 할수록 점점 자애의 느낌을 느끼게 되어 있다. 자애의 느낌이란, 전율, 기쁨, 편안함, 따스함, 행복감을 말한다. 보통사람들의 경우, 마음이 많이 불편하고 괴로우면 자애의 마음이 잘 일어나지 않는다. 그럴 때에는 먼저 연민의 마음을 일으켜 마음을 편하게 한 다음 자애명상으로 전환하면 된다.

혼자 있을 때는 마음챙김을 지니고 지내고, 함께 있을 때는 자애심을 지니고 지내도록 마음을 계발해 가면, 지혜와 자비가 더욱 성숙해질 것이다.

01
명상의 이해

선(禪)은 안심법문이다!

월호스님
행불명상센터 대표

01
명상의 이해

선(禪)은 안심법문이다!

/ 목 / 차 /

1. 대면관찰! 해탈의 기쁨!
2. 무명(無明) 이전은?
3. 선(禪)은 안심(安心)법문이다!
4. 마하반야바라밀을 구념심행(口念心行)하라!
5. 한 물건이란 무엇인가?
6. 나는 맞은 적 없다.
부록 1. 참선실습 지침
부록 2. 「본 마음 참 나」 리셋 7단계

1. 대면관찰! 해탈의 기쁨!

붓다의 화두는 오직 늙고 죽음으로부터의 해탈이었다. 쾌락과 선정, 그리고 고행을 통해서는 결코 늙고 죽음의 문제를 해결할 수 없음을 체득한 붓다는 나무 밑에 앉아 늙고 죽음의 원인에 대하여 사유하기 시작했다. 원인을 알아야 처방이 나오기 때문이다.

"늙고 죽음 왜 생겼나? 태어남이 있기 때문.
태어남은 왜 생겼나? 존재열망 있기 때문.
존재열망 왜 생겼나? 내 것으로 취함 때문.
내 것 취함 왜 생겼나? 상대 애착하기 때문.
애착함은 왜 생겼나? 좋고 나쁜 느낌 때문.
상대느낌 왜 생겼나? 서로 접촉하기 때문.
접촉함은 왜 생겼나? 여섯 기관 있기 때문.
여섯 기관 왜 생겼나? 몸과 마음 있기 때문.
몸과 마음 왜 생겼나? 나름 생각하기 때문.
나름 생각 왜 생겼나? 의도적인 행위 때문.
의도행위 왜 생겼나? 밝지 못함(無明) 때문이네."

결국 늙고 죽음의 근본원인은 무명, 즉 무아(無我)에 밝지 못하기 때문이었다. '내'가 있기 때문에 '나의 늙고 죽음'이 있는 것이다. 그러므로 늙고 죽음에서 벗어나려면 '내'가 사라져야 한다. 원인을 정확히 알았으니 이제는 처방이 나올 순서이다.

그 처방은 바로 대면관찰이라는 네 알의 약이다.

"무아법에 밝으려면 네 가지로 관찰하세.
몸에 대해 몸을 보고, 느낌 대해 느낌 보고,
마음 대해 마음보고, 법에 대해 법을 보세.
거울 보듯 영화 보듯, 강 건너 불 구경하듯,

대면해서 관찰하되 닉네임을 붙여하세."

네 알의 약을 통해 얻을 수 있는 가장 큰 효능은 번뇌의 소멸과 관찰자 체험이다. 몸과 마음을 대면 관찰하니 고통이 사라지거나 누그러진다. 그리고 관찰자의 입장에 서게 된다.

이 관찰자야말로 불생불멸(不生不滅) 불구부정(不垢不淨) 부증불감(不增不減)인 성품인 것이다.

"몸과 마음 변화하여 일어나고 사라지나,
관찰자는 여여부동 늙고 죽음 초월하네.
본래 해탈인 것이다. 우~하하하하하!"

자신의 성품이 본래 크고 밝고 충만함을 알게 되니 기쁘지 않을 수 없다. 이제 나와 남이 둘이 아닌 큰마음으로 웃으며 살면 될 뿐이다. 또한 스스로 결핍을 느끼지 않으니 더 이상 밖으로 찾아다닐 필요도 없다. 그저 아는 만큼 전하고 가진 만큼 베풀면 그만이다. 감지덕지인 것이다!!!

2. 무명(無明) 이전은?

12연기의 최초 원인은 무명(無明)이다. 늙고 죽음의 근본 원인이 '밝지 못함' 때문이라고 하는 것이다. 그렇다면 여기서 한 가지 의문이 떠오른다. 밝지 못함 이전, 즉 무명(無明) 이전은 무엇이었을까? 무명이라는 말은 명(明)이 사라졌음을 의미한다. 그러므로 무명 이전은 곧바로 명(明)이 아니겠는가?

『화엄경』에서 붓다는 말한다. '기이하고 기이하다. 모든 중생들이 이미 여래의 지혜를 구족하고 있으면서도 알지 못하고 보지 못하는구나. 내가 마땅히 성인의 도를 가르쳐서 망상과 집착을 여의고 자기의 몸속에 여래의 광대한 지혜가 부처와 다름없음을 보게 하리라.'

우리는 본래 크고 밝고 충만한 존재이다. 이것은 달이 항상 보름달인 것과 마찬가지이다. 비록 이지러져 보일지언정 달 자체가 이지러진 적은 한 번도 없다. 다만 그림자가 져서 착시현상으로 이지러져 보일 뿐이다. 스스로 중생이라고 생각하는 것도 이와 마찬가지다. 비록 때때로 작고 어둡고 부족하게 여겨지더라도 그것은 착각이다. 우리는 본래 크고 밝고 충만한 존재인 것이다.

본래 크고 밝고 충만함을 확인하는 수행이 바라밀이다. 보살의 육바라밀은 없는 것을 만들어가는 것이 아니라, 이미 갖추고 있는 것을 확인시켜주는 수행이라고 하는 것이다. 보시바라밀을 통해 본래 충만함을 확인하고, 지계바라밀을 통해 본래 청정함을, 인욕바라밀을 통해 본래 참을 것이 없음을, 정진바라밀을 통해 본래 나아갈 것 없음을, 선정바라밀을 통해 본래 고요함을, 지혜바라밀을 통해 본래 밝음을 확인케 하는 것이다.

없는 것을 새로 만들어내기는 쉽지 않다. 하지만 본래 가진 것을 확인하기는 쉽다. 이와 마찬가지로 중생이 수행을 통해서 부처가 되기는 쉽지 않다. 하지만 본래 부처가 지금 부처되기는 비교적 쉽다. 바라밀수행을 통해 본래 가진 것을 확인만 하면 되기 때문이다.

기왓장을 갈아서 거울을 만들고자 하는 것은 어리석다. 아니, 사실 그럴 필요도 없다. 기와는 기와대로, 거울은 거울대로 써나가면 그뿐이다. 기와는 덮어주고, 거울은 비추어주도록 하면 되는 것이 아닐까?

3. 선(禪)은 안심(安心)법문이다!

참선은 궁극적으로 마음을 편안하게 해준다. 그래서 최초로 참선을 중국에 전한 보리달마의 가르침을 '대승안심법문(大乘安心法門)'이라고 했던 것이다.

달마대사에게 혜가가 물었다.

"부처님의 법인(法印)을 들려주십시오."

달마가 답하였다.

1장 명상의 이해

"부처님의 법인은 남에게 들을 수 있는 것이 아니니라."

혜가가 다시 물었다.

"저의 마음이 편치 않으니 스님께서 편안하게 해 주소서."

대사가 답하였다.

"마음을 가져오너라. 편안케 해 주리라."

혜가가 답하였다.

"마음을 찾아도 끝내 얻을 수 없습니다."

달마가 말하였다.

"그대의 마음을 벌써 편안하게 해 주었느니라."

이른 바 바로 지금 여기에서 마음을 편안히 해주는 것이다. 이로써 혜가는 2조가 되었다. 그리고 이러한 가풍은 그대로 이어진다.

2조 혜가대사에게 승찬이 말했다.

"제자는 몸에 풍병이 걸렸으니, 화상께서 참회해 주옵소서."

2조가 말했다.

"죄를 가져오너라. 참회해 주리라."

승찬이 잠시 가만있다가 말하였다.

"죄를 찾아도 찾을 수 없습니다."

2조가 말하였다.

"그대의 죄는 다 참회되었으니, 불법승에 의지해서 살라."

이로써 승찬은 3조가 되었다.

도신스님이 3조에게 말하였다.

"화상께서 자비를 베푸시어 해탈(解脫) 법문을 들려주소서."

3조가 도리어 물었다.

"누가 그대를 속박한 일이 있는가?"

도신이 대답하였다.

"아무도 속박한 이가 없습니다."

3조가 다시 물었다.

"그런데 어찌 다시 해탈을 구하는가?"

이에 도신이 말끝에 크게 깨달았다.

이에 대해 무의자(無衣子)가 송했다.

"바람을 얽고 허공을 붙든다 해도, 이 한 물건이야 어떻게 속박할 수 있으랴?"

결국 이 '한 물건'을 밝히는 것이 바로 참선이다. 이렇게 성립된 조사선에서 묵조선이 태동하고, 다시 간화선이 생겨났다. 선의 발달순서인 조사선, 묵조선, 간화선의 대표적 인물과 상징적 어록을 요약하면 다음과 같다.

* 禪의 初祖: 보리 달마(346~495): 安心法門, 覓心了 不可得

1) 祖師禪: 육조 혜능(638~713), 佛性常淸淨, 無修無證, 見性, 行佛

신수: "身是 菩提樹요 心如 明鏡臺라 時時 勤拂拭하여 莫使 有塵埃어다."

혜능: "菩提는 本無樹요 明鏡은 亦非臺라 佛性은 常淸淨하니 何處에 惹塵埃리오."
『육조단경』

2) 默照禪: 영평 도원(1200~1253), 現成公案, 本證妙修, 只管打坐, 身心脫落

"불도를 배운다는 것은 자기를 배우는 것이다.

자기를 배운다는 것은 자기를 잊는 것이다.

자기를 잊는다는 것은 모든 사물이 스스로 명확하게 되는 것이다.

자신도 타인도 해탈시키는 것이다." 『정법안장』

3) 看話禪: 청허 휴정(1520~1604), 春來草自靑, 頓悟漸修, 看話, 莫存知解

"부처님과 조사가 세상에 출현한 것은 바람도 없는 데 물결이 일어남이라.

신비로운 광명이 어둡지 않아 만고에 환하여라.

이 문안에 들어오려면 알음알이를 두지 말라."

"휘영청 달이 밝아 강산은 고요한데, 한바탕 웃음소리 천지가 놀라겠네."

"우~하하하하하!" 『선가귀감』

4. 마하반야바라밀을 구념심행(口念心行)하라!

참선을 대중화한 육조 혜능대사는 구체적인 수행법으로서 '마하반야바라밀'을 구념(口念)심행(心行)하도록 권장했다.

그렇다면 마하반야바라밀이란 무엇인가?

    마하는 '큼'이요, 반야는 '밝음'이요, 바라밀은 '완전함'이다.
    마하반야바라밀이 나요, 내가 마하반야바라밀이다.
    나는 본래 크고 밝고 완전하다.
    과거에도 그랬고, 현재에도 그렇고, 미래에도 그럴 것이다.
    그럼에도 내가 작고 어둡고 불완전하게 느껴지는 것은
    진정한 마하반야바라밀을 체험하기 위한 방편일 뿐이다.
    작음을 통해 큼을, 어두움을 통해 밝음을, 불완전함을 통해 완전함을
    생생하게 체험코자 하는 것이다.
    진실은, 나는 언제나 마하반야바라밀이었고
    앞으로도 항상 그렇다는 사실이다.
    아니, 마하반야바라밀을 떠나서 나는 존재할 수 없으며,
    나를 떠나서 마하반야바라밀 또한 존재하지 않는다.
    마하반야바라밀인 불성은 본래 고정된 실체가 없는 것이다.
    다만 변화하는 몸과 마음으로 나타날 뿐!
    그러므로 몸도 불성이고 마음도 불성이다.
    5온(蘊)이 불성이고, 6근(根)이 불성이며, 12처(處)가 불성이다.
    6근의 무더기가 '나'라고 하는 생각이 사라지면 6근만 남는다.
    보이는 것을 보기만 하고, 들리는 것을 듣기만 하고,
    느끼는 것을 느끼기만 하고, 아는 것을 알기만 할 뿐!

이 소식을 알게 되니 기쁘지 아니한가?

짜증은 내어서 무엇 하나? 성화를 받쳐서 무엇 하나?

얼싸~ 좋다! 얼씨구나 좋~고!

우~하하하하하!!!

다만 이 것 뿐이로다!

5. 한 물건이란 무엇인가?

서산대사는 『선가귀감』에서 말했다. "여기 한 물건이 있는데 본래부터 한없이 밝고 신령스러워 일찍이 나지도 않았고 죽지도 않았다. 이름 지을 길 없고, 모양 그릴 수도 없다."

그리고는 주(註)를 달아 묻고 답했다.

"한 물건이란 무엇인가?"

"○"

이름도 없고 모양도 없다면 한 물건이란 도대체 무엇인가? 이름붙일 수 없고 모양그릴 수 없기에 어떠한 이름으로 불러도 상관없고, 어떠한 모양으로 그려도 상관없다. 하필 원상(圓相) 뿐이겠는가?

학의 다리는 길고 오리 다리는 짧으며 소나무는 곧고 가시나무는 굽었다. 모든 모양이 원래 참다운 모양이니, 소 부처와 말 부처, 남자 부처와 여자 부처가 서로서로 빌리지 않고도 각자 즐거움을 누리고 있다.

사람들은 진리를 찾아 헤매지만 사실은 두두 물물이 진리 아닌 것이 없다. 그러므로 진리를 찾아다니는 것은 마치 바다 속의 물고기가 바다를 찾아다니는 것과 같으며, 허공을 나는 새가 허공을 찾아다니는 것과 마찬가지다. 자유롭게 물속을 헤엄쳐 다니는 물고기처럼, 마음껏 하늘을 날아다니는 새처럼, 바로 지금 여기서 생명의 기쁨을 체험하면 그뿐이다.

불성은 은밀히 감추어진 것이 아니다. 바로 지금 여기에 드러나 있는 현실이다. 오온 육근 십이처 십팔계가 불성의 드러남이다. 몸은 변화한다. 마음도 변화한다. 하지만 몸과 마음을 관찰하는 관찰자는 변화하지 않는다. 변화하지 않으므로 존재여부를 알 길이 없다. 존재여부를 알 길이 없으므로 몸과 마음을 드러내어 알게 한다. 불성이 존재를 드러내는 것이다. 존재하는 모든 것은 변화하며, 변화하는 모든 것은 불성의 드러남이다.

걸어가면 '걸어간다', 머무르면 '머무른다', 앉았으면 '앉아있다', 누웠으면 '누워있다', 관찰하자. 태어나면 '태어났다', 늙어가면 '늙어간다', 병이 들면 '병들었다', 죽어가면 '죽어간다', 관찰하자. 이것이 몸에 대해 몸을 보는 몸 해탈이다.

탐이 나면 '탐이 난다', 화가 나면 '화가 난다', 근심 걱정이 일어나면 '근심 걱정이 일어난다', 관찰하자. 이것이 마음에 대해 마음을 보는 마음 해탈이다.

6. 나는 맞은 적 없다

근세 한국선의 중흥조 경허 대선사는 아이들에게 자신을 때려주면 돈을 주겠다고 했다. 그러나 막상 아이들이 자신을 때리고 돈을 요구하자 "나는 맞은 적 없다."고 말했다. 왜 그랬을까?

> 파조타(破竈墮) 화상이 숭악에 있을 때, 산 중턱에 묘당 하나가 있었는데 심히 영검하였다. 그 묘당 안에 조왕단 하나가 있는데, 원근에서 와서 제사를 지내면서 살생을 많이 하였다. 선사가 어느 날 시자를 데리고 묘당에 들어가서 주장자로 가리키면서 말하였다.
>
> "그대는 본래 진흙과 기왓장으로 합쳐서 이루어진 것인데, 영검은 어디서 왔으며 성스러움은 어디서 생겼는가?"
>
> 그러고는 몇 차례 두드리고, 다시 말하였다.

선(禪)은 안심법문이다!

"깨졌다. 떨어졌다.(破也 墮也)"

그러자 조왕단은 무너지고 말았다. 조금 있다가 푸른 옷에 높은 관을 쓴 이가 나타나서 절을 하면서 말하였다.

"저는 본디 이 묘당에 있는 조왕신입니다. 오랫동안 업보에 끄달려 있다가 이제 화상의 무생법문(無生法門)을 듣고 여기를 벗어나서 하늘에 태어나게 되었기에 일부러 와서 사례를 드립니다."

이에 선사가 말하였다.

"이는 그대가 본래 지니고 있는 본성이다. 내가 억지로 한 말은 아니다."

그러자 조왕신이 두 번 절하고 사라졌다. 잠시 후에 시봉하는 스님들이 물었다.

"저희들이 오랫동안 스님 곁에서 모시고 있었지만 아직 스님께서 저희들에게 일러 주시는 말씀을 못 들었습니다. 조왕신은 어떤 가르침을 얻었기에 하늘에 태어나게 되었습니까?"

"나는 다만 그에게 말하기를 '진흙덩이가 합친 것'이라 말했을 뿐 별다른 도리를 말한 일이 없다."

모셨던 스님들이 잠자코 섰으니 대사가 다시 말했다. "알겠는가?"

한 스님이 답했다. "모르겠습니다."

"본래 가지고 있는 성품인데, 어찌하여 알지 못하는가?"

이에 모시는 스님들이 절을 하자, 대사가 말했다.

"깨졌다. 떨어졌다."

일체 중생의 몸과 마음은 모두 물거품과 같고 아지랑이와 같다. 몸뚱이는 사대(四大)로 이루어져있고, 마음은 육진(六塵)으로 돌아간다. 이 몸뚱이를 이루고 있는 네 가지 요소인 지(地)·수(水)·화(火)·풍(風)이 흩어지면 과연 무엇이 진정한 '나'인가? 몸뚱이는 사대의 화합일 뿐이다. 이와 마찬가지로 나의 마음이란 것도 일시적으로 일어났다 사라지는 현상에 불과함을 알아야 한다.

한 비구가 부처님으로부터 좌선수행에 관한 설법을 듣고 수행했지만 큰 진전을 보지 못했다. 적합한 수행주제를 받기위해 부처님을 향해 길을 가다 멀리서 아지랑이가 아른 거리는 것을 보았고, 이렇게 생각했다. "저 아지랑이는 먼데서 보면 실제처럼 보이지만 가까이 가 보면 실체를 잡을 수 없다. 이처럼 마음이란 것도 일어나고 사라지는 현상이 있지만, 그것은 인연의 소치일 뿐 불변하는 실체가 있는 것이 아니다."

여기에 마음집중하며 길을 가다 폭포를 만났다. 폭포의 물거품을 바라보며 또 이렇게 생각했다. "인간이 이 세상에 존재하는 것도 저 물거품과 같다. 태어남은 물거품이 일어나는 것과 같고, 죽는 것은 물거품이 사라지는 것과 같다."

이때에 부처님께서 그 비구 가까이 몸을 나투어 말씀하셨다.

"몸이 물거품처럼 허무하고
마음이 아지랑이처럼 실체 없음을 깨닫는다면,
그는 능히 감각적 쾌락의 화살을 꺾으리니
죽음의 왕도 그를 보지 못한다."

몸은 물거품과 같고 마음은 아지랑이와 같은 것이다. 물거품과 아지랑이는 고정된 실체가 없으며 일시적 현상이 있을 뿐이다. 몸과 마음도 이와 마찬가지이다. 이를 터득하게 되면 더 이상 몸과 마음에 대한 애착은 없다. 그러므로 죽음의 왕도 그를 보지 못하며, 다시 태어나지 않게 되는 것이다.

이와 같이 몸과 마음을 대면 관찰할 때, 관찰자는 불생불멸(不生不滅), 불구부정(不垢不淨), 부증불감(不增不減)이다. 이 관찰자야말로 본 마음 참 나인 것이다. 이를 깜박 잊어버리고 몸과 마음을 '참 나'라고 착각했던 것이다. 몸은 생로병사(生老病死)하고 마음은 생주이멸(生住異滅)하지만 관찰자는 여여부동(如如不動)이다. 무명(無明)에서 비롯한 몸과 마음에서 해탈해서 본명(本明)인 관찰자로 돌아오니, 크고 밝고 충만하기 짝이 없다. 텅 비어있기에 무엇으로든 채울 수 있으며, 고정된 나가 없기에 어떠한 나도 만들 수 있다. 한 마디로 무한한 가능성의 세계가 열리는 것이다.

부록 1. 참선실습 지침

　명상이 대세다. 얼마 전에는 한 러시아 청년이 행불선원을 찾아왔다. 잠깐 우리나라를 방문했는데, 참선에 큰 관심이 있어 인터넷 검색하고 찾아왔다는 것이다. 사실 명상과 참선은 근본적으로 다른 것이 아니나. 다만 관찰의 대상에 차이가 있을 뿐이다. 명상은 몸과 마음을 관찰하고, 참선은 그 관찰자를 관찰한다. 둘 다 밖으로 향한 시선을 내부로 돌려 자신을 돌이켜보는 것이다.

　마음을 편안히 해주는 수행인 참선에도 네 가지가 있다. 행선, 주선, 좌선, 와선이 그것이다. 행선은 걸어가며 참선하는 것이고, 주선은 머무르며, 좌선은 앉아서, 와선은 누워서 하는 것이다.

　첫째는 행선(行禪)이다. 번잡한 일상생활을 벗어나 몸과 마음을 안정시키기 위해서 먼저 행선을 실시한다. 일렬로 줄지어 천천히 시계반대방향으로 돌면서 '마하반야바라밀'을 염한다. 이때 화두를 발바닥에 두고 한발 자국씩 디딜 때마다 '마하' '반야' '바라' '미일'이라고 염한다. 그 소리를 듣는다. 듣는 성품을 돌이켜 듣는다.

　두 번째는 주선(住禪)이다. 자기의 자리로 돌아가 장궤합장하고 '마하반야바라밀'을 염한다. 역시 시계반대방향으로 돌아가며 두 번씩 큰 소리로 주거니 받거니 염하고 화답한다. 장궤합장은 집중에 매우 효과적이다. 아울러 다른 이들이 번갈아 염하는 소리를 귀담아 듣는 것이야말로 가장 효율적인 수행법이다. 마무리하며 '마하반야바라밀을 염하고 들을 때 이 성품이 어떤 건가, 어떻게 생겼을까?' 복창하도록 한다.

　세 번째는 좌선(坐禪)이다. 가부좌를 틀고 좌선을 한다. 온 몸에서 긴장을 풀고 허리만 반듯이 펴준다. 입은 다물고 코로 숨을 쉬되, 시작과 마무리 시에는 즐거운 마음으로 입가에 미소를 띠도록 한다. 시선은 정면을 바라본 상태에서 살짝 아래로 떨어뜨린다. 눈은 반쯤 열거나 살포시 감아도 좋지만, 마음의 눈은 항상 떠있어야 한다. '마하반야바라밀'을 염하며 그 소리를 듣고 있는 것이 떠있는 것이며, 깨어있는 것이다. 앉으나 서

1장 명상의 이해

나, 오나가나, 자나 깨나 '마하반야바라밀'을 염하면서 그 소리를 듣도록 한다.

네 번째는 와선(臥禪)이다. 모든 것을 놓아버리고 편히 눕도록 한다. 다리, 팔, 몸통, 머리의 순으로 내려놓도록 한다. 몸을 내려놓고 나서 마음을 내려놓도록 한다. 마음을 코 밑에 집중하고, 숨을 들이쉬며 '마하', 내쉬며 '반야', 다시 들이쉬며 '바라', 내쉬며 '미일' 관찰하도록 한다. 일어나기에 앞서 태중아기 자세를 취하도록 한 후, 깨어나며 다시 태어나는 첫 일성으로 '마하반야바라밀'을 염한다. 마무리하며 '마하는 큼이요, 반야는 밝음이요, 바라밀은 충만함이다. 마하반야바라밀이 나요, 내가 마하반야바라밀이다. 나는 본래 크고 밝고 충만하다.' 복창하도록 한다.

최근 참선실습을 진행하면서 먼저 『붓다의 노래』를 윤독(輪讀)했다. 붓다의 가르침을 108게송으로 요약한 책이 『붓다의 노래』이다. 한 마디로 초기불교경전의 핵심 게송만 모은 것이다. 이 108게송을 함께 둘러앉아 돌아가며 한 게송씩 읽어나가다 보니, 그냥 혼자서 읽을 때와는 달리 마치 붓다의 육성을 듣는 듯한 느낌과 함께 몇몇 분은 눈물을 흘리기도 했다. 감격의 눈물이었다. 그 중의 한 분은 불자도 아니건만 『붓다의 노래』 강설집인 『붓다, 기쁨의 노래』를 읽고 가슴이 뻥 뚫려 찾아왔다고 한다.

석가세존 당시에도 사람들의 마음의 문이 열린 것은 게송을 통해서다. 게송을 듣고 마음의 큰 변화를 맛보았던 것이다. 현대에도 수행을 열심히 하는 이는 많지만, 마음의 문이 쉽게 열리지 않는 것은 게송을 간과하기 때문이 아닌가 싶다.

예컨대 바히야는 길거리에 선 채로 '보이는 것을 보기만 하고, 들리는 것을 듣기만 하고, 느끼는 것을 느끼기만 하고, 아는 것을 알기만 하라. 그럴 때 거기에 그대는 없다. 이것이 고통의 소멸이다.'라고 하는 간단명료한 붓다의 게송을 듣고 곧바로 아라한과를 얻었다고 한다. 또한 참선의 중흥조인 육조 혜능 선사도 나무를 팔고 돌아가던 중, 『금강경』의 게송을 듣고 마음이 열렸다.

1. 行禪 10분

번잡한 일상생활을 벗어나 몸과 마음을 안정시키기 위해서 먼저 행선을 실시한다. 일렬로 줄지어 천천히 시계반대방향으로 돌면서 '마하반야바라밀'을 염한다.

이때 화두를 발바닥에 두고 한발 자국씩 디딜 때마다 '마하' '반야' '바라' '미일'이라고 염한다. 그 소리를 듣는다. 듣는 성품을 돌이켜 듣는다.

2. 住禪 10분

자기의 자리로 돌아가 장궤합장하고 '마하반야바라밀'을 염한다. 역시 시계반대방향으로 돌아가며 두 번씩 큰 소리로 주거니 받거니 염하고 화답한다. 장궤합장은 집중에 매우 효과적이다. 아울러 다른 이들이 번갈아 염하는 소리를 귀담아 듣는 것이야말로 가장 효율적인 수행법이다.

마무리하며 '마하반야바라밀을 염하고 들을 때 이 성품이 어떤 건가, 어떻게 생겼을까?' 보참하도록 한다.

3. 坐禪 30분

가부좌를 틀고 좌선을 한다. 온 몸에서 긴장을 풀고 허리만 반듯이 펴준다. 입은 다물고 코로 숨을 쉬되, 시작과 마무리 시에는 즐거운 마음으로 입가에 미소를 띠도록 한다.

시선은 정면을 바라본 상태에서 살짝 아래로 떨어뜨린다. 눈은 반쯤 열거나 살포시 감아도 좋지만, 마음의 눈은 항상 떠있어야 한다. '마하반야바라밀'을 염하며 그 소리를 듣고 있는 것이 떠있는 것이며, 깨어있는 것이다.

앉으나 서나, 오나가나, 자나 깨나 '마하반야바라밀'을 염하면서 그 소리를 듣도록 한다.

4. 臥禪 10분

모든 것을 놓아버리고 편히 눕도록 한다. 다리, 팔, 몸통, 머리의 순으로 내려놓도록 한다. 몸을 내려놓고 나서 마음을 내려놓도록 한다. 마음을 코 밑에 집중하고, 숨을 들

1장 명상의 이해

이쉬며 '마하', 내쉬며 '반야', 다시 들이쉬며 '바라', 내쉬며 '미일' 관찰하도록 한다. 일어나기에 앞서 태중아기 자세를 취하도록 한 후, 깨어나며 다시 태어나는 첫 일성으로 '마하반야바라밀'을 염한다.

마무리하며 '마하는 큼이요, 반야는 밝음이요, 바라밀은 충만함이다. 마하반야바라밀이 나요, 내가 마하반야바라밀이다. 나는 본래 크고 밝고 충만하다.' 복창한다.

부록 2.「본 마음 참 나리셋」 7단계

1. 달은 항상 보름달이다
마하는 '큼'이요, 반야는 '밝음'이요, 바라밀은 '충만함'이다.
마하반야바라밀이 '나'요, 내가 '마하반야바라밀'이다.
"나는 본래 크고 밝고 충만하다."

2. 당신이 주인공입니다.
"구걸하는 마음 연습하면 거지 종이 되고,
베푸는 마음 연습하면 부자 주인이 된다."
"콩 심은 데 콩 나고, 팥 심은 데 팥 난다!"

3. 몸도 탈락! 마음도 탈락!
"무아법에 밝으려면 네 가지로 관찰하세.
몸에 대해 몸을 보고, 느낌 대해 느낌보고
마음 대해 마음보고, 법에 대해 법을 보세.
거울 보듯 영화 보듯, 강 건너 불구경 하듯

선(禪)은 안심법문이다!

대면해서 관찰하되, 닉네임을 붙여하세."

4. '마하반야바라밀'을 구념(口念)심행(心行)하라!

반야바라밀은 위대한 진언이며, 가장 밝은 진언이며, 최고의 진언이며, 비할 바 없는 진언 이니, 모든 고통 평정하고 헛됨 없어 진실하다.

"앉으나 서나, 오나가나, 자나 깨나, 죽으나 사나, 마하반야바라밀!"

5. 바로 지금 여기에서 다만 이것뿐!

견견(見見) 문문(聞聞) 각각(覺覺) 지지(知知)!

밥 먹을 땐 밥 먹을 뿐! 잠 잘 땐 잠 잘뿐! 노래할 땐 노래할 뿐!

"마중오 내어서 무엇 하나? 싱와를 받쳐서 무엇 하나?

인생 일장춘몽인데, 웃기도 하면서 살아보세. 니나노~"

6. 꽃이 먼저! 잎이 나중!

꽃 중의 꽃, 웃음꽃

"웃자! 웃을 일이 생긴다. 우~하하하하하"

7. 성불은 행불(行佛)로부터!

"바로 지금 여기에서 몸과 마음을 관찰하자."

"아는 만큼 전하고 가진 만큼 베풀자."

한국명상지도자협회

01
명상의 이해

세 가지 모습의 자아
-불교명상의 특징-

명법스님
은유와 마음연구소 대표

01
명상의 이해

세 가지 모습의 자아 −불교명상의 특징−

/ 목 / 차 /

1. 들어가는 말
2. 현대 심리학에서 본 자아
3. 나의 모습
4. 무아를 자각하는 불교명상
5. 나오는 말

세 가지 모습의 자아 −불교명상의 특징−

1. 들어가는 말

명상에 대한 관심이 높아가면서 명상을 불교의 전유물로 생각하는 사람들이 많다. 하지만 사실 명상을 몸과 마음을 닦는 수행법으로 계발한 종교는 불교만 아니라 힌두교, 고대 유대교, 초기 기독교 성부, 이슬람 수피파에 이르기까지 상당히 다양하다. 이들 종교는 모두 명상을 중요한 종교 실천으로서 받아들이고 있으며 동아시아에서 전승되어 온 심신 수련 전통인 도교의 양생술, 신선도, 기공 등에서도 명상은 중요한 수행법으로 사용되고 있다. 심지어 오늘날 도심을 걷다보면 여기저기 간판을 내걸고 성업하고 있는 기공과 태극권 등 다양한 형태의 양생술과 휘트니스 클럽까지 진출한 요가, 그리고 한국고유 종교를 표방하는 여러 형태의 신선도, 단학 등도 명상을 대표적인 수행법으로 내세우고 있다.

불교명상만 아니라 요가나 양생술 등 대부분의 수행법이 호흡 수행을 기본으로 하기 때문에 언뜻 보면 이들 사이에 차이를 발견하기 어렵다. 그렇다면 불교명상은 다른 종교에서 실천하고 있는 명상과 어떤 점에서 다를까? 방법의 측면에서 볼 때 유사성이 두드러지는 것과 달리, 명상수행을 통해 도달하려고 하는 최종적인 목표를 살펴볼 때 그것들 사이의 차이는 분명해진다. 불교명상의 목표는 고통의 종식, 다시 말해 열반의 증득이라는 점에서 무병장수 또는 불사(不死)를 추구하는 도교의 양생술과 신의 세계로의 초월을 목표로 하는 유대교와 이슬람교 등 아브라함 전통 종교 실천과 다르다.

하지만 인도 종교전통에서 열반의 증득은 공통적으로 발견되는 수행의 목표이기 때문에 불교만의 특징이라고 보기 어렵다. 따라서 인도 종교전통과 불교명상의 차이를 인식하기 위해서는 더 엄밀한 탐구가 요구된다. 그런 점에서 볼 때 불교와 다른 인도 종교전통의 차이는 '무상(無常), 고(苦), 무아(無我)'라는 삼법인에서 찾는 것이 타당하다. 불교는 모든 현상이 연기하고 있으며 그 연기의 원리가 '무상(無常), 고(苦), 무아(無我)'라고 본다. 따라서 열반의 증득은 삼법인의 깨달음을 통해서 얻어진다고 주장한다.

그렇다면 다른 명상법은 '무상, 고, 무아'라는 원리를 깨닫지 못할까? 삼법인 중 '무

1장 명상의 이해

상'의 진리는 다른 종교에서도 핵심적인 진리로 가르치고 있다. 노자의 『도덕경』과 장자의 『장자』는 '무상'에 대한 철저한 자각을 통해 모든 현상세계가 영속되지 않는다는 사실을 깨달아야 한다고 강조했으며, 그리스의 철학자 헤라클레이토스는 "같은 강물에 두 번 들어갈 수 없다"는 유명한 말을 남기기도 했다.

많은 종교는 현상세계의 무상함을 강조하면서 초월적 자아의 영원함을 강조하는 경향이 있다. 예를 들어, 브라흐만교는 무상한 현상세계의 근원으로서 아트만이라는 초월적이고 궁극적인 실체가 존재한다고 강조하며 현상세계를 초월하는 방법으로서 명상수행을 통한 '범아일체'라는 우주적 통합을 제시하고 있다.

불교는 인도종교에 뿌리를 두고 있지만 현상세계 배후에 존재하는 초월적이고 궁극적인 실체를 부정한다. 오히려 '무아', 즉 영원히 존재하는 실체로서의 자아가 존재하지 않는다고 주장하며 무상과 무아를 깨닫는 것을 수행의 목적으로 삼는다. '무상'에 대한 교리가 '초월적 자아' 또는 '신성'에 대한 강조로 귀결되는 다른 종교와 달리, 불교는 '무상'을 '무아'의 근거로 이해한다. 이처럼 삼법인 가운데서도 '무아'는 다른 종교에서 발견하기 어려운 불교만의 독특한 원칙이다.

그런데 문제는 '무아'의 가르침을 이해하기가 쉽지 않다는 사실이다. 비교적 쉽게 이해되는 '무상'의 가르침에 비해 '무아'의 가르침은 많은 철학적 논쟁을 불러일으켰다. "무아인데 어떻게 내가 존재할 수 있지?", "무아인데 어떻게 내가 윤회를 할 수 있지?" 등등은 불교를 공격하는 입장에서 종종 제기되었던 질문들이다. 그것이 무아론이 우리가 구체적으로 경험하는 현실과 일치하지 않는 것처럼 보이기 때문이기도 하지만, 설사 사유를 통해 '무아'의 가르침을 이해했다 하더라도 그것을 체득하는 것은 또 다른 문제이다.

불교는 무아를 체득하는 중요한 방법 중 하나로 명상수행을 제시한다. 부처님조차 보리수 아래서 성도하기 전까지 수많은 명상법을 시도했으나 실패했던 것처럼 모든 명상법이 열반이라는 결과를 가져다주지 않는다. 그렇다면 무아를 체득하기 위해 어떻게 명상을 해야 할까? 무아를 체득하기 위한 불교명상은 다른 수행법과 어떤 차이가 있을까?

이 질문들에 대답하기에 앞서 우리가 생각하는 '자아'가 무엇인지, 특히 현대 심리학은 자아를 어떻게 설명하고 있는지 살펴보자. '자아'에 대한 통념들이 갖고 있는 문제점에 대한 현대 심리학적 연구는 불교의 '무아' 개념을 이해하는 또 다른 객관적인 접근방법을 제공하고 있기 때문이다.

2. 현대 심리학에서 본 자아

평소 다른 사람들과 대화를 나눌 때 우리가 가장 많이 사용하는 단어는 무엇일까? 언어심리학자들이 인간이 사용하는 단어를 분석한 결과에 따르면, 우리가 사용하는 단어 중 90% 이상이 '나'와 관련된다고 한다. "내가 했어." "이떻게 나한테 그럴 수 있어?" "나를 뭐로 본거야?" "나에게 잘 해줬어." 등등의 문장에서 보듯 우리는 부지불식간에 "내가", "나를", "나에게" 따위의 표현들을 사용한다. "이건 내꺼야."라는 표현도 자주 사용한다. 주어를 잘 사용하지 않는 우리말보다 영어를 비롯한 서구 언어의 경우 더 두드러지는데, 비틀즈가 노래했듯이 거리를 지나는 사람들이나 파티에 모인 사람들의 대화 가운데 "내가 들을 수 있는 말은 전부 I, me, mine"이다.

기성세대의 물질문화에 반발하는 젊은이들에게 새로운 정신성의 영감을 준 비틀즈는 〈I, me, mine〉를 통해 나를 중심으로 세상을 살아가는 우리들의 삶의 한 단면을 고발한다. "I, me, mine"은 우리가 생각하는 "자아"의 세 가지 모습이다. 비틀즈의 음악은 "I, me, mine"라는 표현으로 발화되는 우리들의 언어가 얼마나 자기중심적인지 보여준다.

자기 개념은 아이들이 말을 배우기 시작할 때부터 갖게 된다고 한다. 만 2살부터 아이들은 "I", "me", "mine"이라는 인칭대명사를 사용하는데,[1] 이와 같이 '나'와 '너'를 말로 구별한다는 것은 2세 아동이 자기와 타인에 대한 분명한 개념을 가지고 있음을 보여

---
1) Lewis & Brook-Gunn, 1979

1장 명상의 이해

주는 동시에 대화에서 말하고 있는 '나'와 그것을 듣고 있는 '너'를 추론할 수 있음을 시사한다. 이와 대조적으로 자폐증상이 있는 아이들은 인칭대명사를 혼동하거나 사용하지 못하는 것으로 나타났다.[2]

먼저 'I'에 대해 살펴보자. "나"라고 말할 때 우리는 어떤 존재를 염두에 두고 이 말을 사용할까? 우리는 나 자신을 유일한 개체로 인식한다. 그것이 명백하게 존재하고, 느끼고, 인식하고, 행동하고, 알고, 생각한다고 여긴다. 그리고 그런 내가 타자와 구분되는 개별적인 존재라고 생각한다. 특히 생각하는 능력은 "나"라는 주체를 구성하는 가장 중요한 능력으로 간주되는데, 근대 철학자 데카르트에 의해 "생각하는 능력"은 나의 존재를 알려주는 가장 확실한 증거로 생각되었다.

보통 사람들은 "나"라고 말할 때 대부분 "몸"을 가리킨다. 몸은 나의 존재를 확인하고 인지할 수 있게 해주는 가장 확실한 것이기 때문이다. 몸이 없어지는 것, 즉 죽음은 사람들이 가장 두려워하는 것으로, 우리는 몸이 없으면 "나"도 없다고 느낀다. 죽음에 대한 두려움은 곧 "나"의 사라짐에 대한 두려움이다. 그만큼 '자아'에 대한 집착은 강력하다.

그런데 "나"는 몸이 아니라 이 몸을 움직이는 것이 아닐까? 이 몸을 움직이고 먹이고 재우는 것이 "나"가 아닐까? 다시 말해, "나"는 몸을 주관하고 통제하는 주체가 아닐까? 그렇다면 몸은 나 자신이 아니라 나의 소유물이라고 불러야 할 것이다.

엄밀히 생각하면, "내 몸"만 아니라 "내 생각"도 나라는 존재에 의해 만들어진 것이기 때문에 "나의 것(mine)"이라고 해야 한다. 그러므로 "나"가 움직이는 유형의 몸이 아니라 그것을 주재하는 어떤 비물질적인 것, 다시 말해 "마음"이라고 말해도 좋을 것이다. 이처럼 "나"가 마음이라면 나는 내 마음을 마음대로 할 수 있어야 한다. 그런데 사랑에 빠진 사람들만 아니라 보통 사람들도 "내 마음 나도 몰라."라고 고백한다. 심지어 심리적 문제를 가진 사람들은 자기 마음 때문에 심한 고통을 받기까지 한다. 이처럼 "내 마음이라도 내가 어떻게 해야 할지 모른다"면, 그것을 나라고 할 수 있을까?

---

2) 발달심리적 관점에서 본 자기의 발달, p.12

만약 몸이나 마음이 나 자신이거나 나의 소유물이라면 그것은 내 마음대로 되어야 한다. 붓다는 몸이나 마음을 "나"라고 간주하는 우리들의 통념에 대하여 다음과 같이 비판하였다.

비구들이여, 물질(色)은 자아가 아니다. 만일 물질이 자아라면 이 물질은 고통이 따르지 않을 것이다. 그리고 물질에 대해서 '나의 물질은 이와 같이 되기를. 나의 물질은 이와 같이 되지 않기를.'이라고 하면 그대로 될 수 있을 것이다.

비구들이여, 그러나 물질은 자아가 아니기 때문에 물질은 고통이 따른다. 그리고 물질에 대해서 '나의 물질은 이와 같이 되기를. 나의 물질은 이와 같이 되지 않기를.'이라고 하더라도 그대로 되지 않는다.[3]

'나 자신' 또는 '나의 것'이라고 여기는 몸이 나의 통제를 벗어나 있다면 나의 몸이 아니다. 마찬가지로 느낌(受)과 지식(想), 의지(行), 생각(識)과 같은 마음의 현상들도 '나' 또는 '나의 것'이 아니다. 우리는 "I"라는 인칭대명사를 사용하면서 그에 상응하는 자아가 있을 것이라고 막연히 믿지만 그런 믿음은 우리가 만들어낸 허구에 불과하다.

두번째로 "Me"를 살펴보자. 우리는 존재하고 느끼고 생각하는 '나', 다시 말해 '주어로서의 나', 'I'는 나로서 활동하고 생각하고 느끼는 순간, 다른 어떤 것을 대상으로 만든다. 내가 있으면 상대가 생긴다. 아무리 가까운 사람도 나의 대상, 다시 말해 나의 행위와 사고와 판단이 가해지는 대상이 된다. 따라서 그 대상을 나 자신처럼 생각하기란 거의 불가능하다.

이렇게 '주어로서의 나'가 다른 것들을 대상으로 삼음과 동시에 '나'는 다른 것의 대상이 된다. 내가 다른 존재들을 대상으로 삼는 만큼 그들도 나를 대상으로 삼게 된다. 따라서 'I'는 불가피하게 자아의 두 번째 모습인 'Me'를 동반한다. 상대방이 주인이 되어 나에게 어떤 행위를 할 때 나는 그 대상이 되는데, 'Me', "나에게, 나를, 나한테"는 '주어로서의 나'와 반대되는 상황에서 사용된다.

---

3) 각묵 역, 『상윳따 니까야』제3권, 무더기 상윳따, 무아의 특징 경, p.234

1장 명상의 이해

마지막으로 '주어로서의 나'는 외부의 대상을 나에게 귀속시킨다. 이처럼 나에게 귀속된 것을 "나의 것(Mine)"라고 생각한다. 우리는 몸과 생각처럼 나의 활동에 따라 형성되는 것을 "내 것"이라고 말한다. 더 나아가 내가 사용하는 물건들도 "내 것"이라고 생각한다. 뿐만 아니라 가족과 집도 나의 소유물이며 "내 절", "내 고향", "내 나라" 등등 나보다 더 큰 외연을 갖는 종교, 지역사회, 국가까지도 내 것이라고 생각한다. 심지어 형태가 없는 정신적인 활동도 나에게 귀속된다고 생각한다. 지식기반사회에서는 내 생각, 내 아이디어도 나에게 귀속된 소유물이라고 보는 생각이 당연하게 받아들여져서 저작권 같은 것이 재화로 환산될 수 있는 나의 소유물로 간주된다.

우리들은 이런 것들을 모두 나에게 귀속되는 것이며 나의 부속물이라고 생각한다. 그것이 나를 형성하는 불가결한 요소라고 생각하기 때문에 그것이 없어지면 자신도 사라진다고 생각하기까지 한다.

과연 내 생각이 나의 것일까? 생각은 나에게 떠올랐다가도 금방 사라진다. 조금 전에 들었던 생각이 잠시 뒤에 다른 생각으로 바뀌어 있다. 생각은 잠시도 머물지 않고 변한다. 이렇게 변하는 것을 내 것이라고 할 수 있을까? 마찬가지로 느낌도 계속 바뀐다. 빈 방에 들어갔을 때 처음에는 썰렁하지만 조금 있으면 채워진 느낌을 갖는다. 만약 그 느낌이 내 것이라면 나 역시 그처럼 가변적인 존재라고 해야 한다. 하지만 많은 사람들은 '느낌은 바뀌지만 나는 바뀌지 않는다'고 믿는다. 유아기부터 노년기에 이르기까지 생리적, 심리적 변화가 끊임없이 발생하고 있음에도 불구하고 자신의 근본적인 속성은 변치 않으며 일관적이라고 믿는다.

붓다는 이처럼 끊임없이 변화하는 생각을 '나의 것'이라고 생각하는 제자들을 다음과 같이 일깨웠다.

"비구들이여, 이를 어떻게 생각하는가? 느낌은 항상한가, 무상한가?"

"무상합니다, 세존이시여."

"그러면 무상한 것은 괴로움인가, 즐거움인가?"

"괴로움입니다. 세존이시여."

세 가지 모습의 자아 -불교명상의 특징-

"그러면 무상하고 괴로움이고 변하기 마련인 것을 두고 '이것은 내 것이다. 이것은 나다. 이것은 나의 자아다.'라고 관찰하는 것이 타당하겠는가?"

"그렇지 않습니다, 세존이시여."[4)]

우리는 "I, Me, Mine"을 나의 세 가지 모습이라고 생각하여 모든 느낌과 생각을 표현하고 있지만, 이를 근거로 자아가 존재한다는 믿음은 타당하지 않음을 알 수 있다.

3. 나의 모습

어떤 것이 진짜 내 모습일까? 내 모습을 보려면 어떻게 해야 할까? 우리는 자신의 가장 중요한 부분이 몸조차 직접 인지하지 못한다. 나는 내 뒷모습을 보지 못한다. 내 얼굴도 보지 못한다. 직접 눈으로 볼 수 있는 부분은 팔, 다리와 고개를 숙여 볼 수 있는 몸통의 앞부분이 전부다. 남들이 다 보는 내 몸의 모습을 정작 몸의 주인인 나는 보지 못한다. 거울을 통하지 않고서는 완전하게 나를 볼 수 없다. 거울이 없으면 나는 나 자신의 모습을 부분적으로밖에 지각할 수 없다. 그러므로 내가 알고 있는 '나'의 이미지는 거울을 통해 만들어진 이미지라고 할 수 있다.

그렇다면 거울에 비친 내 모습은 진짜일까? 거울을 통해서 보는 내 모습은 볼록렌즈냐 오목렌즈이냐에 따라서 달라진다. 비추는 각도에 따라서도 달라 보인다. 이른바 얼짱 각도에서 보이는 내 모습과 그렇지 않은 각도에서 보이는 내 모습은 전혀 다르다. 하지만 굴곡이 없는 평면거울에 비춰보아도 내 모습을 정확하게 비출 수 없다. 더구나 거울에 비친 내 모습은 좌우가 바뀌어 있다. 거울 속에서 나의 오른쪽은 실제로는 나의 왼쪽이다. 거울은 내 뒷모습도 비추지 못한다. 이처럼 거울을 통해 내가 알고 있는 나의 이미지는 조각나 있고 불완전하다.

---

4) 각묵 역, 『상윳따 니까야』제3권, 무더기 상윳따, 무아의 특징 경. p.234

1장 명상의 이해

그런데 동물들에게 거울을 비춰주면 자기 이미지를 공격을 하거나 아니면 다른 동물인줄 알고 달아난다. 동물들은 거울의 이미지가 자신의 모습이라는 사실을 알지 못하기 때문에 이처럼 행동한다. 동물과 달리 인간은 거울에 비친 이미지를 보고 자아의 이미지를 상상할 줄 안다. 인간만이 거울에 비친 이미지가 자신의 이미지임을 안다. 이 차이가 인간과 동물을 결정적으로 다르게 만드는데, 프랑스 정신분석학자 라캉은 인간은 거울을 통해 자아 이미지를 갖게 된다고 보았다. 다시 말해, 거울 없으면 나도 없다.

라캉은 "나"라는 존재가 거울을 통해 만들어진 허구에 불과하다고 주장하면서 어린아이 발달단계 중 거울을 보면서 자아 이미지를 갖게 되는 단계를 "거울단계"라고 이름했다. 그는 이것이 인간의 어린아이에게만 나타나는 특징으로서, 거울단계에 어린아이는 비로소 자아 이미지를 갖는다고 보았다.

그런데 인간 외에도 침팬지 같은 고등동물은 거울에 비친 모습을 보고 자신인 줄 안다고 한다. 침팬지 실험을 통해 침팬지의 얼굴에 칠을 바르고 거울을 보여주면 손을 거울에 갖다 대는 것이 아니라 자기 얼굴에 갖다 댄다는 사실이 밝혀졌는데, 이는 침팬지가 거울에 비친 모습이 자기 얼굴임을 알고 있음을 보여준다. 그런데 침팬지 새끼가 거울에 투영된 모습이 자기 모습인줄 알고 그냥 지나가버리는 것과 달리, 어린아이는 계속 거울을 보면서 웃고 좋아하고 옆에 있는 다른 사람까지 끌어들여 거울 속의 자기 모습을 보여주는 반응을 한다.

라캉은 이런 반응이 인간의 아이에게만 나타나는 독특한 것이며, 그것을 '자기애'의 표현이라고 보았다. 물속에 비친 자기 얼굴을 보고 사랑에 빠져 결국 물에 빠져 죽는, 그리스 신화의 미소년 나르시스처럼 인간의 어린아이는 자기의 모습을 보고 애착을 느낀다. 나르시스의 이름을 따서 자기에 대한 애착을 '나르시시즘'이라고 부르는데, 라캉은 자기에 대한 애착이 자아의 이미지에 덧붙여 발생한다고 설명한다.

실제 거울에 비친 우리의 모습은 불완전하고 파편화되어 있지만 사람들은 거울을 통해 완전한 인간의 이미지를 본다. 매일 거울을 바라보면서 만족을 느끼는 '거울공주'만 아니라 모든 사람들이 거울 속에 비친 자신의 모습을 이상화시켜서 바라본다. 이상적인

세 가지 모습의 자아 −불교명상의 특징−

자아의 이미지는 거울 속에 비친 나의 모습을 있는 그대로 보지 못하고 왜곡시켜 보게 만든다. 이처럼 거울 속에 비친 자기의 실제 모습을 제대로 보지 못하고 거울의 가짜 이미지와 자신을 일치시키는 방식을 라캉은 '상상적인 것'이라고 불렀다.

라캉이 지적하듯 우리의 '자아'는 상상된 것, 일종의 자기 이미지이다. 라캉은 자아 이미지 형성에 타자의 시선이 개입되어 있다고 말한다. 많은 사람들이 자기 자신의 만족보다 다른 사람을 의식하며 행동한다. 라캉의 표현을 빌리면, 우리는 타자의 욕망을 욕망한다. 명품에 대한 사람들의 욕망도 명품의 효용이나 자기만족 때문이 아니라 다른 사람들이 명품을 갖고 싶어 하기 때문에 나도 명품을 갖고 싶은 것이다. 모두 선망하는 명품을 소유함으로써 나의 욕망이 충족된다. 그러므로 만약 세상 사람들이 명품을 갖고 싶어 하지 않는다면 나 역시 명품을 갖고 싶어 하지 않을 것이다. 이처럼 나의 욕망은 타자의 욕망에 대한 욕망이다. 그러므로 자아는 타자 없이 성립하지 않는다.

거울에 비친 자기 모습을 보고 기뻐하는 인간의 반응은 상상된 자아를 대상으로 한 것이다. 나는 나를 소유하고 있다고 믿지만, 그 "나"는 상상된 것이다. 자기사랑(amour-propre)은 바로 내가 나 자신의 자아에 속한다는 느낌으로, 나에 대한 집착을 발생시킨다. 그 때문에 다른 사람에게 나 자신을 자유롭게 내어주지 못하게 되는데, 자기사랑이 과도하면 허영심과 자기애를 넘어 자만심으로 발전한다. 나의 자아가 내가 체험하는 유일한 축이며 이 축을 중심으로 나머지 세상이 돌아간다고 느낀다.

자기사랑은 모든 것을 자기 소유로 전환시킨다. 다시 말해 자기 자신을 '재산'으로 '소유'한다고 생각하게 만든다. 그 결과 나의 몸도 내 것이고, 나를 넘어선 세계도 내 것으로 생각하게 된다. 자아의 존재는 얼굴과 몸을 넘어 자신의 주변으로 확장된다. 정상적 감각운동을 통해 신체 일부를 피부 너머의 공간으로 뻗는다. 이때 우리는 자신/타인의 경계를 가로질러 간다. 이것은 신체적 자아 이미지와 외부 세계를 절묘하게 뒤섞은 행동인데, 이처럼 외부 현실에 개입하는 자아를 자아−지시적 자아(intrusive self-referent self)이라고 부른다.

정상적인 사람의 경우, 외부 대상은 관찰자와 무관하게 존재한다고 보기 때문에 관찰

1장 명상의 이해

자는 그 대상을 지시하는 일이 가능하다. 그런데 두정엽 후부 피질과 그 주위의 후부 상부 측두엽 고랑에 손상을 입은 환자는 외부 대상을 정상적으로 지시하지 못한다고 한다. 정상적인 지시의 틀이 망가졌기 때문에 모든 것을 자기에게로 되돌리게 된다. 이런 손상을 가진 환자는 신체 외부의 사물을 지시하지 못하기 때문에 의사가 의사 몸의 특정 부위를 지시하라고 요구하면 자기 몸 중 그 부위를 지시한다. 그는 자아-지시적 자아에 사로잡혀 타인과 자신을 구별하지 못하고 자신의 경계를 넘어 타인의 경계에 도달하지 못한다. 그에게는 '나'와 '내 것'만 존재하며, 자기-안-여기 / 타인-바깥-거기의 구분이 없다.

그런데 정상적인 사람들도 신체 밖의 공간에 손을 내밀어 사과를 잡을 때 비슷한 경험을 한다. 그는 신체 밖의 공간을 '나의 외부에 존재하는 공간'이라고 생각하지 않는다. 손을 내미는 바로 그 순간 그것을 점유한다. 자아-지시적 자아는 우리가 외부 세계를 볼 때마다 자동적으로 작동하며, 거기에 사과가 있으면 잡아채어 '나의 것'이라고 주장한다. 그 공간은 '나의 외부 공간'으로 개념화되지 않고 즉각적으로 살아 있는 손과 사과를 감싸 안아 나의 영역이 된다. 위에서 본 환자의 경우처럼 자기 지시의 문제가 생길 때 다른 사람의 것도 나의 것이고 내가 보는 모든 것이 나의 것이라고 잘못 인식하는 증세가 발생하지만, 심각한 병리적 상태가 아니라 하더라도 인간은 모두 자기 지시적인 성향을 갖고 있다고 한다.

일상생활에서 우리는 자기 지시적 자아가 작용하여 착각을 불러일으키는 일을 수없이 경험한다. 예를 들어 오늘 백화점에서 지갑을 하나 샀다고 가정해보자. 조금 전까지 그 지갑은 나와 아무 관계가 없는 하나의 상품이었다. 그런데 값을 치르고 내 손에 넣는 순간, 그것은 내 것이 된다. 그 지갑에 어떤 변화가 발생한 것도 아닌데 우리는 그것을 나에게 속하는 것이라고 생각한다. 엄밀하게 따진다면 그 지갑은 그 누구에게도 속하는 것이 아님에도 불구하고 나의 소유물로 생각하여 집착하거나 만약 명품 가방이라면 자신의 매력이나 인격과 동일시하기도 하고 심지어 신체의 일부처럼 느끼기도 한다.

또 다른 예를 들어보자. 강의를 들을 때 사람들은 특정한 자리에 앉는 습관이 있다.

세 가지 모습의 자아 −불교명상의 특징−

어느 자리에 앉아도 괜찮지만 사람들은 특정한 자리를 선호하여 한번 앉았던 자리에 다시 앉곤 한다. 이렇게 한 번 두 번 같은 자리에 앉다보면 지정석이거나 누구의 허락을 받은 자리가 아니어도 어느새 내 자리라고 생각하게 된다. 그런데 어느 날 강의실에 늦게 도착해서 보니 다른 사람이 내가 앉던 그 자리에 앉아 있는 것이 아닌가! 여러분들의 반응은 어떨까? 대부분의 사람들처럼 '누가 내 자리에 앉았지!'라고 생각하며 마치 나의 것을 침범당한 것 같은 불쾌한 기분이 들지도 모른다.

실제로 그 자리는 "내 자리"가 아니다. 외부 세계의 사과를 낚아채어서 내 것이라고 점유하는 것처럼 강의실에 있는 빈 의자를 내 것으로 점유한 것은 우리 뇌의 자아−지시적 기능 때문이다. 이렇게 'I'가 외부의 사건에 'I'로 반응하는 것에 익숙해지면 이 습관적 경향은 자아−지시적 자아가 무의식적으로 기능하는 것을 강화시킨다. 정상적이지만 무의식적으로 이루어지는 즉각적인 집착은 바로 이 자아−지시적 자아에서 비롯되는 것이다. 모든 집착은 우리 모두가 갖고 있는 자아−지시적 자아가 원인이 된 것이다.

이처럼 우리의 통상적 지각은 객관적인 현실을 정확하게 포착하지 못한다. 부풀려진 자아가 들어가서 지각체를 왜곡한다. 모든 인지 과정에서 자아는 지배적 위치를 점유하지만 그것은 허구적이며 상상된 것에 불과하다. 불교에서 '자아' 관념을 근본 망상이라고 설명하는 것은 바로 이 때문이다.

무언가를 대상화하고 사물화 시켜 내 마음대로 하려고 드는 "나, I"는 "나에게, me"를 대상으로 가진다. 주어로서의 나는 공격적이고 거만한 성향을 갖는다. 반면 "me"는 신체적으로 정신적으로 어떤 일들이 발생하게 되는 대상이 된 '나에게'를 의미한다. 따라서 "me"는 수동적이며 타자의 공격에 무력하게 노출되어 있다. '나를 어떻게 보는 거야!', '나한테 어떻게 이럴 수 있어!'라고 느끼면서 내가 박살날 수도 있다는 두려움에 사로잡힌다.

"mine"은 모든 개별적이고 사적인 생각, 견해, 신체 부분을 '내 것'이라고 보는 것을 의미한다. 그것은 탐욕스럽고 모든 것을 소유하려고 한다. "mine"은 편향된 견해를 지니고 있고 그 견해에 매달린다. 또한 다른 사람들에게 매달리고 내 물건, 내 것을 꽉 쥐고 놓지 않는다. 모든 애착과 집착은 나의 것이라는 생각에서 나온다.

　이상으로 자아의 세 가지 모습을 살펴보았다. 현대 심리학은 붓다의 가르침과 마찬가지로 우리가 그토록 집착하고 영속되기를 희망하는 자아가 오히려 우리가 느끼는 모든 고통과 불행의 원천이라는 사실을 확인해준다. 무아의 자각을 통해서만 고통을 없애고 열반을 증득할 수 있다는 붓다의 가르침이 오늘날 더 설득력을 갖는 이유이다.

4. 무아를 자각하는 불교명상

　이제 두 가지 실험을 해보자. 먼저, 편안히 앉아서 오늘 아침부터 지금까지 나에게 일어났던 일들을 상기해보자. 특별히 호흡이나 화두 같은 것에 집중하지 않은 채 오늘 나에게 일어난 생각들과 느낌들, 내가 한 행동들을 하나씩 떠올려보자. 그 가운데 '나'라는 존재가 어떻게 느껴졌는지 다시 느껴보라. 자연스럽게 의식을 따라가며 어떤 생각과 느낌이 있었는지 확인하면서 그 생각들을 스크린에 비춰본다고 상상해보라. 어떤 느낌이 드는가?

　두 번째로, 명상자세를 취하고 앉아서 호흡수행이나 관찰수행을 해보라. 숨을 깊이 들이쉬고 내쉬며 마음속에 떠오르는 생각을 바라보라. 어떤 느낌이든 어떤 생각이든 떠오르면 그것에 주의를 집중하여 관찰해보라.

　이 두 가지 실험을 통해 놀라운 사실을 발견할 수 있다. 평소 무심하게 살아가는 것처럼 보이지만 내 머리 속에서 수없이 많은 생각이 오고가는 것을 알 수 있다. 놀라울 정도로 많은 여러 가지 현상들이 계속 의식에 떠오르고 변화하여 사라져간다. 자, 그것들이 나일까? 명상을 하면서 떠올렸던 것들을 나라고 할 수 있을까? 아니라면 왜 아닐까?

　나의 생각을 제대로 들여다보면 생각의 무더기만 있을 뿐, 다른 것은 없다. 충격적인 것은 그 많은 생각들 중 거의 대부분이 나 자신에 대한 것이라는 사실이다. 우리는 왜 '나에 대한 생각들'을 그렇게 심각하게 여기는 것일까? 왜 그런 생각들 때문에 고통 받는 것

세 가지 모습의 자아 −불교명상의 특징−

일까? 더욱 놀라운 것은 그 생각들로 나의 이야기가 구성된다는 사실이다. 우리는 내 몸에 조금만 통증이 있어도 "내가 아프다"고 생각하고, 마음에 조금만 상처를 받아도 "내가 상처를 입었어"라고 말한다. 물론, 우리가 느낀 고통은 사실이다. 그런데 그 고통을 가지고 지어낸 "나는 약자야", "나는 상처를 입었어."라는 따위의 이야기도 사실일까?

내가 만들어낸 이야기 속에서 나는 영웅이 되기도 하고 희생양이 되기도 한다. 나의 생각 중에는 다른 사람들에게 말하기 곤란한 것들도 많지만 나는 내가 만들어낸 나의 이야기에 설득 당한다. 대부분의 경우, 나는 내 이야기의 주인공이지만 때로 조연을 맡기도 한다. 이야기는 희극일 때도 있고 비극일 때도 있다. 이런 생각들이 '나'가 누구인가에 대한 결론을 만들어낸다.

소리를 듣거나 음식을 맛볼 때, 몸의 감각을 느낄 때, 이런 저런 생각이 떠오를 때, 어떤 기분이나 느낌이 들 때, 우리는 이 단순한 감각적 경험으로부터 즉각적으로 '나'라는 존재를 만든다. 우리는 단순한 감각적 경험을 있는 그대로 받아들이지 못하고 '나'라는 개념과 연관 짓고 그로부터 '나'라는 존재를 만들어낸다. 우리는 변화가 이어지는 것을 '나'라고 부르면서 그 '나'가 변치 않고 존재한다고 생각하며 나의 이야기를 만든다.

명상은 이러한 자아동일시가 이루어지는 과정을 확인하게 해준다. 지금 일어나는 느낌과 생각을 주의를 집중해 살펴보자. 내가 주인이 되어 느끼고 생각한 것 같지만 느낌과 생각들이 있을 뿐이다. 한 순간도 멈추지 않고 변화하는 생각이나 느낌들을 있는 그대로 통찰함으로써 그것들의 주재자로서의 '나'가 따로 존재하지 않는다는 사실을 깨달을 수 있다.

그런데 여전히 무아를 통찰하지 못하는 수행자에게 붓다는 물질과 느낌, 인식, 심리현상, 알음알이 등 오온이 진짜 '나'거나 '나의 것'이 아님을 통찰하도록 권한다.

비구들이여, 그러므로 그것이 어떠한 물질이건, 그것이 과거의 것이건 미래의 것이건 현재의 것이건 안의 것이건 밖의 것이건 거칠건 미세하건 저열하건 수승하건 멀리 있건 가까이 있건 '이것은 내 것이 아니요, 이것은 내가 아니며, 이것은 나의 자아가 아니다.'라고 있는 그대로 바른 통찰지로 보아야 한다.

1장 명상의 이해

비구들이여, 그것이 어떠한 느낌이건 [······] 그것이 어떠한 인식이건 [······] 그것이 어떠한 심리현상들이건 [······] 그것이 어떠한 알음알이건, 그것이 과거의 것이건 미래의 것이건 현재의 것이건 안의 것이건 밖의 것이건 거칠건 미세하건 저열하건 수승하건 멀리 있건 가까이 있건 '이것은 내 것이 아니요, 이것은 내가 아니며, 이것은 나의 자아가 아니다.'라고 있는 그대로 바른 통찰지로 보아야 한다.[5]

이제 생각이 떠오르면, "그것이 나일까?"라고 질문해보라. "이 생각도 내가 아니다", "저 생각도 내가 아니다", 이렇게 부정해가다가 마침내 "그것은 단지 생각일 뿐이야"라는 통찰에 미치게 되면, 비로소 우리 자신의 사고 과정을 들여다볼 수 있게 된다. 그제야 우리는 "여기에 존재하는 이것이 무엇인가?"라고 물을 수 있다.

"그것은 과연 존재한다고 믿어도 좋을까? 아니면 내가 만든 허구가 아닐까?"라는 질문은 '무아'를 깨치는 매우 강력한 수행방법이다. 일상적으로 일어나는 생각들을 들여다보면서 '그것들이 진짜일까'라고 물음으로써 생각이 단단하고 바꿀 수 없는 것이 아니라 기본적으로는 발생했다가 사라지는 텅 빈 현상이라는 사실을 깨달을 수 있다. 그러므로 보조지눌(普照知訥, 1158~1210)이 말씀하셨듯이 생각을 두려워할 필요가 없다. 다만 생각을 알아차리지 못할까 염려하기만 하면 된다. 왜냐하면 깨닫는 바로 그 순간 생각은 사라질 것이기 때문이다.[6]

이런 통찰을 얻을 때 마음은 더 이상 우리를 속이지 못한다. 이 상태에서 우리는 "나"라는 의식이나 주관적인 의도를 넘어서서 대상을 있는 그대로 지각할 수 있으며, 자아 이미지에 갇혀서 고통 받는 것에서 벗어날 수 있다. 왜냐하면 주의집중 이전의 단계에서 작용했던 I-Me-Mine의 모든 흔적에서 벗어나 있기 때문이다.

불교수행의 핵심은 그동안 '나'라고 생각해온 것이 내가 아니라는 사실을 정확하게 인지하는 데 있다. 간혹 명상 과정에서 특별한 체험을 하는 경우, 그 경험이 너무 특별하

---

5) 각묵 역, 『상윳따 니까야』 제3권, 무더기 상윳따, 무아의 특징 경. p.234
6) "所以云不怕念起 唯恐覺遲 又云念起卽覺 覺之卽無",『목우자수심결牧牛子修心訣』(ABC, H0068 v4, p.711b22-b23)

고 좋기 때문에 '내가 체험했다', '나는 특별한 존재야'라고 생각을 덧씌우고 그 경험을 "나의 경험"이라고 여기며 집착하는 일들이 종종 일어난다. 하지만 명상 과정에서 경험하는 많은 것들도 '나'가 아니다.

우리가 행복하지 않은 이유는 무엇일까? 우리의 생각과 행동이 거의 전부 자기중심적인 것이라는 데 그 원인이 있다. 그러므로 명상적 체험조차 '나의 것'이라고 집착하면 괴로움의 원인이 된다. 명상을 통해 특별한 체험을 하고 싶다는 생각이 오히려 명상을 방해한다. 그런 생각이 강하면 강할수록 명상적 체험으로 돌아가기 힘들어지기 때문이다. 상황은 더 고통스러워지고 명상은 더욱 어려워진다. 명상을 하면서 내 체험이 남다르고 나만 할 수 있는 것이라고 생각한다면, 또 평범한 일상사와 다른 특별한 경험이라고 생각한다면, 그 경험을 내 것이라고 집착하게 된다. 바로 그 순간 그것은 명상과 무관한 것이 된다. 간화선을 주창한 대혜종고(大慧宗杲, 1089~1163)가 "깨달음도 구하지 말라."고 경고한 것도 바로 이 때문이다. 깨달음조차 "내 것"이 아니다. 불교명상은 무아를 철저하게 깨닫기를 요구한다.

초기불교 수행법은 사념처, 즉 신체감각과 느낌, 생각, 법에 대하여 내가 없음을 자각하도록 만든다. 이에 반해, 조사선 수행법은 존재하고 느끼고 생각하는 주체가 무엇인지, 다시 말해 자아-지시적 자아에 대해 근원적인 질문을 던짐으로써 그것의 공성, 즉 "나"라는 것이 허상임을 자각하도록 이끈다. "I"라는 본능적인 관념을 떨쳐내기 어렵기 때문에 자비명상은 "I"를 가족과 주변의 사람, 나아가 나의 적에게까지 확장시키는 방법을 통해 '나'를 사라지게 하고 무아의 상태로 들어가게 한다. 그 결과 행복감, 열정, 기쁨 등과 같은 긍정적 감정뿐만 아니라 에너지의 항진 및 각성이 일어난다.

자기중심성을 놓아버리는 것은 수행 여부에 관계없이 우리에게 유익하다. 수많은 실험과 경험을 통해 자동동작 모드로 전환할 때 운동수행능력이 향상된다는 사실이 확인되었다. 서양의 주류 심리학에서는 최근까지 자아가 강한 사람이 성취도가 높아 문제해결 능력을 뛰어나며 스트레스를 덜 받는다고 믿어왔지만 최근 들어 이 주장을 반박하는 새로운 연구결과가 발표되었다. 그 결과에 따르면, 자아의식이 강한 사람보다 '나'라는 생각을 덜 하는 사람, 나를 긍정적으로 보는 사람보다 긍정적인 면과 부정적인 면을 동시에 갖고 있다고 보는 사람이 더 성공적인 인생을 살 확률이 높다고 한다.[7]

실제로 자신을 항상 긍정적으로 평가하는 사람들이 자기중심적으로 행동하는 경향이 강하기 때문에 상황이 자기 기준에 맞으면 잘 해내지만 그렇지 않을 경우 잘 실패하기 쉽다. 강한 자아는 성공적인 일에서는 순기능을 하지만 실패했을 경우에는 역기능을 한다고 한다. 반대로 자신의 어떤 면은 긍정적이지만 다른 면은 그렇지 못하다고 생각하는 사람은 다양한 상황에서 발생하는 문제들에 대해 유연하게 처리할 수 있다. 무아는 명상만 아니라 성공적인 삶을 위한 기반이다. '나는 어떤 사람이야'라는 고집과 '나 아니면 안 된다'는 생각을 버리고 내가 계속 변화하는 과정에 있음을 자각하면서 살 때 우리는 훨씬 더 성공적인 인생을 살 수 있다.

5. 나오는 말

사람의 기질과 성향, 능력의 차이에 따라 사념처, 참선, 자비명상 등 다양한 명상법을 수행할 수 있다. 하지만 모든 불교명상의 목표는 "I, me, mine"를 "We, us, ours"로 전환시키는 데 있다. 무아의 자각을 통해 우리는 갈망과 욕구에서 해방되어 부정적인 습관을 버리고 자신과 다른 사람에 대한 인내심과 관용의 태도를 갖게 된다. '바로 여기'에 집중함으로써 단순하고 일상적인 것에서 통찰을 얻으며 안정된 상태에서 유연성과 개방성을 펼칠 수 있다. 나아가 이기심 없는 자비심으로 타인에 대한 책임감을 갖게 된다.

'나'라고 하는 것이 가상이며 가변적이라는 사실을 깨달음으로써, 자아의 세 가지 모습은 다음과 같이 전환된다. "I"라는 "교만한 나"는 "성취된 나"로 변화하며, 타인의 대

---

[7] 김완일, 자기개념의 분화와 심리적 건강의 관계, 심리학연구, 2008. Vol.9, No3, 1043- 1061. p. 1044

상이 된 "me"라는 무력하고 두려워하며 "괴로운 나"는 "밝은 나"로 바뀌며, "mine"에 매달리고 "집착하는 나"는 "자비로운 나"로 거듭난다.

참고문헌

- 제임스 H. 오스틴 저, 이성동 역.『선과 뇌의 향연』, 대숲바람, 2012.
- 이승훈.「라캉의 자아개념」,『한국언어문화』제20집, 2001.
- 로렌초 키에자, 이성민 역.『주체성과 타자성–철학적으로 읽은 자크 라캉』, 난장, 2007.

02
불교전통에 기반한 명상

알아차림 명상과 선
혜봉 오상목 | 명상수행학교 행복수업 교장

마하 사마타 위빠사나명상법 (마하위빠사나 명상원 수행법)
김열권 | 마하위빠사나 명상원장

자비명상
마가스님 | 자비명상 대표

지계(持戒) 나루명상
혜량 스님 | 나루명상센터장

성철 생활참선 프로그램 – 영원한 대자유의 길 –
박희승 교수 | 성철선사상연구원·불교인재원

02
불교전통에 기반한 명상

알아차림 명상과 선

혜봉 오상목
명상수행학교 행복수업 교장

02
불교전통에 기반한 명상

알아차림 명상과 선

/ 목 / 차 /

1. 선의 시작
2. 선의 세 가지 길 – 조사선, 묵조선, 간화선
3. 알아차림 명상과 선
4. 명상의 실제

알아차림 명상과 선

1. 선의 시작

우리 한국의 수행은 선 수행이다. 그러나 우리는 선에 대해서 말은 들어 봤지만 일반적으로는 선이라는 것이 무엇인지 제대로 알지 못하는 것 같다. 그래서 선이 무엇인지 먼저 이야기한 후 명상과 선에 대해서 이야기 하고자 한다.

선을 알고 있는 사람이라면 예외 없이 누구든지 선의 출발이 중국의 달마조사로부터 시작 되었다는 것을 알고 있다. 그러면 달마조사로부터 어떻게 선이 시작 되었을까? 달마조사는 인도에서 중국으로 건너온 분이다. 이분이 중국에 건너와서 처음 만났던 사람은 양나라 무제라는 황제이다. 그런데 양무제는 경전도 많이 펴내고 절도 많이 짓고 수행하는 스님들께 공양도 많이 하면서 불교를 위해 많은 일들을 했고 신심도 있었다. 그런데 인도에서 스승이 오셨다고 하니까 왕궁으로 초대해서 대담을 했다. 그때 양무제는 자신이 한 일에 대해 공덕이 얼마나 되는지 물었다. 질문을 들은 달마대사께서는 한마디로 "공덕이라고 할 것이 없다." 라고 말씀 하셨다. 이 말을 들은 왕은 좀 당황스럽거나 실망하지 않았을까 하는 생각이 든다. 자신이 세상을 위해 뭔가 의미가 있다고 생각되는 일을 하고 나면 뿌듯하거나 자랑스러울 것이다. 그런데 없다고 하면 어떨까? 만약 양무제가 듣자마자 '그렇구나!' 하고 수긍이 되었다면 양무제는 법을 아는 황제였을 것이다. 그런데 그렇지 않았던 모양이다. 그래서 무제는 또 묻는다. "성스러운 것이 뭐냐?" 황제는 자신이 한일을 성스럽다고 생각했을 수도 있다. 그러니까 달마대사는 또 이렇게 답한다. "성스럽다고 할 것이 없습니다." 이 말을 들은 무제는 말문이 막혔을 것이다. 양무제의 마음속에 부처님 같은 성스러운 분의 가르침을 위해 절도 짓고 경전도 펴내고 스님들도 공양 했으니 이것이 성스러운 일 아니냐. 그러면 공덕은 얼마나 될까? 하고 생각하지 않았을까. 그래서 공덕이 얼마 되는지, 성스러운 것이 무엇인지 궁금해서 물어본 건데 "그런 것은 없습니다." 하고 대답하면 그 마음은 어떻겠는가. 뭔가 의미 있는 대답을 듣고 싶은데 그런 것은 없다 하면 말문이 막혔을 것이다. 그래서 그랬는지 황제는 이렇게 묻는다. "당신은 누구냐?" 달마조사가 답한다. "나도 모른다." 이 말을 들은 양무제는 더 이상 할 말이 없었는지 그것으로 대담을 끝낸다. 그리고 달마대사는 양자강을 건너서 남쪽으로 갔다. 나중에 양무제의 스승이 와서 다녀가셨다는 달마대사께서 무슨 이야기를 하셨는지 묻는다. 그러자 양무제는 자신이 달마대사와 주고받은 이야기를 전해주었다. 이야기를 다 들은 스승은 대사께서 지금 어디 계신지 묻는다. 황제로부터 갔다는. 이야기를 들은 스승은 놀라서 "그분이야 말로 깨달은 분입니다."라고 말한다. 그러자 양무제는 놀라서 대사를 찾으러 사람을 보냈지만, 양자강을 건너 버린 대사는 다시는 만날 수 없게 된다. 앞에서 주고받은 양무제와 달마대사와의 문답 속에 선의 핵심 다 드러나 있다.

달마조사께서는 그렇게 오셔서 양자강 남쪽 지금의 소림사에 가서 9년간 면벽을 하고 앉아 계셨다고 한다. 대부분의 사람들은 면벽이라는 것은 벽보고 앉아있는 것으로 알고 있다. 사실 선방에 가면 모든 수행자들이 벽보고 앉아 있다. 그래서 모르는 사람들은 왜 벽을 보고 앉아 있지 하고 의문을 갖기도 한다. 그러나 사실은 벽을 보고 있는 것이 아니고 자기 마음을 보기 위해 앉아있는 것이지 벽을 보고 앉아있는 것은 아니다. 앞에서 소개한 명상에서도 마음을 보는 것을 강조 했었다. 호흡을 보면서 자기 마음을 보고, 소리를 들으면서 자기 마음을 보고, 느낌을 보면서 자기 마음을 보고, 자신의 마음을 보면서 이를 알아차리는 훈련을 했다. 우리가 이와 같이 했듯이 달마조사께서 벽보고 앉아있던 것은 아니다. 우리는 그렇게 잘못 알고 있는 경우가 많다. 벽을 보고 9년을 앉아있었다는 것은 9년 동안 자신의 마음을 보면서 마음에서 법을 보는 수행을 하시면서 자신의 법을 전해줄 진정한 인연을 만나려고 9년 동안 소림사에 계셨던 것이다.

그러다가 자신의 법을 전해줄 인연을 드디어 만나게 된다. 혜가라는 제자가 9년만에 찾아왔다. 혜가는 해질 무렵에 찾아와서 달마대사를 불렀다. 아무리 불러도 삼매 속에 들어가셨는지 달마라고 하는 분은 대답이 없다. 혜가는 대사를 만나기 위해 꼼짝도 안하고 집 바깥에 서서 기다렸다. 계속 기다리다가 밤을 샜다. 그런데 밤에 눈이 엄청 내려서 무릎까지 찼다고 한다. 그런데도 계속 서있었다. 그리고 아침이 되어서 달마조사께서 문을 열고 나와서 "뭐 하러 왔냐?" 하고 물었다고 한다. 혜가는 "법을 구하러 왔다."고 대답을 했고, 이 때 대사께서는 "그럼 너는 무엇을 내놓을래?" 하고 말씀 하셨다. 그 때 혜가는 왼쪽 팔을 잘라서 내놓았다. 그런데 팔을 잘랐을 때 피가 떨어졌고 피가 떨어진 그곳에 연꽃이 피었다고 하는데 이것은 모두 기록에 있는 이야기이다. 이것이 사실인지는 알 길이 없다. 그러나 중요한 것은 그만큼 법을 구하려는 마음이 자신의 팔을 잘라 바칠 정도로 헌신하는 마음이라는 것이다. 수행을 하려는 사람은 법에 대한 자신의 마음이 어떠한지 자문해 봐야 한다. 혜가와 같이 법에 대한 마음이 간절한지 거듭거듭 자문해 봐야 한다. 달마 조사께서 혜가에게 다시 묻는다. "그럼 네가 원하는 것이 뭐냐?" 혜가는 "제 마음이 불안합니다. 제 마음을 편안하게 해 주십시오."라고 대답했다. 달마께서 "그럼 네 불안한 마음을 내놓아라."라고 이야기를 하니 혜가는 "내놓을 마음이 없습니다."라고 대답하였다. 그러자 조사께서는 "내가 네 마음을 편안하게 했다."고 답하셨다. 이때 혜가는 깨달았다고 한다. 그 후 혜가는 달마를 스승으로 모시고 깨달음을 완성 했으며 선의 2대 조사가 된다.

그 다음 혜가의 제자가 누군가 하면 3조 승찬이다. 그런데 3조 승찬은 문둥병환자였다. 문둥병을 앓는 몸으로 스승을 찾아왔던 것이다. 그리고 승찬도 혜가에게 이렇게 청했다고 한다. "저의 죄업을 소멸시켜 주십시오." 혜가는 자신의 문둥병을 죄업이라고 생각했던 모양이다. 그리고 달마가 혜가에게 이야기 했듯이 혜가는 승찬에게 다음과 같이 이야기 했다. "네 죄업을 내놓아라." 죄를 내놓으라고 했으니 승찬은 자신의 죄를 찾아서 보여 드려야 하는 일이 생겼다. 그리고 승찬도 역시 자신의 마음을 들여다보고 "내놓을 죄업이 없다."고 말한다. 이때 혜가는 내가 네 죄업을 소멸시켰다라고 말씀하셨으며, 이 때 승찬도 깨달았다. 그리고 승찬은 혜가를 모시고 수행하신 후 문둥병도 나았다. 그 후 승찬은 적두 선사라 불리면서 늘 삿갓을 쓰고 다녔다. 왜냐하면 문둥병 때문에 머리털은 다 빠지고 모양도 흉하고 붉은색의 머리였기 때문이다.

2. 선의 세 가지 길- 조사선, 묵조선, 간화선

1) 조사선

앞에서 살펴본 사례와 같이 제자가 묻고 스승이 답할 때 제자가 즉각 깨달아 알게 되는 것을 선에서는 조사선이라고 한다. 조사선은 이렇게 깨달음이 간단하다. 물론 이렇게 즉각적으로 깨달으려면 제자도 준비가 되어 있어야 하고 스승도 역시 번뇌와 자아가 없는 청정하고 깨어 있는 마음의 본성을 알고 있어야 제자로 하여금 번뇌 없는 청정한 마음의 본성을 깨닫게 할 수 있다. 그리고 스승은 제자의 상태도 알고 있어야 한다.

이러한 사례는 부처님 당시에도 있었다. 부처님 제자 중에 바이야라는 제자가 있었다. 바이야는 자기혼자서 수행을 많이 했던 사람이다. 그는 스스로 '나는 아라한이다'라는 생각을 하고 있었는데 함께 수행하던 동료가 "그것이 사실인지 점검을 받아보라."고 권유한다. 친구의 권유에 "누가 점검을 해줄 수 있는가?"하고 물으니 친구가 "고오따마 붇다라고 하는 깨달은 분이 있으니 그분을 만나서 청하라."고 권유한다. 그래서 바이야는 어느 날 부처님을 찾아 갔는데 마침 부처님이 탁발하러 가는 길에서 만나게 된다. 길에서 부처님을 만난 바이야는 길에서 선체로 부처님께 법을 청한다. "고오따마 붇다시여! 저에게 아라한을 성취하게 되는 법을 설해주십시오."하고 탁발 중에 법을 청하자 붇다는 "지금은 법을 설할 때가 아니고 탁발할 때다."하고 말씀하셨다. 바이야는 부처님이 지금은 탁발할 때라는 말씀을 하셨지만 다시 "저에게 법을 설해주십시오." 두 번째 간청을 한다. 두 번째 청에도 부처님은 지금은 탁발 할 때라고 말씀하셨다. 그러자 바이야는 "고오따마 붇다시여! 제가 언제 죽을지 모릅니다. 그러니 부디 저에게 법을 설해주십시오."하고 세 번째 간청을 한다. 이 말을 들은 부처님은 "그래 알았다." 하시고 나서 길에서 서서 법을 설하셨다.

"볼 때는 보는 것을 알아차리며 보기만 하고,
들을 때는 듣는 것을 알아차리며 듣기만 하며,
느낄 때는 느끼는 것을 알아차리며 느끼기만 하고,

생각 할 때는 생각하는 것을 알아차리며 생각하기만 하라.
그러면 거기에는 자아가 없다.
자아가 없으면 고통도 없다.
그러면 그것이 열반이다."

이 법을 들은 바이야는 그 자리에서 바로 번뇌가 없고 자아가 없는 마음을 깨닫고 아라한을 성취하였다.

바로 이와 같이 번뇌가 없고 자아가 없는 마음을 즉각적으로 깨달아 아는 것이 조사선이다. 다시 말해 조사선은 스승이 제자에게 한 마음이 일어나기 전 번뇌와 자아가 없는 마음을 즉각적으로 깨닫게 하는 것이 조사선이다. 그러니까 한 마음이 일어나기전의 마음을 바로 알도록 스승이 제자로 하여금 깨닫게 하는 것이 조사선이기 때문에 조사선은 반드시 깨달은 조사가 있어야 한다. 이것은 스승이 번뇌도 자아도 없는 본래부터 깨어 있는 청정한 마음의 본성을 깨달아 알고 있으면서 제자의 마음 상태도 알 때 제자로 하여금 즉각적으로 깨닫게 할 수 있다. 그러나 모든 사람들이 즉각 깨닫는 것이 가능한가 하면 반듯이 그렇지는 않다. 법에는 느리고 빠름이 없지만 사람에게는 깨닫는 것이 마음 상태에 따라 느리기도 하고 빠르기도 하다. 그래서 선의 전통에는 조사선 외에도 묵조선과 간화선, 또는 화두선이라고 하는 선의 전통이 생겼다.

2) 묵조선

앞에서 살펴 본 것과 같이 혜가는 달마대사의 말씀을 듣고 즉각 깨달은 것으로 보이나 기록만으로는 대사로부터 말씀을 듣자마자 즉각 깨달았는지 아니면, 달마대사로부터 마음을 보고 깨달아 아는 수행법을 전수 받아서 자신의 불안한 마음을 알아차리며 들여다본 결과 불안한 마음이라는 것이 실체로서 존재하는 것이 없다는 사실을 깨달았는지 알 수는 없다.

그런데 혜가는 원래 그 당시 도가수행을 했던 사람이다. 도가의 주된 수행은 호흡과 에너지를 이용한 수행인데 마음을 보고 알아차리며 마음에서 법을 보는 수행법으로는

2장 불교전통에 기반한 명상

부족하다. 마음을 보는 법이 부족하기 때문에 수행 중에 마음에 불안이 일어나고 공포가 일어나면 일반적으로는 다루지 못한다. 물론 수행에 인연이 있고 좋은 스승을 만나면 잘 극복해서 공부를 이루기도 한다. 그리고 몸의 에너지를 다루다가 보면 에너지가 변할 때 온몸이 무겁고 아프고, 처지고, 호르몬 조절이 안 되고, 열이 나거나 춥고, 어지럽기도 하다. 이 모든 것들도 마음 따라 작용을 하는데 마음을 보고 다루는 법을 모르면 수행을 계속 하기가 어렵다. 그래서 호흡을 이용한 에너지 수련을 하다가 생긴 병은 고치는 것도 어렵고, 에너지 수련 중에 생긴 현상으로 마음에 불안함이 생기면 그것을 다스리기가 어렵다. 혜가도 또한 호흡 수련 하다가 생긴 불안한 마음 때문에 달마대사를 찾아 와서 자신의 불안한 마음을 편안케 해 달라고 했을 수도 있다.

그런데 3조 승찬도 똑같이 도가수행자였고, 또한 이분은 문둥병환자였다고 한다. 문둥병을 앓는 몸으로 스승을 찾아온 것이다. 우리가 일반적으로 문둥병을 죄업이라고 생각하듯이 문둥병을 앓았던 승찬조사도 문둥병 때문에 죄업에 시달리지 않았을까 하는 생각을 해보게 된다.

왜냐하면 부처님 당시 빔비사라왕의 아들인 아사세는 자신을 지극히 사랑했던 아버지와 어머니를 죽이고 왕이 된 후에 문둥병이 발병해서 지독한 고생을 했다. 그 당시 부처님의 주치의였던 지바카의 권유를 받고 부처님을 찾아뵙고 참회 수행을 한 연후에 문둥병이 나았다. 마찬가지로 조선조 세조도 왕이 되어 아버지가 아끼던 신하들과 자신의 조카인 단종을 죽인 후 나중에 문둥병에 걸려서 지독한 고생을 했다. 후일 세조도 역시 자신의 죄업을 부처님께 참회하여 나았다고 전해진다. 승찬 조사도 역시 문둥병이라는 죄업을 앓게 된 것은 간택하는 마음에서 시작 된 애착하고 미워하는 마음이 죄업이라 생각되는 문둥병을 앓게 된 것이 아닌가 하고 생각해 본다. 왜냐하면 승찬스님은 혜가로부터 선을 수행하여 깨달은 후에 신심명이라는 아름다운 시를 남긴다. 시의 첫 구절을 보면 이를 짐작해 볼 수 있다.

'간택하는 마음을 경계하면 도를 이루는 것은 어렵지 않네.
증오와 애착하는 마음을 완전히 없애면, 툭 트여 명백하다네.'

그러나 경우에 따라 근기가 수승하거나 전생에 수행공덕이 있는 경우는 마음이 투명해서 듣자마자 불안이 사라지고 불안을 일으키는 마음도, 불안이라는 마음도 본래 없다는 것을 즉시 깨닫고 불안에서 벗어나는 사람도 있을 수도 있으며, 승찬조사의 경우도 문둥병은 앓고 있었지만 스승의 이야기에 즉각 깨달았을 수도 있다.

달마조사의 혈맥론을 보면 '본성을 보는 것이 곧 선'이며, '마음이 곧 부처인데 부처는 인도 말이고 중국말로는 '각성(覺性)'이고, 우리말로는 깨달아 '아는 성품'이다. 이 성품은 보고 듣고 아는 성품이며, 이 아는 성품을 깨닫는 것이 곧 깨달음이다.'라고 말씀하셨다. 이것을 보면 자신의 마음을 보고 깨달아 아는 것이 곧 부처를 이루는 길이라는 말씀이기도 한 것이다. 이러한 달마조사의 가르침을 볼 때 사람에 따라서는 자신의 성품을 보고 즉각 깨달을 수도 있기 때문에 조사선이라 하는 것이다. 하지만 단번에 깨닫는 것은 누구든지 마음에 번뇌가 없고 청정하더면 가능한 일이지만 즉각 깨닫는 것은 쉬운 일이 아니다.

그러면 어떤 것이 묵조인가? 묵조는 말 그대로 마음 없이, 의도 없이, 애씀 없이, 구하는 마음 없이 안으로 밖으로 모든 것을 알아차리며 있는 그대로 비추어 보는 것이 묵조이다.

그렇다면 어떻게 안으로 밖으로 안팎으로 의도 없이 애씀 없이 알아차리며 비추어 볼 수 있을까?

이와 같은 법에 대하여 부처님은 이렇게 말씀하셨다.

'저 사람이 나한테 욕했다. 나는 욕을 먹었다.' 라는 생각을 하게 되면

번뇌는 끝이 없고 고통도 끝이 없어라.

그러나 '저 사람이 나를 욕했다. 나는 욕을 먹었다.' 라는 생각이 없다면

더 이상 번뇌도 없고 고통도 없다네.

대부분의 사람들은 누군가 자신을 욕하고 이런 저런 모함을 할 때 보통 어떻게 반응을 할까? '저 인간이 나를 욕하고 모함하고 비난하네.' '내가 저런 인간에게 욕먹다니. 내가 뭘 잘못 했다고 욕하나.' '내가 좀 잘못 했다고 해도 그렇게 말하면 안 되지.' '내가

2장 불교전통에 기반한 명상

어떻게 저런 인간에게 욕먹고 있나.' '욕먹고 사는 것이 말이 되나?' 하는 등과 같은 생각을 일으킨다. 그리고 열 받고 화나고 기분 나쁘고 억울하고 세상이 다 싫고, 다 밉고, 다 귀찮고, 밥 맛 없고, 살 맛 안나는 마음이 일어나게 된다.

그러면 어떻게 하면 욕하는 소리를 듣고도 생각 없이 욕하는 소리를 다만 소리로만 들을 수 있을까? 그것은 바로 욕하는 소리를 들을 때 자신의 마음에 주의를 두고 욕하는 소리를 듣고 있는 마음을 알아차리기 하는 것이다. 그러면 '저 사람이 욕했다. 나는 욕먹었다.' 이런 생각을 일으키지 않고 들을 수 있게 된다. 그러면 마음 없이 소리로만 들을 수 있게 된다.

핸드폰에 있는 사진기를 예로 들어 보겠다. 핸드폰에 있는 사진기 렌즈를 열어서 사물과 경치를 보면 렌즈를 통해서 들어온 모든 사물과 풍경들을 핸드폰 화면을 통해서 다 볼 수 있게 된다. 이와 같이 화면에 온갖 것이 보일 때 셔터를 누를 때와 누르지 않을 때는 큰 차이가 있다. 어떤 차이가 있는가하면 셔터를 누르면 사물이 찍히면서 사진으로 저장이 되고, 셔터를 누르지 않으면 사물이 화면에는 보이지만 사진으로 찍히지 않아서 저장이 되지를 않는다. 화면에 풍경이 지나갈 뿐 아무 흔적도 남지를 않는다.

이와 같이 우리 인간의 마음 기능 중에도 사진기와 같이 보이는 대상을 이미지로 만들어서 저장하는 기능이 있다. 그것이 무엇인가하면 그것은 생각하는 기능 중에 이미지에 개념을 붙이고 구분하고 유지하고 저장하는 기능이 있다. 이 기능들 중에서 이미지에 개념을 만들어서 붙이는 행위가 셔터를 누르는 것과 같은 것이다. 개념화 하는 것은 판단하고 분별하는 것과 함께 한다. 우리가 사물을 보고 있을 때 마음에는 이것을 습관적으로 하도록 훈련이 되어 있어서 보거나 들을 때 자동으로 판단, 분별, 개념화 한다.

그러나 보고 들을 때 자신의 마음을 보면서 알아차리기를 하고 있으면 알아차리기라는 마음에 의해 마음의 모든 행위가 멈추게 된다. 생각이나 일어났던 감정을 없애려고 애를 쓸 필요도 없고 멈추려고 씨름 할 필요도 없다. 자신의 마음을 보면서 알아차리기를 하면 된다. 그러면 보되 보기만 할 뿐이며 들되 듣기만 하는 것이 되기 때문에 안으로 밖으로 안팎으로 마음을 일으키지 않고 보게 되고 듣게 된다. 이것이 바로 묵조선이다. 소리를 듣지만 알아차리기 때문에 마음을 일으키지 않고 들을 수 있는 것이다. 이것을 듣되 듣는 마음이 없고, 듣는 자아가 없다고 하는 것이다. 듣되 알아차림만 있는 것이다.

   소리를 들을 때 들으면서 알아차리기를 하다가 보면 어느 순간에 일어나던 생각도 사라져버리는 것을 경험하게 된다. 그러면 소리를 듣되 생각 없이, 의도 없이 듣기만 하게 되는 마음을 경험하게 된다. 그러면 바깥에서 온갖 소리를 들어도 전혀 마음이 일어나지를 않는다. 짜증도 안 나고 성질도 나지 않는다. 소리를 듣되 마음은 그 소리로부터 자유롭다는 것을 알게 된다. 듣되 알아차리기만 하는 것이다. 다시 말씀드리면 소리를 듣고 알아차리며 소리를 듣고 있는 마음을 알아차리는 것이다. 여기서 수행을 계속 해 가면 듣는 자도, 듣는 소리도, 본래 없다는 것을 알게 된다. 이 때 오직 깨어 있는 마음으로 의도 없이 애씀 없이 안으로 밖으로 안팎으로 모든 것을 알아차리며 깨어있을 수 있다. 그러면 듣는 소리도, 듣는 마음도 서로 다르지 않음을 깨달아 알면서 모든 것을 깨어 있는 마음으로 비추어 볼 수 있다. 이것을 이름 하여 묵조라 한다.

3) 간화선

   간화선은 어떻게 하는 선이 길래 간화선이라 하는 것인가? 간단히 말하면 간화선은 화두로서 번뇌와 자아집착을 없애고 번뇌가 없는 마음의 본성을 깨닫는 선 수행을 말한다. 그러면 화두가 무엇이며 화두가 어떻게 시작된 선인가?

   앞에서 말했듯이 달마조사께서 번뇌가 없고 자아가 없는 마음을 혜가로 하여금 즉각적으로 보고 깨닫게 한 것이라면 묵조는 스승들이 제자들이 즉각적으로 깨닫지 못 할 때 대상을 개념 없이 의도 없이 거울처럼 비추어 보면서 수행하여 깨닫게 하는 수행이다. 그런데 스승이 제자에게 자아가 없는 마음을 바로 가르쳐 주거나 의도 없이 애씀 없이 판단 분별없이 개념 짓지 않고 알아차리며 보는 법을 가르쳐 주어도 대부분의 사람들은 개념 없이 알아차리며 보는 것이 어렵다. 이것이 왜 어려운가 하면 사람들에게는 대부분 '내가 있다'는 생각이 자신도 모르게 마음 속 깊이 뿌리 깊게 심어져있다. 그렇기 때문에 '내가 본다.' '내가 듣는다.'는 마음 없이 그냥 보고, 그냥 듣는 것이 정말 어렵다. 느낄 때에는 느끼는 내가 있다고 생각하고 느낀다. 알아차리기를 해도 내가 있다고 생각하며 알아차리기를 하는 것이다. 그러니 자아집착에서 한 걸음도 벗어나기 어렵다. 그러니까 스승이 가르쳐줘도 잘 모른다. 그러니 마음을 보고 앉아 있는 다고 앉아있으면서 혼침에 빠져들어 공부가 안되고 하니까 나중에 송나라 대혜 종고 선사께서 세상살이 하는 유학자들을 대상으로 화두를 제창하시면서 화두를 참구하는 화두수행이 시작 되었다.

그러면 화두를 어떻게 참구하는가? 우리는 몸이 아프면 내 몸이 아프다고 하고, 아픈 몸이 낮지 않으면 아픈 몸을 낮게 하려고 온갖 노력을 하다가 온갖 걱정과 생각을 일으켜서 괴로워한다. 아픈 것도 내가 아프고 낮게 하려는 것도 내가하고 괴로운 것도 내가 괴롭다고 한다. 그렇다면 아프고 온갖 노력을 하고 걱정하고 괴로워하는 것이 나라고 하는데, 이 '나라고 하는 것이 도대체 무엇인가?' 하는 것이다. 이것을 경상도 말로 자신을 향해서 '이 뭐꼬?' 라고 줄여서 묻는데, 이 질문을 통해서 번뇌 없고 자아 없는 개념 이전의 자신의 마음을 깨달아 아는 수행이다. 말하자면 이렇게 움직이고 고개를 끄덕이고, 듣기도하고, 말하기도하고, 이렇게 앉아있기도 하는데 스승들께서는 이 모든 것에는 "자아가 없다.", "나라고 할 것이 없다."라고 말씀하신다. 반야심경을 보면 '공' 가운데는 눈도, 코도, 귀도, 혀도, 몸도, 의지도 없다고 이야기한다. 이게 무슨 말인지 이해가 되지 않는다. 내가 이렇게 생생하게 있는데, 이것이 내가 아니라면 무엇인가. 이 몸은 무엇이며 불안하고 화나고 사랑도 하고 생각도 하는 이 마음은 무엇이며 보고 듣고 먹고 자고 이렇게 몸을 움직이고 하는 것이 내가 아니라면 이것은 무엇인가. 이것을 이렇게 알고 하는 이것은 무엇인가 도대체 무엇일까? 생각으로 도저히 알 수가 없다. 이 때 모른다는 사실이 분명해지면 모든 생각들은 사라지고 알아차림이 뚜렷해지면서 '정말 뭘까? 하는 마음만 남게 된다. 이것이 바로 화두이다. 이 때는 모든 번뇌들이 사라지면서 마음은 고요해지고 알아차림은 더 뚜렷해지면서 화두는 더 분명해진다. 그러면 누구든지 이 화두에 의해서 깨닫게 된다.

봉암사 조실이셨던 서암 스님으로부터 처음 선 공부를 할 때 스님께서는 이렇게 말씀하셨다. "니 앉아있는 거 알지?" "예, 압니다." "니 밥 먹었냐?" "예, 먹었습니다." "밥 먹은 줄 알지?" "예, 압니다." "배고프면 배고픈 것 알고 배부르면 배부른 줄 알지?" "예, 압니다." "걸어 다닐 때 걸어 다니는 거 알지?" "예, 압니다." "앉아 있을 때 앉아 있는 거 알고? 아플 때는 아픈 거 알고? 잠 올 때는 잠 오는 거 알지?" "예, 압니다." "그래 바로 그 아는 마음을 깨닫는 것이 선이고 깨달음이다. 모르면 이 뭣꼬? 하면서 화두를 참구해라." 하고 말씀 하셨다. 우리도 마찬가지이다. 이렇게 앉아서 이야기도 하고 앉아있는 것도 다 알아차린다. 기분 나쁠 때는 기분 나쁜 것을 알아차린다. 성질날 때는 성질나는 것을 알아차린다. 따라서 성질나는 마음을 알아차리면서 성질나게 하는 마음의 성품을 깨닫는 것이 선에서 말하는 깨달음이다. 다시 말해서 일어난 마음과 마음이 일어나게 되는 것을 아는 성품을 보고 '아하, 이것이 마음이구나! 보여 지는 것이나 보는 마음이 한마음이구나! 둘이 아니구나! 밖에 있는 것이 아니구나! 마음이라는 것은 보고 들을 것이 있으면 보고 듣고, 보고 들을 것이 없으면 없구나! 이 마음은 없다 해도 틀리고 있다 해도 맞지 않구나!' 하면서 이 마음이라는 놈을 턱 하니 알면 깨달음이다. 바로 이와 같이 이 몸을 움직이게 하는 이것, 보고 듣고 알아차리는 이 마음 이것이 뭔가 하는 의문에 사무치는 것이 화두이며, 이 화두로 수행하는 것이 화두선이다.

공부를 이와 같이 하면 어렵지 않다. 사실 쉽다고 하면 정말 코 만지기보다 쉽고 어렵기로 말하자면 정말 어렵다. 그런데 나 자신도 이 아는 마음을 깨달아 알게 되는 데는 위빠사나 명상을 하면서 알아차리는 마음을 알아차리기 하면서 서암스님의 가르침을 알게 되었다.

3. 알아차림 명상과 선

앞에서 실제로 알아차림 명상도 해보고 선에 대해서도 함께 살펴보았다. 그렇다면 왜 선은 선이고 알아차림 명상은 왜 알아차림 명상인가? 선과 알아차림 명상의 공통점은

2장 불교전통에 기반한 명상

무엇이며 차이점은 무엇인가? 선에 대해서는 앞에서 이미 이야기했기 때문에 자세한 것은 생략하고 몇 가지만 더 말하고자한다. 동아시아의 선의 역사는 달마로부터 시작되었지만 이법은 본래 인도로부터 시작되었다. 달마가 중국으로 건너오기 전 인도에서는 대승불교가 꽃피우던 시기로 인도에는 이미 그 당시에 마하 싯디, 즉 최상의 성취라고 불리는 새로운 수행법이 성립되어 있었다. 그리고 이것이 중국으로 건너와서는 최상승 선이라 불리는 조사선이 되었다. 한편 파드마 삼바바에 의해서 티베트로 건너간 마하싯디 수행법은 닝마파의 족첸수행 전통으로 전승된다.

달마로 시작된 선은 6조 혜능에 의해 꽃을 피우는데, 혜능은 스승이었던 홍인으로부터 깨달음을 인가받은 후에 17년 동안 사냥꾼들 속에서 보림을 한다. 혜능은 보림을 마친 후에 법성사에 들렸다.

그때 두 수행자가 바람에 깃발이 움직이는 것을 보고 "바람이 움직인다." "아니다. 깃발이 움직인다." 하고 논쟁하는 것을 보고 혜능은 "움직이는 것은 바람도 깃발도 아니다. 당신들의 마음이 움직인다."는 말로 모든 논쟁을 잠재웠다. 그리고 혜능은 수행자들에게 선에 대해서 이렇게 말씀하셨다.

'바깥으로 대상에 개념 지어 마음을 두지 않고
안으로 마음이 시끄럽지 않는 것이 선이다.'

그리고 티베트에 족첸 수행법을 전수한 파드마삼바바는 인도의 서북쪽에 있던 우겐 국왕의 질문에 이렇게 답했다.

"당신의 어머니는 누구이며, 고향은 어디며, 이름은 무엇인가?"
"나의 어머니는 깨어 있는 마음이며,
나의 고향은 대 공성이며,
나의 이름은 알아차림이네."

그리고 11세기에 인도의 위대한 스승 중에 한 분이셨던 아티샤는 말년에 티베트에서 대승법을 전하고 생을 마쳤는데, 아티샤는 티벳 사람들에게 이렇게 말했다,

"무엇이든 마음을 끌거나 뒤집는 것이 나타나면 환영이요, 그림자로 보라.

마음 상하는 좋지 않는 말은 메아리로 들어라.

몸에 해 입으면 그것은 자신이 과거에 지은 행위의 결과라고 여겨라."

이러한 관점은 금강경에서 부처님께서 이렇게 말씀하신 것으로 확인이 된다.

"존재하는 모든 상은 허상이다.

어느 것에도 머무르지 않는 청정한 마음을 내라.

조건에 의해 생겨난 모든 것은

꿈으로, 환영으로, 물거품으로, 그림자로, 이슬로, 번개처럼 보라."

알고 보면 이 모든 말씀들은 대승의 위빠사나를 지칭하는 말씀들이기도 하다.

그런데 이 가르침들은 오늘날 남방수행 전통 중에서 미얀마의 쉐우민의 수행법과 그 맥을 같이하는 수행법이라는 것을 알 수 있다. 무슨 이야기 인가 하면, 쉐우민 사야도의 가르침을 보면 대상을 알아차리되 오지 마음을 보고 알아사리기를 하라고 한다. 즉 마음에서 일어나는 싫어하고 좋아하는 마음을 보고 이를 알아차리면서 이 마음에서 법을 보라고 하는 방법에서는 깨달음을 향해가는 대승의 수행방법과 다르지 않다. 다만 차이가 있다면 일어난 마음을 보고 아는 성품을 돌이켜보고, 이를 깨닫는 것과 보는 마음과 보여지는 마음의 대상이 둘이 아님을 깨달아 아는 것이 대승 수행에서는 중요시 하는데 남방 수행전통에서는 강조하지 않는다. 다시 말해 이원성을 넘어선 불이(不二)법을 깨달아 아는 수행이 대승수행의 핵심인데, 남방 수행에서는 대상을 보는 마음의 성품을 깨달아 알기 위해 돌이켜 본다거나 보는 마음과 대상을 따로따로 알아차리기는 하지만 이것을 이원성을 벗어난 불이법으로 보는 것을 강조 하지 않는다. 이러한 점에 차이가 있다.

그러면 알아차리기 명상이란 어떤 것인지 좀 더 살펴보겠다. 우리가 늘 경험하는 감각기관에 주의를 두고 살펴보겠다. 눈에 주의를 두고 눈으로 이 종을 보면서 종을 보고 있다는 것을 알아차리기 해본다. 귀에 주의를 두고 소리를 들어본다. 그리고 소리가 들릴 때 소리에 주의를 두고 머무르면서 소리를 알아차리고 소리를 듣는 것을 알아차리고, 이런 식으로 냄새가 날 때 냄새를 알아차리고 냄새 맡는 것을 알아차리고, 느낌이 일어날 때 느낌이 일어나는 것을 알아차리고, 사라지면 사라짐을 알아차리고, 감정이 일어날 때 감정이 일어나는 것을 알아차리고, 사라짐을 알아차리고, 생각이 일어날 때 생각이 일어나는 것을 알아차리고, 사라지면 사라짐을 알아차리면서, 이를 관찰한다. 이것은 부처님으로부터 이어져 내려온 위빠사나 명상이다. 다시 말해서 우리가 본 이 종, 소리, 느낌, 생각, 감정, 의도 이런 것들이 어떤 형태로 존재하는지를 알아차리고 들여다보는 것이다. 그렇게 해서 그것이 어떻게 존재하는지를 깨닫는 것이다.

우리는 이 현상들을 보면서 우리는 모든 현상이 연기되었다는 것을 깨닫는다. 다시 말해 모든 현상은 조건에 의해 생겨나는 것인데 이를 연기라고 한다. 부처님께서는 연기를 보는 것이 부처를 보는 것이라고도 하셨다. 그리고 연기된 일체는 매 순간 변한다는 사실을 보고, 변하는 것을 집착 하는 것은 고통이며, 변하는 것에는 독립적 자아가 없다는 것을 보는 것이 법을 보는 것이며, 이것을 이론이 아니라 실재로 경험해서 '일체는 이러하구나!' 하고 깨달아 알 때 깨달았다고 한다. 그리고 이것을 통해서 우리는 모든 집착으로부터 벗어나고 열반을 성취하는 것이다. 이것은 상좌부 수행의 핵심이며, 이것 또한 부처님이 가르쳤던 수행법이다. 다시 말해서 이 수행법의 핵심은 지금 이 순간 실제로 바로 경험할 수 있는 것을 가지고 우리가 수행 하는 것이다. 보는 대상, 소리, 냄새, 음식의 맛, 대상에 의한 느낌도 있고, 이 대상들에 대한 싫다 좋다하는 감정, 의도, 생각과 같은 실재로 경험 할 수 있는 것을 알아차리며, 이를 관찰해서 이것들로부터 법을 보고 깨닫는 것이다. 지금 여기서 눈으로 바로 볼 수 있는 사물이나 소리, 냄새, 느낌, 생각과 같은 현상들이 없다면 우리가 어떻게 이것들을 볼 것이며, 보는 마음이 없다면 어떻게 이것들에 대한 마음들이 일어날 것이며, 이것들을 실제로 보지 않고 연기를 어떻게 보고 알 것이며, 무상은 또 어떻게 알고 경험할 것인가. 실제로 지금 이 순간 사실로 있는 것이 아니면 우리는 그 어떤 것도 실제를 경험할 수 없는 법이다.

앞에서 살펴보았듯이 북방 전통에서는 우리가 경험하게 되는 알아차림의 대상이 되는 대상을 보는 방식과 상좌부 전통인 남방에서 알아차림의 대상이 되는 현상을 보는 방식에 차이가 있다. 남방의 알아차림 수행이 실재로 지금 이 순간 사실로 존재하는 마음과 대상에 주의를 두고 이를 있는 그대로 알아차리고 관찰해서 법을 깨달아서 해탈과 열반을 성취하는 것이라면, 북방의 수행 전통에서는 존재하는 마음과 대상에 주의를 두고 수행하기도 하지만 대상을 인식하는 마음을 깨달아 아는 성품에 주안점을 두는 수행을 한다. 다시 말해서 대상을 있는 그대로 보는 수행도 하지만 우리가 대상을 인식했을 때에는 인식된 모든 현상은 그것이 밖에 있던 안에 있던 다 마음현상이며, 이것은 서로 다르지 않으며, 마음의 스크린에 비친 영상이며, 그림자이고 환영이고 꿈이며 허상이며, 가상으로 본다. 그래서 보는 마음과 보여 지는 대상을 나누어서 보는 이원성을 벗어나서 마음과 대상을 한마음으로 보는 것이다. 그리고 이렇게 인식된 모든 것은 실상이 아니라 허상인데, 마음에 비친 대상도 그것에 반응하는 마음도 모두 마음이 만든 현상으로 보게 된다.

눈앞에 컵이 있다. 그 컵을 바라본다. 이 컵이 없다면 우리는 이 컵을 볼 수가 없다. 눈이 없어도 이 컵은 볼 수가 없다. 그런데 우리 마음이 없어도 이 컵을 볼 수 없다. 그렇다면 우리 마음이 이 컵을 보고 있을 때 이 컵은 여기에 있는 것을 우리들이 보는 것이지만은 우리 마음은 이 컵을 어떻게 보게 될까? 컵이 만약 마음 밖에 별도로 있고, 보는 마음과 컵이 별도로 존재한다면 마음은 이 컵을 절대로 볼 수 없다. 이 컵과 마음이 별도로 존재하는 한 마음과 이 컵은 만날 수 없기 때문에 마음은 이 컵을 보는 것이 불가능 하다. 그러면 이 컵이 마음 안에 존재하는 것인가? 만약 이 컵이 마음 안에 있다면 이 컵이 이대로 눈 안에 들어가 있다는 이야기가 되는데 이것도 맞지 않는 말이다. 이 컵이 마음 안에도 밖에도 없다면 마음은 이 컵을 어떻게 인식하게 하게 될까?

우리가 요즘 매일 손에 들고 다니며 쓰고 있는 핸드폰의 사진 찍는 기능을 예로 들어보겠다. 핸드폰에 있는 사진 찍는 기능을 열어 놓으면 핸드폰 바깥에 있는 모든 경치가 카메라 렌즈에 바로 잡혀서 화면에 바로 뜬다. 바깥경치가 왜 화면에 뜨는가? 이것은 외부에 있는 모든 경치가 빛의 작용으로 인해서 영상물로 변한 다음, 이것이 렌즈를 통과해서 들어 온 후에 카메라 렌즈에 비친 것을 감지하는 센스기능이 영상물을 포착하는 것이다. 이것을 화면으로 띄우면 바깥 경치와 유사한 영상이 화면에 뜨는 것을 우리가 보는 것이다. 뿐만 아니라 동영상도 있고 온갖 기능들도 모두 이와 같다. 그리고 이렇게 만들어져서 핸드폰 안에서 우리는 실시간으로 세상과 소통하고 살고 있다. 그리고 우리는 이러한 세계를 사이버 세계 즉 가상세계라 한다.

그런데 『금강경』과 『원각경』을 보면 부처님께서 우리가 보는 이 세상을 환영으로 그림자로 보라고 말씀하셨다. 부처님을 비롯한 대승의 모든 스승들께서 우리가 보는 이 세상을 모두가 물에 비친 달과 같고, 꿈에서 누린 인생과 같고, 꼭두각시 인형극과 같고, 이 세계는 가상으로 존재하는 세계라고 하셨다. 즉 가유라고 하셨다.

왜냐하면 우리 마음에 인식한 세계 또한 우리 마음이 눈이라는 렌즈를 통해서 세상을 본 세상이기 때문에 우리가 보고 있는 이 모든 것이 그림자이다. 그림자가 우리 망막에 비친 것을 우리 마음이 인식한 것이기에 우리가 인식한 것은 실상이 아니라 허상이다. 그러니 우리가 보는 것은 일체가 다 상인데 이 모든 상이 실상이 아니라 허상이다. 따라서 우리가 보고 있는 엄마, 자식, 남편, 아내, 이 세상, 이 모든 것이 실상이 아니라 허상이다. 환영이고 허상인 이세계가 허상 이대로 실재이다. 그래서 대승의 알아차림은 우리가 보고 있는 이 세상이 허상임을 알아차리는 것이며, 허상이 실재라는 사실을 깨닫는 것이 깨달음이다.

우리가 알고 있는 원효스님께서도 바로 이것을 깨달으신 것이다. 스님께서는 중국 유학을 가던 길에 밤이 늦어 빈집에 들어가서 잠을 자다가 목이 말라서 물을 찾았다. 캄캄한 상태에서 물 마실 그릇을 찾고 있는데, 마침 그릇에 담긴 물이 있어서 시원하게 마셨다. 아침에 일어나서 보니 먹은 물이 해골에 고인 빗물이라는 것을 아시고 구역질이 났다고 한다. 캄캄한 밤에 모르고 마셨을 때에는 기분 좋게 마셨는데, 아침에 일어나서 해골에 담긴 물을 마셨다는 것을 알고 나서 속이 뒤집혔다. 이때 스님께서는 구역질나게 하는 자신의 마음을 보고 깨달았다. 우리들도 구역질나는 경험을 해본 적이 있을 것이다. 그런데 우리는 모두가 다 깨닫지 못했다. 왜냐하면 우리는 자신의 마음을 보고 알아차리는 수행을 해본일이 없기 때문에 깨닫지 못한 것이다.

그러면 어떤 마음을 봐야 깨달을까? 우리가 봐야하는 마음은 구역질 일으키는 자신의 마음을 봐야한다. 원효스님의 경우를 보면 밤에 마셨을 때는 구역질이 나지 않았다.

그리고 아침에 일어났을 때 실제로 물을 마시지도 않았다. 물을 마신 행위는 어제 저녁 일인데, 아침에 일어나서 해골을 보고 구역질이 난 것이다. 즉 스님께서는 해골을 보고 '더러운 해골 물을 마셨다'는 한 생각을 일으킨 것이다. 이때 자신의 마음에 일어난 이 생각을 보시고 '이 마음이 구역질나게 했구나!' 하고 깨달았던 것이다. 그리고 자신의 마음을 보고 깨달으신 원효 스님은 이렇게 오도송을 지었다.

'한 생각 일으키니 만법(온갖 현상)이 일어나고,

한 생각 사라지니 만법이 사라지네.'

이와 같이 스님은 자신에게 일어난 마음을 보고 깨달아서 괴로움에서 벗어났다. 우리도 원효 스님처럼 마음의 이치를 깨달아서 어떤 경계나 상황에 처했을 때, 이를 테면 욕먹는 일이 생겼을 때 부처님의 가르침대로 욕먹는 일도 그냥 조건에 따라 일어났다 사라지는 현상으로 알아차리고 '그가 나를 욕했나. 내가 욕을 먹었다'는 생각을 하지 않는다면, 번뇌도 없고 고통도 없을 것이다. 그러나 반대로 욕들은 이야기를 집에 가지고 와서 반복적으로 '그 인간이 나에게 욕했다. 내가 그 인간한테 욕을 먹었다'라고 생각하게 된다면, 번뇌도 고통도 계속해서 반복되는 악순환이 지속 될 것이다.

이와 같이 존재하는 모든 것은 일어났다 사라지는 것이 법이고, 실재가 그러하다는 것을 알아차리고 일어난 현상에 대해 생각을 일으켜서 마음에 담아두고 반복해서 생각하지 않는다면 더 이상 고통은 없을 것이다. 그리고 또한 집에 와서 생각했던 것이라 해도 우리가 인식하여 우리 마음에 남아 있는 모든 것은 마음이라는 스크린에 비친 그림자이며, 환영이라는 사실을 알아차리고 일으킨 생각을 계속해서 잡고 있지 않는다면, 욕먹은 일에 사로잡혀 고통을 지속 시키는 일은 없을 것이다.

4. 명상의 실제

1) 다 같이 명상을 하겠습니다. 다리는 편안하게 평상 좌로 놓으시고, 손은 무릎

위에 놓으시던지 아니면 하단전 앞에 편안하게 놓습니다. 허리는 바로 세우시고 가슴과 어깨는 바르게 펴도록 합니다. 그리고 목은 바로 세우고 입은 편안하게 다무시고 그리고 눈은 감아도 되고 떠도 됩니다. 북방전통에서는 뜨고 남방에서는 감고합니다.

2) 이 상태에서 먼저 자신이 방석 위에 앉아 있는 상태를 알아차림 합니다. 그리고 자신이 방석위에 앉아 있는 상태를 알아차린 상태에서 자연스럽게 자신의 몸 전체로 주의를 확대하도록 합니다. 자신의 몸 전체에 주의를 두고 몸의 전체적인 느낌을 알아차립니다. 이것을 간단하게 줄여서 '지금 현재, 자신의 현존감을 알아차린다.'라고 말합니다. 그리고 동시에 자신의 마음을 알아차림 합니다. 자신의 몸 상태와 느낌을 알아차리고 마음을 알아차리되 몸에 긴장이 있거나 어깨에 힘이 들어가 있으면 긴장도 푸시고 어깨에 힘주고 있는 마음은 툭 내려놓습니다. 그러면 힘이 밑으로 툭 떨어지면서 몸도 편안하게 이완되면서 마음도 편안해집니다.

3) 이 상태에서 심호흡을 세 번 하도록 하겠습니다. 숨을 들어 마실 때 횡경막이 올라가도록 온몸으로 깊이 호흡을 들이마십니다. 이 우주에 있는 신선한 에너지를 다 들이마신다는 마음으로 고무풍선에 바람이 가득 들어가듯이 들이마십니다. 그리고 자신의 몸 안에 있는 오래되고 탁해진 에너지를 다 내보내는 마음으로 고무풍선에 가득 찼던 바람이 다 빠지듯이 천천히 편안하게 완전히 숨을 내보냅니다. 다시 신선한 에너지를 충분히 다 들이마시는 마음으로 숨을 들이마시고, 노폐물을 다 내보내는 마음으로 충분히 내보냅니다. 온몸이 충만해지도록 들이마시고, 다 이완되도록 천천히 자연스럽게 내보냅니다. 다시 한 번 해봅니다. 들이마시고 내보내고, 그리고 호흡을 자연스럽게 놓아둡니다.

4) 다시 자신의 몸 전체에 마음을 두고 현존 감을 알아차립니다. 잠시 이대로 머물도록 합니다. 이어서 주의를 자신의 호흡으로 가져옵니다. 그리고 호흡에 주의를 두시고 호흡의 상태를 알아차립니다. 숨이 코에서 목으로 가슴으로 아랫

배 까지 들어왔다가 아랫배에서 순간 멈췄다가 다시 나가는 전 과정을 알아차리도록 합니다. 이때 유의할 것은 숨이 들어오고 나가는 것을 알아차리되 그냥 들어오고 나가는 것을 의도를 가지고 조작하거나 통제하지 마시고 숨이 쉬어지는 대로 경험합니다. 호흡은 편안할 수도 있고 불편할 수도 있고 자연스러울 수도 있고 부자연스러울 수도 있고, 깊을 수도 있고 얕을 수도 있고, 어느 부위가 불편할 수도 있습니다.

5) 불편함이 있으면 불편함을 그냥 그대로 알아차리며 경험합니다. 부자연스러운 것도 그냥 그대로 알아차리며 이를 경험하며 지켜봅니다. 숨이 들어오고 나가는 느낌의 상태를 그대로 느끼고 알아차리시면서 호흡이 들어오고 나가다가 특정한 부위 이를테면 목이나 가슴 아래배부위에 불편함이나 답답함이나 긴장이 있으면, 그것을 그냥 알아차리고 그것을 그대로 경험하면서 지켜봅니다.

6) 그리고 반드시 잊지 말아야 하는 것은 매 순간 마음을 알아차리는 것입니다. 들숨 때도 마음을 알아차리시고, 날숨 때도 알아차리시며, 불편 할 때에도 마음을 알아차리시고 긴장할 때에도 마음을 알아차립니다. 호흡을 편하게 하려고 하거나, 깊게 쉬려고 하거나 자연스럽게 쉬려고도 하지 않습니다. 경험되어지는 대로 그냥 그 자체를 그대로 알아차리고 느끼고 경험합니다. 이 상태가 지속 되면 그대로 이 상태를 지속하면서 호흡의 상태를 알아차리고 들숨과 날숨 때 각 부위의 느낌을 알아차리고 자신의 마음을 알아차리면서 계속 해서 호흡명상을 지속합니다.

7) 마음이 만약에 다른 곳으로 옮겨간다면 어디를 향해 가는지 알아차리도록 합니다. 그렇게 알아차렸을 때 자연스럽게 그 대상도 마음도 사라지게 되면 대상이 사라진 상태를 알아차리고 잠시 대상이 없는 상태에 주의를 두고 이를 지켜봅니다. 이어서 다시 호흡으로 돌아옵니다. 만약에 마음이 대상 없는 상태를 알아차리며 이를 주시하고 지켜 볼 수 있다면 돌아오시지 않으셔도 됩니다. 자연스럽게 그 대상 없음을 알아차리고 있다가 대상에 따라 마음이 움직이면 이

때 움직이는 마음을 알아차리도록 하면서 주의를 마음이 움직이게 하는 대상에 두셔도 됩니다.

8) 물론 그 대상은 몸의 감각일 수도 있고 마음에 떠오르는 생각이나 감정일수도 있습니다. 바깥에 들려오는 소리일수도 있습니다. 눈에 보이는 어떤 이미지 일 수도 있습니다. 그러므로 반드시 주의를 호흡에만 두지 않아도 괜찮습니다. 눈에 이미지가 보이면 보이는 것을 알아차리고 소리가 들리면 소리를 알아차리고 몸에 어떤 느낌이 느껴지면 느낌을 알아차리고 그리고 그때 일어난 마음이 있으면 마음을 알아차리기만 하면 됩니다. 그리고 대상도 사라지고 마음도 사라지면은 대상이 사라진 상태를 알아차림 합니다. 그리고 다시 사라진 상태를 그대로 알아차리고 그 사라진 상태에 주의를 두고 있어도 괜찮습니다.

9) 그러나 주의가 가는 대상이 계속 사라지지 않고 지속 되면 그 대상을 알아차리고 그 대상을 주시합니다. 이 때 유의 할 것은 대상을 알아차리고 주시할 때 대상에 대한 마음을 항상 알아차리는 일입니다. 만약 대상에 대해 마음이 있다면 먼저 마음에 주의를 두고 이를 알아차리며, 마음이 없으면 없다는 것을 알아차리면서 그 대상을 알아차리도록 합니다.

10) 알아차림의 대상에는 생각도 포함이 되는데 생각을 명상대상으로 삼을 때에도 방법은 동일합니다. 그리고 생각을 대상으로 알아차리며 주시하게 될 때에도 2가지 경험이 일어납니다. 하나는 알아차리며 주시하는 순간 생각이 사라지는 경우이고, 또 하나는 생각이 사라지지 않는 경우입니다. 사라지면 사라짐을 알아차리고, 없으면 없어진 상태를 알아차리고 그것을 경험하면 됩니다. 생각이 사라지지 않을 때에는 사라지지 않는 생각을 알아차리고 주시하시면 됩니다.

11) 또한 감정이 일어날 때에도 감정이 일어남을 알아차리고 이를 주시하면 됩니다. 이 때에도 생각을 주시하는 것과 같습니다. 다만 차이가 있다면 감정이 일어날 때는 몸의 느낌이 동반됩니다. 그러면 몸의 어떤 부위에서 느낌이 일어나는지 확인을 해서 느낌이 일어나는 곳에 주의를 둡니다. 이를테면 불안함이나

슬픔이나 두려움이나 흥분이나 분노 같은 것이 있으면 몸의 감각이 동시에 동반해서 반응하게 됩니다. 그 때는 몸의 감각에 주의를 두고 그 불안한 마음, 슬픈 마음, 두려운 마음, 허전한 마음, 외로운 마음, 이런 마음들을 알아차리고 그 마음이 일어나는 몸에 주의를 두고 마음을 주시하면 됩니다. 이 때 일어나는 경험이 역시 두 가지입니다. 사라지거나 지속됩니다. 이 때 역시 생각을 바라보는 것처럼 사라지면 사라짐을 알아차리고 그것을 그대로 경험하고, 지속이 되면 지속되는 것을 알아차리고 경험하면 됩니다.

12) 외부에서 들려오는 소리도 마찬가지입니다. 소리를 향해서 마음이 가면 마음이 가는 것을 알아차리고 그리고 거기에 따라서 소리가 있다가 사라지면은 사라지는 것을 알아차리고 소리에 따라서 마음에 반응하면 반응하는 것을 알아차리면 됩니다. 그리고 사라지면 소리도 마음도 사라지게 되었을 때 사라진 상태를 알아차리면 됩니다.

13) 느낌 또한 마찬가지입니다. 느낌이 일어나면은 느낌이 일어나는 곳에 주의를 두고 알아차리고 이것을 주시하게 되면 느낌 또한 사라지거나 지속되는 두 가지 경험을 하게 됩니다. 이 또한 생각이나 감정을 볼 때와 같이 알아차리면서 보면 됩니다. 제가 말씀드리는 것은 우리가 호흡에 주의를 두던 또는 소리를 알아차리든 그것이 느낌이든 생각이든 감정이든 이미지이든 그 어떤 것이든 그것이 일어나는 것을 알아차리기 하면 된다는 것입니다.

14) 집중하시다가 만약에 잠이 오는 분은 잠을 또한 알아차리면 됩니다. 잠이 올 때는 잠기운이 어디에서 오는지를 확인해보세요. 눈에서 올 수도 있고 이마나 정수리 머리뒤쪽에서 올 수도 있고 어깨에서 일어날 수도 있습니다. 그러면 잠기운이 일어나는 곳에 주의를 두고 잠을 알아차리면 됩니다. 안 자려고도 하지 마시고 자려고도 하지마세요. 그냥 잠 자체를 알아차림 하면 됩니다.

15) 자 이번에는 집중하던 것을 놓아버리고 대상도 놓아버리고 아무것도 하지 않고 쉬도록 해보세요. 편안하게, 그리고 그 편안한 상태를 알아차리도록 합니

다. 긴장도 다 풀고 아무것도 하지 않는 그 상태, 쉬는 상태를 가만히 알아차림 해 보세요. 그리고 눈에 보이는 것이 있으면 보되 그냥 알아차리고 들리는 것이 있으면 들으면서 알아차리고 느껴지는 것이 있으면 느끼되 그냥 알아차리고 그리고 호흡이 자각되면 호흡도 그냥 알아차리도록 합니다. 자 다시 자신의 몸 전체에 주의를 두고 잠시 동안 현존감을 알아차리기를 합니다. 숨 쉬는 것이 알아차려지면 그것을 놓아두시고 자연스럽게 알아차리기를 합니다.

16) 여기서 명상을 마치도록 하겠습니다. 눈을 뜨고 좌우로 몸을 움직여 봅니다.

알아차림 명상과 선

한국명상지도자협회

02
불교전통에 기반한 명상

마하 사마타 위빠사나명상법
(마하위빠사나 명상원 수행법)

김열권
마하위빠사나 명상원장

02 불교전통에 기반한 명상

마하 사마타 위빠사나명상법(마하위빠사나 명상원 수행법)

/ 목 / 차 /

1. 예비수행과 본수행
   1) 예비수행
   2) 본수행
2. 본수행의 사념처 위빠사나 수행
   1) 위빠사나 수행 초급위주
   2) 위빠사나 수행 중급위주1
   3) 위빠사나 수행 중급위주2
   4) 위빠사나수행 고급
   5) 위빠사나 지혜의 16단계
3. 위빠사나 체험 사례

참고 문헌

마하 사마타 위빠사나명상법(마하위빠사나 명상원 수행법)

본 명상원의 특징은 초기경전[아나빠나삿띠와 대념처경]과 대승경전, 논서에 입각해 체험적으로 누구나 노력하면 삶속에서도 실현 할 수 있는 내용 중심으로 수행한다. 특히 조도법으로 집중력 향상을 위한 다양한 개성에 맞는 사마타수행을 병행한다. 여기에 대한 핵심설명을 하면 다음과 같다.

1. 예비수행과 본수행

1) 예비수행: 자애관, 불상관, 부정관, 죽음관

(1) 용서/자애관

만일 내가 다른 사람에게 몸으로, 입으로, 생각으로, 잘못을 행했다면,
내가 평화롭고 행복하게 살 수 있도록 용서 받기를 원합니다.
누군가가 나에게 몸으로, 입으로, 생각으로, 잘못을 행했다면,
그들이 평화롭고 행복하게 살 수 있도록 나는 용서합니다.

(2) 메타(자비관) 수행

내가 안락하고 행복하고 평화롭기를 기원합니다.
내가 안락하고 행복하고 평화롭기를 기원하는 것처럼,
모든 존재들이 안락하고 행복하고 평화롭기를 기원합니다.
내가 악의에서 벗어나기를 기원합니다.
내가 악의에서 벗어나기를 기원하는 것처럼,
모든 존재들이 악의에서 벗어나기를 기원합니다.
내가 정신적, 육체적인 고통에서 벗어나기를 기원합니다.
내가 정신적, 육체적인 고통에서 벗어나기를 기원하는 것처럼,
모든 존재들이 정신적이거나 육체적인 고통에서 벗어나기를 기원합니다.

내가 평화롭고 행복하게 살기를 기원합니다.
내가 평화롭고 행복하게 살기를 기원하는 것처럼,
모든 존재들이 평화롭고 행복하게 살기를 기원합니다.

(3) 공덕회향(供德回向)

우리가 닦은 보시, 지계, 수행의 공덕을 모든 존재들에게 회향합니다.
모든 존재들과 이 공덕을 나누어, 행복하고 평화롭기를 기원합니다.

(4) 미운 사람에게

이 사람도 나와 똑같이 삶에서 고통을 겪어 알고 있다
이 사람도 나와 똑같이 슬픔과 외로움과 좌절을 겪어 알고 있다
이 사람도 나와 똑같이 행복을 찾고 있다
이 사람도 나와 똑같이 무언가 배우려하고 있다.
이 사람도 나와 똑같이 무한한 본성이 있다

(5) 불상관(佛像觀)

: 여래 10호十號를 생각하면서 붓다의 공덕을 떠올린다.

2) 본수행: 붓다의 수행법, 사념처 위빠사나/아나빠나(호흡)삿띠

(1) 아나빠나삿띠/호흡관찰(깨달은 후에도)-(四念處)쌍윳따니까야11권

"수행승들이여, 이교도의 유행자들이 그대들에게 이와 같이 '벗들이여, 수행승 고따마는 무엇을 닦고 무엇을 익히며 우안거의 기간을 지냈는가?'라고 질문한다고 하자. 이와 같은 질문을 받으면, 수행승들이여, 그대들은 그 이교도의 수행승들에게 이와 같이 '벗들이여, 세존께서는 우안거에 호흡의 알아차림에 대한 집중을 닦고 호흡의 알아차림에 대한 집중을 익힌다.'라고 대답하라.

수행승들이여, 나는 깊이 알아차려 숨을 들이쉬고 깊이 알아차려 숨을 내쉰다.

[1단계]길게 숨을 들이 쉴 때는 나는 길게 숨을 들이 쉰다고 분명히 알고 길게 숨을 내 쉴 때는 나는 길게 숨을 내 쉰다고 분명히 안다. [2단계]짧게 숨을 들이 쉴 때는 나는 짧게 숨을 들이쉰다고 분명히 알고 짧게 숨을 내 쉴 때는 나는 짧게 숨을 내 쉰다고 분명히 안다. [3단계]온 몸을 경험하면서 나는 숨을 들이쉰다고 배우고 온 몸을 경험하면서 나는 숨을 내 쉰다고 배운다. [4단계]몸의 형성을 고요하게 하면서 나는 숨을 들이쉰다고 배우고 몸의 형성을 고요하게 하면서 나는 숨을 내 쉰다고 배운다.

[5단계]희열을 경험하면서 나는 숨을 들이쉰다고 배우고 희열을 경험하면서 나는 숨을 내 쉰다고 배운다. [6단계]행복을 경험하면서 나는 숨을 들이 쉰다고 배우고 행복을 경험하면서 나는 숨을 내 쉰다고 배운다. [7단계]마음의 형성을 경험하면서 나는 숨을 들이쉰다고 배우고 마음의 형성을 경험하면서 나는 숨을 내 쉰다고 배운다. [8단계]마음의 형성을 고요하게 하면서 나는 숨을 들이쉰다고 배우고 마음의 형성을 고요하게 하면서 나는 숨을 내 쉰다고 배운다. [9단계]마음을 경험하면서 나는 숨을 들이쉰다고 배우고 마음을 경험하면서 나는 숨을 내 쉰다고 배운다. [10단계]마음을 기쁨으로 채우면서 나는 숨을 들이쉰다고 배우고 마음을 기쁨으로 채우면서 나는 숨을 내 쉰다고 배운다. [11단계]마음을 집중시키면서 나는 숨을 들이쉰다고 배우고 마음을 집중시키면서 나는 숨을 내 쉰다고 배운다. [12단계]마음을 해탈시키면서 나는 숨을 들이쉰다고 배우고 마음을 해탈시키면서 나는 숨을 내 쉰다고 배운다.

[13단계]무상함을 관찰하면서 나는 숨을 들이쉰다고 배우고 무상함을 관찰하면서 나는 숨을 내쉰다고 배운다. [14단계]사라짐을 관찰하면서 나는 숨을 들이쉰다고 배우고 사라짐을 관찰하면서 나는 숨을 내 쉰다고 배운다. [15단계]소멸함을 관찰하면서 나는 숨을 들이쉰다고 배우고 소멸함을 관찰하면서 나는 숨을 내 쉰다고 배운다. [16단계]보내버림을 관찰하면서 나는 숨을 들이쉰다고 배우고 보내버림을 관찰하면서 나는 숨을 내 쉰다고 배운다.

수행승들이여, 거룩한 삶, 청정한 삶, 여래의 삶에 대하여 올바로 말한다면 거룩한 삶, 청정한 삶, 여래의 삶이라고 하는 것은, 곧 호흡에 대한 마음챙김을 집중하는 삶이라고 올바로 말해야 한다..... 아직 학승으로서 목표에 도달하지 못하였더라도, 속박에서 벗어난 위없는 안온을 소망하면서 호흡에 대한 마음챙김을 닦고 익히면 그것은 그들을 번뇌의 부숨으로 이끈다. 수행승들이여, 그들 수행승들이 거룩한 이로서 번뇌를 부수고, 청정한 삶을 영위하고, 해야 할 일을 해 마치고, 짐을 내려놓고, 자신의 목표를 구현하고, 윤회의 속박을 끊고, 올바른 지혜로 해탈한 거룩한 님 이라고 하더라도, 호흡에 대한 마음챙김을 닦고 익히면, 그것은 그들을 현세에서의 지복의 삶을 누리게 하고 올바른 마음챙김과 올바른 앎으로 이끈다..." 이 내용은 호흡관찰법인 아나빠나삿띠로서 맛지마니까야 주석서에 의하면 부처님이 보리수나무 밑에서 깨달음을 얻으실 때 이 수행법을 하셨고 깨닫고 나신 후 안거 중에도 이 수행법을 하신 거로 되어 있다.

깨치고 나신 후 대념처경에서도 "....뭇 생명의 정화를 위한, 슬픔과 괴로움을 건너기 위한, 정신적 육체적 고통을 극복하기 위한, 진리의 길을 걷기 위한, 영원한 행복을 증득하기 위한 유일한 길이 있다. 그 길은 사념처 위빠사나 이다. 무엇이 넷인가? 몸(身)에서는 몸을..., 감각(느낌, 受)에서는 감각을..., 마음(心)에서는 마음을..., 법(法)에서는 법을 전심전력으로 마음챙김하여 분명한 앎으로 관찰하면서 세상의 욕망과 고뇌에서 벗어나 지낸다(이것을 4념처라고 한다).라고 하셨다. 이 내용을 수행 측면에서 설명해 보겠다.

(2) 마음의 두 흐름

우리 마음을 크게 분류하면 두 가지 형태로 볼 수 있다. 우선 대상을 갖는 마음이다. 몸(色)과 감각(受), 인식(想), 반응(行), 아는 마음(識)인 오온을 덩어리로 보아 개념/형상화하는 마음이고 그 다음으로 오온의 실제를 해체하여 연기/인과적으로 보면서 판단/반응 없이 통찰하는 마음이다.

① 대상을 오온덩어리(관념/개념)로 보는 마음은 범부심이다. 우리 몸과 마음에서 오온은 6감각대상과 6감각기관 각각에 다음과 같이 나타난다.

마하 사마타 위빠사나명상법(마하위빠사나 명상원 수행법)

6감각대상 六境	모양 色	소리 聲	냄새 香	맛 味	감촉 觸	생각 法
↑↓	↑↓	↑↓	↑↓	↑↓	↑↓	↑↓
6감각기관 六根	눈 眼	귀 耳	코 鼻	혀 舌	몸 身	마음 意
↑↓	↑↓	↑↓	↑↓	↑↓	↑↓	↑↓
6가지의식	안식	이식	비식	설식	신식	의식

[5,6識각각 = 觸》》受》》想》》行]

일반 범부들은 여섯 감각기관(六根-눈, 귀, 코, 혀, 몸, 意識)을 나로 보고, 대상(六境-모양, 소리, 냄새, 맛, 접촉, 생각)을 나의 것으로 집착하여 살아가고 있다. 여기서 그 어리석음과 갈망과 집착이 일어난다. 이것이 자기개념에 바탕을 둔 범부심이라 할 수 있다.

② 대상을 꿰뚫어 보는 마음으로 위빠사나/수행자마음이다[마음챙김/注視(sati), 隨觀(anupassi), 明知(sampajanna), :通察智(panna)].

오온을 해체하여 여섯 문에서 일어나는 현상을 즉각 알아차리는 것을 주시/마음챙김(sati)이라 하고, 여러 가지 현상을 있는 그대로 처음 중간 끝을 보는 것을 수관(隨觀anupassi)이라 하며, 현상을 변화, 고통, 환/무아, 空으로 분명히 아는 것을 명지(明知sampajanna)라 한다. 즉, 이들을 꿰뚫어 본성까지 보는 것을 반야(慧panna)라 하는데, 다른 말로 위빠싸나[通察智]반야관이라 해본다. 또는 판단/반응없이 아는 마음이라 한다.

알아차려 놓아버리기만 하면 되는데, 일반인들은 대상을 갖는 이 생각 너머에 '본래의 나[本性/佛性]', '열반', '해탈', '깨달음', '중도' 등으로 불리는 영원한 자유와 평화의 세계가 있는 것을 모른 채 살아가고 있다. 주관과 객관으로 나누어 분별하고, 변화하고 있는 생각의 흐름을 변화하지 않고 실체 있는 나로 착각하면서 집착의 악순환을 계속하며 살아간다. 이 여섯 문에 따른 생멸 변화와 그 조건 지워진 특성을 반야관으로 꿰뚫어 보아 그 본성/실체를 밝혀내는 것이 깨달음으로 가는 오직 한 길인 것이다. 이것을 반야심경에서는 '오온을 마하반야로 비추어 볼 때(照見) 몸과 마음(五蘊) 오온 자체가 비어 있는 것으로 드러나(皆空) 모든 고가 사라지고(度一切苦厄) 불생불멸의 위없는 깨달음을 실현 한다'고 하였다. 이것이 평화와 자유의 영원한 행복을 얻는 유일한 길이다. 그리고 수행자 자신이 이 길에 이르고, 이 길로 모든 사람들을 인도하는 것이 위빠싸나 수행의 시작이자 완성이다.

시골길을 기차를 타고 가다보면 산이 펼쳐지고 강물이 흐른다. 그 위에는 흰 구름이 두둥실 떠 있다. 무심코 지켜보면 산과 강이 지나가고 구름이 빠른 속도로 흘러간다. 그러나 정신을 차려 자세히 보면 기차가 가고 있는 것이다. 그 기차도 여러 부속품으로 조합된 일시적 현상의 덩어리다. 이렇게 여섯 문에서 일어나는 현상을 즉각 알아차리는 것을 즉관[卽觀삿띠念 즉 알아차림, 주시, 마음 챙김,,] 여러 가지 현상을 있는 그대로 따라가면서 보는 것을 수관(隨觀), 그리고 현상과 그 이전을 꿰뚫어 무상, 고, 무아[無常. 苦. 無我]를 보는 것을 직관[直觀. 內觀]이라 한다. 이들을 반야관[慧. 觀]이라 하고 다른 말로 위빠싸나관이라 해본다.

(3) 명상의 두 흐름; 사마타와 위빠사나

① **집중명상인 사마타Samatha(지止 또는 samadhi, 정定, 삼매)** : 대상을 오온 덩어리(paññatti/개념/관념)로 보아 마음을 한 곳에 모으는 명상주제에 따라 삼매를 개발하기 위한 명상법이다. 사마타에는 40가지의 명상주제가 있다.

② **통찰명상인 위빠사나Vipassana(관觀)** : 대상을 정신과 물질(paramattha실재/오온)으로 분리하여, 무상/고/무아(無我/空)/인과 등 다각도로 보아, 그 본질[空]인 성품을 꿰뚫어 보는 통찰지(般若慧)를 얻고자 수행하는 명상이다. 위

빠사나의 대상은 궁극적 실재인 마음, 심소, 물질과 열반의 네 가지이고 사념처라 불리우는 신수심법(身受心法) 네 가지이다. 사념처각각에 나중에 설명할 위빠사나16단계 가능하다.

구 분	사마타(止)	위빠사나(觀)
어 원	고요, 평온, 집중(定)	내적통찰, 내관, 지혜(慧)
관찰 대상	오온덩어리로 된 한 대상	궁극적 실제/오온해체 (4념처)
수행 주제	40가지의 수행주제(kammaṭṭhāna)	신수심법 4념처(satipaṭṭhāna)
수행 목적	삼매(samādhi), 선정(jhāna) 계발	삼법인 통찰 지혜(paññā), 열반
수행 방법	한 대상에 마음을 집중, 고정시킴	수시로 변하는 대상을 관찰
주요 수행도구	사마디(마음집중)	사띠, 사마디, 삼빠자나(明智),빤야
결 과	한시적 몰입삼매 (색계/무색계 4선)	열반, 10족쇄 소멸, 성인 4과
최종 결실	5가지 초능력(5신통; 신족, 타심, 천이, 숙명, 천안);모든 종교에 공통	번뇌없는누진통,자비행/10바라밀/ 5신통 함께 수행하면 부처실현

2. 본수행의 사념처 위빠사나 수행

1) 위빠사나 수행 초급위주

몸관찰 신념처(身念處, kayanupassana)는 아나빠나삿띠 1-4단계(사념처 모든 수행은 법관찰과 연계됨, 여기서 초급/중급 위주표현은 수행 안내 상 체계화과정에서 표현한 것임)에 해당한다. 몸의 관찰[身隨觀]은 ①들숨날숨에 대한 마음챙김;아나빠나삿띠 1-4단계 ②네 가지 자세[四威儀] ③분명하게 알아차림 ④몸 부위 32가지에 대한 혐오 ⑤네 가지 근본물질[四大] ⑥아홉 가지 공동묘지의 관찰이다.

신념처 수행은 6종류인데, 여기선 주로 몸(kaya)을 구성하고 있는 사대 요소인 지·

수·화·풍 위주로 관찰하는 것을 우선 다룬다. 사대 요소의 상호 연관성을 꿰뚫어 보게 되어 삼법인을 체험하고 불법의 핵심인 연기법을 체득하게 된다.

(1) 좌선

- 숨을 들이쉬면 배가 일어나고 내쉬면 배가 들어간다. 배가 일어날 때 '일어남', 배가 꺼질 때 '들어감', 망상이 일어날 때 '망상, 망상', 졸음이 올 때 '졸음, 졸음' 명칭을 붙이며 알아차림 해 간다.
- 주 관찰대상인 배를 관찰하다가 아픔, 가려움 등의 감각이 강할 때는 그 감각의 변화를 관찰하고 사라지면 주 관찰 대상인 배로 돌아와 관찰을 이어간다. 어떻게 관찰했고, 무엇을 느꼈는지 분명히 알 수 있어야 한다.
- 들숨과 날숨 사이 틈이 있는데, 여기에서 무엇을 느끼는지 관찰한다.
- 들숨 날숨 사이에 간격이 길어지든가 망상 시 **앉아 있는 느낌('앉음')과 엉덩이가 닿아 있는 느낌('닿음')을 '관찰**(예: 엉덩이, 정강이, 발등, 상체 각각 요소 등)한다.
- 수행을 계속해 나가면 **위빠사나 지혜의 16단계** [오온과 관찰하는 마음이 구분되는 단계부터 도와 과(열반)에 드는 단계까지]를 차례차례 체험하게 된다.

(2) 걷기명상/경행 6단계

- 1단계 – 보통 걸음으로 '왼발' '오른발' 하면서 발의 무게와 발이 바닥에 닿을 때 발바닥에 포착되는 대상[身지·수·화·풍12가지 → 受느낌 → 心마음 → 法을 (혹은 그 중 강하게 느끼는 대상)]을 관찰한다.
- 2단계 – 조금 느린 걸음으로 '들어 올림' '내려놓음' 하면서 관찰한다.
- 3단계 – '들어 올림' '앞으로 내밈' '내려놓음'하면서 관찰한다.
- 4단계 – '발뒤꿈치 듦' '들어 올림' '앞으로 내밈' '내려놓음' 하면서 관찰한다.
- 5단계 – '발뒤꿈치 듦' '들어 올림' '앞으로 내밈' '내려놓음' '닿음' …
- 6단계 – '발뒤꿈치 듦' '들어 올림' '앞으로 내밈' '내려놓음' '닿음' '누름' 하면

마하 사마타 위빠사나명상법(마하위빠사나 명상원 수행법)

서 관찰한다.

- 경행이 숙달되면 명칭 부르기 전에 의도를 넣어 한다. 예) '들어 올리려 함' '들어 올림'.(의도가 들어가면 12단계가 됨)

- 몸에서 사대관찰 (4대 지·수·화·풍을 12가지로 관찰)
- 지(地)대 – 6가지 단단함, 거침, 무거움, 부드러움, 매끄러움, 가벼움
- 수(水)대 – 2가지 물의 흐름, 잉김이나 점작
- 화(火)대 – 2가지 따뜻함이나 뜨거움, 차가움
- 풍(風)대 – 2가지 지탱함, 움직임

※ 주의: 12가지 느낌이 느껴지면 이 느낌들을 충분히 반복 숙달한다. 관찰이 깊어지면 지수화풍 4대에서 오온, 12연기를 관찰할 수 있다(법관찰 참조). *목련존자는 4대에서 오온과착로 6신통까지 신치겠다.

2) 위빠사나 수행 중급위주1은 감각관찰 수념처(受念處 Vedanānupassanā)/ 아나빠나삿띠5-8단계이다.

수행자는 즐거운 느낌을 느끼면서 '즐거운 느낌을 느낀다'고 꿰뚫어 안다. 괴로운 느낌을 느끼면서 '괴로운 느낌을 느낀다'고 꿰뚫어 안다. 괴롭지도 즐겁지도 않은 느낌을 느끼면서 '괴롭지도 즐겁지도 않은 느낌을 느낀다'고 꿰뚫어 안다.『대념처경』

좌선/경행/일상에서 감각/감정 관찰 위주의 수행. 특히 좌선에서 호흡과 호흡 사이 바디스캔/호흡관 없이 바디스캔만 해도 됨/아나빠나 삿띠5-8단계 참조. 감정의 수직분석/수평분석/입체적분석.

*사리불은 감각관찰로 아라한 되었다.

3) 위빠사나 수행 중급위주2인 마음관찰(心隨觀Cittānupassanā)은 아나빠나삿띠9-12단계이다.

수행자는 "① 탐욕이 있는 마음을 탐욕이 있는 마음이라 꿰뚫어 안다. 탐욕을 여읜

마음을 탐욕이 없는 마음이라 꿰뚫어 안다. ② 성냄이 있는 … 성냄을 여읜 … ③ 미혹이 있는 … 미혹을 여읜 … ④ 위축된 … 산란한 … ⑤ 고귀한 … 고귀하지 않은 … ⑥ [아직도] 위가 남아있는 … [더 이상] 위가 없는[無上心] … ⑦ 삼매에 든 … 삼매에 들지 않은 … ⑧ 해탈한 … 해탈하지 않은 마음을 해탈하지 않은 마음이라 꿰뚫어 안다." 『대념처경』

(1) 마음을 성찰하는 수행(cittānupassanā)
- 마음의 관찰은 3단계인 1. 대상을 찾아감, 2. 대상이 찾아옴, 3. 있는 그대로 앎의 단계로 진행된다.
- 마음 관찰의 네 단계(제9단계~12단계)중 제9단계인 마음을 체험하기에서는 앞의 1에서 8단계 까지 마음상태 위주로 관찰하면 된다.
- 마음공부를 바르게 하기 위해서는 3가지를 항상 자문해야 한다. 첫째, 지금 이 순간 내 마음이 어디에 있는가? 둘째, 이 마음이 무엇을 하는가? 셋째, 마음 상태는 어떠한가?

(2) 주시하는 마음은(watching mind) 언제 생기는가?
두 개의 마음 즉 아는 마음과 주시하며 관찰하는 마음, 두 개의 마음이 있어야만 수행이다. 하나의 마음만 있다면 거기에는 항상 '나'가 있다. 매순간 마음상태를 관찰 하라. 거기에 '나(I-ness)'가 있다면 그것은 어리석음 때문이다.

고급마음수행이란 것은, 아는 마음 즉 앎을 아는 포인트, 다시 말해서 자신의 앎을 알고 있는 포인트까지 오지 않으면 안 된다. 모든 수행은 이 포인트까지 오지 않으면 안 된다.

마음이 진정한 빠라맛타를 볼 때, 즉 실재에 도달했을 때 더 이상 개념(예; 영성, 영혼)들을 보지 않는다. 마음이 어떻게 일하는지 보지 못한다면, 마음이 어떻게 이 개념들을 창조하는지 모른다. 개념은 마음에 의해서 창조된다. 개념이 마음에 의해서 창조되는 것을 보지 못하면, 그것을 꿰뚫어 보지 못하고, 멈추게 하지 못한다. 사띠(알아차림)와 사마디(집중)와 위리야(노력)의 본성을 이해할 때, 더 이상 대상을 따라가지 않고 대상이 마음 안으로 오는 것을 그 자리에서 볼뿐이다. 그러면 사념처에서 일어나는 현상은 분명히 드러날 것이고 "나"라는 존재는 거기에 없다. 단지 아는 마음뿐이다. 이때 있는 그대로 관찰하게 된다.

(3) 마음 관찰 정리

- 지금 마음이 무엇을 취하고 어디에 가 있는가. 관찰의 대상은 오온을 덩어리로 보는 관념인 빤냣띠가 아닌 오온을 해체해서 보는 실재인 빠라맛타이다.
- 사람들이 우울할 때는 언제나 원하는 것을 얻지 못했음을 나타내는 징후임에 틀림없다, 우울한 마음을 아는 마음을 알아차려라. 단지 현상에 지나지 않는 다는 것을 자각한다.
- 아직도 마음이 자유롭지 못하다면, 마음이 모든 것을 분명히 볼 수 있게 되고, 그 자체의 조건적 상황에서 풀려 나올 수 있을 때까지 순간순간 직면하는 모든 상황의 원인과 결과를 관찰해 보아야 한다. 괴로움은 바로 여기, 우리 마음속에 있다. 그러나 또한 이 마음속에서 없어진다.
- 행동하기 전, 말하기 전, 생각하기 전 마음의 상태를 알아차려라. 특히 마음이 조급한 사람은 이와 같이 관찰하면 마음이 자제된다.
- 마음을 믿지 마라. 그 대신 마음 자체를 만드는 조건을 똑바로 보라. 그 조건들을 있는 그대로 받아들이도록 하라. 그 조건들은 있는 그대로일 뿐 그 이하도 이상도 아니다. 지혜가 마음을 통제할 수 있는 것이지, 자신이 마음을 통제할 수 있는 것이 아니다. 사띠는 무엇이 진행되고 있는지 알고, 지혜는 무엇을 해야 하는지를 안다.
- 마음의 주체(意)가 대상(法)을 만나면 의식(意識)이 일어난다. 이 때 무의식이 원인이 되는 과정을 지켜보면 인과의 흐름을 안다. 그 단절 고리를 지켜보라.

자동적 생각과 습관을 알아차려라.
- 마음이 동요 할 때 마음을 알아 차려라. 왜 마음이 동요하는가? 이 일이 일어나기 전에 무엇을 했는지 알아 차려라.
- 마음이 정말로 혼란스러울 때 그 때가 바로 수행할 때다.
- 의심이나 걱정을 없애기 위해서는 그 마음 상태의 진행과정을 꿰뚫어 보아야 한다. 어떤 것을 아주 중요한 것이라고 생각한다면, 생각을 멈추고 그것이 참으로 중요한지 자신에게 물어보라. "왜 그렇게 열심히 생각하고 싶어 합니까?"
- 집착을 놓아버리는 것이 중요한가, 아니면 집착이 왜 거기 있는지 이해하는 것이 중요한가? 무엇을 없애려고 하는 것은 성냄의 다른 형태이다. 자신이 일어나고 있는 마음에 대해 저항하거나 변화되기를 바라면 바랄수록, 그것은 더 고통스럽게 느껴진다. 그냥 수용해서 알아 차려라. 다른 사람들이 자신과 같아지기를 바라는 것은 어리석은 기대이다.
- 결과나 체험에 대해서 생각하지 말고, 어떻게 알아차려야 하는가를 실천하라. 무언가를 이해할 때마다 자유로움을 경험할 것이다.
- 법의 성품은 '법을 얻는다고 해도 행복 하지 않고, 법을 얻지 못한다고 해도 불행 하지 않다.' 많은 수행자들이 어떤 것을 체험하면 아주 행복해하고 체험하지 못하면 매우 동요된다. 이것은 법을 수행하는 것이 아니다. 법을 수행하는 것은 체험하는 것이 아니라, 이해하는 것이다. 진정한 목표는 현상을 정확하게 이해하는 것이다. 그러면 행복은 자연히 따라올 것이다.
- 행복하거나 평화롭기를 바라는 순간, 문제가 생긴다. 바라는 것이 문제다. 마음의 고통도 스스로 만들고 마음의 청정도 마음이 스스로 만드는 것이다.
- 상대방 얼굴에서 상대방 잘못, 집착 등을 보는 것은 자신의 마음 상태이다. 상대방의 마음을 보기 전에 자신의 마음부터 보아야 한다. 원하는 마음이 없으면 고통도 번뇌도 없다. 무엇을 원하는지 억제하지 말고 일어나는 그대로 알아차려라. 생각의 내용을 보지 말고 마음의 본성을 보아야 한다.

- 언짢은 말을 듣고 그 말을 친한 이에게 옮기려 한다. 말을 듣는 순간 동요되는 마음을 보면 마음이 다른 마음을 불러일으키는 조건성을 볼 수 있다. 그때 각성이 일어난다. 그 마음도 본다.
- 마음 관찰은 1 : 1 대결이 아니고 1 : 6 이상의 대결이다. 6근, 6경, 6식에서 일어나는 매 순간의 마음상태를 놓치지 않고 알아차려 나가야 한다.
- 지금 글을 읽고 있는 마음상태도 있는 그대로 알아차림으로 읽어야 한다.

4) 위빠사나 수행의 고급인 법관찰(法念處, Dhammānupassanā)은 아나빠나삿띠 13-16단계이다. 법관찰의 핵심은 오온과 12연기관찰이다.

(1) 다섯 가지 장애에 대한 관찰

탐욕, 성냄, 나태와 졸음, 동요와 회한/걱정, 의심으로 부처님의 5가지 번뇌 제거법이 효과적이다

① 대상을 바꿈; 욕망·성냄·어리석음과 관련된 불건전한 생각이 비구의 내부에서 일어날 때, 이러한 번뇌를 제거하기 위하여 건전한 생각과 관련된 다른 주제에 마음을 집중해야 한다.(예; 성냄 → 자애관, 탐욕 → 부정관/무상관)
② 망상의 결과; 삿된 번뇌 망상으로 초래되는 악업의 결과를 숙고해야 한다.
③ 번뇌의 대상보다 수행주제에 최선을 다하여 집중해야 한다.
④ 번뇌의 원인을 제거하도록 성찰해야 한다(예;12연기).
⑤ 이를 악물고 혀를 입천장에 붙이고 좋은 생각(마음챙김)에 의하여 나쁜 생각을 가라앉혀 극복해 버려야 한다. 위와 같이 생각이 자재로운 비구는 욕망을 제거해, 자신을 다스려 고(苦)의 멸(滅)을 이루었다.『맛지마니까야』20

(2) 오온관찰

: 12가지 4대의 관찰이 숙달된 수행자는, 오온관찰을 시작할 수 있다.

2장 불교전통에 기반한 명상

有爲法	28가지 물질	色	구체적인 물질 (18)	☞ 四大요소;①地:땅의 요소. ②水:물 ③火:불. ④風:바람 5가지 투명요소(감성의 물질)⑤眼:눈. ⑥耳:귀. ⑦鼻:코. ⑧舌:혀. ⑨身:몸. 4가지 감각 대상물질⑩色:색깔. ⑪聲:소리. ⑫香:냄새. ⑬味:맛(地ˌ火ˌ風 3大이다.)(● 觸:촉(느낌은 오온의 受에 포함되는 요소임) 생명물질.⑭영양소. ⑮생명기능. ⑯심장물질. ☞ 性 물질 ⑰ 남자 물질. ⑱ 여자 물질.	
			추상적인 물질 (10)	①허공의 요소. ②몸의 암시. ③말의 암시.	
				④물질의 가벼움. ⑤물질의 부드러움. ⑥물질의 적합함.	마음에서 생긴ˌ온도에서 생긴ˌ음식에서 생긴 물질에서만 존재한다.
				⑦물질의 생성.	자궁속의 입태 때를 말하므로 관찰할 수 없다.
				⑧물질의 상속. ⑨물질의 쇠퇴. ⑩물질의 무상함.	
	52가지 마음부수	受	느낌(1/2)	①감각접촉. ②느낌.	
		想	지각(1)	③인식.	
		行	작용 (49/50)	④의도. ⑤집중. ⑥생명기능. ⑦주의력(마음에 잡도리함). ⑧일으킨 생각. ⑨지속적인 고찰. ⑩결심. ⑪정진. ⑫희열. ⑬열의. ⑭어리석음. ⑮양심 없음. ⑯수치심 없음. ⑰들뜸. ⑱탐욕. ⑲사견. ⑳자만. 성냄. 질투. 인색. 후회. 해태. 혼침. 의심. 믿음. 마음챙김. 양심. 수치심. 탐욕 없음. 성냄 없음. 중립. 몸의 경안. 마음의 경안. 몸의 가벼움. 마음의 가벼움. 몸의 부드러움. 마음의 부드러움. 몸의 적합함. 마음의 적합함. 몸의 능숙함. 마음의 능숙함. 몸의 올곧음. 마음의 올곧음. 바른 말. 바른 행. 바른 생계. 연민. 같이 기뻐함. 통찰지의 기능.	
	89가지 마음	識	3界	욕계	해로운 마음들	탐욕에 뿌리박은 마음(8). 성냄에 뿌리박은 마음(2). 어리석음에 뿌리박은 마음(2).
					원인 없는 마음들	해로운 과보의 마음(7). 유익한 과보의 마음(8). 원인 없이 작용만 하는 마음(3).
					욕계의 아름다운 마음들	욕계 유익한 마음(8). 욕계 과보의 마음(8). 욕계 작용만 하는 마음(8).
				색계		색계 유익한 마음(5). 색계 과보의 마음(5). 색계 작용만 하는 마음(5).
				무색계		무색계 유익한 마음(4). 무색계 과보의 마음(4). 무색계 작용만 하는 마음(4).
			출세간		유익한 마음/도	수다원도. 사다함도. 아나함도. 아라한도.
					과보의 마음/과	수다원과. 사다함과. 아나함과. 아라한과.
無爲法	무위법 1가지	涅槃				

(3) 6입의 관찰

6근(눈, 귀, 코, 입, 몸, 생각)과 6경(빛, 소리, 냄새, 맛, 촉감, 생각 대상)과 여섯 가지 식이 일어나는 곳에서 삼법인[무상(無常), 고(苦), 무아(無我)]이 관찰이 깊어지면 10가지 결박의 번뇌의 제거가 시작된다(위빠사나 지혜의 16단계 참조).

일반인 경우는 대상과 마주치는 순간 내것, 나로 보아 갈애가 일어나지만 위빠사나 수행자는 알아차려 지혜로 몸과 마음에서 무상, 고, 무아를 본다(12연기의 역관). 그리하여 업이 정화되면서 열반으로 향한다. 숙달되면 마음의 17진행[아비담마, 위빠싸나II 참조] 각각에서도 오온/12연기 관찰한다.

(4) 7각지

염각(念覺), 법의 선택(擇法), 정진각(精進覺), 희각(喜覺), 경쾌안각(輕快安覺), 정각(定覺), 평등각(平等覺)이다.(지면 관계상 위빠싸나 II 참조)

(5) 4성제(四聖諦 catuariya-sacca)/12연기 관찰

사성제를 해석 관찰하는 방법에는 네 가지가 있다.

① 생멸사제(生滅四諦)는 설일체유부(說一切有部)의 해석이다. 이것은 존재하는 모든 것은 변하지만 그 실체는 변하지 않는다는 아공법유(我空法有)설이다. (현재 남방 아비담마도 위빠사나도 여기에 근거한다. 아공법공에 바탕한 대승의 ② 무생사제(無生四諦), ③ 무량사제(無量四諦), ④ 무작사제(無作四諦)가 있다.

연기설도 4가지이다. 매 순간에 12연기의 12지(支)가 함께 작용하는 ① 찰나연기설(刹那緣起說), 순차적으로, 인과적으로 일어나는 ② 연박연기설(連縛緣起說), 12지가 과거, 현재, 미래의 삼세(三世)에 걸쳐 작용하고 있는(현재 남방 아비담마 위빠사나가 여기에 기반을 두고 수행해 나간다.) ③ 분위연기설(分位緣起說), 먼 과거의 12지가 금생/미래의 생존에 영향을 미치는 ④ 원속연기설(遠續緣起說)이 있다.

또한 연기를 지역적·시대적 흐름으로 보아 다음과 같이 나눈다.

① 업감연기설, ② 아뢰야연기설, ③ 진여연기설, ④ 법계연기설로 나누며, 업감연기설은 남방불교, 그 나머지 연기설은 북방 대승불교에서 다룬다.

(6) 깨달음의 비결

계정혜의 실천이 수행의 핵심이다. 필자가 1979년 성철스님한테 화두를 받을 때 깨달음의 비결을 묻자 "부산서 서울 가는 놈이 주막 등 한 눈 팔지 말고 앞만 보고 가듯이, 화두를 놓지 말라."고 하셨다. 1980년 송담스님 친견시도 "오매일여 지나 화두타파법?"을 질문하자, "화두가 멀리 도망가기 전에 즉각 거각하라."였다. 하루 5천배절을 1년반 한 후 9년 장좌불와한 티벳스님은 관상법이 최고라 했다. 1990년 처음 미얀마 우빤디따 선사를 친견했을 때 깨달음의 비법이 무엇인가 여쭈었더니, 한마디로 [삿띠 빳따나(四念處, 위빠싸나)]라 하셨다.

① 삿띠(sati)는 기억, 주시, 알아차림, 깨어있음, 주의 깊음, 마음챙김을 뜻한다.
② 빳따나(patthana)는 [긴밀하고] [확고하며] [흔들리지 않는] [비상한] [확립]이라는 뜻이다. 이것은 현재 일어나고 사라지는 관찰 대상에 파고들어, 확고부동하게 흩어짐 없이 마음을 챙겨서, 알아차리는 관찰이 계속 확립되는 것을 말한다.
③ 삿띠의 특징은 그 본질을 알아차리는 것이다. 관찰력이 예리하고 강해지면 현상을 알아차리는 즉시 소멸 하므로 더 미세하고 깊은 무의식의 현상까지 포착하게 된다. 그것들마저 사라지면 본성을 깨닫게 되는 것이다.
④ 삿띠의 기능은 깨어있는 동안 관찰 대상을 놓치거나 사라지게 하지 않는 것이다. 관찰 대상을 놓치면 번뇌의 공격을 받는다. 여기에서 지금 일어나는 현상과 그것에 대한 관찰 외에는 그 무엇도 존재해서는 안 된다. 그러다보면 나중에는 일을 하면서도 저절로 관을 하게 된다. 나중엔 관찰하지 않는 게 더 어렵게 된다.

세분 스승님들 모두 공통적으로 "깨어 있는 반야지혜를 놓치지 않고 빈틈없이 이어가는 것"이 깨달음의 비결이고 부처님의 대념처경/삿띠팟따나와 일치한다.

이와 같이 열심히 수행하면 부처님께서 보증하신 위빠사나 **일곱 가지 이익**을 얻을 수 있다. ① 마음의 오염(번뇌)으로부터 자유로워지며, ② 슬픔과 비탄으로부터 자유로워지며, ③ 갈애와 불안으로부터 자유로워지며, ④ 육체적 고통으로부터 자유로워지며, ⑤ 모든 정신적 고통으로부터 자유로워지며, ⑥ 성스러운 도(道, Ariya magga)를 얻으며, ⑦ 성스러운 과(果, Ariya phala, 견성해탈)를 얻는다. **자비, 바라밀과 함께 대승 위빠사나를 수행하면 부처경지 실현한다.**

붓다께서, "수행자들이여, 누구든지 이 사념처를 7년 동안 이와 같이 닦는 자는 바로 지금 여기에서 구경각인 아라한 또는 아나함의 경지가 기약된다. …보름 동안은 제쳐두고라도 누구든지 이 사념처를 7일 동안 이와 같이 닦는 자는 지금 여기에서 구경각 아라한 또는 아나함의 경지가 기약된다."고 『대념처경』에서 고하셨다. 또한 법구경112에선 "어떤 비구가 걷는 행위를 관찰 할 때 그가 발을 들어 올렸다가 그 발이 다시 땅에 닿기 전에 아라한과를 이룰 수도 있느니라." 부처님께서는 다음 게송을 읊으시었다. "게으르고 노력 없이 백 년을 사는 것보다는 단 하루라도 사마타 위빠싸나를 용맹스럽게 수행하는 것이 훨씬 낫다."

5) 위빠싸나 지혜의 16단계(자세한 내용은 책 위빠싸나Ⅱ 참조)
(1) 정신적·육체적 현상/五蘊을 구분하는 지혜(nama-rūpa Pariccheda ñāṇa)

① 형상을 볼 때 대상이 물질이고, 주체인 마음을 어떻게 구분하는가? ② 소리를 들을 … ⑨ 4대의 12가지 요소를 어떻게 구분하는가?(초급단계)… ⑪ 12가지 요소 각각에서 수(受), 상(想), 행(行), 식(識 혹은 觸·受·想·思·愛·尋·伺)을 어떻게 구분하는가?

(2) 원인(조건)을 식별하는 지혜(paccaya-pariggaha-ñāṇa)

① 배의 일어남만 느껴지고 꺼지는 것은 못 느끼는가? 그땐 어떻게 관찰 하는가? … ⑤ 마음이 원인이 되고 몸의 움직임은 결과가 되는 것을 어떻게 구분하는가? ⑥ 12연기를 순관(順觀)/역관(逆觀)으로 어떻게 구분하는가?

(3) 현상의 바른 이해에 대한 지혜(sammasana ñāṇa)

① 마음과 몸(오온, 12연기, 18계)을 보고 모든 현상에서 처음, 중간, 끝의 변화과정을 분명히 관찰할 수 있는가? 오온의 흐름 등 12연기에서 모든 현상에서 처음, 중간, 끝의 변화과정을 분명히 관찰함으로써 생멸 현상은 무상·고·무아라는 세 가지 특성을 알 수 있는가? … ④ 열 가지 통찰의 장애가 나타나기도 하는가? 그땐 어떻게 관찰 하는가?

- 수행자는 다음과 같은 빛의 현상 등을 보기도 한다.

① 불꽃이나 횃불 또는 자동차의 헤드라이트 같은 빛을 본다. ② 수행자가 자신의 몸을 볼 수 있을 만큼 방이 충분히 환해진다. ③ 빛이 벽을 통과하는 것을 인지할 수도 있다. ④ 수행자 앞의 여러 곳을 볼 수 있을 만큼 밝아진다.

⑤ 문이 열려 있는 것같이 밝은 빛이 나타날 때도 있다. 어떤 수행자는 손을 들어 문을 닫으려고 하며, 또 다른 수행자들은 눈을 떠서 빛이 왜 들어오는지를 알아보려고 한다. ⑥ 휘황찬란하게 빛을 발하는 꽃들을 보기도 한다. ⑦ 넓고 넓은 바다가 펼쳐 보이기도 한다. ⑧ 빛의 광선이 수행자의 가슴과 몸으로부터 발산되는 것처럼 보이기도 한다. ⑨ 환상, 즉 코끼리 같은 것이 보이기도 한다.

***청정도론: 통찰하는 마음을 뒤따르는 통찰지로 앞의 통찰지를 무상·고·무아로 다음과 같이 관찰하는 것이 정신을 관찰하는 방법이다. 삼법인을 볼 때 그 통찰지 그 마음 자체를 3번째 통찰지 마음으로, 두 번째 통찰지 마음을 삼법인으로, … 다섯 번째 통찰지 마음으로, 네 번째 통찰지 마음을 삼법인으로 어떻게 관찰하는가?

(4) 일어나고 사라지는 현상에 대한 지혜(udayabbay ñāṇa)

① 배가 일어나고 사라지는 현상이 2, 3, 4, 5, 6단계로 이루어짐을 어떻게 구분하는가? … ⑤ 환영이 보일 때 …⑥ 맑고 밝은 빛을 …어떻게 관찰하는가?…⑧ 업에서 생긴 물질의 생멸원인을 어떻게 관찰하는가?

(5) 사라짐의 지혜(bhanga ñāṇa)

무엇이든 일어난 것은 즉각 사라져 가는 흐름의 연속으로 관찰된다. 배가 일어나고 꺼지는 것을 관찰하고 있는 동안에도 처음과 중간은 분명하지 않고 오로지 사라지는 단계만 명백하게 포착된다. ① '일어남'과 '사라짐'의 끝이 분명하게 느껴지는가?…⑤ 몸과 마음이 단지 사라지는 단계만이 관찰되는가?

(6) 두려움의 인식에 대한 지혜(bhayatupattāna-ñāṇa)

사라짐에 대한 지혜가 향상되어 감에 따라 모든 주관·객관의 형태가 사라져 가는 면만 관찰됨에 따라 모든 현상이 두렵게 느껴진다.

(7) 고(苦)에 대한 지혜(ādīnava ñāṇa)

모든 현상에 두려움이 내재되어 있다는 것을 이해한 후에는 모든 현상에 고통이 내재되어 있음을 알게 된다.

(8) 혐오감에 대한 지혜(nibbidā ñāṇa)

모든 조건 지워진 현상에서 고통 있음을 보고 혐오감을 강하게 느끼게 된다.

(9) 해탈을 달성하려는 마음의 지혜(muncitukamayatā ñāṇa)

모든 현상에 혐오감을 강하게 느낀 수행자는 무상·고·무아를 절감 하고 이러한 조건 지워진 현상에서 탈출하려는 해탈에 대한 강한 열망이 솟구쳐 일어난다.

(10) 다시 살펴보는 지혜(patisaṅkhānupassana ñāṇa)

무상(無常)·고(苦)·무아(無我)의 특성을 뼈저리게 통감하고 몇 번이고 되풀이하여 관찰한 후 여기에서 해탈하기 위한 일념으로 수행에 더욱더 박차를 가해 나간다.

2장 불교전통에 기반한 명상

(11) 현상에 대한 평등(무심)의 지혜(saṅkhārupekhā ñāṇa)

다시 살펴보는 지혜가 성숙됨에 따라 몸과 마음의 생·멸 흐름을 순일무잡하게 노력을 들이지 않고도 저절로 관찰하게 되는데 이런 상태를 평등에 대한 지혜라 한다.

① 배의 일어남, 사라짐은 단순히 몸과 마음의 현상으로 분명하게 무심하게 관찰되는가?… ④ 집중력이 좋고 마음은 오랫동안 평화롭고, 마치 잘 닦인 길을 달리는 것처럼 순일한가?… ⑥ 여러 가지 고통과 질병, 즉 마비나 신경증 등이 치료되는 것을 느끼는가?… ⑦ 이 지혜의 특징은 평온과 만족이다.

(12) 적응(수순)의 지혜(anulaoma ñāṇa)

이 적응의 지혜는 세 가지 특징을 갖는다.

① 무상(anicca); 자비심과 계행 있는 신심자(信心者)는 무상으로 도과(道果)에 이르게 될 것이다.

② 고통(dukkha); 선정을 잘 실행한 사람이 이르게 되는 길이다.

③ 무아(anatta); 전생에 위빠싸나를 수행했던 사람이 이르는 길이다.

(13) 성숙한(종성) 지혜(gotrabhū ñāṇa)

'성숙한 지혜'로 이것은 세속적인 상태와는 완전히 구분되는 지혜이다. 이는 곧 깨닫게 됨을 의미하며, 열반(Nibbana)을 대상으로 갖게 된다. 즉, 감각이 소멸해 버린 찰나의 순간을 '성숙한 지혜'라고 한다. 수행자는 조건적인 현상에서 벗어나 그 대상으로써 열반을 향한다. 세간적인 존재와 출세간적 존재 사이의 상태이다.

(14) 도의 지혜(magga ñāṇa)

① 결박의 열 가지 번뇌 중 몇몇 번뇌들을 없애고 또 나머지 다른 번뇌들을 없앨 준비를 하고 있는가? ② 맑고 완벽한 도의 지혜가 나타나는가?

(15) 과의 지혜(phala ñāṇa)

마음은 무엇이 일어났는지 알게 되며 열반을 대상으로 한다. 이 상태가 두 번, 세 번 지속된다. 도의 지혜는 원인이고, 과의 지혜는 결과이다. 성숙의 지혜·도의 지혜·과의 지혜로 들어가는 길은 다음과 같다.

① 첫 번째 감각이 끊어짐은 성숙의 지혜로, 열반을 대상으로 한다.
② 감각이 끊어진 중간단계는 도의 지혜로 열반을 대상으로 번뇌들이 사라짐
③ 마지막 그침은 출세간인 과의 지혜라고 불리며, 열반을 대상으로 한다. 도의 지혜에서는 번뇌가 근절되어 과의 지혜에서는 이 번뇌들이 재발하는 것을 방지한다.

(16) 반조의 지혜(paccavekkhana ñāṇa)

도(道)와 과(果), 열반, 제거된 번뇌와 아직도 남아있는 번뇌에 대한 반조의 지혜다. ① '도의 지혜', ② '과의 지혜', ③ 제거된 결박의 번뇌들, ④ 남아있는 결박의 번뇌들 ⑤ 열반을 체험한 사실에 대한 반조(返照)는 어떻게 일어나는가?

일어났던 것을 되돌아 살펴보는 것을 '반조(省察)의 지혜'라 한다.

[열 가지 결박의 번뇌 : '개아(個我, 有身見)' '형식의식에 집착(戒禁取見)' '의심(疑結)'은 수단원과에서 소멸, '탐욕(貪結)' '성냄(瞋結)'은 사다함과에서 약화, 아나함과에서 소멸, '색계에 대한 집착(色愛結)' '무색계에 대한 집착(無色愛結)' '불안정함(들뜸, 掉結)' '자만심(慢結)' '근본 무명(無明結)'은 아라한과에서 소멸]. *위빠사나16단계와 자비/바라밀 함께 대승 위빠사나 수행하면 부처경지 실현 할 수 있다.

3. 위빠사나체험사례[수행 체험]

1) 아나빠나삿띠 체험 사례
(1) 정견성(50세) 한의사

2장 불교전통에 기반한 명상

저는 아나빠나삿띠로 호흡을 관찰했습니다. 처음에 호흡이 길고 짧은지를 알면서 들숨 날숨을 했구요... 들숨을 알아차리면서 온몸이 보여지고 또 이제 온몸을 알아차리면서 날숨을 하고 그렇게 됐습니다(때론 몸전체 기경8맥, 차크라도 저절로 관찰). 그리고 호흡이 점점 더 깊어지면서 몸이 고요해짐을 알아차리고 숨을 들이마시고 몸이 고요해짐을 알아차리면서 숨을 내쉬고 이렇게 호흡을 하는 가운데서 이 몸이 저는 저절로 가라앉고 고요해지는 것인 줄 알았는데... 몸이 저절로 고요해지는 것이 아니고, 아는 마음의 힘 같은 것이 몸을 고요하게 하고 있음을 알아차렸습니다.

그 몸에 상태를 고요하게 함을 알아차리니까 좋아가지고 기쁨이 확 일어났습니다. 그 기쁨을 알아차리면서 숨을 들어 마시고 기쁨이 일어난 것을 충만히 일어났다는 것을 알아차리면서 또 숨을 내쉬고, 그렇게 몇 번 하니까 기쁨이 사라졌습니다. 그 역시 또 알아차리면서... 그 다음에는 그 행복감이 기쁨하곤 조금 다른 어떤 행복감이 일어났고, 그것을 역시 알아차리면서 숨을 들이마시고 내쉬고 그러다보니까 이제 편안해지고, 그 아주 편안함이 아주 꽉 차오르게 됨과 동시에 점점 몸이 더 아주 미세하게 미세하게 가라앉혀지고 있음을 느꼈습니다. 가장 고요하게 됨을 또 알아차리면서 보니까 호흡도 없어지고, 그리고 몸에 어떤 맥박이나 체온까지 다 내려가는 것을 알아차렸습니다. 보통 75박 이렇게 되는데 그때 제가 느낀 것으로는 한 40박 정도 되었을 것 같은...그리고 그 순간에 아마 몸이 생명을 이렇게 유지할 수 있는 아주 극미세한, 그 아주 작은 에너지만 사용하고 있음을 알아차리면서 호흡이 끊어지고 몸도 없어지고 몸을 지탱하는 모든 게 다 사라짐을 알아차리면서 '아 지금 無我/空三昧에 들고 있구나.' 하는 자각이 왔습니다. 그 후에는 사념처 관찰이 空性과 함께 일상생활에서 관찰이 자나 깨나 이어지게 되는 대승 위빠사나가 저절로 되고 있습니다.

〈해설〉

범부에겐 몸이나 호흡이나 생각을 유지시키는 것이 무명과 갈애이거든요. 갈애와 집착, 그게 行인데 그것이 관찰로서 제거되는 만큼 이제 무아삼매 이제 공삼매로 깊이 들어가는데 이때 지도해주는 분에 따라서 무엇을 관찰하라 하는 것이 조금 틀려요. 그런 체험이 있을 때 가르치는 분들을(저를 포함해서) 찾아다니면서 다 물어보세요. 10가지 결박의 번뇌가 얼마큼 없어지고 자비심이 얼마큼 나오는가 그걸로 수행의 척도를 삼으면 된다고 봅니다. 그리고 바라밀과 함께 대승 위빠사나를 수행하면 부처 경지까지 실현 할 수 있으므로 삶 속 수행자는 이 길을 가고 있다고 봅니다.

(2) 무량월 45세, 주부, 서울시 서초동

수행을 시작한 지 몇 개월이 지난 어느 겨울이었다. 호흡의 [일어남] [사라짐]이 풍선에 공기를 넣었다가 빼는 것처럼 느껴졌다. 그러다가 어느 순간, 태엽을 감은 장난감이 저절로 태엽이 풀리면서 움직이는 것처럼, 호흡이 의지와는 상관없이 자동으로 일정해지면서 차츰 약해지다 완전히 사라졌다. 그리고는 깨어있는 상태만 있었다. 그로부터 얼마 뒤, 모든 것이 사라지고 나서[空三昧] 한참 있다가 갑자기 미세한 바람이 곡선으로 움직였다. 팔에 닭살이 돋는 것을 느끼면서 깨어났다. **관(觀)이 하루종일 저절로 이어지며 거리를 두고 삶을 보게 되었다. 관찰이 예리해질수록 더욱 깊어짐을 알 수 있었다.**

번뇌를 다스리다 잠들기 전, 몸이 침대 시트에 닿으면 처음엔 딱딱하면서 차갑다가 그 느낌이 끊임없이 변해 닿는 부위의 느낌이 완전히 사라진다. 그럴 때 의식은 거의 비어/空있게 된다. 그 상태가 이어져 잠으로 빠져드는 순간을 알아차린다……. 다시 [확] 깨어나는 순간을 알아차림과 동시에 관(觀)으로 되돌아보면 몸의 형태는 어젯밤 누웠던 그대로이고 시간은 찰나밖에 안 지난 것처럼 느껴진다. 잠들기 전과 조금도 달라지지 않아 보이고 머릿속은 맑다 못해 청명하다. 그때부터 관찰되는 대상을 하나하나 놓치지 않고 보면 행동이 서서히 느려진다. 또 매 순간 새로운 느낌의 생멸 속에서 마음 상태의 변화를 보노라면 거리를 두고 보게 될 뿐, 하고 싶은 마음도 하기 싫은 마음도 없이 그냥 일어나는 대로 받아들이거나 놓게 된다. 다만 무엇을 하기 전에 그것을 하는 게 옳은지 아닌지 잠시 생각하게 된다. 그러다 보면 생각하고 말하고 행동할 때마다 마음의 움

2장 불교전통에 기반한 명상

직임이 하나하나 잡힌다. 생각이 일어날 때 마음 상태를 알아차리면 저절로 멈추게 되고, 마음이 평온한 가운데 느껴지는 미세한 감각도 관찰되어지는 순간 바로 사라진다. … 관찰이 깊어져 망상이 일어나는 순간 그 원인을 확실히 알았을 때는 그 망상에서 아주 벗어날 수 있었고, 번뇌 망상 속에서 사성제(四聖諦)를 한순간에 봤을 때는 불법에 대한 믿음이 더욱 다져졌다. 탐심과 진심이 교차하는 가운데 관찰만 예리하면 얼마든지 찰나이나마 중도를 체험할 수 있음도 보았으며, 언제나 삿띠(sati:알아차림)를 두고 관찰하면 중도가 됨도 알았다.

삿띠(sati)!마음관찰 삿띠만을 붙잡고 항상 깨어 있으려고, 놓치지 않으려고 애썼다. [오직 이것만이 내가 할 일]이라는 절대적인 확신 속에서 몸과 마음(五蘊)의 흐름을 바로 그 순간에 알아차리려고 노력했다. 알아차림(sati)과 선정(samadhi), 노력(viriya)이 균형을 이루었을 때는 아주 짧은 순간의 변화도 포착할 수 있었으며, 그것이 계속될수록 연기자가 아닌 관객의 위치로 물러서게 되었다. 그래서 이젠 어떤 상황에 놓이든 그 순간의 마음 상태가 먼저 잡혀(대상이 삿띠로 옮), 그냥 알아차리기만 할 뿐인데도 마음은 고요해지고 관찰은 예리해진다. 한 호흡조차 힘들만큼 몸이 아플 때도 마음은 거의 평정 상태가 되어 고통이 완전히 사라졌음을 발견한 경우도 있었다.

알아차림의 느낌 그 자체, 그것은 [실재(paramatha)]이다. [관념(panyati)]을 보지 않고 [실재]만 보려 했으나 [관념] 속에 [실재]가 있었다. 삿띠가 강해지면 자연스레 [실재]만 보게 됨을 깨달았다. 그렇다, 위빠싸나는 자연스러운 관찰이다. 몸과 마음의 자연적 성품이 잡히면서 관찰할 때마다 아무런 마음 없이 그냥 바라보게 될 때 비로소 있는 그대로 보게 된다는 것을 이제야 확실히 알았다.

그리고, 항상 삿띠를 놓치지 않으면 마음이 머무는 그 순간을 바로 보아 팔정도가 저절로 닦이게 됨도 알았다. 지금까지 몸과 감정, 생각, 성격, 판단, 무의식 등을 [나]라고 알며 지냈는데, 삿띠를 통해 이들의 무상함을 보게 되었다. 그러면서 잘못된 [나]가 사라지고 현상 이전의 무한한 평화의 세계를 맛보게 되었으며 올바른 견해(正見)를 가질 수 있었다. 끊임없이 생기고 사라지는 몸과 마음의 흐름 속에서 삿띠가 이어지기만 하면 바로 집중이 되면서 바른 말, 바른 행위, 바른 생계가 되는 것까지도.

그래서 나는 오늘도 삿띠만을 붙잡는다. 무엇을 하든 어디를 가든 마음을 지금 이 순간에만 머물게 하고서…….

(3) 선향 보살 화두/ 위빠사나체험

- 10월 15일 ~ 호흡관찰 첫 번째;

[일어남]에서는 배꼽부터 등허리 부분이 둥그렇게 불러오면서 뜨거운 느낌이 점차 강해지다 꽉 채워진다. 그 느낌이 서서히 식으면서 공간이 차츰 좁아져 뜨거운 느낌이 완전히 사라진다. 그와 동시에 등과 배 사이의 공간도 사라진다.

- 10월 20일 ~ 호흡관찰 두 번째;

처음엔 앉아 있는 몸이 느껴지더니 무언가 뿌연 공간이 천천히 주위로 퍼지면서, 몸이 사라지고 관찰하는 마음과 호흡만 남아 있다. 숨을 들이쉬는 순간 미세한 움직임이 관찰된다. 4대의 12가지 느낌들이 모였다가 흩어지는데, 따뜻했다가 싸늘히 식고 거칠게 부딪히다가 부드럽게 미끄러진다. 숨을 들이쉰 뒤 내쉬기 직전에는 바람이 공간(배와 등 사이)을 스치고 지나가는듯하다가 약간 무게 있는 습한 기운이 흘러내린다. 숨을 내쉬면 모든 감각들이 어둠 속에 잠기듯 조용히 사라진다. 다시 들숨이 시작되면 느낌들이 슬슬 되살아난다. 스스로 여러 가지 느낌들이 끊임없이 바뀌면서 이어진다. 가장 강한 느낌은 무거움과 가벼움이고, 뜨거움과 차가움, 거침과 부드러움, 또 당기고 밀리는 느낌이 스쳐지나간다.

- 11월 3일 ~ 호흡관찰 세 번째;

[일어남] [사라짐] [앉음] [닿음] 순으로 서너 번 하니 먼저 호흡이 사라지고 몸도 따라 사라진다. 눈과 인당 사이에 희뿌연 풍경이 지평선처럼 펼쳐진다. 그 상태에서 위로부터 가느다랗고 희고 검은 선들이 자꾸 내려와서는, 그 선들이 엉켜서 여러 가지 모양의 도형이 된다. 그 도형이 연기 흩어지듯 부드럽게 사라지는 현상이 계속되다가 나중에는 희끄무레한 공간만 남는다. 그 점은 처음엔 흐릿했지만 조금씩 밝아

지더니 꽤 밝게 빛나며 천천히 앞으로 다가왔다. 바로 이 점이 생겨났던 자리에 또 하나의 점이 생겨나서는 그 점도 앞의 것처럼 밝고 선명해지면서 앞으로 다가와 먼저 생긴 점과 딱 합쳐진다. 그 순간 깜짝 놀라(무언가 전기에 감전된 것처럼 찌릿한 느낌) 눈을 번쩍 뜨고 말았다. 좌선을 시작한 지 2시간쯤 지난 상태였지만 순간적으로 느껴졌다.

- 12월 13일 ~ **호흡에서 오온 관찰;**

복부에서 일어난 밝은 구슬 같은 빛이 한 호흡 사이에 머리에서부터 목을 지나 왼쪽 어깨와 팔을 거쳐 손가락 끝까지 간다. 다시 팔 앞부분에서 목을 지나 오른쪽 팔로 옮겨간 뒤 손끝까지 갔다가 올라온다. 가슴 → 배 → 왼쪽 다리 → 발 → 오른쪽 다리 → 발 → 엉덩이로 몸을 한 바퀴 돌고나서는 가슴에서 사라진다. 처음에는 너무나 미미해서 한 가지 느낌이라 보았는데 그것이 강해지니 여러 가지 느낌으로 나누어진다. 거기에 차가움 등으로 명칭을 붙이니 흔적도 없이 사라진다. 나중에는 호흡과 몸도 사라지고 [아는 마음]만 남는다. 이때 아는 마음을 내관(內觀)해 들어가니 일체가 사라진 무아(無我)空 상태가 된다. 원장님께서 오온과 12연기 위주로 관찰하라고 말씀하신 뒤부터는 현상이 더 세밀히 관찰된다.

- 1월 20일 ~ **無我/空 삼매에 들던 순간**

좌선 시 복부에서 안개가 피어오르듯 뿌연 먼지 같은 게 보여 집중을 하는데, 갑자기 이마 중심 부분에서 둥근 손전등을 비추듯이 밝은 빛이 아래로 내리쬐면서 좀 전에 희미하던 것이 잘 보인다. 아주 작은 먼지 알갱이(까라빠)들이 분주하게 움직이는 가운데 그 빛기둥이 입자들을 확대시켜 보여주는데, 형태는 물방울 같고 촉감은 폭신하고 가벼우며 약간 차갑다. 무수히 많은 알갱이들이 터지고 사라지고, 또 생겨나고……. 마치 호수 위에 빗방울이 떨어지는 풍경 같다. 그래서 이마 쪽으로 주시를 옮겨 [빛 기둥, 빛 기둥]으로 명칭을 붙여 바라보니까 사라진다. 빛 기둥은 사라졌는데도 주위가 어둡지 않아 어쩌면 원통 모양의 빛 덩어리가 사방으로 퍼져 환한 듯도 하다.

이마에 갑자기 시원한 바람이 휙 스치고 지나가니 남아 있던 빛의 잔상이 사라진다. 그래도 어둡지 않고 땀이 마르는 듯 상쾌하다. 그 느낌을 관찰하니 그것마저 일시에 사라지면서 덩굴이 끊어지듯 無我/空 삼매로 들어갔다. 이때 정확히 안내 해 주는 지도자 역할이 결정적으로 중요하다.

• **2월 14일 ~ 잠들기 전**

　잠자리에 누워서 몸이 바닥에 닿은 느낌을 들숨과 날숨의 틈새에서 관찰한다… 머리에서 발끝까지 쭉 훑어 내려가면, 바닥에 닿지 않은 부위는 조금 더디면서 가볍고, 바닥에 닿은 부위는 약간 거친 무게가 느껴진다. 잠들려고 배에 집중하고는, 들숨에서 [잠이 오는구나]를 알고 날숨에서 [잠이 드는구나]를 알아차린다. 이렇게 두세 번 호흡하자 머리 부분에서 긴장되어 있던 둥근 띠 같은 게 툭 끊어지더니 머릿속이 아주 가벼워지고 옆구리 부분에 온기가 스며들 듯 포근한 감촉으로 잠이 들어와 몸 전체로 퍼진다. 그 포근하고 감미로운 느낌이 머릿속까지 채워지니 잠드는 내 몸을 또 다른 [나]가 바라본다. 이제는 완전히 잠에 빠졌다고 바라보던 [나]가 단정 지으면 고요함과 편안함이 온몸에 깃들게 된다. 그 후부터 잠에서 관찰이 되었다.

• **3월 2일 ~ 병상에서의 화두 수행;**

　며칠 전에 원장님께서 [판치생모(板齒生毛)]라는 화두를 설명하면서 위빠사나와 화두 중 어느 것이 더 효과적인지 실험해보라고 하셨다. 제자가 묻기를, {달마가 서쪽에서 온 뜻이 무엇입니까?} 스승이 답하기를, {판자 이빨에 털이 났다(板齒生毛)!} 원장님과 전화로 상담하면서, 그때부터 생활 속에서 한순간도 놓치지 않고 [왜 판치생모인가?]라는 의심을 계속 유지하게 되었다.

　식사 때나 화장실 갈 때, 통증을 느낄 때, 서 있거나 누워 있을 때, 설거지 할 때, 한 찰나도 놓치지 않고 화두를 든다. 그러다가 커피를 마셔야겠다고 생각하고는 설탕과 커피, 프림을 넣는데 이때도 화두가 이어졌다. 재료가 든 잔에다 물 붓는 순간에도 화두를 잡았는데 잔에 물을 반쯤 부었을 때 갑자기 이상한 현상이 나타났다. 물의 빛깔이 커피색으로 변하면서 반쯤 차오르는데 갑자기 화두가 사라지고 그 순간 강하게 머리를 얻어맞은 듯했다. 통증은 없고 오히려 먼지처럼 몸이 가벼워졌다. 화두에 대한 의심이 확 풀리는 듯 물의 성질이 보이고 물과 화두와 내가 하나의 공간에 뭉쳐졌다가 흔적 없이 다 사라졌다. [나]가 사라지면서 곧 모두가 [나]가 되는 상태. 기쁨이 충만하여 자꾸 웃음이 나온다.

- 3월 3일 ~ [마삼근] 화두

원장님께서 다시 [마삼근(麻三斤)]이라는 화두를 주셨다. 묻기를{부처가 무엇입니까?} 답하기를{마삼근이다.} 부처를 물었는데 어찌 마삼근이라고 했나? [왜 마삼근이지?] [왜 마삼근인가?]를 꽉 붙잡고서 놓치지 않기 위하여 의심이 깊어질 때 계속 밀어붙였다. 의심이 극에 달하자 또 자연스럽게 무아/공삼매상태가 된다. "일체 생각을 끊고 일념에 들되, 일념마저 지나면 무심이 된다. 그 무심에서 한 걸음 더 나아가야 비로소 적멸을 실현하게 된다" 라는 선사의 말씀을 인용하면서 원장님은 부처님과 그 제자들은 모두 12연기관찰에서 구경각을 성취했으므로 그 관찰을 더욱더 미세하고 명백하게 관하라고 했다. 이건 과정이라 화두나 위빠사나 중, 어느게 더 낫다고 단정하지 말고, 우선 초기경전의 10가지 결박의 번뇌가 얼마나 일상에서 제거 되었나를 점검하라 했다.

2) 염불 화두선과 위빠싸나 비교 수행

(1) 조숙 45세, 주부, 서울시 서초동

호흡의 흐름에 따라 [옴 마니 반메 훔]을 염한다. '염불하는 나는 누구인가?'를 의심하며 점점 빨리 한다. 그러다보면 순간적으로 양쪽 귀가 커지면서 수평으로 구멍이 뚫려 무한대로 뻗어나가는 빛이 관찰된다. 그러다가 차츰 중단전으로 기운이 모이면서 가슴 한가운데에서 염불 소리가 들린다. 상단전에 밝은 빛이 생기면서 동시에 염불 소리가 호흡을 이끌어, 입술 위 부분에서도 들숨, 날숨이 빛으로 관찰된다. 동시에 하단전에서도 호흡이 느껴진다.

상단전에 생긴, 전에 한 번도 본 적이 없는 보석 같은 빛은 바로 부서지며 사라진다.

백회혈의 강한 느낌도 흩어져내려 빛줄기로 변하나 곧바로 사라진다. 상단전의 둥그스름하고 밝은 빛과 중단전 한가운데의 통증을 들여다보면, 그 순간 꽃이 피듯 활짝 열리면서 즉시 사라져 텅 빈 상태가 되어버린다. 이때도 [염불하는 나는 누구인가]의 의관(疑觀)은 계속되었다(이때 의관을 하지 않으면 빛의 상태만 유지되는 사마타에 머물게 된다).

[옴 마니 반메 훔] 소리가 몸속에서 글자 모양으로 바뀌어 덩어리 느낌으로 움직이다가 사라진다. 그러다 몸 전체가 없어져 아무 것도 못 느끼는 가운데 텅 빈 상태마저 사라지면 의심만 남는다. 이 의심을 아는 마음까지 사라질 때도 있다(空三昧상태).

염불 화두와 마음 관찰 비교;

원장님께서 염불 화두로 무아(空)에 들 때와 관찰로 들 때를 비교해 보라고 하신 적이 있다. 또 능엄주를 외워보라고 해서 다 외웠다. 능엄신주를 외우면서도 관이 함께 된다. 능엄주 관찰도 잠잘 때가 일념으로 더욱더 잘 되었다. 잠자기 전에 [옴 마니 반메 훔]을 염하면서 잠이 들 때도 염불이 이어지는데 염불이 사라지면 마음관찰로 전환하게 된다. 관찰이 예리하게 되자 염불 화두로 들어갔던 무아(空)의 상태에서 관하면 모두 사라지면서 더욱더 깊은 無我/空 상태로 들어갔다. 화두 의심의 덩어리는 외부 망상을 차단하는 힘이 강한 반면 위빠싸나에서는 관이 더욱더 예리해지고 세분화되기 때문인 것 같다. 이젠 무엇을 하든 관과 함께 24시간 살아간다.

〈해설〉

세존께서 **"깔라마경에서 내가 한 법문도 체험으로 확인하라"**고 하셔서 필자는 수행이 깊어지면 체험으로 경전과 확인해보라 한다. 조숙 회원의 경우는 위빠싸나 수행을 하다가 염불수행을 해본 예로, 염불 도중에 의심을 하다가 의심으로 無我/空에 들기도 하고, 의심이 관으로 바뀌기도 했다. 능엄경의 耳根圓通 廻光返照로 설명하면 염송이나 화두를 되뇌이는 상태가 지나면(動靜의 소멸) 몸의 상태를 잊고 외부 환경과 차단된 상태에서 의심만 있는 의관독로나 관(觀)만이 있는 상태가 온다(覺所).

여기에서 더 나아가면 공소(空所)가 드러난다. 공소의 상태도 여러 단계다. 일반적으로 수행자들은 이 단계를 깨달음으로 착각하기 쉽다. 무릇 모든 수행자들은 공소(아뢰야식, 미세번뇌)에서 벗어나기 위해 스스로 반성하고 경전과 선지식을 통해 자신을 점검해야 한다. 경전에 자세히 설명되어 있다. 체험으로 "마음의 두 흐름" 볼 수 있어야 한다.

참고문헌

- 각묵 니까야(쌍윳따/디가/맛지마), 초기불전연구원, 2009
- 각묵, 대림 아비담마길라잡이1,2 초기불전연구원, 2016
- 전재성 쌍윳따니까야, 한국빠알리성전협회, 2014
- Bhikku Namamoli, Visuddhi Magga(『청정도론』), Kandy Srilanka, Buddhist publication society, 1975.
- 김 열권, 위빠싸나I,II, 불광출판사, 2009
- 김 열권 보면 사라진다, 정신세계사, 『붓다의 후예 위빠사나 선사들』, 『붓다의 호흡법 아나빠나삿띠』, 2015
- パーリ語辭典, 東京, 春秋社, 1981.
- The Palitext Society's Pali-English Dictionary, London, the palitext society, 1921.

마하 사마타 위빠사나명상법(마하위빠사나 명상원 수행법)

한국명상지도자협회

02
불교전통에 기반한 명상

자비명상

마가스님
자비명상 대표

02
불교전통에 기반한 명상

자비명상

/ 목 / 차 /

1. 소개
   1) 들어가는 글
   2) 자비명상 개요
2. 자비명상 연습
   1) 마음 바꾸기
   2) 나 자신을 위한 절대긍정 주문
   3) 자기긍정명상
   4) 복(福)의 씨앗 심기
   5) 세심(洗心)
   6) 연꽃 – 수처작주 입처개진(隨處作主 立處皆眞)
   7) 용서 – 미운 사람 떡 하나 더 주라
   8) 무량대복 – 천상천하 유아독존(天上天下 唯我獨尊)
3. 나오는 글

1. 소개

1) 들어가는 글

우리는 살아가는 데 있어서 필요한 것이 많다. 먼저 돈이 필요하다. 돈이 없으면 일단 배우고자 하는 것을 배울 수 없다. 이것을 황금이라고 한다. 또한 소금도 황금 못지않게 필요한 것이다. '너는 소금이 되어라.' 라는 성경의 말처럼, 이 세상 살아가면서 몸담은 어느 곳에서든 꼭 필요한 사람, 기둥이 되라는 큰 뜻이다. 이처럼 황금과 소금은 소중하고 꼭 필요한 것을 상징적으로 표현할 때 등장하는 단어이다.

그런데 우리에게 정말 중요한 '금'이 있다. 지금이라고 하는 이 '금(今)'이 필요하다. 다시 얘기해서 '염(念)'이라고 하는 것은 '지금 마음(今+心)', 지금 이 순간의 내 마음을 보는 것이다. 하나 하나 돌리면서 지금 현재 내 마음을 깨어 있게 만드는 것이 염주이다. 이처럼 '염'은 지금 여기에 깨어 있음이다. 이것을 우리는 명상이라 한다. 지금을 떠나면 이것은 명상이 아니고 망상이 된다.

2) 자비명상 개요

(1) 자비명상

① 자비명상

자비는 우리들의 마음을 여유롭고 풍부하게 해 주고, 편안하고 부드러운 마음으로 유지되게 한다. 평화로움으로 자신을 포용하는 사랑을 시작으로 가까이에서부터 멀리 타인에게까지 그 평화로움을 나눌 수 있다.

자비명상은 평화로움 속에 긍정적 감정을 일으켜 타인을 수용하고 사랑하는 마음으로 다가가기 때문에 부정적 성품들에서 벗어나게 한다. 우리의 공격성, 파괴성, 화에서 벗어나기 위해 그와 반대되는 공격적이지 않고 파괴적이지 않은 마음을 기르게 한다. 그리고 자신의 마음에 있는 노여움, 원한, 공격성 같은 마음뿐만 아니라 타인의 부정적인 마음까지 정화시킨다. 자비는 적대적이던 사람들마저 친구로 돌아서게 하며 나와 타

2장 불교전통에 기반한 명상

인이 함께 기쁨과 행복으로 가득 찰 수 있다. 이렇게 될 때 사람들에게서 좋은 면을 보게 되고 상처를 주지 않으며 타인의 행복을 기뻐하게 된다.

어떤 곳이든지 혼자서 조용히 눈을 감고 있을 수 있는 장소에서 편안한 자세로 앉는다. 눈을 감고 '자비'를 몇 번 발음하면서 마음에 자비를 가득 채운다.

그런 다음 행복감으로 가득 찬 자신의 환한 얼굴을 눈앞에 그린다. 그리고 환하게 웃고 있는 자신에게 아래 문구를 마음으로 암송하면서 투사해 보낸다. 처음부터 너무 많은 조항을 하지 말고 4개 정도로 시작하는 게 좋다.

'내가 욕심에서 벗어나기를……'
'내가 화냄에서 벗어나기를……'
'내가 어리석음에서 벗어나기를……'
'내가 편안하고 행복하기를……'

모든 사랑 중에서 자신에 대한 사랑이 밑바탕이다. 자신을 사랑하지 않는 사람은 그 어떠한 것도 할 수 없다. 마음에 다른 사람(존재)에 대한 강한 자비를 가지기 위해서는 먼저 우리 자신이 확고하게 구축되어야 한다. 자신에 대한 미움이 강하면 강할수록 다른 이들을 사랑할 수 없고, 다른 사람들의 행동과 말도 자신의 잣대로 흐리게 보인다. 다른 사람들의 행동을 있는 그대로 비추는 거울이 되려면 먼저 자신의 마음을 맑게 할 필요가 있다. 긍정적인 사랑의 불빛이 가득 채워지면 그 빛은 다른 이를 밝게 해 준다.

다음에는 명상을 지도해 주는 스승의 모습을 눈앞에 떠올린다. 살아계실 경우다. 행복한 기분의 스승을 그려보며 위에서와 똑같은 마음을 투사한다.

'스승이 욕심에서 벗어나기를……'
'스승이 화냄에서 벗어나기를……'
'스승이 어리석음에서 벗어나기를……'
'스승이 편안하고 행복하기를……'

이 때 눈앞에 떠올린 모습은 선명해야 하지만 처음에는 잘 되지 않는 경우가 많다. 계속 수행하다 보면 선명하게 대상이 떠오른다.

그 다음은 자신의 가족으로, 가까운 사람부터 시작하여 한 사람씩 눈앞에 그려나가면서 자비의 빛을 그들에게 보낸다. 가족에게 자비를 펼칠 때는 배우자와 같이 너무 정이 깊은 사람은 제일 뒤로 돌리는 게 좋다. 부부간의 친밀함에는 자비를 흐리게 하는 속된 애정이란 요소가 개입될 여지가 있기 때문이다. 참된 정신적 사랑은 누구에 대해서나 평등해야 한다. 평등한 사랑을 기르는 것이 자비명상을 하는 목적 중의 하나이다.

다음은 특별히 좋아하지도 싫어하지도 아니하는 감정의 사람들 차례인데 이웃들, 동료들 등등이다.

그런 사람들에게 가능한 일일이 사랑의 마음을 방사한 후에 싫은 사람들에게 마음을 보낸다. 악의가 있는 사람에게 자비를 보내는 것은 그가 이제는 다른 사람들에게 그런 짓을 하지 말라는 것이다. 이게 안 되면 자신이나 사랑스러운 사람에게 돌아가서 자비의 마음을 키운 뒤 다시 하는 게 좋다. 이때 자신을 탓하지 말고 그 순간 마음을 수용하라. 자비명상을 하다 보면 생각했던 것보다 상대방에 대한 미움이 작다는 것을 발견하게 된다. 물론 반대 경우도 있다. 언제나 기억해야 할 것은 자비명상을 하는 가장 중요한 이유는 내가 행복해지기 위해서이다. 미움은 나를 불편하게 한다.

'나는 그에게 아무런 적의가 없다. 그도 나에게 적대감이 없기를…… 그가 행복해지기를…….'하고 마음속으로 반복해야 한다.

여러 대상을 눈앞에 떠올려 가는 동안 좋고 싫고 애착하고 증오하는 감정 등이 사라진다. 사람들이 적의와 고통 그리고 번민에서 벗어나 행복하게 살기를 기원할 때 실제로 마음의 진동이 전해져서 그들도 행복해진다. 자비명상을 하면 이것은 사실로 증명된다.

② 자비명상을 돕는 일상생활

자비를 발달시키기 위해서 우리의 생각, 언어, 몸을 정화해야 한다. 그러기 위해서 우리는 솔직하고 정직하고 온유해야 하며 친절해야 한다. 그리고 감사한 마음을 가지고 신중해야 한다. 업무를 줄여 여유를 가지고, 소유를 줄이는 것이 좋다.

다른 사람을 돕는 최상의 방법에 대해 여러 번 생각하고 반추한 뒤 돕는 것이 좋고, 잘된 사람들에게 좋은 감정, 태도를 가져라. 나쁜 것 속에서도 좋은 점이 있고 최상 속에서도 많은 실수가 있다고 배울 때 우리는 다른 사람을 더욱 좋게 볼 수 있고, 자비를 보낼 수 있다. 어떤 존재나 대상을 차별하지 않고 수용하여 자비로운 마음을 내는 평등심을 유지해야 한다. 자비명상은 자신을 있는 그대로 수용하고 사랑하는 마음을 일으키게 한다. 그 힘을 바탕으로 우리는 타인, 존재와의 관계를 유연하게 할 수 있다. 잘 수행하면 우리는 어떤 상황에서든 자신과 타인, 존재를 향해 부드럽고 호의적인 태도를 가질 수 있다.

③ 자비명상과 명상 수행

자비명상은 위빠사나 뿐만 아니라 명상 수행을 돕는 역할을 한다. 자비가 개발되면 마음이 쉽게 집중할 수 있어서 마음이 고요해지며, 이것은 몸과 마음 현상에 대한 주의 깊은 관찰에 몰입할 수 있도록 한다. 그리고 명상 수행 중에 나타나는 여러 현상과 고통을 수용하는 힘을 제공하여 수행에서 겪는 어려움을 극복하도록 돕는다.

(2) 자비명상 프로그램

① 목적

부처님께서는 미움은 미움으로 극복될 수 없고 사랑으로 극복된다고 하셨다. 이것은 원망, 화, 분노 등의 부정적인 감정에도 똑같이 적용된다. 이를 위해서 자비명상을 실천하라고 하셨다.

자비명상 수행은 자신뿐만 아니라 타인, 사회에 대한 사랑의 수용 능력을 체계적으로 발달시킴으로써 부정적인 마음을 극복하게 하여 긍정적인 태도 변화를 일으키게 한다. 이런 점에서 자비명상은 부정적인 감정으로 인해 야기되는 장애와 혼란으로부터 우리를 자유롭게 치유하는 역할을 한다.

자비명상

자비의 감정은 화와 악의 같이 자비를 해치는 것과는 공존할 수 없다. 따라서 자비명상 수행을 꾸준히 하게 되면 내면에 화나 악의 같은 감정의 찌꺼기들이 줄어들며, 부정적인 감정을 접했을 때 긍정적인 감정으로 바꿀 힘이 강해지게 된다.

그러나 많은 사람들은 자신이나 타인에 대해 수용하는 마음보다는 이기적인 마음, 타인에 대한 적대감이나 거부감을 가지고 있다. 이러한 부정적인 마음도 자비명상으로 서서히 극복할 수 있겠지만, 미움이나 분노 등 억압된 감정을 다른 방법으로 해소한 뒤에 자비명상을 하면 보다 효과적일 것이다.

예를 들어, 자비의 힘이 약해서 타인에 대한 편안하지 못한 감정을 극복하지 못하고 자비의 마음이 일어나지 않을 경우 억눌린 부정적인 감정을 해소하면 타인의 행복을 바라는 자비의 마음이 생길 것이다. 또 자신을 부정적으로 평가하고 열등감으로 어려움을 겪는 사람에게 자신이 소중함을 경험할 기회가 주어진다면 자신을 사랑으로 수용할 수 있을 것이다.

그래서 만들어진 것이 자비명상 프로그램이다. 자비명상 프로그램은 명상과 상담의 장점을 살려서 만들어졌으며, 최상의 목표는 자신을 긍정하고 사랑하는 것이다. 그러기 위해서는 먼저 자신의 현재 마음에 관심을 가져야 한다. 생활에 지친 마음의 외로움과 허전함에 관심을 가지고, 사랑받고 인정받고 싶어 하는 자신에게서 일어나는 감정을 지켜보고 돌아보는 시간을 주면 자신의 소중함과 생기를 되찾게 된다.

또 자비명상은 관계 속에서 자신을 보게 한다. 사람들과의 관계 속에서 일어나는 마음의 회오리는 갈등이 일어난 상대방과 말을 통해서 푸는 것이 좋다. 관계 갈등은 당사자들 간의 마음이 빚어낸 결과이기 때문에 서로의 마음을 표현함으로써 오해가 풀리고, 자신을 볼 기회도 된다.

명상센터나 절에서는 마음이 고요함을 유지하다가 가족이나 직장에서는 그렇게 되지 않는 경우가 많다. 이는 수행력이 약해서이기도 하지만 타인에 대한 이해가 부족한 데도 원인이 있다. 서로의 이야기를 통해 나처럼 타인도 고통받는 존재이며, 장점 또한 많은 사람임을 받아들인다. 아울러 타인들에 중심을 두느라 제쳐두었던 자신의 마음을 만

2장 불교전통에 기반한 명상

나고, 관심을 기울이게 된다. 부처님의 말씀대로 내가 가장 중요하고 사랑스러운 것처럼 타인도 소중하고 귀한 존재로 받아들이는 것이다.

마지막으로 자비명상 프로그램은 자신을 수용하고, 관계에서 자신을 보게 한 뒤에 눈을 감고 자신의 마음과 몸 상태를 알아차리거나 자비명상을 하게 한다. 프로그램만으로는 깊은 고요함과 평화, 궁극적인 깨달음을 얻지 못한다. 따라서 프로그램 참가 후에는 마음의 기본적인 속성을 변화시키거나 진리에 대한 통찰을 얻는 명상 수행을 해야 한다. 요컨대, 자비명상 프로그램은 보다 효과적인 명상수행을 돕는 준비 과정인 것이다.

② 구성 원리

자비는 마음에서 일어나는 긍정적 감정이다. 그래서 생각이나 말로만 보내는 암송이 아닌 마음과 느낌으로 자비를 보낼 수 있어야 한다. 그러기 위해서는 먼저 인지 활동 이면에 잠들어 있는 감정을 깨우고 자각하는 활동을 해야 한다. 그런 면에서 억압된 감정을 해소하여 건강한 감정과 접촉하고, 순간순간에 일어나는 느낌에 대해 알아차림을 강조하는 상담 프로그램이 도움이 되리라 여겨진다.

그래서 본 자비명상 프로그램에서는 자신에 대해 자비로움을 가로막는 부정적인 마음과 경험을 드러내는 명상과, 감정과 느낌을 자각하고 표현하는 상담 프로그램을 사찰의식과 함께 사용하고자 한다. 이를 통해 수련생들은 상담 프로그램에서 자신의 억눌린 감정을 풀어내고, 자비명상을 통해 자신과 타인의 긍정적인 요소를 발견하여 명상하고 사찰의식에서 고요함과 평화로움을 경험할 수 있을 것이다. 그 과정에서 발달된 자신에 대한 자비의 마음을 다른 대상으로 확대할 수 있을 것이다.

자비명상 프로그램 구성 순서는 자비명상의 자기 자신 → 가까운 사람(가족) → 타인 → 미워하는 사람의 순서를 따른다.

자비명상의 첫 대상이 자기 자신이 되는 이유는 자신을 수용하고 사랑하는 마음이 없으면 온전히 다른 사람을 사랑하고 수용할 수 없기 때문이다. 우리는 나로서, 한 존재로서 있는 그대로 인정받고 존중받기보다는 어떤 조건이나 역할로 평가받고 판단 받는다.

자비명상

그래서 시작은 자신을 있는 그대로 수용 받을 기회가 주어지고, 자신을 존중하고 인정할 수 있는 프로그램이어야 한다.

가족처럼 항상 함께 지내는 사람에게 자비의 마음을 내는 것이 더 힘들 수도 있다. 타인들에게는 부정적인 마음을 일으킬 가능성이 작지만, 매일 부딪히면서 미운 마음이 많이 일어날 수 있기 때문이다.

그런 점에서 가족 간의 관계를 깊게 탐색하고 그 속에 있는 자신의 처지를 만날 필요가 있다. '우리 가족 이야기'는 자신의 눈에 비친 가족들의 모습에 대해 이야기하는 시간이다. 부모에게 서운했거나 상처받았던 점, 형제자매들과의 관계에서 부딪혔던 여러 가지 문제들에 관해서 이야기하고 감정을 해소할 수 있을 것이다. 이를 바탕으로 '가족 긍정 명상' 시간을 가지게 되면, 가족을 자신의 처지에서 이해하는 것이 아니라, 가족 구성원 각자의 모습으로 받아들일 수 있을 것이다.

함께 프로그램하거나 명상 수행을 하는 사람에게 자비를 보내는 것은 어려운 일은 아니다. 생활하면서 느낀 호의나 친근감이 사람들을 이해하는 데 도움을 주기 때문이다. 때로는 부정적인 마음이나 이유 없는 미움이 생기는 상대방이 있는데 그럴 경우에는 불편한 마음을 먼저 살펴보고 상대방과 풀 기회를 주어야 한다. 상대방과 솔직한 마음으로 대화를 나눠보게 해야 한다.

또 자비명상 뿐만 아니라 상대방에게 하는 절도 타인을 존중하는 마음을 키운다. 부처님이 아닌 함께 했던 사람에게 삼배를 함으로써 존경하는 마음을 표현할 수 있다. 그리고 많은 사람들로부터 절을 받음으로써 자신을 수용하고 인정하는 자비의 마음을 온전히 받을 수 있는 경험이 된다.

미운 마음이 일어나는 사람에게 자비의 마음을 내는 이유는 그것이 어려운 일일지라도 자기 자신을 위해서다. 미움을 갖고 있으면 무엇보다도 자기 자신이 가장 고통스럽다. 한 사람에 대해 규칙적으로 자비명상을 하면 집중이 강하지 않을지라도 그 사람과 가까워지고, 악의를 가진 사람의 마음도 부드럽게 바꿀 수 있다. 노력해도 그 사람에 대해 자비의 마음이 생기지 않을 때는 자신이나 가까운 사람에 대한 자비로움을 다시 내는 것이 좋다. 미운 감정이 강하게 계속될 경우, 이전 상황으로 돌아가서 자신의 입장과 감정을 표현할 기회를 주어야 한다. 그 다음에 상대방의 처지를 돌이켜보게 하여 이해의 기회를 제공한다.

진행 시 염두에 두어야 할 것은 명상 프로그램뿐만 아니라 상담프로그램 중 혹은 마무리 시간에 눈을 감고 자신의 마음 상태를 자각하거나 자비명상을 해야 한다. 그렇게 될 때 일상생활에서 자신을 알아차릴 수 있으며, 프로그램 참가 후 자연스럽게 명상으로 연결될 수 있다.

③ 단계별 특성

3-1) 초기 단계에 일어나는 특성

- 낯섦

  법당, 선방 등 사찰 공간은 일반인에게는 익숙하지 않은 장소이다. 침묵과 고요함을 강조하는 명상이나 108배 자비명상, 예불 등의 사찰 의식도 일상생활에서는 이루어지지 않은 활동으로 어렵게 다가온다. 어떻게 해야 할지 모르는 경우도 많으므로 자세한 안내와 설명이 필요하다. 그리고 자비명상을 하기 위해 함께 모인 사람들에게도 낯설고 서먹서먹하다.

- 시간

  도시의 생활은 사찰의 시계와는 반대로 밤늦게 끝나고, 아침은 늦게 시작한다. 이러한 일상에 익숙한 사람들에게 새벽 3시에 시작하는 하루는 그것만으로도 고통이다. 따라서 자신의 시종(始終) 시간을 바꾸는 것 자체가 고행일 수 있다.

- 언어와 행동 그리고 핸드폰

  큰 소리와 빠르고 번잡한 행동, 핸드폰으로 일어나는 쉼 없는 대화가 일상생활인 사람들이 소리 내지 않고, 천천히 깨어있으면서 움직임에 익숙해지는 데는 시간이 걸린다.

3-2) 자기 긍정명상 단계에서 일어나는 특성

- 자기 부정의 틀

   자신의 장점을 찾고 그것을 인정하여 자기 것으로 수용하는 데 어려움이 있다. 겸손이라는 이름으로 자신을 숨기고, 비교당하면서 길들여진 자신에 대한 부정의 뿌리는 깊다. 조금씩 있는 그대로의 자신을 받아들이는 과정이 필요하다.

- 자기 긍정과 부정의 미묘한 갈등

   자신의 장점을 찾으면서 뿌듯해지고 희망과 용기가 생기면서도 반대로 자신을 부정하거나 열등하게 보는 익숙한 패턴이 불쑥불쑥 올라오는 시기이다. 자신의 모습을 긍정적으로 보는 힘을 키우는 것이 중요하다.

- 자기 긍정과 자비명상의 관계

   나의 장점을 찾고 긍정적인 면을 인정하는 것이 어떻게 명상인지에 대해 이해하지 못하는 경우가 많이 있다. 모든 사랑의 출발점이 자기 자신이라는 것을 받아들여도, 명상으로 연결하는 것은 어려운 일이다. 따라서 자비명상은 자신의 마음을 자비심으로 바꿔 나가는 명상이라는 것을 주지시킬 필요가 있다. 이것은 가족 명상과 타인 명상에서도 마찬가지이다.

3-3) 가족 긍정 명상 단계에서 일어나는 특성

- 가족이란 이름으로

   가족에 대한 이야기를 할 때, 부모에 대해 고마움과 함께 서운하면서 미움과 분노를 가진 사람들이 많이 있다. 이럴 경우에는 가족의 긍정적인 면을 찾는 것은 힘든 일이다. 그래서 먼저 분노나 미움을 표현하고 해소할 기회를 주어야 한다.

- 가족 긍정 명상

   가족의 좋은 점을 칭찬하고 나면 자연스럽게 감사하는 마음이 일어날 것이다. 이 마음은 자신의 마음을 편안하고 행복하게 해주고, 나아가 가족의 평안과 행복을 바라는 자비의 마음으로 채워질 것이다. 이것이 가족에게 보내는 자비명상이다.

2장 불교전통에 기반한 명상

3-4) 타인 긍정 명상에서 일어나는 특성

- 타인은 소중한 사람

　나뿐만이 아닌 함께 살아가는 다른 이들도 소중하고 존중받을 가치가 있는 사람이라는 것을 인정하는 것만으로도 개인에겐 성숙을 의미한다. 왜냐하면 자신을 온전히 수용하고 존중하는 사람이 타인도 인정할 수 있기 때문이다.

- 명상으로 연결하기

　자비명상 프로그램을 하는 목적은 명상을 생활화하기 전에 명상을 방해하는 감정의 억압이나 자기 부정을 해소하는 데 있다. 따라서 자비명상 안내자는 프로그램 후 명상이나 경전 공부 등 불교의 가르침을 배우고 실천하도록 방향을 제시하거나 모임을 구성해 주어야 한다. 또한 자비명상 프로그램 경험이 일상생활에서의 변화로 이어지기 위한 안내도 있어야 한다.

3-5) 미워하는 사람에 대한 명상에서 일어나는 특성

- 미워하는 사람 생각하기

　가장 미워하거나 불편한 마음이 있는 사람을 떠올릴 때 분노와 격한 감정, 슬픔 등이 올라올 수 있다. 가끔은 상처받은 기억은 있으나 그것을 기억하지 못할 수도 있다. 천천히 자신의 삶을 돌아보면서 미워했던 사람을 떠올려 보는 것도 좋은 성찰의 시간이 된다.

- 미워하는 사람에 대한 자비 – 용서하기

　미워하는 사람에 대한 자비명상은 그 사람이 행복해지고 편안해지기를 바라는 마음이 일어나지 않기 때문에 어려운 경우가 있다. 이때는 그 사건에 관해 이야기하거나 감정을 표출할 기회를 주는 것이 좋다. 그리고 자비명상이 되지 않을 때는 애쓰지 말고 자신에 대한 자비명상으로 돌아와야 한다. 용서해야 자신이 편안한 것은 알고 있지만, 마음이 잘 움직여지지 않아서 힘든 점을 고려하여 분노와 억울함, 슬픔을 풀어주어야 한다.

2. 자비명상 연습

1) 마음 바꾸기

자비명상은 무엇인가? 가만히 있으면, 이렇게만 하면 공부가 잘되고, 행복하고, 마음 편한 상태가 됨에도 불구하고, 가만있으니까 자꾸 안에서 꿀렁꿀렁 무자비함이 막 올라오는 것을 느낀다. 평온한 내 겉모습과는 다르게 가만히 내 안에서 누군가를 공격하고, 아프게 하려고 하고, 욕심내고, 화내고, 어리석은 마음들이 막 올라온다. 바로 그 순간 그 마음을 자비의 마음으로 바꿔보는 것이 자비명상이다.

자 여기 물이 반 컵이 있다. 어떤 사람은 **"에이, 반밖에 없네. 재수 없어."** 또 다른 사람은 **"우와 그래도 반 잔이나 남아 있네? 감사합니다."** 똑같은 물 반 잔을 놓고 우리는 어느 쪽을 보느냐에 따라서 "재수 없다."라고 하기도 하고, "감사하다."라고 하기도 한다. 이것은 누구 마음인가? 바로 내 마음이다. 그런데 우리는 이제까지 살아오면서 반 잔만 남은 물을 탓했다. 이 반 잔의 물을 가지고 이러쿵저러쿵 시비를 가리며 남 탓을 해왔다. "나랑 전혀 무관해. 네가 반 잔밖에 없었으니까 내가 욕을 하지. 가득 채워져 있었다면 내가 절대 욕하지 않는다. 그건 네가 문제다." 이렇게 "너"가 문제라고 하면서 반 잔의 물을 공격했다. 대인관계에서도 상대방의 행동과 사고방식이 내 마음에 안 드니까 내 마음에 들게 해달라고 공격을 한다.

한 가지 더 예를 들자면, 지금 위의 사진을 보고 마음이 어떠한가? 또는 어떤 생각이

올라오는가? 대다수의 사람들은 이러한 상황을 직접 보게 된다면, 많이 불안할 것이다. 마음이 불안하기 때문에 상대방에게 쓰러져 있는 화분을 똑바로 세워달라고 요구하기도 하고, 자신이 직접 바로 세울 것이다. 그렇게 내 마음대로 하고 나면 마음이 편안해서 좋을 것이지만, 문제는 그렇게 할 수 없을 때이다. 내 마음대로 할 수 없을 때, 그 불안한 마음을 어떻게 할 것인가? 내 마음이 불안하지만 도저히 어떻게 할 수 없다면 화가 날까? 만약 화가 난다면, 어떤 행동을 하게 될까? 아마도 남을 탓하며 상대방을 공격할 것이다. 그리고 공격하고 나서 "내가 왜 그랬지!" 하며, 후회할 것이다. 상대방을 공격한 그 마음, 지금 이 순간 상대방을 공격하는 그 마음이 일어났을 때 그 마음을 알아차린다면, 마음을 바꿀 수 있다. **명상은 대상을 바꾸는 것이 아니고, 대상을 바꾸려는 내 마음을 바꾸는 것이다.**

우리는 늘 대상을 바꾸려 한다. 신랑도 내 마음대로 바꾸고 싶고, 자식도 내 마음대로 바꾸고 싶고, 대통령도 내 마음대로 바꾸고 싶다. 그런데 내 마음대로 안 바뀌니까 원망하고, 화내며 상대를 공격한다. 지금 이 순간 공격을 하는 그것을 바라보면, 자연스럽게 수행으로 연결이 된다. **지금 이 순간 나의 행동, 나의 말, 나의 생각은 나의 미래가 된다.**

지금 이 순간이다. 지금 이 순간 깨어 있음이다. 지금 이 순간 나는 무엇을 하고 있는지, 지금 이 순간 나는 무슨 말을 하고 있는지, 지금 이 순간 나는 어떤 생각을 하고 있는지에만 깨어 있으면 된다.

2) 나 자신을 위한 절대긍정 주문

(1) "그럴 수도 있지"

"그럴 수도 있지"라고 하면 마음이 편해지고,

"그럴 수 없어"라고 하면 마음이 힘들어집니다.

불자님들 사이에서 정말로 일이 안 풀리고 힘들 때 절에 와서 삼천 배를 하고 나면 일이 잘된다는 이야기가 있다. 이 말은 경험해 본 사람에게는 사실이다. 일이 정말 안 풀리고, 인간관계가 어렵고, 사업도 어렵고, 가족관계도 힘들다면, 꼭 사찰에 가서 삼천 배를 한 번이라도 경험해 볼 것을 추천한다. 신기하게 모든 관계가 좋아지기 시작할 것이다. 왜 그럴까? 절을 하기 전 나의 마음은 어땠을까? 늘 원망하고, 불평불만하고 '안 돼'라고 부정적인 마음이 많았을 것이다. 그래서 늘 '안 돼, 안 돼.' '저거 왜 저 모양일까?'라고 부정적이었던 마음이 절을 해서 긍정으로 바뀌는 것이다. 내 마음을 살펴보면, 마음은 단 한 번도 삼천 배를 도와주지 않는다. 내 안에서 '삼천 번이나?' 하며 삼천 배를 방해하는 마음이 올라온다. '이서 해서 뭐해.' '다음에 할까' '아이고 다리 아파.' 등 오만가지 생각들이 올라오지만, 내 안에 삼천 번의 부정적인 마음을 이기고, 끝내 삼천 배에 도달하면, 그 사람의 에너지가 바뀐다. 절대 부정에서 절대 긍정으로 바뀌는 것이다. "그럴 수도 있지"라는 절대긍정 주문을 평소에 되뇌면 삼천 배를 한 것과 마찬가지로 절대 부정이 절대 긍정으로 바뀌는 효과가 있다.

(2) "그래도"

내가 나의 장점을 하나 찾아내면 행복지수는 1이 되고 100가지를 찾아낸다면 행복지수는 100이 됩니다.

반대로 상대방의 단점을 하나 찾아내면 불행지수는 1이 되고 100가지를 찾아낸다면 불행지수는 100이 됩니다.

인디언의 어느 부족에서는 잘못을 저지른 아이에게 동네 어귀 큰 나무에다가 꽁꽁 묶어놓는 벌을 준다고 한다. 그런데 지나가는 모든 사람들이 다 칭찬을 한다고 한다. "저놈 언제 어느 때 참 뭘 잘했었지." "초등학교 때 달리기에서 2등도 했었지." 심지어 "저놈은 변비도 안 걸리고 똥도 참 잘 싸" 등등 벌을 받는 아이에게 지나가는 사람들이 다 칭찬을 한다고 한다. 그래서 하루가 지나서 풀어주면, 그 아이는 다시는 죄를 짓지 않는다고 한다. 한편, 이슬람 국가에 있는 어느 마을에서도 잘못한 아이가 있으면 마찬가지로 나무에다 묶어놓는데 이번에는 지나가는 사람들이 욕을 한다고 한다. "저 나쁜 놈, 죽일 놈, 어쩌고......" 하며 그냥 욕을 한다고 한다. 그래서 24시간이 지난 뒤에 풀려나면 IS 대원으로 가서 입대한다고 한다.

우리들의 자식들은 지금 어디에 가 있나? IS로 갔나, 여기 있나? 충분히 IS에 갈수 있는 아이인데도, "**그래도** 내 곁에 있어줘서 정말 고맙다." 마찬가지로 각자 배우자에 대한 긍정적인 모습들을 찾아서 "**그래도** 내 곁에 있어줘서 고마워요."라고 해보자. 또, 아이들에 대해서 "20점 맞지 않고 30점 맞아 와서 **그나마 다행이다.**" "죽지 않고 살아 있는 것만 해도 **그래도 고맙다.**" 라고 얘기 해보자. 그 사람, 그 아이의 단점이 보이는 만큼 "**그래도**" 장점을 말해준다면 우리들의 행복지수는 올라갈 것이다.

(3) "차이나"

독도를 자기 땅이라고 우기는 섬나라가 있다. 그 나라 이름이 무엇인가? 일본이다. 일본을 좀 유식하게 영어로 얘기하면 저팬(Japan)이다. 코알라가 뛰어놀고 타조가 막 뛰어노는 큰 섬나라가 있다. 호주, 오스트레일리아(Australia)이다. 중국을 영어로 하면 뭐라고 하나? 차이나(China). 자, 문제 해결에 키워드는 "**차이나**"이다.

차이나. 우리는 모두 똑같은가, 다른가? 머리가 길고 짧고, 남자와 여자, 첫째와 둘째, 제주도 사람과 서울 사람, 아파트 15평과 150평, 쌍꺼풀이 있는 사람과 없는 사람, 등등 차이가 난다. 그런데 우리는 어떤가? 차이가 나면 안 되는 것처럼 "내가 이 생각을 가지고 있으니 너도 이래야 돼, 내 생각은 옳고 너는 틀려" 이렇게 부부싸움은 시작된다. 아내의 입장에서 "내가 맞아. 너는 내 말 들어야 해." 그럼 남편의 처지에서 "내가 맞지. 네가 왜 맞아. 너는 여자니까 나를 따라와." 등등 서로가 상대방을 인정하지 않고, 상대방이 틀렸다고 서로 비판하면서 싸움이 시작되고, 서로에게 상처를 주고받는다. 하지만, 문제가 생길 때마다 갈등이 생길 때마다 "**차이나**"만 생각하면 문제가 해결된다.

"**차이나**"를 '다르다'고 인정하면, 서로 공존하고
"**차이나**"를 '틀렸다'고 부정하면, 갈등이 생깁니다.

3) 자기긍정명상
(1) 자기긍정명상

우리는 모두 인정받고 사랑받고 싶어 한다. 하지만, 원하는 만큼 사랑을 받아 보았는가? 늘 부족하다. 그리고 더 사랑해 달라고 싸운다. 그런데 누군가가 우리에게 "사랑해요"라고 했는데, 그 사람이 눈곱이 끼어 있고, 세수도 안 하고, 몸에 땟물이 흐르고, 인상도 험상궂고, 그러면 우리는 어떻게 반응하는가? 대부분의 사람들은 아마 도망갈 것이다. 사랑받고 싶어 하는 욕구는 다 있지만, 그렇게 자신을 돌보지 않는 사람이 사랑한다고 다가오면 거부할 것이다. 그렇다면, 과연 나는 사랑받을 자격을 갖추었는가? 이것이 중요하다. 그래서 내가 나를 사랑하고 있지 않으면, 남으로부터 사랑받지 못한다. **내가 나를 사랑하지 않는다면 남을 사랑할 수도 없다.** 그런데 우리는 어떠한가? 내가 나를 사랑하는 것은 뒷전에 두고, 남으로부터 사랑받으려고 욕심을 낸다. 사랑이라고 하는 미명 하에 상대방을 집착하고, 구속하려고 한다. 집착과 구속으로 인해 고통받지만, 그렇게 해야 진정한 사랑이라고 생각한다. 그러나 내가 나를 사랑할 때 진정으로 사랑할 수가 있고 사랑받을 수가 있다. 자비명상의 시작은 나로부터 시작한다. 내가 나를 긍정할 때 사랑이 시작된다.

자, 이제 눈을 감고 나의 두 팔이 있나 없나 한 번 만져보자. 또, 나에게 두 눈이 있나 없나 확인해 보자. 지금 이 순간 내 귀에 소리가 들리는지도 확인해 보자. 가슴에 손을 올리고 심장의 고동도 느껴보자. 휠체어에 의지하지 않고, 걸어 다닐 수 있는 다리도 한 번 만져보자.

〈실습〉

자신의 긍정적인 면을 열 가지만 적어본다. 위에서 이야기했던 것, 신체 중에서 고마운 것, 자랑할 만한 것들, 혹은 살아오면서 상 받은 것들을 적어본다. 삼천 배 했던 경험이 있다면 적어도 좋다.

예) "나는 두 팔이 있음이 너무 행복하다. 나에게는 두 눈도 있네." "우와! 나는 스님

2장 불교전통에 기반한 명상

이 됐다." "나는 신중한 편이다." "나는 글을 참 잘 쓴다." "나는 피부가 참 좋다."

자기긍정명상

1.
2.
3.
4.
5.
6.
7.
8.
9.
10.

지금 적은 것을 가지고 일대일로 짝을 정한다. 일대일로 서로 마주한다. 먼저 자기가 적은 자기 긍정 명상을 이야기한다. 그리고 끝나면 상대방의 이야기를 듣는다. 그대로 눈을 감고 지금 이 순간 내 마음은 어떤지 느껴본다. 지금 이 순간 내 마음은 어떠한가. 이 짧은 순간에 나는 무엇을 배우고 무엇을 느꼈는가?

이번에는 내 앞에 있는 분을 칭찬하는 시간이다. 세 가지만 찾아내도록 한다. 어디가 얼마만큼 예쁜지 구체적으로 해준다. " ~가 ~처럼 예뻐서 내 기분이 ~다." 라고 내면의 멋있는 점 혹은 외면의 멋있는 점 등을 찾아보자. 이제 눈을 감는다. 눈을 감고 가만히, 나의 멋진 점을 들었을 때 지금 이 순간 내 마음은 어떠한가. 상대방의 멋진 점을 찾아내어 이야기할 때 내 마음은 어떠한가. 이 짧은 순간 나는 무엇을 배우고 무엇을 느꼈는가. 이제 파트너와 함께 "지금 기분이 어떻다."라고 이야기를 나누며 마무리한다.

(2) 가장 쉬운 실천 – 입꼬리 올리기

프랑스 플럼빌리지에 가면 새총을 하나씩 가지고 다닌다. '플럼빌리지가 자비의 공동체인 줄 알았더니만 웬 새를 잡으러 다니나? 뭐 이런 무자비한 집단이 있어?'라고 생각할 수도 있겠으나 그 곳의 슬로건은 딱 하나이다. [**입가에는 미소, 마음에는 평화**]

늘 새총으로 입꼬리를 올리는 수행을 한다. 그러면 자연스럽게 다들 웃기 시작한다고 한다. 이것을 집에서 활용해보자. 우리가 웃는 얼굴로 집에 들어가면 어떠할까? 우리 가정에 다 웃음꽃이 피어난다. 반대로 잔뜩 찡그린 얼굴로 들어가면 어떨까? 가족들이 모두 긴장하고 지옥 같은 살얼음판이 될 것이다. 중요한 것은 바로 '나'다.

자, 두 손의 집게손가락을 입꼬리에 대고 위로 올려본다. 귀찮다면 얼굴 근육을 움직여 입꼬리만 올린다. 입꼬리를 살짝 올리면, 모든 순간이 행복한 시간이 된다.

4) 복(福)의 씨앗 심기

부처님께서는 세 가지를 말씀하셨다. '**사람은 반드시 죽는다. 언제 죽을지 모른다. 죽을 때 아무것도 가져가지 못한다.**' 이 세 가지는 변함이 없다. 변함없는 것을 '진리'라고 한다. 그러나 이 진리 앞에 중요한 것이 있다. '어떻게 살 것인가.'이다. '그래서 나는 어떻게 살란 말인가?' 이것이 현대를 살아가는 우리에게 중요한 질문이다. 그래서 부처님께서 인류에게 희망의 메시지를 주셨다.

자기가 지은 복(福)은 자기가 가져간다. 불교는 복을 짓는 종교이다. 복을 짓는다는 것은 좋은 인과응보를 받기 위해 다음 생을 준비하는 것이다. 죽으면 어디로 갈 것인가. 부처님께서 '선인선과요, 악인악과라' 하셨으니 '착한 일 많이 하면 극락에 가고, 나쁜 짓 많이 하면 지옥에 간다.'라고 말씀하셨다. 여기서 이야기하는 나쁜 일은 탐·진·치(貪瞋癡) 삼독(三毒)을 여의지 못하면 우리는 지옥에 가는 것이고, 삼독을 떠나는 것은 극락으로 향하고 열반으로 향해 가는 것이 된다. 중요한 것은 삼독이다. 욕심내고, 화내고, 어리석은 이 세 가지를 이번 생에 끝내야지만 극락에 가는데, 우리는 욕심내며 살아왔다. 욕심 많이 내고, 화 많이 내며, 어리석은 행동도 많이 해왔다. 그래서 복(福)을 많이 지으라고 한다.

2장 불교전통에 기반한 명상

복(福)이라는 글자를 보자.

입(口)이 있는데, 입꼬리가 올라가 있지(一), 입꼬리가 처지지 않는다. 입꼬리가 올라간 것이 다른 사람에게 보이면, 밭(田)이 생긴다. 즉 먹을 것이 생긴다는 것이다. 입꼬리가 내려가면 어떻게 될까? '입꼬리가 내려가면 주먹과 욕이 오고, 입꼬리가 올라가면 복이 온다.'라고 의미를 부여할 수 있겠다. 굉장한 의미를 담고 있는 한자이다.

그래서 **지금 이 순간 우리는 복을 짓는 일을 해야 한다. 이것이 자비명상이다.** 관세음보살님은 천 개의 손과 천 개의 눈으로 고통받는 중생을 위하여 자비의 마음을 내신다. 우리는 두 손과 두 눈을 가진 관세음보살님의 작은 아바타이다. 우리는 모두 관세음보살님의 분신이다. 내 손으로 관세음의 행을 하고, 내 눈으로 관세음의 자비안을 갖는다면, 우리는 매일 매일 복의 씨앗을 심을 수가 있다.

필자는 얼마 전에 부탄을 다녀왔다. 비행기가 공항에서 착륙하기도 전에 밖을 보니, 산비탈 어디든지 막 천이 널려 있었다. 그 광경을 보고, '부탄에 무슨 만신이 이렇게 많나, 무당이 이렇게 많나?'라고 생각하면서 비행기에서 내렸다. 공항을 나와서 자세히 가서 봤더니, 그곳 분들이 돈만 생기면 천 조각을 사서 바람 부는 언덕에 걸어놓는 것이었다. 돈이 많으면 많이 걸고, 돈이 없으면 하나라도 막대기에 꽂아놓는 것이다. 그리고 나서 합장을 하고 사무량심 기도를 하는 것이었다. 한 달 월급이 200달러밖에 안 되는 그 가난한 사람들이 사무량심 기도를 매일 매일 하는 것이었다. 네 가지 한량없는 마음, 즉 자(慈)·비(悲)·희(喜)·사(捨)를 중생에게 베푸는 기도는 자신을 돌보고 남을 돌보는 수행이다.

그러니 그들이 행복할 수밖에 없다. 우리는 어떠한가? 나를 위한 기도를 했고, 내 가족을 위한 기도는 열심히 하지만, 고통받는 이웃을 위해서 마음 내어 기도해주는 일은 쉽지 않다. 심지어 미물에게까지도, 고통 받는 모든 생명에게까지도 매일 매일 기도를 하고 산다는 그분들은 부처님의 가르침을 국민 한 사람 한 사람 다 실행하고 있는 것이다. 가난한 나라임에도 불구하고, 거지가 한 사람도 없다. 이번 생에 빚을 갚고 가야 하므로 우리가 빚을 지면 안 된다고 한다. 남의 물건을 훔치게 되면 빚이 되고, 다음 생에 과업으로 받게 되므로 교도소가 있는데 범죄자가 없다. 부탄의 국민들은 부처님의 오계를 국민 한 사람 한 사람 모두 다 실행하고 있는 분들이다. 정말 아름다운 사람들이다.

지금 이 순간,

내가 만나는 사람의 손을 한 번 잡아주면, 1억 원어치의 복이 됩니다.

반대로

'나 몰라라'하고 나만 위해 산다면, 1억을 까먹습니다.

신라에 어느 부잣집이 있었는데, 외동아들이 태어났다. 어렵게 태어난 아들이라 너무 소중해서 땅에 발을 디디지 않고 다니게 했다. 늘 안고 다니고, 가마에 태우고 다니고, 늘 그렇게 유리 다루듯이 했다. 한 번도 땅에 발을 대지 않아서 심지어 발바닥에 털이 났다고까지 나온다. 그런데 그 사람이 죽었다. 죽어서 염라대왕 앞에 가서 지구별에서 어떻게 살다 왔는지 '업경대'를 보고 심판을 받았다. 업경대는 살면서 했던 모든 행위가 블랙박스처럼 기록이 되어 있는 것이다. 염라대왕은 그 사람의 업경대를 보고, 지옥을 가라고 했다. 그 판결을 듣고 신라의 부자가 곰곰이 생각해보니, 자기는 '나쁜 일을 하나도 하지 않았는데, 도대체 왜 나를 지옥에 가라 그러나……' 하면서 재심을 청구했다. 지옥에도 재심제도가 있다고 한다. 염라대왕은 억울한 일을 당하게 하면 안 된다는 생각에 더 꼼꼼하게 살펴봤다. 그랬더니 정말 나쁜 일을 하나도 하지 않았다. 집 밖에 나가보지도 않았을 뿐더러 다른 사람을 만나보지도 않았기 때문에 나쁜 짓을 할 수가 없었다. 그런데 중요한 것을 하나 더 발견했다. 나쁜 일도 안 했지만, 남을 위해서 좋은 일도 하지 않았다는 것이다. 그래서 "사람으로 태어나서 좋은 일을 하나도 하지 않았다. 그래서 지옥에 가야 한다."라는 판결로 지옥으로 내려 보냈다고 한다.

지금 이 순간

내가 만나는 사람과 자비의 미소를 한 번 나누면, 10억 원어치의 복이 되고

찡그리고, 화내고, 험상궂은 얼굴을 한다면, 10억 원을 까먹습니다.

'내가 미소 짓고 사람을 만나는 시간보다 찡그리고 화냈던 시간이 더 많았구나.'

우리는 모두 관세음보살님처럼 오늘부터 행동을 바꾸고, 오늘부터 말을 바꾸고, 오늘부터 생각을 바꿔야 한다.

지금 이 순간

내가 만나는 사람의 장점을 찾아서 칭찬해주면, 100억 원어치의 복이 되고,

단점을 찾아서 나무라고 꼬집고 비난한다면, 100억 원을 까먹습니다.

지금 이 순간부터 우리는 비난보다 칭찬을 많이 해야 한다. 먼저 나 자신에게 칭찬하자. 내가 나를 온전히 안아줄 수 있을 때, 남도 온전하게 수용할 수 있다. 큰스님들 곁에 가면 어떠한가? 일자무식 스님 곁에 가더라도 그냥 편하고 온화하고 좋다. 바로 그분이 자비의 상징이기 때문이다. 부처님 곁에 가면 어떠한가? 뭐라고 하시지 않지만, 이천오백 년 전에 사셨던 그분이지만, 이분의 자비함이 함께 하므로 이 자리에 오면 마냥 마음이 편해지고 좋은 것이다.

5) 세심(洗心)

그 작은 솔개도 40살이 되면, 구부러진 발톱도 빼버리고, 부리도 쪼아서 없애버리고, 무거워진 날개도 다 뽑아버리고 나면, 새로운 날개, 새로운 발톱, 새로운 부리가 다시 나와서 40년을 더 살다 간다고 한다. 이 자리에 앉아 있는 나는 내 안에 들어 있는 무엇을 내려놓고, 무엇을 버려야만 내 삶에 행복을 찾을 수 있을까.

부처님, 제가 행복해지기 위해 저는 지금부터 이렇게 하겠습니다.

한 번밖에 없는 삶, 언제 죽을지도 모르는 삶, 죽을 때 아무것도 가져가지 못한다는 세 가지 진리 앞에 나는 지금 이 순간 무엇을 하고 있는가.

"부처님, 제가 행복해지기 위해서 저는 이렇게 하겠습니다."라고 약속을 하자, 그 약속만 잘 지킨다면, 우리는 행복으로 다가갈 수 있다. 그 약속을 헌신짝 버리듯 해버린다면, 지금과 똑같은 삶을 살 것이다. 지금 나의 모습은 내가 뿌려놓은 씨앗이 열매가 되어서 온 것이다. 앞으로 지금과 다른 삶을 원한다면, 지금부터 뿌리는 씨앗을 바꾸자. 행동, 말, 생각만 바꾼다면, 우리의 미래는 달라진다. 우리의 선택이고 우리의 결정이다. 너더워진 내 옷을 빨고 새 옷으로 갈아입듯이, 내 마음에 찌든 탐·진·치를 빨아내는 작업, 이것이 '세심(洗心)'이다. 몸을 닦는 것을 '세신'이라 하고, 옷을 빠는 것을 '세탁'이라 하듯이, 마음을 씻는 작업을 '세심'이라 할 수 있다. 그래서 우리가 세심 작업을 다 거치면 훌륭한 명상지도사가 될 수 있을 것이다.

6) 연꽃 - 수처작주 입처개진(隨處作主 立處皆眞)

머무르는 곳마다 주인이 되어라.

지금 있는 그곳이 바로 진리(깨달음)의 세계이니라.

그 많은 꽃들 중에서 왜 연꽃이 불교의 상징이 되었을까? 장미도 아니고, 백합도 아니고, 왜 연꽃일까? 연꽃은 진흙에서 피더라도 물들지 않고, 주변을 탓하지 않는다. 진흙이 지저분하다고 그놈하고 싸우고 있지 않고, 묵묵히 고요한 자태로 존재한다. 이와 마찬가지로 우리가 사는 이 세상 오탁악세(五濁惡世) 속에서 주변을 탓하지 말고, 홀로 피어나는 그 연꽃을 닮으라는 의미에서 연꽃을 불교의 상징 꽃으로 지정한 게 아닌가 싶다. 더 이상 배우자를 탓하지 말고, 더 이상 내 가족을 탓하지 말고, 더 이상 이 세상을 탓하지 말자.

그러기에 '지금 이 순간 나는 무엇을 하고 있는가' 알아차리기만 하면 된다.

7) 용서 – 미운 사람 떡 하나 더 주라.

미워하는 사람을 용서하는 마음은 1,000억 원어치 복을 짓는 마음이고,

미워하는 사람을 원망하고 저주하는 마음은 1,000억 원을 까먹는 마음입니다.

올해 초파일에는 매년처럼 가족등을 켜고, 만원을 더 써서 미워하는 그 사람을 위해서 등을 하나 켜 보자. 그 작은 촛불 하나가 우리들 마음속에 들어 있는 미움의 응어리를 밝음으로 바꿔줄 것이다. 이 미워하는 사람이 용서로만 바뀐다면 우리에게 천억 원이 들어올 수 있다. 부처님께서 '비워라', '놓아라'라고 말씀하신 것은 더 이상 원하지 말고, 달라고 하지 말고, 오히려 비우고, 내려놓으라는 뜻일 것이다. 즉, 미움을 내려놓는 것이다. 미움이 내 안에 들어있으면 가슴 가득히 미움이 차 있어서 복이 들어오고 싶어도 들어올 자리가 없어서 오지 못한다.『화엄경』에 '우보익생만허공(雨寶益生滿虛空) 중생수기득이익(衆生受器得利益)'이라는 구절이 있다. '부처님께서 우리에게 복을 많이 주고 싶지만 세상 사람들은 자기 그릇만큼만 담아간다.'는 말이다. 미움 덩어리를 빼내 버린다면, 미움 덩어리를 빼낸 만큼 그 그릇이 넓어지지 않겠는가. 거기에 복을 담을 수 있다. 미운 사람 떡 하나 더 주는 마음이 천억 원을 받는 좋은 방법이 된다.

8) 무량대복 – 천상천하(天上天下) 유아독존(唯我獨尊)

우리 불교만이 갖는 정말 멋있는 복 받는 방법이 있다. 그것은 바로『법화경』「상불경보살품(常不輕菩薩品)」에 나오는 **"무량대복(無量大福)"**이다.

"나는 당신을 가벼이 여기지 않겠습니다. 당신을 부처님처럼 귀하게 여기겠습니다."

이것을 이제 우리는 실행해야 한다.

〈실습〉

짝을 지어 일대일로 서로 마주 보고 앉는다. 한 사람은 일어나서 합장하고, 눈을 바라보며 다음과 같이 말한다.

당신은 귀한 분입니다.
당신은 이 세상에 하나밖에 없는
무엇과도 바꿀 수 없는 소중한 분입니다.
당신도 나와 똑같이 슬픔과 외로움과 절망을 겪어 알고 있습니다.
당신도 나와 똑같이 행복을 찾고 있습니다.
당신도 나와 똑같이 삶에 대해 배우고 있습니다.
당신이 욕심내고 화내고 어리석은 마음에서 벗어나
진정으로 행복하길 바랍니다.
당신을 존경합니다.
당신이 당신 인생에서 진정한 주인공이 되기를 바랍니다.

부처님께 절하듯 큰절로 정성을 다해서 삼배한다. 앉아 있는 사람은 그냥 편안히 앉아서 절을 받는다. 이 힘든 사바세계에 와서 절 받을 자격을 충분히 갖추고 있다. 그 힘들고 어려운 모든 것을 이겨내고, 참아내고, 견뎌내었다. 바닥에서 무릎을 꿇고, 손을 잡고, 축복해준다. "고생하셨습니다. 애쓰셨습니다. 장하십니다." 역할을 바꾸어서 앉아 있는 사람은 서고, 서 있는 사람은 앉는다. 서로 합장하고, 일어난 사람은 다음과 같이 말한다.

당신은 귀한 분입니다.
당신은 이 세상에 하나밖에 없는
무엇과도 바꿀 수 없는 소중한 분입니다.
당신도 나와 똑같이 슬픔과 외로움과 절망을 겪어 알고 있습니다.
당신도 나와 똑같이 행복을 찾고 있습니다.
당신도 나와 똑같이 삶에 대해 배우고 있습니다.

당신이 욕심내고 화내고 어리석은 마음에서 벗어나
진정으로 행복하길 바랍니다.
당신을 존경합니다.
당신이 당신 인생에서 진정한 주인공이 되기를 바랍니다.

삼배를 올린 후, 무릎 꿇고, 서로 손을 맞잡고, 앞의 분에게 축원해 준다.

3. 나오는 글

내가 먼저 웃을 때 우리 집에 웃음꽃이 피어나고,
내가 먼저 웃을 때 너와 나의 사이에 꽃이 피고,
내가 먼저 웃을 때 내 마음에 꽃이 핍니다.
얼굴과 낙하산은 펴져야 삽니다.

명상의 키워드는 'here and now' 지금 이 순간. 지금 이 순간, 내가 나를 보는 것이다.

지금 이 순간, 나의 행동은 행복을 위한 행동인지 불행을 위한 행동인지,
지금 이 순간, 나의 말은 행복을 위한 말인지 불행을 위한 말인지,
지금 이 순간, 나의 생각은 행복을 위한 생각인지 불행을 위한 생각인지
'깨어 있음'이다.

결론적으로 명상은 늘 지금 이 순간, 깨어있는 나를 보는 것이다.
지금을 떠난 마음은 **'망상'**이라 하고, 명상은 지금 이 순간에 **'깨어 있음'**이다.

자비명상

한국명상지도자협회

02
불교전통에 기반한 명상

지계(持戒) 나루명상

혜량스님
나루명상센터장

02
불교전통에 기반한 명상

지계(持戒) 나루명상

/ 목 / 차 /

1. 개요
2. 수행 단계
3. 수행법
4. 경전자료
5. 〈지계(持戒) 나루명상〉 일상발원문
* 참고문헌

지계(持戒) 나루명상

1. 개요

1) 프로그램의 명칭

불교의 수행(修行)은 괴로움의 근본을 통찰하여 소멸함으로써 영원한 행복(열반)을 얻는 마음수련이다. 서구의 명상은 '자아'를 중심으로 하고 있는 반면, 불교의 수행은 '무아(無我)'의 깨달음을 지향한다. 이런 이유에서 나루명상센터에서 개발한 수련 프로그램은 무아(無我)의 깨달음과 실현을 목표로 초기불교 이래 불교 전통의 수행법인 계정혜(戒定慧) 삼학(三學) 가운데 출발점이 되는 계학(戒學)의 실수(實修)를 중심으로 하기 때문에 이름을 〈지계(持戒) 나루명상〉으로 하였다.

2) 〈지계(持戒) 나루명상〉의 근거와 행법(行法)

지계(持戒) 나루명상은 초기경전 『니까야』와 『아함경』에서 석가모니부처님이 가르친 수행법에 그 뿌리를 둔다.

계(戒, sīla)는 규율이나 규범을 말한다. 불교에서 계는 타율적인 방식에서 이루어지기보다는 자발적으로 지키고자 하는 도덕적 수행덕목이다. 지계(持戒, sīlavant)는 계를 지녀 지키며 좋은 습관을 함양하는 것이다. 불교에서 고통은 감각적 욕망, 폭력, 악의, 욕설, 거친 언행, 인색, 불신, 사견과 같은 불선법(不善法, akusala), 즉 잘못된 습관에서 발생한 것이다. 지계의 수행은 이 잘못된 습관(不善法)을 버리고 좋은 습관, 즉 선법(善法, kusala)을 실천하는 준비 과정이다. 이것은 불교 수행에 가장 중요한 단계이다. 고통으로부터 벗어나고자 하는 사람은 계를 이해하고 실천해야만 성스러운 팔정도 수행의 삶을 이룰 수 있기 때문이다.

나루는 우리말로 강이나 내를 가리키고 특히 나룻배가 건너다니기 좋은 곳을 가리킨다. 붓다는 나루(thittha)의 비유를 통해 우리가 건너야 할 바른 나루를 설명한다. 우리가 건너야할 바른 나루는 선법과 불선법을 바로 알아 나에게 있는 선법은 증장시키고 불선법을 버리는 것이다. 지계 나루는 지계를 올바르게 이해하고 실천하여 불선법을 버리고 선법을 증장시키는 불교 수행의 바른 길로 인도한다.

3) 〈지계(持戒) 나루명상〉의 목표

지계(持戒) 나루명상은 '평상심(平常心)이 도(道)'라는 관점의 수행법이며, 수행과 삶, 선정과 지혜를 일체로 보는 수행법이다. 지계(持戒) 나루명상의 목표는 선정과 지혜 속에서 우리의 일상적인 삶이 이루어지는 것이다. 지계(持戒) 나루명상은 명상수행을 통해서 새로운 것을 얻는 것을 목적으로 하지 않고(無所得), 일상적인 삶을 지혜로 바르게 통찰하여(智慧), 계율에 어긋나지 않는 삶을 삶으로써(持戒) 일상의 삶 속에서 평정한 마음(禪定)을 항상 유지할 수 있는 것을 목표로 한다. 이것은 무소득(無所得)의 수행을 지향하는 반야사상(般若思想)의 전통을 잇는 것이며, 『금강경(金剛經)』과 육조 혜능의 선법(禪法)을 표방하는 대한불교조계종의 종지와도 일치한다.

2. 수행 단계

몸의 병은 의사의 치료를 받으면 고칠 수 있으나 마음의 병은 스스로 치료하지 않으면 안 된다. 이 마음수련은 다른 사람을 의지하는 것이 아니라, 스스로 마음의 본성을 깨달아 마음의 병을 치료하는 것이다.

마음의 병은 헤아릴 수 없이 많지만, 근본은 탐(貪), 진(瞋), 치(痴) 세 가지이다. 이 세 가지 마음의 병은 '나'라는 망상을 집착함으로써 나타난다. 따라서 지계(持戒) 나루명상에서는 탐진치(貪瞋癡) 삼독심(三毒心)을 단계적으로 소멸하여 무아(無我)의 깨달음에 도달하기 위한 수행을 한다. 이와 같은 목적을 이루기 위하여 지계(持戒) 나루명상은 다음과 같은 4단계의 수행을 한다.

- 제1단계: 괴로움(苦聖諦)과 그 원인(苦集聖諦)의 통찰
- 제2단계: 오계(五戒)와 십선법(十善法) 수행

- 제3단계: 팔정도(八正道) 수행〈탐진치(貪瞋痴)의 소멸〉
- 제4단계: 사무량심(四無量心) 수행

1) 제1단계 : 괴로움(苦聖諦)과 그 원인(苦集聖諦)의 통찰

고성제는 생·로·병·사(生·老·病·死), 애별리고(愛別離苦), 원증회고(怨憎會苦), 구부득고(求不得苦), 오취온고(五取蘊苦)를 말한다. 생·로·병·사는 고통이다. 노병사가 괴로움인 것은 누구나 잘 알 수 있다. 하지만 생이 고통이라는 것은 의문이 들 수 있다. 부처님께서 말하는 생은 단순히 생물학적 발생을 의미하는 것이 아니다. 부처님께서 말씀하신 생은 자신의 욕망으로부터 취착된 의식의 발생이다. 예를 들어 어린아이에게 사탕이 손에 쥐어지면 '달콤함, 향기로움, 기분 좋음' 등의 욕망(愛 taṇhā)으로부터 사탕을 쥐며(取 upādāna) 사탕이 존재(有 bhava)가 아이의 의식 속에 발생한다. 하지만 그 사탕은 먹으면 없어지는 것이고, 누군가에게 빼앗기면 분노를 일으키는 것이며, 영원히 유지될 수 없는 것이다. 그러므로 부처님께서는 생이라는 법칙을 고통으로 파악하셨다. 애별리고는 애착하는 대상으로부터 헤어지는 데에서 발생하는 고통이다. 원증회고는 미워하고 증오하는 대상과 만나기 때문에 발생하는 고통이다. 구부득고는 원하지만 얻지 못하는 데에서 발생하는 고통이다. 이 단계에서 관찰의 대상은 오온(五蘊: 몸, 느낌, 생각, 의지, 의식), 즉 자기 자신이다. 오취온고는 변할 수밖에 없는(無常 anicca) 오온을 자신의 자아로 취하여 대상을 욕망으로 붙잡아 살아가기 때문에 발생하는 고통을 말한다. 모든 고통은 간략하게 말해 오취온고(五取蘊苦), 즉 자기가 취하고 있는 자아가 곧 괴로움이라고 설명하기도 한다.

집성제는 괴로움이 일어나는 원인인 갈애(渴愛 taṇhā)이다. 갈애는 목마름, 갈증을 의미하는 √tṛṣ로부터 발생한 단어로 충족되지 않는 속성을 지닌 끊임없는 욕망을 의미한다. 갈애에는 욕애(欲愛), 유애(有愛), 무유애(無有愛)의 세 가지가 있다. 욕애는 오욕락(五欲樂)과 같은 자신의 욕망을 충족하고자 하는 갈애이다. 오욕락은 빛깔로, 소리로, 향으로, 맛으로, 몸으로부터 발생하는 감각을 눈으로, 귀로, 코로, 혀로, 몸으로 즐기고

자 하는 욕구이다. 유애는 존재를 지속시키고자 하는 갈애이다. 무유애는 자신이 원하지 않는 대상을 파멸시키고자 하는 갈애이다. 무명(無明)과 갈애(愛)는 오취온(五取蘊)이라는 망상덩어리가 모이게 되어 괴로움의 원인이다.

이 단계에서는 이와 같은 고성제와 고집성제를 이해하고, 자아에 대한 집착이 괴로움의 실체라는 것을 깨닫게 한다.

2) 제2단계 : 오계(五戒)와 십선법(十善法) 수행

불교의 수행은 선법과 불선법을 알고 선법을 선택하는 데서 출발한다. 불선법은 도덕적 비난의 대상이 되는 것, 정신적 계발에 방해가 되는 것, 나와 남에게 고통을 안겨 주는 것인 반면에 선법은 도덕적인 면에서 권장할만한 것, 정신적 계발에 도움이 되는 것, 나와 남에게 이로움을 가져다주는 것이다.

불교 수행은 자신의 마음에서 발생하는 탐욕·성냄·어리석음(貪·瞋·癡)을 지멸시키는 것을 목표로 한다. 탐욕(貪, rāga)은 오욕락을 지속시키고자 하는 2차적인 욕망이다. 성냄(瞋, dosa)은 자신의 욕망이 좌절되었을 때의 화냄, 분노를 말한다. 어리석음(癡, moha)은 사성제에 대한 무지, 선법과 불선법에 대한 무지, 현재심에 대한 무지 등을 의미한다. 탐욕·성냄·어리석음은 불선법으로서 우리를 고통으로 이끄는 원인이다. 부처님께서는 선한 습관은 계발하고 불선한 습관은 버리는 것의 수단으로 맛지마니까야의 『지워 없앰경(sallekha sutta)』에서 '지금 여기에서의 행복한 머묾'을 제시한다. 또한 불교의 '수행(bhāvanā)'이란 '계발/연마하다(cultivate)' 혹은 '발전시키다(develop)'는 뜻이 있다. 불교 수행은 현재 자신의 마음에서 발생하는 탐·진·치를 관찰하여 제거하는 것을 목표로 한다.

불선법은 그것을 행하는 사람을 미천한 상태로 이끌고, 선법은 고귀한 상태로 이끈다. 그러므로 선법과 불선법을 바로 알아 나에게 있는 선법은 증장시키고 불선법은 버리는 것을 '우리가 건너야 할 바른 나루(thittha)'라고 하며, 그것은 지금 여기, 자신의 몸과 마음에서 일어나야 한다. 부처님께서 말씀하신 열 가지 선법(十善法)은 다음과 같다.

1. 생명을 죽이는 일을 버리고 겸손하고 자비로운 자가 되어 일체 생명의 이익을 위하고 연민하며 머문다(不殺生).
2. 주지 않는 것을 가지는 것을 버리고 준 것만 받아 청정하게 머문다(不偸盜).
3. 금욕적이지 못한 삶을 버리고 청정 범행을 닦는다(不邪淫).
4. 거짓말을 버리고 진실에 부합하여 세상을 속이지 않는다(不妄語).
5. 이간질을 여의고 우정을 장려하며 화합하게 하는 말을 한다(不兩舌).
6. 거친 말, 욕하는 말을 여의고 사랑스럽고 예의바른 말을 한다(不惡口).
7. 잡담을 여의고 법을 말하고 적절하게 말한다(不綺語).
8. 욕심을 버리고 욕심을 버린 것을 조건으로 즐거움과 기쁨을 경험한다(不貪欲).
9. 악의를 버리고 연민심을 갖는다(不瞋恚).
10. 사견을 여의고 정견을 갖는다(不邪見).

수행은 일상생활 속에서 오계를 준수하는 데서 시작하여 점진적으로 십선법에 이른다. 십선법은 몸, 언어, 마음(身口意)으로 짓는 행위[行 혹은 業]를 다스려 청정에 이르게 한다. 불살생(不殺生)은 생명을 죽이는 일을 버리고, 일체 생명을 연민하고 사랑하고, 주지 않는 것을 가지는 행위를 버리고, 몸으로 진실한 사랑을 하는 행위를 다스리는 일이다. 불투도(不偸盜)는 도둑질을 하지 않는 것이다. 불사음(不邪淫)은 부정한 성생활을 하지 않는 것이다. 이 세 가지는 신행(身行)을 다스리는 것이다. 불망어(不妄語)는 거짓말(musāvādā)을 하지 않는 것이다. 불양설(不兩舌)은 이간질(Pisuṇavācā)을 하지 않는 것이다. 불악구(不惡口)는 거친 말(Pharusavācā)을 하지 않는 것이다. 불기어(不綺語)는 잡담(samphappalāpā)을 하지 않는 것이다. 이 네 가지는 구행(口行)을 다스리는 것이다. 불탐욕(不貪欲)은 탐욕을 일으키지 않는 것이다. 불진에(不瞋恚)는 화내지 않는 것이다. 불사견(不邪見)은 잘못된 견해를 잘못된 견해로 알고 옳은 견해는 옳은 견해로 아는 것이다. 이 세 가지는 의행(意行)을 다스리는 것이다. 불살생, 불투도, 불사음, 불망어, 불음주만을 가리켜 오계(五戒)라고 하는데 이는 불교 재가자가 불선법을 버리고 선법의 과보를 얻기 위해 반드시 지켜야 할 계이다.

몸과 말을 함께 바로잡는 훈련은 마음의 청정을 닦는데 반드시 딛고 가야 할 하나의 디딤돌이다. 이러한 일상의 과정 속에서 감각적 욕망과 악의가 줄어드는 동시에 자애와 연민, 정직과 진실성, 순결과 진중함 등의 좋은 습관이 한 개인의 선한 인격의 바탕을 이루게 된다. 수행자는 이러한 과정을 통해 점차 고귀하고, 인격적인 불자가 되어 가는 것이다. 십선의 수행자는 몸과 말과 마음을 올바로 닦고, 계행을 갖추고 알아차림이 있으며, 자비심을 구족하여 스스로 평온하게 머물 뿐 아니라 남과 더불어 조화롭게 살아갈 수 있게 된다.

3) 제3단계 : 팔정도(八正道) 수행 – 탐·진·치(貪瞋痴)의 소멸

팔정도는 '열반에 이르는 여덟 가지 바른 길'이란 뜻으로 사성제의 도성제를 가리킨다. 부처님께서는 팔정도를 오래된 옛길(purāṇa magga)에 비유하셨다. 그리고 그 길은 옛날에 바른 깨달음을 이루신 모든 부처님들이 따라갔던 길이라고도 설명하셨다. 이 말씀은 부처님께서 깨달으신 팔정도가 부처님이 만든 것도 아니고 부처님만 간 길도 아니라는 것을 의미한다. 그 길은 예전부터 있던 길이고, 누구나 그 길을 가서 부처님이 되었으며, 누구나 그 길을 가면 부처님이 될 수 있다는 것을 의미한다. 한마디로 팔정도는 인간이 창작한 것이 아니라 본래 있는 보편적인 진리라는 것이다. 팔정도의 구체적인 내용은 다음과 같다.

1. 바른 견해[정견] : 바른 견해란 모든 것을 있는 그대로 바르게 통찰(如實知見, yathābhūtañāṇa-dassana)하는 것으로, 사성제를 바르게 아는 것이다.
2. 바른 사유[정사유] : 감각적 욕망과 관련된 사유, 악의와 관련된 사유, 해코지와 관련된 사유를 하지 않는 것을 말한다.
3. 바른 언어생활 [정어] : 거짓말, 이간질하는 말, 거친 말이나 욕설, 잡담을 하지 않는 것을 말한다.
4. 바른 행위 [정업] : 다른 사람을 죽이거나 해치는 살생과 폭력, 다른 사람이 주지 않은 것을 취하는 투도, 바르지 않은 성적 행위를 하는 사음을 하지 않는 것

을 말한다.

5. 바른 생계 [정명] : 남에게 해를 끼치는 직업을 갖지 않는 것으로, 무기 거래, 마약 거래, 인신 매매, 도살용 동물 거래 같은 직업을 갖지 않는 것이다.

6. 바른 정진 [정정진] : 수행을 해 나가는 과정에서 불선한 마음이 일어나지 않았을 때는 앞으로도 일어나지 않도록 방지하고 이미 일어났을 때는 없애도록 노력하며, 선한 마음이 일어나지 않았을 때는 앞으로 일어나도록 계발하고 이미 일어났을 때는 계속 유지되도록 노력하는 것이다.

7. 바른 사띠 [정념] : 밖으로 향하던 나의 의식을 나의 내면으로 향하게 하는 수행법으로, 몸[身], 느낌[受], 마음[心], 법[法]에 주의를 기울이는 것이다.

8. 바른 삼매[정정] : 감각적 욕망을 멀리하고 계학의 가르침을 잘 지켜 불선법을 행하지 않으면 욕계를 벗어난 선정의 경지에 노닐게 되는데, 구체적으로는 색계의 네 단계 선정, 무색계의 네 단계 선정이 있다.

팔정도는 삼학(三學, tissosikkhā)과도 연관되어 있다. 학(sikkhā)은 배움, 습득, 학습을 말한다. 삼학은 계학(戒學, sīlasikkhā), 정학(定學, samādhisikhā), 혜학(慧學, paññāsikkhā)이다. 팔정도와 삼학의 관계에서 '정어, 정업, 정명'은 계학, '정정진, 정념, 정정'은 정학, 정견, 정사유는 혜학과 연관되어 있다. 지계는 인간의 언어적, 육체적, 정신적 행위를 바르고 청정하게 하는 것이다. 지계를 통해 정(定, samādhi)에 나아가고, 정에 의해 혜(慧, paññā)를 얻어, 불교의 최종 목표인 해탈(解脫, nibbāna)을 이루게 된다. 계, 정, 혜는 감성과 지성이 섞여 있다. 인생을 바라보는 부처님의 태도는 단순히 이성적인 것이 아니라, 해탈과 동시에 윤리적인 완벽성까지 갖춘 실용적인 것이다.

이상과 같은 팔정도의 구체적인 수행법은 사념처(四念處; CattaroSatipaṭṭhā) 수행이다. 사념처는 몸(身 kāya)에 대한 지속적 관찰로부터 시작되어, 느낌(受, vedanā), 마음(心, citta), 법(法, dhamma)으로 가는 일련의 과정으로 구성된다. 결국 수행자가 알아차림을 해야 하는 대상이 현재 자신의 몸(身)과 마음(心)인데, 그것을 아는 것은 느낌(受)을 통해서다. 이렇게 느낌으로 알게 된 대상을 단지 알아차릴 대상인 법(法)이라고 받아들여 그 법을 객관적으로 있는 그대로 보는 것이 4념처이다. 그리고 4념처에 마음챙김을 확립하여 있는 그대로 통찰하는 관법(觀法)이 바로 위빠사나(vipassnā)이다.

사념처 수행은 항상 자신의 몸과 마음을 대상으로 하고, 몸과 마음을 벗어난 것을 대상으로 하지 않는다. 부처님께서는 사념처의 실천적 의의에 대해 다음과 같이 설명하셨다.

"비구들이여, 이 도는 유일한 길이니 중생들의 청정을 위하고 근심과 탄식을 다 건너기 위한 것이며, 육체적 고통과 정신적 고통을 사라지게 하고 옳은 방법을 터득하고 열반을 실현하기 위한 것이다. 그것은 바로 '네 가지 마음챙김의 확립[四念處]'이다."

"무엇이 네 가지인가?"

"비구들이여, 여기 비구는 몸에서 몸을 관찰하며[身隨觀] 머문다. 세상에 대한 욕심과 싫어하는 마음을 버리고, 근면하고 분명하게 알아차리며 마음을 챙기면서 머문다. 느낌에서 느낌을 관찰하며[受隨觀] 머문다. 세상에 대한 욕심과 싫어하는 마음을 버리고, 근면하고 분명하게 알아차리며 마음을 챙기면서 머문다. 마음에서 마음을 관찰하며[心隨觀] 머문다. 세상에 대한 욕심과 싫어하는 마음을 버리고, 근면하고 분명하게 알아차리며 마음을 챙기면서 머문다. 법에서 법을 관찰하며[法隨觀] 머문다. 세상에 대한 욕심과 싫어하는 마음을 버리고, 근면하고 분명하게 알아차리며 마음을 챙기면서 머문다."

『맛지마니까야 10. 마음챙김의 확립경』

사띠(念, sati, skt. smrti)라는 말은 '기억(memory)'을 의미하기도 한다. '새김', '주의(attention)', '알아차림(awareness)', '마음챙김'으로 번역되어 사용하며, 지금 이 순간에 대한 자각의 기능이다. 마음을 지금 여기에 두는 것으로, 과거와 미래로부터 벗어나 현재에 깨어있는 것이다. 사띠의 특성은 현존(upaṭṭhāna)이며, 마음의 현존이란 사띠가 있을 때 현재에 대해 더 폭넓게 깨어있다는 뜻이다. 무엇을 할 때 하고 있는 것을 알아차려 자기 느낌이나 생각에 속아 탐·진·치를 일으키지 않는 것이다.

4) 제4단계: 사무량심(四無量心) 수행
(1) 자심(慈心 mettā) 수행

수행자는 모든 중생들이 행복하기를 원해야 한다. 이와 같은 생각을 처음에는 자신의 주변에서 시작하여 무량(無量) 무변(無邊)한 중생에게 그 생각이 미치도록 해야 한다. 수행자는 이와 같이 큰 자심(慈心 mettā)의 물로 자심(慈心)을 태우는 분노[瞋恚 dosa]의 불길을 멸해야 한다. 큰비가 빠짐없이 널리 내리듯이, 수행자는 자심으로 중생을 생각하여 세간의 청정한 즐거움을 얻도록 해야 하며, 또한 자신이 얻은 수행의 공덕을 중생들에게 주어야 한다. 나아가 괴로움이 다한 열반의 즐거움 내지 모든 부처님의 제일가는 참된 즐거움을 중생들에게 주리라 원해야 한다.

자심을 행하는 사람은 허공이 가해를 받지 않듯이 모든 악이 가해하지 못하며, 마음은 따뜻하고 하늘의 옷처럼 부드러워진다. 수행자가 자심삼매에 들어가면, 호랑이 같은 맹수나 독사 같은 독충도 가해하지 못한다. 험한 곳에 들어가도 상해를 입지 않는다.

자법(慈法)이란 중생들을 사랑하여 모두 즐거움을 받게 하려는 마음에 상응하는 법으로서, 행온(行蘊)에 속하는 것을 자법(慈法)이라고 부른다.

사무량심은 무량(無量) 중생(衆生)을 인연으로 하기 때문에 무량(無量)이라고 한다. 청정하고, 인자한 생각이며, 중생을 연민하고 이익을 주려 하기 때문에 범행(梵行), 범승(梵乘)이라고 부르고, 능히 범천(梵天)의 세계에 갈 수 있기 때문에 범도(梵道)라고도 부른다. 이는 과거의 모든 부처님이 항상 행하셨던 도이다.

자심은 우리에게 이익을 준다. 범부가 자심을 행하면 모든 분노[瞋恚]를 없애고 무량한 복을 얻어 청정한 과보가 생긴다. 세간의 복덕 가운데 이보다 더 나은 것은 없다. 성문이나 벽지불을 원하는 사람은 욕계의 많은 분노(瞋恚)를 자력(慈力)이 능히 부수고, 다른 번뇌도 곧 따라서 멸한다. 그리하여 욕계를 여의게 되고, 점차로 삼계를 벗어나게 된다. 부처님의 말씀과 같이, 자심을 가지고 칠각지(七覺支)를 닦는다. 대승의 수행자가 중생을 제도하리라 발심하는 것은 자심이 근본이 된다.

다음과 같은 십육행(十六行)이 자심을 속히 얻게 하고 견고하게 하고 항상 수행하게 한다.
① 계율을 청정하게 지키는 일.
② 마음이 후회하지 않는 일.
③ 착한 일(善法)하기를 기뻐함.
④ 쾌락을 느낌.
⑤ 감각적인 다섯 가지 감정(五情)을 다잡아 지키는 일.
⑥ 적절한 방편과 지혜를 생각하는 일.
⑦ 몸도 떠나고 마음도 떠나는 일.
⑧ 같은 일을 하면서 함께 사는 일.
⑨ 자법(慈法)에 수순하여 법을 듣거나 설하는 일.
⑩ 다른 사람을 괴롭히거나 어지럽히지 않는 일.
⑪ 스스로의 양을 알아 음식을 절도 있게 먹는 일.
⑫ 잠을 적게 자는 일.
⑬ 잘 살펴서 말을 하는 일.
⑭ 가고, 머물고, 앉고, 눕는 일상의 몸가짐이 편안하고, 위의를 갖추는 일.
⑮ 필요한 물건을 뜻에 따라 부족함이 없이 베푸는 일.
⑯ 희론(戱論)을 행하지 않는 일.

이상의 16법(法)이 자심삼매(慈心三昧)를 돕는다.

(2) 비심(悲心 karuṇā) 수행

비심(悲心)이란 중생의 괴로움을 보면, 그 괴로운 모습을 취함으로써, 비심을 점차로 늘려, 즐거운 사람에게서도 괴로움을 보는 것이다. 즐거움이란 무상하고, 만족이 없으며, 인연 따라 생긴 것이고, 순간순간 생멸하는 것이어서, 머무는 때가 없다. 그러므로 즐거움은 사실은 괴로움이다. 욕계천(欲界天)에서 받는 즐거움이란, 미치고, 취했을 때, 괴로움을 망각하고 있는 것과 같아서, 죽을 때에 비로소 그것을 깨닫는다. 색계와 무색계의 중생은, 깊은 선정(禪定)에서 받는 맛에 마음이 집착하기 때문에, 수명을 마칠 때 업의 인연에 따라 다시 보(報)를 받는다. 그러므로 괴롭지 않은 중생은 아무도 없다. 이와 같이 자신의 괴로움을 알지 못하는 중생은 가련하다. 전도(顚倒) 몽상(夢想) 가운데서 즐거운 생각을 일으켜, 금세와 후세에 갖가지 걱정과 고뇌를 느끼면서도, 싫어하는 마음이 없다. 비록 잠시 괴로움을 여읠지라도, 다시 즐거움을 구하여 여러 괴로운 일을 만든다. 이와 같이 사유하여 모든 중생이 다 괴로움을 받는 것을 보는 것이 비심(悲心)이다.

(3) 희심(喜心 muditā) 수행

수행하는 사람은 제법의 실상을 안다. 괴로운 중생은 모두 즐겁게 되고, 즐거운 중생은 모두 괴롭게 되는 것에 관하여, 이와 같이 모든 법(法)은 고정된 모습[定相]이 없이 마음의 힘에 따라 바뀐다는 것을 아는 것이다. 고정된 모습을 가진 법이 하나도 없다면, 아누다라삼약삼보리를 이루는 것도 어렵지 않거늘 하물며 다른 도(道)이리요. 마음대로 얻을 수 있기 때문에 마음에 환희가 생긴다.

또 수행자는 이렇게 생각한다. 나는 조그만 지계(持戒)와 정진(精進) 등으로 인하여 곧 탐욕을 여의고, 여러 선정의 무량한 공덕을 얻었다. 이렇게 여러 좋은 공덕을 생각하기 때문에 마음에 환희가 생긴다.

마음이 크게 환희로워지면, 다시 이렇게 생각한다. '이와 같은 법(法)의 이익은 모두 부처님의 은혜이다. 부처님께서는 몸소 얻으신 도(道)를 사람들에게 펼쳐 말씀하셨다. 가르침에 따라 수행하여 이와 같은 이익을 얻었다.' 이 때 마음은 금색상호로 장엄하신 시방제불(十方諸佛)의 몸과 십력(十力) 등 무량공덕을 갖춘 법신(法身)을 생각한다. 이러한 염불(念佛)을 인연으로 하여 마음에 환희가 생긴다.

또 세 가지 불법(佛法)을 생각한다. 첫째는, 열반으로서 무량하고 항상 하는 것이다. 이것은 결코 파괴되지 않는 법이다. 둘째는, 열반에 이르는 방편인 팔성도(八聖道)이다. 셋째는, 팔정도(八正道)를 보여준 모든 불경(佛經)이다. 이렇게 법을 생각하면, 마음에 환희가 생긴다.

이러한 실상을 알아, 바른 길(正道)을 가면서, 삿된 길을 여읜, 이런 사람이 바른 사람이다. 소위 불제자의 무리가 일체의 무리 가운데서 제일이다. 나는 이미 이 무리 가운데 있다. 이들은 나의 참된 도반(道伴)이요, 나를 이롭게 한다. 이러한 인연으로 마음에 환희가 생긴다.

이렇게 하여 생긴 환희를 일체중생에게 베풀어 모든 중생이 환희하게 하리라고 발원하면 원이 이루어져 중생들이 이 기쁨을 얻는 것을 다 보게 된다.

(4) 사심(捨心 upekkhā) 수행

도(道)에 들어 선정의 맛을 얻은 수행자는 중생의 호추(好醜)를 분별하여, 착한 사람은 공경하고, 사랑스럽게 생각하고, 착하지 않은 사람은 깔보고, 교만한 생각을 일으키는, 이 두 가지 차별심을 파괴하여 사심(捨心)을 행한다. 경 가운데서 설하기를, "자심(慈心)을 수행하여 진애(瞋恚)를 없애고, 비심(悲心)을 수행하여 중생을 괴롭히는 마음을 없애며, 희심(喜心)을 수행하여 근심과 걱정을 없애고, 사심(捨心)을 수행하여 미움과 사랑을 없앤다. 단지 중생들을 해탈케 하고자 마음대로 지어갈 뿐이다."라고 하신 것과 같다. 중생들은 필요한 것을 얻으면, 이것이 즐거움이요, 권력이나 재물을 얻거나, 노래하고 춤추며, 웃고 노는 것, 이것이 기쁨이다. 만약 이러한 기쁨과 즐거움을 상실하면, 이것이 걱정이요, 괴로움이다. 이러한 중생의 세 가지 일이 없는 것, 이것이 사심(捨心)이다.

3. 수행법

1) 수행의 기본자세

수행의 출발점은 사념처이다. 염처(satipaṭṭhāna)는 마음챙김의 확립이다. 몸, 느낌, 마음, 마음대상의 네 곳에 초점을 맞추어 현재 자신이 하고 있는 일을 깨어서 아는 것, 즉 마음챙김을 확립하는 것이다. 몸으로 어떤 행위를 할 때, 즉 앉거나, 서거나, 걸을 때나, 눕거나, 현재 자신이 하고 있는 일에 마음챙김을 두면, 하는 일에 대한 앎이 생긴다. 행주좌와 어묵동정의 모든 행위와 감각기관이 감각 대상과 접촉되는 수많은 대상에서 나타나는 느낌, 생각, 의도의 마음 등을 알아차려 앎이 이어지면 일상생활 자체가 수행이 되는 것이다. 수행자는 단지 현재를 있는 그대로 알아차리는데 의미를 두어야 한다.

현재를 자꾸 보아서 알아차리는 힘이 생기면 탐, 진, 치가 적어지는 좋은 결과가 생기는 것이지, 한두 번의 알아차림으로 그 자리에서 즉시 자신의 행동이나 패턴화된 마음의 습관이 고쳐지는 것은 아니다. 수행할 때 좋은 결과를 바라면서 수행을 시작하게 되면 현재의 마음상태가 바라는 마음에 의해 들떠있어서 대상을 알아차리는 수행을 할 수 없게 된다. 그래서 수행자는 "그 무엇도 바라는 것 없이" 번새를 그냥 단순하게, 아무런 판단이나, 분석, 분별없이 알아차리는 것이다.

이렇게 언제 어디에서나 무엇을 하든지 그 하는 동작을 분명히 알아차리고 온전히 주의를 기울이게 되면, 에너지의 누수(漏水)가 있는 것이 아니라 도리어 에너지가 충전되어 일상생활 속에서 만족감이 생긴다. 지금 여기에서 자신이 하는 일상의 행위에 대한 마음챙김이 매순간 삼매이며, 모든 것이 가장 중요하고 의미 있는 일이다. 수행은 수행의 결과를 원하는 마음, 무엇이 되려고 하는 마음으로 해서는 안 된다. 일상의 생확 속에서 마음챙김을 할 수 있을 만큼 가볍게 하다보면 저절로 수행시간을 길어진다. 일상의 삶이 우리의 탐·진·치의 불선한 성향을 제거하고 선한 성향을 점진적으로 기르는 수행처다.

2) 좌선법(坐禪法)
(1) 눈은 살며시 감고 척추는 곧게 세우고 얼굴에는 가벼운 미소를 띠우고 몸의 긴장 없이 편안히 앉는다. '지금 이 순간 마음은 어떤가?' 하고 수행을 시작하는 마음을 알아차려 마음의 긴장을 푼다.

(2) 자신의 몸을 위에서부터 아래로 스캔하여 몸의 느낌을 마음이 잘 알아차려지면 들이쉬고 내쉬는 호흡에 주목한다.
(3) 호흡을 어디에 두는 가는 중요하지 않다. 들이쉬고 내쉴 때마다 전면에 알아차림을 확립한다. 호흡을 알아차린다는 것은 호흡을 느끼는 것이다.
(4) 집중이 잘 이어지면 호흡의 일어남 사라짐을 알아차린다.
(5) 호흡이 안정될수록 마음도 안정되며, 몸도 안정이 되어 진다.
(6) 수행 중에 일어나는 바라는 마음, 대상을 싫어하는 마음, 생각, 졸음, 통증, 지루함, 의심이 나타나면 있는 그대로 알아차린다.
(7) 이런 장애를 대상으로 알아차리면 알아차리는 마음에 의해 장애들은 사라진다. 그러면 다시 현재의 주 대상인 호흡이나 몸의 움직임으로 돌아와 다시 알아차림을 이어간다.

3) 경행법(輕行法)
(1) 집이나 공원, 지하철에서 눈은 전방을 보면서 가볍게 걸으며 발의 움직임이나 느낌에 주목한다.
(2) 왼발을 옮길 때 왼발을 옮기는 줄 알고, 그 때에 일어나는 감각을 알아차린다. 오른발을 옮길 때 오른발을 옮기는 줄 알고, 그 때에 일어나는 감각을 알아차린다.
(3) 걸음을 자연스럽게 즐긴다.

걸을 때마다 발의 움직임이나 감각에 깨어있게 되면, 그것의 관찰을 통해 마음이 안정되고 평온한 느낌이 드러나 모든 걸음이 아름다운 걸음이 된다. 걷기수행은 집중력과 마음챙김을 강화시키고, 먹고 마시는 것을 완전히 소화시키고, 육신을 건강하게 하는 이점이 있다.

4) 생활 속의 알아차림
(1) 바른 마음자세
① 지나치게 애씀은 또 하나의 탐심으로 진심을 수반한다.

② 기대하는 마음, 원하는 마음, 걱정하는 마음이 없이 가볍게 알아차림을 지속한다.
③ 결과를 바라지 말고 조건을 성숙시켜라.
④ 대상을 좋아하거나 싫어하지 않고 판단하지 않고 반드시 변화의 과정을 지켜본다.
⑤ 경험되는 현상에 대해 '이것은 연기된 것이며, 내가 아니고, 나의 것이 아니며, 조건에 의해 형성된 것이며, 일어난 것은 반드시 사라진다.'라고 생각하며 지켜본다.

(2) 통찰수행법

① 긴장을 풀고 지금 마음이 무얼 알고 있는지를 물어본다.
② 행복한 느낌은 행복한 느낌을 느낀다고 꿰뚫어 안다.
③ 괴로운 느낌은 괴로운 느낌을 느낀다고 꿰뚫어 안다.
④ 과거 미래로 돌아다니지 말고 현재 일어나는 법을 알아차린다.
⑤ 생각 없이, 분석하지 않고, 판단 없이 현재를 알아차린다.
⑥ 일상에 주로 느끼는 감정, 느낌, 생각의 변화를 예리하게 지켜본다.
⑦ 긍정적인 감정이나 부정적 감정이 일어나는 대로 그대로 인정하고 느껴본다.
⑧ 몸에 대한 통증이나 소리를 들을 때 과거의 스토리에 빠져 육체적 고통이 정신적 고통으로 연결되지 않도록 한다.
⑨ 말하기 전에 말하려는 욕구, 의도를 잘 알아차리고 상대방이 말할 때는 듣고 있음을 알아차린다.
⑩ 잠자기 전 바디스캔이나 호흡명상을 하며 잠들고, 잠에서 깨어나며 몸과 마음을 알아 차린다.
⑪ 하루 한번 자신과 주변사람들에 대한 자애명상을 하며 일상생활 속에서의 변화를 알아차린다.

⑫ 하루 한 번씩 읽는 나루발원문을 암송한다.

4. 경전자료

『맛지마니까야 7, 옷감의 비유경』

"비구들이여, 때가 묻은 더러운 옷감을 염색공이 청색, 황색, 적색, 진홍색, 분홍색으로 염색한다면 물이 잘 들지 않고 색깔도 선명하지 않을 것이다. 왜냐하면 옷감이 더럽기 때문이다. 이와 같이 마음이 오염되면 불행이 예상된다.

청정하고 깨끗한 옷감을 염색공이 청색, 황색, 적색, 진홍색, 분홍색으로 염색한다면 물이 잘 들고 색깔도 선명할 것이다. 왜냐하면 옷감이 깨끗하기 때문이다. 이와 같이 마음이 오염되지 않으면 당연히 행복이 예상된다.

무엇이 마음의 오염원들인가?

① 욕심과 그릇된 탐욕이 마음의 오염원이다.
② 악의가 마음의 오염원이다.
③ 분노가 마음의 오염원이다.
④ 적의가 마음의 오염원이다.
⑤ 얕봄이 마음의 오염원이다.
⑥ 질투가 마음의 오염원이다.
⑦ 인색이 마음의 오염원이다.
⑧ 완고함이 마음의 오염원이다.
⑨ 자만이 마음의 오염원이다.
⑩ 허영이 마음의 오염원이다.
⑪ 방일이 마음의 오염원이다."

『맛지마니까야 8, 지워 없앰경』

"다른 사람이 우리에게 말할 때, 그 말이 적절하거나 적절하지 않거나, 사실이거나 거짓이거나, 부드럽거나 거칠거나, 유익하거나 해롭거나, 자애로운 마음으로 말하거나 증오를 품고 말하거나, 우리는 이렇게 자신을 단련해야 합니다.

나는 그것에 영향을 받지 않으리라.
나는 악한 말을 하지 않으리라.
나는 이로움과 연민심을 가지고 머물리라.
다른 사람은 폭력을 행할지라도 나는 폭력을 행하지 않으리라.
다른 사람은 살생을 할지라도 나는 살생을 하지 않으리라.
다른 사람은 주지 않는 것을 취할지라도 나는 주지 않는 것을 취하지 않으리라.
다른 사람은 삿된 음행을 할지라도 나는 삿된 음행을 하지 않으리라.
다른 사람은 거짓말을 할지라도 나는 거짓말을 하지 않으리라.
다른 사람은 이간질을 할지라도 나는 이간질을 하지 않으리라.
다른 사람은 거친 말이나 욕설을 할지라도 나는 거친 말이나 욕설을 하지 않으리라.
다른 사람은 잡담을 할지라도 나는 잡담을 하지 않으리라.
다른 사람은 타성과 무의식적인 습관에 빠질지라도 나는 타성과 무의식적인 습관을 버리리라.
나는 자애로운 마음을 이 세상 모든 이들에게 가득 채우리라.
나는 악의 없는 마음을 이 세상 모든 이들에게 가득 채우리라."

『맛지마니까야 21, 톱의 비유경』

"비구들이여, 만일 양쪽에 날이 달린 톱으로 도둑이나 첩자가 사지를 마디마다 잘라낸다 할지라도 그들에 대해 마음을 더럽힌다면, 그는 나의 가르침을 따르는 자가 아니니다.

비구들이여, 여기서 그대들은 이와 같이 공부지어야 한다.

내 마음은 그것에 영향을 받지 않으리라. 나는 악한 말을 하지 않으리라. 나는 이로움과 연민심을 가지고 머물리라. 나는 자애로운 마음을 가지고 증오를 품지 않으리라. 나는 그 사람에 대해 자애가 함께 한 마음을 가득 채우고 머물리라. 그리고 나는 그 사람을 자애의 마음을 내는 대상으로 삼아 모든 세상을 풍만하고, 광대하고, 무량하고, 원한 없고, 악의 없는, 자애가 함께 한 마음으로 가득 채우고 머물리라."

『맛지마니까야 46, 법실천의 긴 경』

"대부분의 사람들은 마음에 들지 않고 불쾌하고 즐겁지 않은 일들은 줄어들고, 마음에 들고 유쾌하고 즐거운 일들은 늘어나길 바란다.

그러나 이런 욕망을 가지더라도 불쾌하고 즐겁지 않고 마음에 들지 않는 일들은 늘어나고, 마음에 들고 유쾌하고 즐거운 일들은 줄어든다.

그 이유는 무엇인가?

가까이 해야 할 일들을 행하지 않고, 가까이 해서는 안 될 일들을 행하기 때문이다.

가까이 해야 할 일들은 무엇인가?

가까이 해서는 안 될 일들은 무엇인가?

① 생명을 죽이는 일을 버리고 겸손하고 자비로운 자가 되어 일체 생명의 이익을 위하고 연민하며 머문다.
② 주지 않는 것을 가지는 것을 버리고 준 것만 받아 청정하게 머문다.
③ 금욕적이지 못한 삶을 버리고 청정 범행을 닦는다.
④ 거짓말을 버리고 진실에 부합하여 세상을 속이지 않는다.
⑤ 이간질을 여의고 우정을 장려하며 화합하게 하는 말을 한다.
⑥ 거친 말, 욕하는 말을 여의고 사랑스럽고 예의바른 말을 한다.
⑦ 잡담을 여의고 법을 말하고 적절하게 말한다.
⑧ 악의를 버리고 연민심을 갖는다.
⑨ 사견을 여의고 정견을 갖는다."

『상윳따니까야 2:4경: 최상의 행복경(Mahāmaṅgalasutta)』

한 때 세존께서 사왓티의 제따숲에 있는 아나타삔디까 승원에 계셨다. 그 때 어떤 아름다운 천신이 날이 샐 무렵 제따숲을 두루 비추며 세존께서 계신 곳을 찾아왔다. 그는 세존께 다가와서 시로써 다음과 같이 말했다. "많은 천신과 사람들이 최상의 행복을 소망하고 축복을 원하니, 최상의 행복이 무엇인지 말씀해 주소서." 그러자 세존께서는 다음과 같이 말씀해 주셨다.

"어리석은 사람을 사귀지 않고, 현명한 사람들과 가까이 지내며,
훌륭한 스승들을 공경하는 것, 이것이 더 없는 행복입니다.
분수에 맞는 곳에서 살고, 일찍이 공덕을 쌓아서 스스로 바른 서원을 하는 것,
이것이 더 없는 행복입니다.
많이 배우고 기술을 익히며, 계율을 잘 수지하여 실천하며, 유익한 언어생활을 하는 것,
이것이 더 없는 행복입니다.
아버지와 어머니를 섬기고, 아내와 자식을 돌보고, 번잡하지 않은 생활을 하는 것,
이것이 더 없는 행복입니다.
내가 가진 것을 나눌 줄 알고, 친지를 보호하며, 비난 받지 않을 행동을 하는 것,
이것이 더 없는 행복입니다.
불선함을 싫어하여 멀리하고, 술 마시는 것을 절제하며, 법에 대해 깨어있는 것,
이것이 더 없는 행복입니다.
존경과 겸손함을 기르고, 만족하고 감사한 마음으로 때때로 가르침을 듣는 것,
이것이 더 없는 행복입니다.
인내, 용서, 관용, 온화한 마음으로 진지한 태도를 갖춰 수행자들과 만나고,
때때로 법에 대해 대화를 나누는 것,
이것이 더 없는 행복입니다.
감각기관을 수호하여 청정하게 살며, 거룩한 진리를 이해하고 열반을 이루는 것,

이것이 더 없는 행복입니다.
온갖 세상살이에 부딪쳐도 마음이 흔들리지 아니하고, 슬퍼하지 않으며,
티끌 없이 안온한 것, 이것이 더 없는 행복입니다.
이렇게 수행하며 이 길을 따르면, 언제 어디서든 좌절하지 않아
어느 곳에서든 평온하리니, 이것이 더 없는 행복입니다."

5. <지계(持戒) 나루명상> 일상발원문

〈하루 한 번씩 읽는 나루발원문〉
다른 사람이 우리에게 말할 때
그 말이 적절하거나 적절하지 않거나
사실이거나 거짓이거나
부드럽거나 거칠거나
유익하거나 해롭거나
자애로운 마음으로 말하거나 증오를 품고 말하거나
우리는 이렇게 자신을 단련해야 합니다.
"나는 그 것에 영향을 받지 않으리라
나는 악한 말을 하지 않으리라
나는 이로움과 연민심을 가지고 머물리라."
다른 사람은 폭력을 행할지라도
나는 폭력을 행하지 않으리라.
다른 사람은 살생을 할지라도
나는 살생을 하지 않으리라.

다른 사람은 주지 않는 것을 취할지라도
나는 주지 않는 것을 취하지 않으리라.
다른 사람은 삿된 음행을 할지라도
나는 삿된 음행을 하지 않으리라.
다른 사람은 거짓말을 할지라도
나는 거짓말을 하지 않으리라.
다른 사람은 이간질을 할지라도
나는 이간질을 하지 않으리라.
다른 사람은 거친 말이나 욕설을 할지라도
나는 거친 말이나 욕설을 하지 않으리라.
다른 사람은 잡담을 할지라도
나는 잡담을 하지 않으리라.
다른 사람은 타성과 무의식적인 습관에 빠질지라도
나는 타성과 무의식적인 습관을 버리리라.
나는 자애로운 마음을 이 세상 모든 이들에게
가득 채우리라
나는 악의 없는 마음을 이 세상 모든 이들에게 가득 채우리라.
이것이 우리가 진정으로 수행해야 할 것입니다.

참고문헌

- 숫따니빠따 『축복경, Mahāmaṅgala sutta, Sn2:4』.
- 맛지마니까야 『옷감의 비유경, Ⅰ, 38』.
- 맛지마니까야 『지워없앰 경, Ⅰ, 41』.

2장 불교전통에 기반한 명상

- 맛지마니까야 『마음챙김의 확립경, Ⅰ, 57』.
- 맛지마니까야 『톱의 비유경, Ⅰ, 124』.
- 맛지마니까야 『코끼리발자국 비유의 긴경, Ⅰ, 186』.
- 맛지마니까야 『법실천의 긴경, Ⅰ, 311』.
- 이중표, 『불교란 무엇인가』. 2012.
- 안옥선, 『불교윤리의 현대적 이해』. 2002.
- 삐야닷시 테라, 『부처님께서의 옛길』. 2015.

지계(持戒) 나루명상

02
불교전통에 기반한 명상

성철 생활참선 프로그램
영원한 대자유의 길

박희승 교수

성철선사상연구원 · 불교인재원

02
불교전통에 기반한 명상

성철 생활참선 프로그램
영원한 대자유의 길

/ 목 / 차 /

1. 들어가는 말
2. 성철 생활참선 프로그램이란?
3. 간화선과 중도
4. 화두 참선에 대하여
5. 나오는 말

1. 들어가는 말

　성철스님은 한국불교 현대를 대표하는 대선지식이다. 개화기에는 경허스님이 계셨고, 일제강점기에는 용성스님과 만공스님, 한암스님 같은 분이 큰 역할을 하였다. 성철스님은 광복에서 현재까지 한국불교의 위상과 역할을 높이는데 중요한 기여를 하신 대선지식 중 한 분이다.

　그런데, 우리는 정작 성철스님에 대하여 아는 것이 많지 않다. 특히, 스님의 사상에 대해서는 더 그렇다. 성철스님의 법은 『선문정로』와 『본지풍광』에 잘 드러나 있다. 이 책을 발간하면서 성철스님은 스스로 부처님께 밥값을 했다고 자평하였다. 하지만, 이 법어집은 선의 종지가 잘 드러나 있으나 상당법문으로 매우 어렵다. 그래서 일반인들이 이 책을 읽고 이해하기란 쉽지 않을 것이다.

　재가자들이 성철스님의 사상을 이해하는데 가장 좋은 책으로 『백일법문』을 추천한다. 『백일법문』은 1967년 해인총림이 만들어져 초대 방장으로 추대된 성철스님이 동안거 동안 100일 가까이 매일매일 '불교란 무엇인가?'라는 주제로 설법한 것을 엮어낸 책이다.

2. 성철 생활참선 프로그램이란?

1) 성철 생활참선 프로그램의 취지와 주요 내용

　성철 생활참선 프로그램은 성철스님의 『백일법문』을 바탕으로 일반인들이 불교를 쉽게 체계적으로 이해해서 중도 정견을 세우고, 화두를 받아 참선을 생활화하여 영원한 대자유에 이르도록 안내한다.

　먼저, "불교란 무엇인가?"를 주제로 팔만대장경의 핵심을 살펴서 불교의 근본이 중도라는 것을 공부한다. 누구나 『백일법문』 상권의 근본불교사상까지를 반복해서 읽으면,

2장 불교전통에 기반한 명상

'불교가 이런 거구나' 하는 이해가 되고, 안목이 생긴다. 불교를 공부해서 부처님이 깨달은 중도연기라는 것을 이해하면, 마음이 편해지고, 세상을 보는 눈도 달라진다. 이것만 되어도 굉장하다.

하지만 여기에 머물면 영원한 대자유와 행복으로 갈 수 없다. 중도연기를 이해만 해도 마음이 편해지지만, 큰 문제를 만나면, 여전히 마음에 욕망도 일어나고, 짜증과 화가 난다. 그래서 이 욕망과 화, 어리석음을 완전히 비워야 하는데, 그 길이 바로 참선, 염불, 절, 간경, 위빠사나, 자비명상 같은 수행이다. 그런데 성철스님은 우리 마음에 삼독심(三毒心)을 완전히 비우는 수행 중에 가장 빠른 길이 바로 화두 참선이라고 강조했다. 그래서 이 성철 생활참선 프로그램에서는 불교의 근본이 중도라는 것을 이해하여 바른 안목을 갖추면서 화두 참선을 병행한다. 즉, 불교 이론 공부와 참선의 실천을 병행하는 것이다. 참선이란 부처님이 깨친 중도연기를 언어와 문자를 떠나 마음으로 체험하고 일상에서 행하는 것이다.

우리가 어떤 불교를 하든지, 어떤 명상을 하든지 간에 부처님이 깨달은 중도연기에 대한 이해가 기본이 되어야 한다. 어떤 공부를 하더라도 그 기초가 튼튼해야 쉽게 체험할 수가 있다. 성철 생활참선 프로그램은 불교에 대하여 바른 안목을 갖출 것을 강조한다. 아울러 재가 생활인들이 우리 전통인 화두 참선을 쉽고 체계적으로 공부해서, 사업을 하든, 가정생활을 하든, 사회생활을 하든, 일상생활에 도움이 되게 하려고 운영하고 있다.

생활참선 프로그램은 "영원한 대자유의 길"이란 발원으로 입문코스와 심화코스, 그리고 전문가와 지도자 코스까지 체계적으로 구성되어 있다. 대한불교조계종 전법회관(조계사 옆)에 불교인재원이라는 곳에서 상설 운영하는 프로그램은 봄학기는 3월초, 가을학기는 9월초에 개강하며, 방학 중에는 특강과 수련회를 병행한다. 지방에 계신 분을 위하여 인터넷 동영상반도 운영하고 있다. 또한, 입문코스를 마치는 분들 중심으로 매주 실참반과 월례 집중 수련도 진행하며, 봄·가을에는 성지순례도 간다.

생활참선 프로그램은 가장 먼저, 부처님과 조사스님들이 깨친 중도연기를 공부해서 정견을 세우는 것이 1차 목표이다. 즉, 생로병사의 괴로움을 벗어나는 길을 깨치고 제시하신 부처님의 가르침을 공부해서, 그런 눈으로 이 세상과 자기 자신을 보는 바른 불교적 세계관과 가치관을 갖추는 것이 기본이다. 이것은 정견을 세우는 과정이다. 부처님 깨달음 세계를 이해해서 정견이 서면, 그 정견을 일상생활에서 실천하면서 화두 참선을 생활화하여 영원한 대자유와 행복으로 가는 것이다.

생활참선 입문코스는 주 1회 공부하는 12주 코스이다. 매년 3월, 9월 개강하고, 여름에는 3박4일 집중과정이 있다. 심화코스는 입문코스 이수자가 공부하는 한 단계 높은 코스이다. 이 생활참선 프로그램은 한국명상지도자협회 명상지도사 양성과정과 연계해서 자격증 과정도 같이 진행한다. 지도법사와 교수진은 주로 성철스님 상좌 스님들과 해인사 승가대학의 교수사 스님들, 그리고 화두 참선을 전공한 박사 내지는 실참 지도자들이 하게 한다.

생활참선 심화코스는 이 입문코스를 수료하신 분들을 대상으로 3학기 과정이다. 조계종 소의경전인 『금강경』과 『육조단경』, 『신심명』, 『증도가』, 『돈오입도요문론』, 『백일법문』 하권, 『참선경어』, 『성철스님의 자기를 바로봅시다』, 『조계종사 고중세편』, 『조계종사 근현대편』 등을 공부하며 실참을 병행한다. 이러한 과정을 공부하여 불교에 대한 바른 안목도 갖추고 또한 화두 삼매 체험도 안내하여 남들에게 생활참선을 전법할 역량을 갖췄거나 그런 자질이 있는 분들에게 (사)한국명상지도자협회의 명상지도사 자격고시를 통과하거나 소정의 자체 검증 과정을 통과하면 명상지도사 자격을 얻는다.

2) 생활참선 입문코스 개관

이제부터 성철 생활참선 입문코스의 주요 내용을 간략히 살펴보겠다.

먼저, 우리가 참선을 알려면 불교에 대하여 먼저 알아야 한다. 참선도 불교와 다른 것이 아닌 불교에 근거하는 것이다. 참선을 제대로 체험하고 생활 속에 실천하려면, 불교에 대해서 정확한 견해를 갖는 것이 가장 중요하다. 불교에 대해 정확히 이해한 사람은 참선도 쉽게 체험한다. 반대로 불교에 대한 이해가 부실하면, 참선도 어렵다.

왜냐하면, 참선이란 불교를 생활 속에 실천하고, 체험하는 것이기 때문이다. 성철스님께서는 해인사 백련암으로 출가하는 행자들에게 철저하게 먼저 불교 교리를 공부시켰다. 당시에 한국불교의 교리서가 부실해서 백련암으로 출가하는 행자들에게는 기초적인 일본어를 공부하게 한 뒤 일어로 된 불교개론을 공부해서 어느 정도 불교 교리를 이해하여 발심이 된 사람을 선방으로 가게 하였다. 성철스님은 참선 수행자는 먼저 사상 정립이 되어야 한다고 강조하였다.

그래서 명상을 하든지, 참선을 하든지, 뭘 하든지 간에 불교를 모르면서 바른 참선을 하기가 어렵다. 그런데, 지금 우리나라뿐만 아니라 지구촌 전체에서도 성철스님『백일법문』만큼 불교를 명쾌하게 체계적으로 정립한 책이 없다. 불교는 다른 종교와 달리 팔만대장경이라는 방대한 경전이 있기에 체계적으로 공부하기가 쉽지 않다. 그래서 성철스님이 정리해놓은『백일법문』이 매우 유용하다. 상, 중, 하 3권으로 된『백일법문』가운데 상권이 근본불교사상편인데, 주로 팔리어와 산스크리트어로 된 니까야 아함부 경전을 주로 인용하면서 한문경전과 비교하여 부처님의 깨달음이 중도연기를 근본으로 한다는 것을 밝혀 놓았다.

3) 불교란 무엇인가?

불교란 무엇인가? 불교(佛敎)란 부처님의 가르침이다. 그럼, '부처는 누구인가?' 부처는 깨달은 자다. 깨친 이, 깨달은 분을 우리가 인도말로 붓다(Buddha)라고 한다. 이 붓다를 중국에서 불타(佛陀)라 한문으로 음사했다. 그 불타를 우리말로 부처라 한다. 부처, 부처님이라 하면 법당에 모셔진 불상을 떠올리는데, 바로 깨달은 분이다.

그럼 또 '무엇을 깨달았는가?' 이것이 문제다. 경전마다, 각 종파나 지역불교마다 표현이 조금씩 다르다. 근본불교와 부파불교, 대승불교의 중관, 유식, 천태, 화엄, 그리고 선종에서 말하는 것이 다르다고 알려져 있다. 성철스님도 이것을 고민하셨다. 그래서 스님은 1954년부터 팔공산 성전암에서 10년 가까이 철조망을 치고 동구불출(洞口不出)하며, 모든 경전과 조사어록, 그리고 현대 과학서적까지 살피고 정리한 뒤 1967년 해인총림에서 백일법문을 하신 것이다. 그 요지는 다음과 같다.

부처님이 깨치고 난 다음의 첫 설법이 초전법륜이다. 첫 설법에서 부처님은 "나는 중도를 깨쳤노라"고 하였다. 성철스님은 부처님이 깨달음을 얻은 후, 첫 설법이 가장 중요한데, 결국 모든 불교의 근본이 중도라고 하셨다. 이것이 부처님의 깨달음이고, 이것이 불교의 근본인데, 2500년 동안 불교가 전승해오는 과정에서 다양한 표현이 나와서 복잡해진 것이다. 그래서 성철스님도 팔만대장경과 조사어록을 정리해보니, 부처님도 중도를 깨달았고, 육조스님도 중도를 깨달았고, 태고스님도 중도를 깨달았다는 것을 알게 되었다. 따라서 우리도 뭘 깨달으면 되겠는가? 부처님이 깨치고 설법해 놓은 중도를 공부해서 깨달아야 생로병사의 괴로움을 벗어나 붓다, 영원한 대자유인, 부처가 되는 것이다.

부처라는 말은 고유명사가 아니라 보통명사이니, 불교에서는 누구든지 중도를 깨치면 부처, 붓다가 되는 것이다.

4) 부처가 되는 길, 교(敎)와 남방불교

정리해 보면, 불교란 무엇이냐? 부처님의 가르침이다. 부처는 누구냐? 깨달은 분이다. 무엇을 깨달았는가? 중도를 깨달았다. 그런데, 우리가 부처되는 길은 크게 두 가지 길이 있다. 우선 불교의 교학, 즉 부처님의 말씀인 경전에 의지해서 깨달음으로 가는 길이다. 이 경전에 의지하여 깨치는 길은 대체로 우리가 중생이라는 인식에서 출발하여 열심히 수행하면 언젠가 깨달아 부처가 된다고 한다. 특히, 남방불교에서는 우리가 고를 안고 있는 중생인데 헤아릴 수 없이 많은 생을 윤회하기를 세 번이나 하는 삼아승기겁(三阿僧祇劫) 동안 세세생생 수행해서 깨달아 아라한이 된다고 한다. 일반적으로 교학과 남방불교의 수행체계 이다. 중생이 수행해서 수다원 – 사다함 – 아나한 – 아라한 과를 성취한다거나 12차제나 52계위라는 단계적인 수행을 제시하고 있다. 그 수행과정이 아주 세밀하게 체계화되어 있다.

2장 불교전통에 기반한 명상

5) 선은 본래부처의 입장

하지만, 대승의 꽃인 선종에서는 뭐라고 하느냐? "중생이란 없다. 중생은 착각 때문에 그런 것이지, 중생이 본래 부처다"라고 한다. 선에서는 우리 인간을 비롯하여 일체 만물이 본래 완성되어 깨달아 있다고 본다. 본래부터 완전한 존재이다. 그런데, 어째서 부처의 능력이 발휘되지 못하느냐? 그것은 본래부처인데 중생이라는 착각에 빠져 본래 가진 지혜와 능력을 발휘하지 못하고 있기 때문이다.

이것을 비유하자면 먹구름이 해를 가리면 우리는 보통 '오늘 해가 안 떴다' 하는데, 해는 본래부터 항상 그 자리에 떠 있다. 단지, 먹구름이 오락가락 하거나 지구가 돌아서 그럴 뿐이다. 마찬가지로 우리도 본래 부처인데, 중생이란 착각으로 부처인줄 모르고 있는 것이다. 즉, 내가 중생이라는 먹구름에 가로막혀 본래 빛나는 부처의 마음을 보지 못하고 있는 것이다.

그래서 선은 우리가 본래 부처이니, 중생이라 함은 착각일 뿐이니, 그 착각을 단박에 깨치면 부처를 회복한다는 것이다. 이처럼 우리도 중생이라는 착각에서 분별망상만 몰록 깨치면, 본래 완성되어 있는 지혜가 빛을 발한다는 입장이다. 선종에서는 이것을 "우리 중생이 본래 부처다"라고 한다. 본래 부처, 본래 성불!

6) 선은 중생이란 착각에서 단박 깨치는 돈오(頓悟)

그래서 누구나 이 분별망상에서 깨어나 본래 부처로 돌아가야 한다. 우주 만물이 본래 완전하니 우리가 본래 부처고, 현실 이대로가 극락이라고 하는 것이 선이다. 선종은 그것만을 사실로 보고, 진리로 보고, 그 세계관으로 우리 자신과 세계를 보고, 실천하는 것이다. 그래서 선종의 가치에서 중생은 없고, 중생이라는 착각만 있다. 이처럼 선의 눈으로 우리와 세상을 보면, 전혀 다른 시각과 가치로 살아갈 수 있다. 우리가 본래 부처이니, 나와 남을 무엇으로 보는가? 부처님 눈에는 부처만 보이는 법이다. 지금 이 글을 읽는 분도 본래 부처이고, 나를 괴롭히는 사람이 있더라도 그 사람도 본래 부처고, 교회나 성당에 나가는 분도 부처이다. 단지, 중생이란 착각에 빠져 있을 뿐이니, 그 착각을 단박 깨치면 영원한 대자유인이 된다는 것이다.

만약 이런 말이 어렵다고 한다면, 이것은 분별심에 갇혀서 중생이라 착각하고 있기 때문이다. '어렵다-쉽다'는 분별도 하지 말고, 그냥 하면, 마음도 편안하고, 자부심도 생긴다. '아, 내가 본래 부처구나!' 어려운 상황을 만났을 때도 내가 본래 부처라 생각하면, 자존감도 회복하고, 지혜와 용기를 낼 수가 있다. 내가 중생이라 생각하고 힘든 상황을 만나게 되면, 극복해 나가기가 더 어렵다. 나는 본래부터 지혜와 능력이 다 갖추고 있는 부처라 생각하고 용기를 내면 그것을 해결할 힘이 나온다. '내가 본래 부처이니 중생이란 착각을 하면 안 되지.' '항상 부처님 마음을 써야지.' '내가 부처이니 남도 본래 부처다.' '내가 잘 되려면 남을 도와야 한다. 그래서 남을 배려하고 존중하고 남을 도우면서 살아야지.' 이렇게 생각한다면 바로 선을 실천하는 것이다. 그래서 부처님의 깨달음이 중도라는 것이다. 『초전법륜경』에 보면, 이 중도 법문을 듣고, 다섯 수행자가 차례대로 깨친다. 가장 먼저 깨친 이가 꼰단냐라고 하는데, 1박2일만에 깨친 것으로 경전에 분명히 나온다. 바로 돈오(頓悟), 언하대오(言下大悟)한 것이다. 나머지 수행자들도 1주일 만에 다 깨친다. 단박 깨치는 돈오라는 게 부처님 당시에도 분명히 나온다. 이런 돈오의 깨달음이 부파불교시대를 거치며 변질되어 삼아승기겁이나 닦아야 아라한이 된다는 설로 되었다. 하지만, 달마대사가 이 선법을 동쪽으로 전하여 동아시아에서 깨친 조사들이 등장하면서 조사선시대가 열리어 부처님의 돈오법이 복원되었다.

그러므로 선에서는 '내가 본래 부처다, 나는 이미 완성되어 있는데, 단지 중생이란 착각에 빠져있을 뿐이다.'라고 믿고, '내가 중생이다'라는 착각만 단박에 깨면 된다는 정견과 신심으로 정진하면 깨치기도 쉽고, 또한 무한한 지혜와 용기도 난다. 설사 못 깨치더라도 일상생활 할 때도 무한한 지혜와 에너지가 나와서 생활도 그만큼 즐거워진다. 왜 그런가? 나에게는 본래 완성된 지혜와 복덕이 있다고 믿으니 용기와 힘이 나오는 것이다.

3. 간화선과 중도

1) 중도란 무엇인가?

이 선은 본래 완성된 입장에서 공부하는 것이다. 깨달음이 완성된 입장에서 착각만 벗어나면 되는 길이니 본래 간단하고 쉽다. 이 깨달음의 길을 처음 깨치고 알려준 분이 바로 부처님이고, 부처님의 첫 설법을 **중도대선언(中道大宣言)**이라고 한다. 우리 인류는 최초로 부처님이 중도를 깨치고 알려주시어 우리도 그렇게 깨치면 영원한 대자유를 누릴 수 있게 되었다. 그러니 우리가 생로병사의 괴로움에서 벗어나 대자유를 누리려면 중도를 알아야 한다.

중도란 무엇일까?

부처님은 『초전법륜경』에서 "나는 고행과 쾌락의 양 극단을 버리고 중도를 깨쳤다."라고 말하였다. 『숫타니파타』에서는 중도를 "양 극단에 집착하지 않고, 가운데에도 집착하지 않는 것"이라 한다. 부처님이 버린 '양극단(兩極端)'이 무엇일까? 바로 고행과 쾌락, 즉 고행주의와 쾌락주의이다. 이 양극단을 버리고 중도를 깨달았다.

그런데 우리의 삶에서 이 양극단은 고행과 쾌락만 있는 것이 아니다. 나-너, 생(生)-사(死), 유-무, 선-악, 많다-적다 등등 상대적인 양변이 수없이 많다. 이 양변에 집착하면 분별망상이 일어나고, 생사의 괴로움에서 벗어날 수가 없다. 우리가 양변에 집착하면, 있는 그대로 보는 지혜가 막혀서 대립 갈등하게 된다. 대립하는 양변에 집착을 버려야 중도 지혜가 나와 생사의 괴로움에서 벗어날 수 있다.

수행하는 입장에서 가장 걸리는 양변이 뭐냐 하면, 정견과 사견, 번뇌-지혜, 중생-부처이다. 간화선-위빠사나, 선-교도 마찬가지이다. 우리가 본래 부처인데, 양변의 분별심이 일어나 집착하면, 착각이 일어난다. 내가 중생이라는 착각 속에서 사는 사람은 영원히 깨칠 수가 없다. 내가 중생인데 어떻게 깨달을 수 있겠는가? 세세생생 윤회하며 괴롭고 힘들게 수행하고 살아갈 수밖에 없다. 그래서 결국 양변에 집착하는 분별망상이 문제이다. 그러니 양변에 집착하는 분별망상을 놓아버리면, 먹구름이 걷히면서 해가 탁 나타나는 것처럼 해탈한다. 이것이 중도라는 것이다. 그런데, 태양이 먹구름 뒤에 본래부터 빛나고 있듯이, 우리 마음도 본래부터 부처와 똑같이 지혜가 완성되어 빛나고 있다.

이것이 중요하다. 어떻게 지혜가 나오느냐? 바로 중생-부처라는 분별망상만 찰나간에 비우면 지혜가 나오는 것이다.

2) 간화선은 무수지수(無修之修)

결국, 우리가 생사의 괴로움에서 벗어나 영원한 대자유인이 되려면 내가 있다는 착각, 내가 중생이라는 착각, 분별망상을 자꾸자꾸 비워야 한다. 우리 마음이 본래 부처님 마음처럼 밝게 빛나고 있는데, 양변에 집착하는 분별망상에 가려져 밝지 못하니, 분별망상을 끝없이 비워가는 것이다. 이것이 수행이다.

그런데, 선종은 우리가 본래 부처라는 입장만이 법이고 달이니 진리라 하고, 수행은 뗏목, 방편, 손가락으로 보아 인정하지 않는다. 그래서 선에서는 수행을 무수지수(無修之修), '닦음 없이 닦는다.'라고 한다. 선에서 수행은 중생이란 착각에서 벗어나기 위한 방편이다.

선은 우리가 본래 부처라는 것, 그리고, 이것만이 사실이고, 진실이고, 달이고, 법이다.

3) 나와 우주 만물은 중도로 존재한다.

사람은 누구나 지금 이 순간 호흡하지 않으면, 생존할 수가 없다. 우리 인간이 존재하는 제일 조건은 산소를 마시는 것이다. 그런데 산소는 우리 인간이 만드는 것이 아니고, 자연이 만드는 것이다. 그러므로 인간은 자연에 의지하여 생존한다. 만약, 산소를 마시지 못하면, 우리 인간은 존재할 수가 없다. 그러니 인간은 자연에 의지하여 존재하지 독립된 실체로 존재하는 것이 아니다. 이것은 진리이고 과학이다. 부처님은 이것을 깨달았다.

2장 불교전통에 기반한 명상

　인간은 이와 같이 자연에 의지하여 존재하니, **연기**(緣起)로 존재한다고 한다. 서로서로 의지하여 존재하는 것을 연기라 한다. 인간은 독립된 실체로 존재할 수 없으니, 나라고 할 것이 없다고 **무아**(無我)라 한다. 무아라 하여 아무 것도 없는 것이 아니다. 나라고 할 실체가 없는 것이다. 이것을 연기로 존재한다고 한다. 이 연기가 부처의 성품이라 하여 **불성**(佛性)이라 한다.

　부처님은 『열반경』에서 **불성**이란 있는 것도 아니고, 없는 것도 아니라 하였다. 이것을 다른 말로 **중도**(中道)라 한다. 중도는 있는 것도 아니고, 없는 것도 아니다. 또 있으면서도 없는 것이다. 다시 말해서 '나'라는 존재는 자연이 만들어내는 산소에 의지해서 존재하니 독립된 실체는 아니다. 그런데 없는 것도 아니다. 서로 의지해서 존재한다. 이것을 **중도로 존재한다** 한다. 결론적으로 나는 중도 연기로 존재하는 것이다.

4) 중도 정견이 서면, 남을 돕는 것이 나를 돕는 것

　부처님이 이것을 깨달은 것이다. 그런데, 우리는 중도연기라는 존재원리를 모르고, 자꾸 '내가 있다'고 양변에 집착해서 살아가고 있다. 내가 있다고 생각하니 생로병사를 피할 수 없다. 본래 내가 없는데 있다고 보니, 양변에 집착해서 착각 속에서 살아가는 것이다. 내가 있다고 보면, 생로병사의 괴로움을 피할 수가 없다.

　그래서 고통과 짜증과 화에서 벗어나서 영원히 행복하게 살려면 어떻게 해야 하는가? 부처님도 이것을 고민하셨고, 출가하셔서 6년 동안 고행하였으나 해결하지 못한다. 결국 고행을 중단하고 보리수나무 아래에서 명상하다가 새벽 별을 보고 깨달았다. 바로 우주 만물의 존재원리인 중도를 깨친 것이다. **나라는 존재가 독립된 실체가 아니구나. 있는 것도 아니고 없는 것도 아닌 중도로 존재하는구나!**

　지금 우리 대한민국의 현실이 어떠한가? 우리나라가 OECD국가 중에 자살률 1위, 알코올 소비량 1위라고 한다. 갈등과 스트레스 때문에 쉽게 우울증이 걸리고, 삶이 괴로우니까 스스로 극단적인 선택을 하는 것이다. 술도 많이 마신다. 치열한 생존 경쟁에서 견디기 위해서 알코올로 취하여 고통이라 느끼는 뇌를 마비시키는 것이다.

이런 스트레스나 갈등, 우울증에서 벗어나 지혜롭고 행복하게 사는 길이 바로 참선·명상이다. 그런데, 이러한 참선·명상도 '내가 있다'는 전제에서 하면 근본적인 해결이 어렵다. 우리는 근본적인 해결로 가야 빠르고 효과적이다. 근본은 놔두고 지엽적인 것에만 다루어서는 바른 해결이 안 된다.

요즘 '힐링', '웰빙' 하는데, 선에서 볼 때 이것은 근본적인 해결이 되지 못한다. 힐링, 웰빙은 결국 내가 있다는 입장에서 나를 위해 쉬어야 하고, 맛있는 것도 먹어야 되고, 좋은 음악도 들어야 되고, 좋은 여행도 해야 한다. 하지만, 그것은 일시적인 위안이나 치유는 되겠지만, '나'라는 근본 문제를 해결한 것이 아니기 때문에 다시 그런 조건이 되면 또 스트레스와 짜증, 우울증이 나올 수밖에 없다.

이것을 근본적으로 해결하는 길이 무엇이냐? 바로 '내가 있다'는 것이 근본 문제이다. 내가 있다고 보는 한 근본적인 해결이 될 수 없고, 생로병사도 피할 수 없다. 근본적인 해결을 하려면 어떻게 해야 되느냐? '내가 있다'는 착각과 집착을 내려놓고, '나'라는 존재가 있는 것도 없는 것도 아닌 중도연기, 무아라는 존재원리를 깨쳐야 한다. '내가 있다'는 착각에서 벗어나 중도 정견을 세우지 못하면 영원히 생로병사의 괴로움에서 벗어날 길을 찾을 수 없다.

이처럼 중도를 알아 중도의 눈으로 나와 세상을 보게 되면, 지혜가 나와서 집착하는 것도 제어할 수 있고, 짜증과 어리석음도 벗어나 대자유로 갈 수 있다. 나와 나의 것에 집착하지 않고, 중도의 마음으로 일하고 생활하면, 지혜와 평안의 길을 갈 수 있다. 이것이 영원한 대자유와 행복의 길이다.

또한, 나만 그렇게 살 것이 아니라, 남을 배려하고 존중하며 도와서 남이 잘되게 하는 길이 그대로 내가 잘 되는 길이다. 나와 남이 모두 잘되게 마음 쓰고, 즐겁고 행복한 삶을 살아가는 것이다. 이것이 바로 부처님의 가르침이다.

5) 중도의 삶, 소욕지족의 길

우리가 중도를 바로 알아 실천하는 것을 『반야심경』이나 『금강경』에서는 '반야바라밀'이라 한다. 반야(般若)가 지혜고, 바라밀이 중도를 행하는 것이다. 중도가 지혜이다. 중도를 행하는 것이 바라밀이다. 내 마음에서 양변에 집착하면 이 언덕(此岸)이고, 그 집착을 놓으면 저 언덕(彼岸)이 되는 것이다. 반야바라밀이 어디에 있느냐? 바로 내 마음 속에 있다.

  부처님은 출가해서 중도를 깨치고, 당신 마음에서 영원한 대자유와 행복의 길을 발견하시고는 왕궁으로 돌아가지 않고, 평생 걸식과 무소유의 삶을 살다가 열반에 들었다. 요즘 말로 하면, 자기 안에서 영원한 행복의 길을 발견하고는 금수저의 길을 포기하고, 흙수저의 길을 살다 가셨다. 하지만 누구보다 행복하셨다. 내면의 마음을 깨치니 바깥의 허세나 권력이나 부귀영화는 필요가 없다는 것을 알았던 것이다. 그것을 몸소 보여주기 위해서 평생 걸식하고, 무소유의 삶을 사셨다. 자기 마음을 깨치게 되면, 이 세상 어떤 것도 부러운 것이 없다. 자기 안에 최고의 보물이 있다는 것을 알았기 때문이다.

  지금 세계에서 최고로 성공한 사람들 중에서도 부처님처럼 사는 분들이 적지 않다. 페이스북을 만들어 세계에서 손꼽히는 부자가 되었지만, 전 재산을 사회에 환원하겠다고 선언한 저커버그라는 젊은이가 있다. 스티브 잡스도 그랬지만, 이 세계 최고 부자 젊은이도 옷은 주로 회색티셔츠만 입는다. 누군가 "당신 같은 부자가 왜 늘 똑같은 옷만 입고 나오나요?"라고 질문하니 "나는 비즈니스하는 것이 내 삶의 목표고, 내가 좋아하는 것이다. 내가 무슨 옷을 사고, 명품을 입고, 이런 문제에 신경을 쓰는 것보다 차라리 같은 옷을 입더라도 내가 하고 싶고, 내가 좋아하는 일에 더 집중하고 싶다." 라고 그는 대답하였다.

  우리도 마찬가지이다. 우리가 장사하든, 가정주부든, 학생이든, 직장인이든, 사장이든, 대통령이든, 공무원이든, 양변에 집착을 버리고, 은인을 위해 정성을 다해 가면, 그일이 그대로 도 닦는 일이 되는 것이다. 나와 나의 것에 대한 집착을 버리고, 상대를 은인으로 보고 일을 한다면, 모든 일이 원만해지고, 행복하게 일할 수 있다.

6) 부처님이 깨친 중도의 다양한 표현들

  중도를 실천해서 지혜롭고 행복하려면 중도를 바르게 알아야 한다. 부처님은 『초전법륜경』에서 이 중도를 **팔정도**라 하였다. 팔정도 중에 가장 앞에 정견(正見)이 중요하다.

이 정견이 되어야 나머지가 이루어진다. 정견이 바로 지혜이다.

근본불교에서는 중도 정견을 **고집멸도(苦集滅道)** 사성제라 한다. 괴로움과 괴로움의 원인은 집착 때문이니, 이 집착을 버리면 중도인 것이다. 고 · **집(苦集)**을 바로 알면 **멸 · 도(滅道)**인 것이다.

지관(止觀)도 중도를 말한다. 우리 마음에서 양변에 집착을 멈추면 지(止)이다. 내 마음속에서 분별망상을 멈추면, 그 자리에서 관(觀), 즉 지혜가 나오는 것이다. 따라서 이 지관도 중도이다.

남방불교에서 말하는 **사마타**(śamatha)도 지(止)를 말하고, **위빠사나**(vipassanā)는 관(觀)을 말한다. 사마타-위빠사나도 결국 지관이니 중도를 말한다. 내 마음에서 번뇌망상을 비우면 사마타가 되고, 그 자리가 위빠사나가 된다. 이것도 중도의 다른 표현이라는 것을 알아야 한다.

『금강경』에서는 중도를 "**응무소주(應無所住) 이생기심(而生其心)**"이라 표현한다. "응당 머무는 바 없이 그 마음이 난다"는 것이다. 내 마음에 집착해서 머무는 바가 없으면, 지혜의 마음이 난다는 것이다. 집착을 비우면, 지혜의 마음, 청정한 마음이 저절로 나온다. 이것을 마음을 낸다 하면 양변에 떨어져 내는 마음이니 중도가 아니다. 『반야심경』에서는 중도를 "**오온이 공한 것을 비추어 보아 일체의 괴로움과 재앙을 건넌다**"라고 말하고 있다.

천태사상에서는 중도를 **쌍차쌍조(雙遮雙照)**라 한다. 양변에 대한 집착을 막아버리는 것이 **쌍차(雙遮)**, 양변을 비추는 것을 **쌍조(雙照)**라 한다. 우리 마음 속에 나-너, 있다-없다는 집착을 놓아버리면, 그대로 지혜가 나서 양변을 다 아우르게 된다.

화엄사상에서는 중도를 **이사(理事)** 또는 **적광(寂光)**이라 한다. 번뇌 망상이 비워진 자리를 이(理) 또는 적(寂)이라 하고, 그 자리에서 지혜가 나오는 것이 사(事), 광(光)이다. 해인사 큰법당 이름이 대적광전이다. 적광이 바로 부처님, 중도를 말한다. 성철스님은 중도가 부처님이라 말씀하셨다. 우리 마음에 번뇌망상을 비우면 적(寂)이 되어 지혜의 빛(光)이 난다. 그런 분을 부처라 한다.

2장 불교전통에 기반한 명상

선종을 정립한 6조 혜능대사의 『육조단경』에서는 중도를 **정혜**(定慧)라 한다. 양변을 여읜 자리가 정(定), 그 자리에서 지혜가 나오는 것을 혜(慧)라 한다. 혜능대사는 이 정혜를 근본으로 삼는다고 했다. 이 정혜가 바로 중도를 말한다.

그 뒤에 임제종에서는 **살활**(殺活)이란 말을 쓰는데, 이 살활이 바로 중도이다. 번뇌망상을 비우는 것을 살(殺), 그 자리에서 지혜가 나오는 것을 활(活)이라 한다.

이와 같이 **고집멸도, 지관, 응무소주 이생기심, 쌍차쌍조, 이사, 적광, 정혜, 살활** 등 이름은 달라도 그 내용은 중도가 근본이다. **모든 불교는 중도가 근본**이고 내용은 같다. 이것을 **불이중도**(不二中道)라 한다. 선종은 이것을 바로 마음에서 체득하고 실천하는 것인데, 이 마음 자리를 중도 삼매(三昧)라 한다. 본래 중도로 되어 있는 우리 마음을 말한다.

4. 화두 참선에 대하여

1) 화두 참선은 중도 삼매를 체험하는 길

화두 참선인 간화선은 이 중도삼매를 화두 참구라는 방법으로 체험하게 한다. 화두는 분별심을 끊어서 바로 중도 삼매에 들어가게 한다. 우리의 평상시 말과 생각은 양변에 집착하는 분별을 일으킨다. 나다-너다, 내편-네편, 옳다-그르다, 선-악, 있다-없다 등등 대립하는 양변에 집착하는 분별심을 일으킨다.

그런데, 화두는 이 분별심을 차단하는 기능이 있다. 예를 들어, 5조 홍인대사의 회상에서 방앗간 행자로 마음을 깨쳐 6조가 되어 가사와 발우를 전수 받아 남쪽으로 내려온 혜능대사를 끝까지 쫓아온 혜명스님이 법을 일러달라고 하자, 혜능대사는 이렇게 말씀하신다. "선도 생각하지 말고 악도 생각하지 말라. 이럴 때 너의 본래면목이 무엇이냐?" 이 말을 듣고 혜명스님은 언하대오(言下大悟)한다. 이것이 화두의 유래이다. 우리는 보통 선 아니면 악이라는 분별심을 가지고 살아간다. 그런데 그것은 양변의 분별망상이다. 화두는 이 분별망상을 차단하는 기능이 있다.

또 다른 화두로 유명한 "조주무자(趙州無字) 화두"가 있다. 한 수행자가 조주스님에게 '개에게도 불성이 있습니까?'하고 물으니, 조주스님은 '없다'고 답한다. 부처님께서는 일체 만물에 불성이 있다고 했으니 응당 개에게도 불성이 있다고 해야 하는데, 조주스님은 없다고 하니 도대체 알 수 없었다. 그런데 조주스님은 깨친 조사이니 그 말씀을 믿지 않을 수도 없었다. 그래서 이것을 알기 위해 곰곰이 의심하여 마침내 그 뜻을 확연히 깨치는 것이 화두이다.

이 분별망상을 끊어 바로 중도삼매에 들어가게 하는 화두를 참구하는 방법은 이렇다. 가령 "이뭣꼬" 화두 중 하나인 "이 몸뚱이 끌고 다니는 이것이 무엇인가?" 하는 화두에 마음을 집중하면, 번뇌 망상이 차단된다. 화두에 성성하게 깨어 있으면, 저절로 번뇌가 사라져 고요해지는 것이다. 이렇게 화두를 끊어지지 않게 집승해서 1분, 2분, 3분 이렇게 지속되면, 바로 삼매에 들어갈 수 있다. 이 화두 참구를 통해서 우리 마음을 바로 중도삼매가 된다. 이것은 굉장히 탁월한 방법이다. 왜냐하면 화두 하나로 바로 중도 삼매를 체험하게 하기 때문이다. 즉, 화두 참선은 화두를 성성하게 참구하면, 우리 마음이 저절로 적적이 되어 성성적적 삼매가 되는 것이다. 화두를 성성하게 지속하면, 바로 분별망상이 비워지며 중도의 마음이 계발되는 것이다.

그래서 우리가 부처님이 깨친 중도를 공부해서 정견을 세우고, 그것을 실천하며, 참선을 생활화해 나가서 항상 생활 속에서 화두를 든다면, 복잡한 시장이나 전쟁터에 가더라도 우리 마음이 중도가 되는 것이고, 평상심이 계발되는 것이다. 그래서 아주 위급하고 당황스러운 상황에서도 정확한 판단을 내리고, 예전 같으면 짜증나고 화가 나야 될 상황인데도 내면의 평상심이 유지될 수 있다. 부처님이나 도인은 이 중도 마음, 평상심이 100% 완성되어 사는 것이고, 우리는 본래 완성되어 있으나 아직도 양변에 집착하는 망상과 화두가 오락가락하는 것이다. 그러니 우리도 화두를 부단히 챙겨 나가서 번뇌망상을 완전히 비우게 되면, 깨달음이 성취되고, 중도 삼매가 완성되어 매일매일 좋은날이 되는 것이다.

2) 불교 삼매는 성성적적(惺惺寂寂), 적적성성(寂寂惺惺)의 중도

불교의 모든 수행은 이런 중도삼매 원리이다. 위빠사나도 이런 원리이고, 염불도, 주력도 이런 원리이다. 이런 성성적적(惺惺寂寂), 적적성성((寂寂惺惺) 삼매를 체험해서 완성하는 것이다. 다만 간화선의 화두는 처음에는 좀 어렵게 느껴지더라도 애쓰고, 애쓰면 점점 익숙해져 그 효능이 빠르게 나타난다. 화두 하나에 의심이 지속되면, 성성한 마음이 번뇌망상을 사라지게 한다. 그러면 성성적적 중도 삼매가 지속되는 것이다. 화두는 한 생각이 계속 지속되는 것이니 바로 깊이 들어갈 수 있다. 또한 화두 하나를 잡으면, 가고·오고·앉고·눕고, 말하거나 침묵할 때, 언제 어디서나 삼매에 들어갈 수 있으니, 현대인의 일상생활에서도 쉽게 할 수 있는 탁월한 수행법이다. 화두 하나를 또렷또렷하게 챙겨나간다면, 바로 번뇌가 사라져 성성적적 삼매가 되고, 이 삼매가 좌복 위에서도, 화장실에서도, 식당에서 밥을 먹을 때도, 설거지 할 때도 가능하게 된다. 그래서 간화선을 재가자를 위한 생활 수행법이라고도 한다.

3) 화두 참선에서 몇 가지 주의할 점

그런데, 화두 공부할 때 주의해야 할 몇 가지가 있다.

첫째, 번뇌망상이 계속 일어나는 도거(掉擧)나 의식이 흐리멍덩해지고, 몽롱해지는 **혼침(昏沈)** 상태가 지속되는 것은 좋지 않다. 화두는 반드시 또렷또렷하게 참구해야 한다. 이것을 **성성(惺惺)**이라 한다. 화두는 반드시 성성하게 참구해야 한다. 망상이 계속되거나 몽롱한 상태에 빠지게 되면, 화두를 성성하게 챙겨서 바로 벗어나야 한다.

둘째, 화두 참선할 때, 화두도 없고, 번뇌도 일어나지 않는 **적적**(寂寂)에 머물러 집착하면 안 된다. 화두 참선한다고 앉아 있을 때, 화두도 안 되고, 번뇌도 사라져 마냥 고요하기만 하는 적적을 체험할 수가 있다. 번뇌 망상이 일어나지 않으니 마음이 고요하고 편안해진다. 그래서 이것이 공부가 잘되는 것으로 착각하기 쉽다. 이런 자리를 **적적(寂寂)삼매**, 또는 **무기(無記)**라 하는데, 매우 위험한 자리이다. 만약 공부하다가 여기에 빠져 집착하게 되면, 안하무인이 되어 선지식도 구제하기 어렵다고 한다. 그러니 반드시 화두를 성성하게 또렷또렷하게 챙겨야 한다.

셋째, 화두 참선은 앉아 있는 좌선에만 집착하지 말고, **동중(動中)** 공부를 병행하는 것이 빠르다. 화두는 생활에서도 공부할 수 있는 탁월한 수행법이다. 좌선이 초심자들에게 공부 힘을 얻는 좋은 방법이지만, 어느 정도 화두 공부하는 법을 익힌 사람은 동중 공부를 병행한다면, 공부가 빠르다. 즉 화두를 챙기면서 출퇴근하고, 가고, 오고, 세수하고, 밥 먹고, 설거지하고, 운동 등 생활에서 언제 어디서나 화두 공부하는 습관이 바람직하다.

4) 간화선의 수행 체계, 대도무문(大道無門)

조사선, 간화선은 본래 수행이라고 할 것도 없고, 체계는 더욱이 있을 수 없다. 왜냐하면 선은 본래 성불의 입장, 본래 부처가 무지되는 것이기 때문이다. 자신이 중생이라는 착각만 단박에 깨치면, 본래 부처로 돌아간다. 이 도리를 **대도무문(大道無門)**, 또는 **무문관(無門關)**이라 한다.

중도를 대도(大道)라고도 하는데, 중도인 대도는 본래 들어가고 나가는 문이 없다. 우리가 본래 부처고, 이대로 완성되어 있기 때문이다. 우리 이대로가 대도입니다. 단지 중생이란 착각만 깨치면, 본래로 돌아가는 것이다. 그런데, 그렇다고 아무 것도 없다고 하면 또 안 되니까, 이것을 무문(無門), 문 없는 문, 무문관(無門關)이라고 한다. 이것은 본래 성불을 말하는 것이다.

간화선은 이와 같이 대도무문인데, 아직 중생이라는 착각에서 벗어나지 못한 이들을 위하여 방편을 쓰지 않을 수 없다. 중도, 대도를 알아야 생로병사의 괴로움에서 벗어나 대자유인이 될 수 있기 때문이다.

그래서 지금 설명하는 간화선 수행과정은 법이 아니라, 어디까지나 달을 가르키는 손가락, 방편으로 참고하길 바라며, 몇 가지를 제시하고자 한다.

첫째, 가장 먼저 부처님 법을 공부해서 **중도 정견을 세워야 한다**. 이것이 불교 공부의 출발이자 참선 공부의 시작이다. 중도를 알아 정견을 세우는데 가장 좋은 책이 『백일법문』이다. 『백일법문』을 통해서 부처님이 깨친 연기를 **생멸(生滅)연기**가 아니라 **중도연기**로 확실히 알게 되면, 정견으로 '아, 내가 본래 부처구나! 착각만 깨면 되는구나!' 하고 불교와 선의 가치도 알게 된다. 내가 본래 부처라는 것을 이해하고 정견이 서면서 **중도와 자기가 본래 부처라는 신심**도 일어난다. 그러면 부처님 법에 대한 믿음도 생기고, 자존감도 회복하여 삶의 자세가 달라진다.

둘째, 내가 본래 부처라는 것을 알고 믿음이 깊어지면, 생사의 괴로움을 벗어나 영원히 행복하게 살고자, 착각에서 벗어나야 한다는 **발심(發心)**이 일어난다. **정견과 신심, 발심이 나야 참선에 입문할 자격이 갖춰진다.** 성철스님은 화두는 사상 정립을 하고 꼭 배워서 하라 하셨고, 고우스님은 정견을 갖추고 화두 공부하는 요령을 알고 해야 쉽다고 말씀하셨다. 그러니 화두 참선은 그냥 해서는 안 된다. 중도에 정견과 신심, 발심을 갖추고 하면 쉽다. '내가 본래 부처인데 이렇게 착각해서 살면 안 되겠구나.' 내가 지혜롭고 행복하게 살려면 분별망상을 완전히 비워야 하니, 화두 참선을 배워 끝까지 밀고 나가 깨쳐야 한다는 발심이 나야 한다. 그러면 선지식을 찾아가 공부를 점검 받고, 또 다시 화두 참선에 들어갈 수 있다.

셋째, 화두는 믿고 의지할 선지식에게 받는 것이 좋다. 화두 참선은 마음공부인 까닭에 깊은 체험의 의식세계이다. 화두 공부 과정에는 다양한 경계를 체험하기도 한다. 그러므로 화두를 타파한 명안종사나 화두에 깊은 체험을 가진 선지식에 의지하여 점검 받으며 공부해 나가는 것이 매우 중요하다. 간화선은 반드시 선지식에 의지하여 공부를 해 나가야 한다.

5) 간화선의 화두 삼관(三關)

우리가 참선에 입문하여 선지식을 찾아가 문답하는 가운데 탁 깨치는 언하대오(言下大悟)를 할 수도 있다. 그러나 화두를 받았어도 알 수가 없을 때는 부득이 참구 깨침으로 가야 한다. 즉 화두는 참선해서 깨질 때까지 공부하는 것이다.

화두 참구는 화두가 **동정일여(動靜一如), 몽중일여(夢中一如), 오매일여(寤寐一如)**라는 화두 삼관(三關)을 차례로 투과하여 깨칠 수도 있고, 공부 힘이 강력하면 이 단계를 단번에 뛰어넘을 수도 있다.

동정일여는 화두 삼매가 앉아 있을 때나 움직일 때나 끊어지지 않는 상태를 말한다. 성철스님도 재가자일 때, 지리산 대원사에 요양하러 갔다가 □불교□ 잡지에서 화두 참선하는 법을 보고, 혼자서 참선에 들어 42일 만에 동정일여를 체험하고는 출가하여 영원한 내사유의 길에 오르신 것이다.

몽중일여는 동정일여 보다 깊은 단계로, 잠을 자다가 **꿈을 꿀 때에도 화두 의심이 지속되는 경지**를 말한다. 우리가 생사의 괴로움을 벗어나기 위해 공부하는데, 깨어 있을 때는 말할 것도 없고, 잠을 자다가 꿈속에서도 공부가 되지 않는다면, 어떻게 악몽과 같은 괴로움과 죽음의 공포에서 벗어날 수 있겠는가? 꿈에서조차 화두 공부 힘으로 다스릴 수 있을 때 악몽과 죽음의 공포도 해결할 수 있는 것이다. 현대 심리학의 용어로 말하자면, 깨어 있을 때를 의식이라 하고, 꿈꾸는 의식을 잠재의식이라 한다면, 화두가 동정일여가 되는 것은 의식을 정화하고, 꿈꾸는 잠재의식을 정화하는 것에 비유할 수 있다. 이와 같이 깨어있을 때는 물론이고 잠자다 꿈을 꾸는 잠재의식도 완전히 화두 공부 힘으로 정화할 수 있다면, 비로소 깨달음에 다가간 것이다.

마지막으로 화두 공부가 자나 깨나 끊어지지 않는 **오매(寤寐)일여, 숙면(熟眠)일여**가 되면, 타파의 최종 관문으로 깨달음이 눈앞에 도달한 것이다. 우리가 화두 참선을 하면서 깊은 잠이 들었을 때에도 화두 의심이 지속되어야 한다. 잠이 들었을 때 의식을 무의식이라 한다. 이 무의식조차 완전히 정화하여 다스릴 수 있을 때 비로소 깨달음이 가까운 것이다. 부처님께서도 『능엄경』에서 오매일여를 말씀하셨고, 『벽암록』의 원오스님, 간화선을 제창한 대혜스님, 『선요』의 고봉스님, 우리나라 스님으로 화두 타파해서 깨달음을 인가 받은 태고스님, 나옹스님 등, 역대 조사 선지식들께서는 한결같이 오매일여를 깨달음의 기준으로 말씀하셨다.

화두가 오매일여에 이르면 깨달음 문턱에 이른 것인데, 이 자리를 다른 말로 **백척간두(百尺竿頭)** 또는 **은산철벽(銀山鐵壁)**이라 한다. 화두가 이 경계까지 도달해도 멈추지 말고, 힘껏 밀어붙이는 것을 백척간두 진일보(進一步)라 한다. 백 척 장대 위에서도 한 걸음 더 내딛어야 생사의 괴로움에서 영원히 벗어날 수 있다.

이렇게 마지막 관문조차 죽을힘을 다하여 화두 공부를 밀어붙이면, 마침내 화두를 타파해서 해탈한다. 화두 타파, 깨달음의 경지는 번뇌망상이 완전히 사라져 중도 삼매가 완성되는 것이다. 즉 분별망상의 먹구름이 완전히 걷히면서 해가 저절로 나오게 되는 것이다. 대혜스님은 깨달음의 경지를 마음 속 밝음이 마치 하늘에 해와 달이 1천 개 비추는 것처럼 너무나 환하여 일체의 번뇌와 어두움이 사라진 상태로 비유하였다.

간화선에서는 화두 타파해서 깨치면, 반드시 선지식을 찾아가서 공부를 점검 받고 깨달음을 인가를 받아야 한다. 마음공부를 하는 중에 이러저러한 경계를 체험할 수 있다. 그런데, 공부에 바른 안목과 체험이 없으면 조그마한 경계를 체험하고는 깨쳤다는 착각에 빠질 수가 있다. 이런 경우가 많은 까닭에 간화선에서는 반드시 선지식에 의지하여 공부하라고 한다.

6) 화두 삼매의 효능

우리가 화두 참선을 해서 깨치면 더 말할 것도 없지만, 설사 깨치지 못하더라도 참선을 매일매일 생활화하면, 공부 과정에서도 여러 가지 좋은 효능이 나온다. 화두는 성성적적 삼매를 체험하는 것이니 화두를 생활화하면 할수록 번뇌가 줄어들고, 우리 마음이 밝아지고 편안해진다.

불교 삼매는 성성적적 중도원리이니 이것이 생활화되면, 마음이 밝아지고, 깨끗해지며, 편안해진다. 만약, 화두 참선을 오래 했는데에도 마음이 어둡거나 화가 자주 난다면, 그것은 공부 방법이 잘못된 것이니 점검이 필요하다. 화두는 반드시 성성하게 챙겨가야 한다. 우리가 화두를 성성하게 챙겨서 중도삼매를 체험하면 할수록 집중력과 통찰력이 생겨나 복잡하고 어려운 문제도 문득문득 해결하는 지혜가 나온다. 또한 잡념과 스트레스가 줄어들어 인간관계가 좋아질 수 있다. 또한 숙면도 할 수 있어 면역력도 높아져 건강에도 도움이 된다. 그러므로 화두 참선하는 사람이 공부가 잘 되고 있는가, 안

되고 있는가는 마음 씀씀이와 얼굴을 보면 알 수 있다. 화두 공부가 잘 되는 사람은 얼굴이 밝아지고 편안하면서 중도 마음으로 원만하게 생활한다. 공부가 깊어질수록 더 밝고 원만하다. 그래서 이 공부는 마음과 얼굴로 공부가 표현되는 것이다.

그러나 참선할 때 적적삼매에 빠지는 것을 조심해야 한다. 참선은 반드시 성성적적 중도삼매이어야 하는데, 화두도 없고 번뇌도 일어나지 않아 마냥 고요한 적적(寂寂)에 빠지면, 공부가 잘 되는 것으로 착각하게 된다. 이 적적삼매에 빠지게 되면, 마음이 편안하고 고요해지니 공부가 잘 되는 것이라 오해하고 집착하게 된다. 적적삼매는 멍 때리기와 비슷하다. 적적삼매에 빠진 사람들은 멍한 얼굴을 하고 있다. 적적삼매는 잡념이 일어나지 않으니 마음이 편안해지는 순기능도 있지만, 고요함에 집착하는 역기능도 있다. 적적삼매를 공부로 삼는 사람은 내 마음의 고요함에 집착하므로 복잡하고 어려운 일을 만나면 자꾸 회피하려고 한다. 가정이나 직장에 크고 작은 문제와 일이 많은데, 이를 피하려고만 한다.

그래서 화두 참선을 할 때는 반드시 화두를 또렷또렷하게 참구해야 한다. 성성적적 삼매를 닦으면, 평상심이 계발되어 그런 어려운 문제나 갈등을 만나도 평상심으로 대처하는 지혜와 힘이 나온다.

7) 중도 삼매는 우리가 본래 가지고 있다

우리 마음은 본래 중도로 되어 있다. 그런데 우리가 잡념 속에 살면, 평생 모르고 살다가 간다. 화두 참선을 해서 이 중도 삼매를 자꾸 계발하고 체험하면, 평상심으로 살아가는 힘이 나오게 된다. 이것은 억지로 되는 것이 아니라 우리 마음이 본래 중도로 되어 있기 때문에 그렇다. 비유하자면, 먹구름이 걷히면 해가 저절로 드러나는 운개일출(雲開日出)과 같다. 이와 같이 우리 마음은 본래 중도삼매로 되어 있으나, 내가 있다는 착각과 중생이라는 분별망상에 가려져 본래 효능이 나오지 못 할뿐이다. 중도 정견을 세우고 화두를 통해 분별망상을 자꾸자꾸 비워 가면, 본래 밝고 청정한 마음이 저절로 나오게 된다. 이렇게 정진해 나가면, 일상생활에서 잡념이 줄고 망상이 가벼워지며,

초조 불안한 마음이 점점 밝아지고 편안해져 마침내 깨쳐서 본래 마음을 완전히 회복하게 된다.

5. 나오는 말

이와 같이 우리가 부처님처럼 생로병사의 괴로움에서 벗어나 영원한 대자유를 성취하려면, 부처님이 깨친 중도를 공부하여 정견을 세우고 일상에서 실천해 나가야 한다. 중도 정견이 서고, 자기가 본래 부처라는 믿음과 부처로 살겠다는 발심이 난 사람은 화두 참선을 생활화하면서 일상에서 중도를 실천하여 영원한 대자유와 행복의 길로 갈 수 있다.

비록 화두를 타파하지 못하더라도 중도와 화두 공부를 생활화하게 되면, 평상심이 계발되어 밝은 삶을 살아가는 지혜와 힘이 나온다. 중도 정견을 세우고, 실천하는 사람은 남모르게 남을 돕고, 남을 돕는 것이 나를 이롭게 하는 길인 자리이타(自利利他)를 행하여 남과 더불어 영원한 대자유와 행복의 길로 갈 수 있다.

화두 참선을 생활화하여 자기를 바로 보고, 끝없이 남을 돕는 영원한 대자유의 길로 함께 가기를 발원한다.

성철 생활참선 프로그램 - 영원한 대자유의 길-

한국명상지도자협회

03
명상의 현대적 응용

고집멸도 명상상담
인경스님 | 목우선원 명상심리상담대학원장

자비다선 차명상
지운 | 보리마을 자비선명상원 선원장

하트스마일명상의 이론과 실제
미산스님 | 하트스마일명상연구회 대표

가피명상
적경스님 | 가피명상 대표

표현명상
선업스님 | 통합매체표현명상상담아카데미 대표

서구 사회의 마음챙김 혁명과 MBSR
안희영 | 한국MBSR연구소 소장

03
명상의 현대적 응용

고집멸도 명상상담

인경스님
목우선원 명상심리상담대학원장

03 명상의 현대적 응용

고집멸도 명상상담

/ 목 / 차 /

1. 개요
2. 명상상담의 성격
    1) 명상상담의 궁극적인 목표
    2) 명상상담의 심리학적 기초
    3) 고집멸도, 명상상담의 과정
    4) 집단상담에서 노출의 중요성
    5) 명상상담의 주요기법
3. 프로그램 세부 활동지침
    1) 공감과 지지
    2) 명료화
    3) 체험과 통찰하기
    4) 새롭게 행동하기

1. 개요

1) 목표

최근 20년 동안에 기존의 상담이 약물이나 언어적인 대화 상담이 위주로 진행되다 보니(?), 치유적 효과에 한계가 있고 재발률이 높다는 연구보고서가 많다. 이에 명상상담, '명상에 기반한 심리상담' 프로그램은 정서적인 체험과 내적 관찰의 힘을 강화시켜 내담자(고객)가 자신의 고통을 분명하게 알아차림하고 통찰하게 하고, 나아가서 현실문제를 효과적으로 해결하는 지혜를 개발하도록 돕는 전문지도자양성을 목표로 한다.

2) 중점

명상상담은 크게 명상수행과 상담자훈련으로 구분된다. 명상훈련은 알아차림 명상, 집중명상, 통찰명상, 간화선명상으로 구분하고, 이들을 단순하게 수련하는 것을 넘어서, 실제 현장이나 임상에서 어떻게 활용하고 적용할 것인가에 대하여 사례를 통해서 연습한다. 상담훈련은 기본적으로 서구심리학에 기초하지만, 기본적으로 상담기술을 반복연습하고 특히 인지행동계열의 제1세대와 제2세대를 대표하는 인지행동치료(CBT)와 더불어서 제3세대의 수용전념치료(ACT)와 같은, 명상을 통합한 다양한 상담프로그램을 학습한다.

3) 치유기제

명상상담은 명상과 심리상담의 통합이다. 명상이 동양적인 접근이라면 상담은 전통적으로 서구에서 개발 발전시켜온 점에서 양자는 비교된다. 명상이 보다 반복적 수련과 내적인 통찰과 깨달음을 강조한다면, 서구의 상담은 라포형성과 더불어서 현실문제 해결에 보다 초점이 맞추어졌다. 양자의 통합은 매우 필요한 작업이고, 효과성이 증명되고 있다. 명상이 심리 내적인 통찰을 강조한 치유전략이라면, 서구 상담은 현실적 문제 해결을 보다 더 강조한다. 양자는 유기적으로 상호작용하여 순환적으로 치유효과를 극

대화시키는 장점이 있다.

4) 핵심 프로그램

고집멸도 명상상담 프로그램은 필자에 의해 개발된 프로그램으로서 **4단계**로 구성되어 있다. 2004년 개발된 이후 15년 동안 목우선원에서 개설한 '명상심리상담사' 자격과정의 핵심 프로그램으로 자리 잡고 있다. 본 프로그램은 지금까지 300여명의 지도자들이 참여했다. 명상상담 프로그램은 불교의 핵심교설인 고집멸도 사성제에서 유래되었고, 현대적 심리상담과 결합되어서 오늘에 이르렀다. 각각의 단계를 소개하면 아래와 같다.

제1단계(苦, 경청과 공감단계)는 먼저 고통, 괴로움을 경청하고 공감하면서 고객의 주호소와 문제가 어디에 있는지를 파악하는 단계이다. 물론 이때 필요하다면 다양한 심리검사를 통해서 정밀하게 진단하는 과정도 포함된다.

제2단계(集, 원인탐색)는 고통의 원인을 탐색하는 명료화 단계이다. 고통의 정체를 명료화시켜서 그것의 원인을 밝힌다. 명료화는 고객의 문제를 사건의 줄거리를 중심으로 그때의 감정, 생각, 갈망의 맥락을 살펴보고, 그런 맥락의 배경으로서 내적인 고통원인을 밝힌다. 일단 원인이 밝혀지면 여기에 상응하는 상담 혹은 치유목표를 설정한다.

제3단계(滅, 체험적 단계)는 명상을 통해서 경험을 다시 체험하면서 수용하고 통찰하는 단계이다. 사건 당시의 경험을 충분하게 경험하고 수용하여 그것이 가지는 의미를 통찰하도록 돕는다. 여기서 사용하는 명상은 다양하게 활용되는데, 대표적으로 안전한 공간을 확보하는 목적으로 호흡명상, 감각느낌을 경험하게 하는 보고형 바디스캔, 문제의 본질을 꿰뚫게 기회를 제공하는 영상관법등을 사용한다.

제4단계(道, 행동적 접근)는 현실문제 해결이다. 여기서는 현실의 갈등이나 직면한 문제를 해결하면서, 계속적으로 '새롭게 살아가기'가 목표이다. 문제의 해결에는 다양한 방법이 있다는 점에서 의사소통훈련, 브레인스토밍, 역할극, 시뮬레이션 내담자의 여건에 맞는 맞춤형 해결방안과 행동계획을 세운다. 물론 일상에서도 계속적으로 명상을 통해서 문제해결을 돕도록 점검하는 것을 포함한다.

*이상 불교의 핵심교리 고집멸도 명상을 응용한 명상심리상담에 대한 보다 상세하고 구체적 정보를 얻고자 한다면,『명상심리치료-불교명상과 심리치료의 통합적 연구』(2012)를 참고하기 바란다.

2. 명상상담의 성격

1) 명상상담의 궁극적인 목표

일반적인 의미의 상담이란, 간단하게 말하여 내담자와 상담자가 만나서 문제를 발견하고, 함께 해결해 가는 통찰의 과정이라고 말할 수가 있다. 이때 내담자는 도움을 요청하는 입장이고, 상담자는 전문적인 훈련을 받은 자로서 요청에 응하여 문제를 해결하기 위해 노력하는 조력자의 입장에 놓인다.

명상상담에서 내담자와 상담자는 인간적인 성숙과 자기 통찰을 위해 함께 작용하는 연기관계(緣起關係)에 놓여 있다고 할 수 있다. 다만 의사와 환자의 관계처럼, 내담자의 문제를 상담자가 해결해 주는 일방 통행식의 의존관계가 아니라, 문제를 발견하고 해결하는 과정에서 상호작용(相互作用)하는 공동의 노력이 중요한 관점을 가진다.

명상상담의 목표는 불성에 기반한 것으로 **자기이해에 의한, 고통으로부터의 해탈**에 있고, 궁극적으로 **무아(無我)의 체득과 견성체험**에 있다. 때문에 내담자나 상담자는 개별적인 자아를 초월하여, 함께 길(道)을 가는 동반자의 관계에 놓여 있음을 인식할 필요가 있다.

일반적으로 서구에서 개발된 상담이론은 허약한 자아에 대한 강화를 상담의 중요한 목표로 설정하고 있다. 이것은 정상적이지 못한 개인을 주도된 문화체계에 온전히 잘 적응하도록 하는데 관심을 가진 결과이다. 명상상담은 이런 관점을 전혀 배제하지 않지만, 끝내는 무아의 체험, 자아초월의 경험이 온전한 인간적 성숙을 가능하게 한다는 입장에 놓인다. 왜냐하면 '자아'에 대한 진정한 자기 통찰이 결여된다면, 그것은 다시 재발할 가능성이 있고 결코 완전한 치유의 길이라고 말할 수가 없기 때문이다.

2) 명상상담의 심리학적 기초

명상상담의 심리학적 기초는 당연한 말이지만, 바로 붓다의 가르침에 찾아야 한다. 불교에서 인간을 이해하는 가장 기본적인 가르침은 오온(五蘊)이다. 오온의 경전적인 의미는 무아를 증명하는 방식이지만, 또한 불교의 심리학을 대변하는 교설이기도 하다.

인간은 오온의 구성물이다. 오온은 아래와 같이 세 영역으로 다시 분류할 수가 있다. 엄격하지는 않지만 처음의 두 가지는 세간적인 영역으로 분류한다면, 마지막 의식의 영역은 초월과 출세간적인 영역까지를 포괄한다.

  Ⅰ. 색(色), 신체와 행동
  Ⅱ. 수(受), 느낌과 감정
     상(想), 사고와 신념
     행(行), 의지와 욕구
  Ⅲ. 식(識), 종자, 잠재의식

첫 번째의 색(色)은 행동하는 신체의 영역이다. 두 번째는 심리적인 상태를 기술하는 수(受), 상(想), 행(行)의 영역이다. 수란 감각과 느낌을 가리킨다. 넓게는 감정의 영역을 포괄한다. 상은 표상과 인식을 의미하며 넓게는 신념과 가치를 포함한다. 행은 업(業)의 주된 원인으로서 의도 혹은 의지를 말한다. 뿐만 아니라 욕구나 충동을 포섭한다. 따라서 수·상·행(受·想·行)은 '느낌과 감정', '사고와 신념', '의지와 욕구'라는 심리적인 상태를 기술한다. 마지막으로 세 번째의 영역은 식(識)이다. 식은 알아차리는 마음을 가리킨다. 대승의 유식불교에서는 대상을 감각하는 의식과 그것을 분별하는 자아식과 그런 정보를 저장하는 팔식으로 구별하였지만, 초기불교에서는 심(心), 의(意), 식(識)을 구별하지 않고 함께 사용하였다.

신체는 심리적 상태를 표현하는 통로이고 그릇이다. 반대로 신체, 곧 감각과 행동을 통해서 심리적인 상태는 직접적으로 영향을 받는다. 그러나 이런 신체와 심리적인 상태의 상호작용은 바로 마음이란 전체적인 무대에서 일어난다. 마음, 곧 의식은 신체와 심리적 상태의 공통된 기반이고, 연료이다. 의식의 부재는 신체와 심리적인 상태의 죽음을 의미한다. 마치 불의 본질이 '뜨거움'이듯이 마음, 의식의 본질은 '알아차림'이다.

의식의 각성상태가 '알아차림'이다. 의식의 각성상태를 우리는 명상이라고 부른다. 반대의 경우를 미혹 혹은 무명이라고 한다. 명상을 통해서, 심리적인 상태는 새로운 변화를 맞이하고, 그럼으로써 행동의 변화는 야기된다. 그렇기 때문에 불교 명상의 본질은 자신의 신체를 포함하여 심리적인 상태를 존재하는 그대로 '알아차림'을 그 목표로 하며, 불교적 상담은 바로 이런 과정이다.

3) 고집멸도, 명상상담의 과정

명상상담은 이해와 공감의 단계, 해석과 통찰의 두 단계로 나눌 수가 있다. 전자는 고집(苦集)이요, 후자는 멸도(滅道)의 단계이다. 고집은 수용과 발견의 과정이고, 멸도는 문제에 대한 통찰과 해소의 과정이다.

고집(이해와 공감)의 단계는 다시 고(苦)와 집(集)의 단계로 구별할 수가 있다.

고(苦)의 단계는 내담자의 고통과 아픔을 잘 듣고서, 수용하여 공감하는 단계이다. 이해와 공감은 내담자와 상담자가 서로에 대한 동질성과 신뢰성을 확보하는 단계이다. 여기서 중요한 포인트는 결코 분석하거나 평가하려 들지 않는다. 대신에 삶의 고통과 함께 그 원인을 함께 경험하는 동반자란 인식을 공유한다. 그럼으로써 자신을 억압하거나, 방어하지 않는 채로 자신의 아픔을 개방할 수가 있다.

집(集)의 단계란 문제의 원인을 발견하는 과정이다. 늘 문제 속에서 살아가는 것이 우리들이지만, 여기서 문제를 발견한다고 하는 것은 문제의 현실적인 대안을 발견하는 과정이기보다는 문제에 대한 심리적인 명료함과 더불어서, 상황에 대해서 자신의 감정(受), 사고(想), 욕구(行)를 구별하여, 그 가운데 무엇이 중심적인 역할을 하고 있는지를 발견하는 과정이다.

두 번째 멸도(滅道, 수용과 통찰)의 단계는 자신의 문제를 개방함으로써 자연스럽게 찾아오는 맑은 정신상태를 말한다. 해석은 문제발생의 구조와 더불어서, 그 원인과 조건을 제시하지만, 어디까지나 내담자와 상담자의 상호작용에 의한 통찰의 결과이다. 느낌과 감정과 관련된 문제는 충분하게 느껴보고, 그 감정을 표현하여 보는 과정이 효과적이며, 사고와 신념의 문제는 그것이 가지는 상황(緣起)적 의미를 검토하고 그때 상황에 비교하여 볼 때 정당한 사고 혹은 신념인지를 함께 검토하며, 욕구의 경우는 자신의 욕구가 현실적으로 가능한 내용인지를 살펴보는 것이 중요하다.

인연이란 원인과 조건으로서 문제에 대한 분석의 과정이다. 이것은 상황에 대한 감정, 사고, 욕구의 선택을 포함한다. 하지만 중요한 것은 현재에서 신체와 마음에 의해서 실천되어야 하지만, 더욱 중요한 사실은 마음에 의해서 각성되어야 한다는 점이다. 이 점이 명상과 상담의 통합되어야할 이유이다.

4) 집단상담에서 노출의 중요성
(1) 전이와 역전이

명상상담은 상호 작용하는 인간관계이기 때문에 계획된 전통적인 상담과는 다르다. 상담자와 내담자는 얼굴을 맞대고 눈빛을 맞추는 과정에서, 무의식적으로 서로에게 직접적으로 영향을 준다. 따라서 전이와 역전이에 대한 이해와 통찰이 절대적으로 필요하다.

전이란 내담자가 상담자에게 보여주는 감정이고, 역전이는 상담자가 내담자에게 가지는 감정이다. 그러나 여기서는 보다 폭넓은 개념으로 사용한다. 다시 말하면 개인이 집단과 관계에서 가장하거나 직면을 회피하는 감정을 의미한다. 이런 감정은 집단 내에서 서로를 이해하는 중요한 단서이다. 일반적으로 상담에서는 문제(法)에 집중되고, 서로 상대(人)에 대해서 자신이 어떻게 반응하는가를 통찰하는 일은 소홀히 하는 경향이 있다. 대부분 상대방에 대한 인식과 지각은 자신의 상황과 가치관이 투사되어 나타난다.

개인들은 자신의 문제가 집단이란 거울에 어떻게 나타나는지를 매우 관심을 가지면서도 동시에 두려움을 가진다. 이런 두려움이 전이감정의 핵심을 이룬다. 그러나 **상대**

방을 보는 방식이나 혹은 상대방의 평가에서 바로 자신의 반응을 알아채고, 보는 것, 바로 이것이 무아의 체험을 중시하는 집단상담에서 통찰해야할 중요한 목표 가운데 하나이다. 표면적으로 상담자와 내담자 서로에 대한 감정은 상담과는 직접적으로 관련되어 있지 않아 보이지만, 심층적인 측면에서 볼 때 전이와 역전이는 핵심된 과제이다. 이들은 문제해결을 촉진하는 긍정적인 측면도 있지만, 통찰을 방해하는 부정적인 경우도 있다. 억압된 감정이나, 미해결된 과제가 의식의 표면으로 드러낸다는 점에서 공감을 촉진시키지만, 반대로 상대방에 대한 과도한 감정은 자아에 대한 통찰을 방해하는 부정적인 측면도 있다.

(2) 자아에 대한 통찰

상담의 과정에서 나타나는 전이와 역전이의 문제는 실질적이고, 직접적으로 드러나는 인간적인 감정으로, 비록 무의식의 수준이지만, 근본적으로 그 배후에는 미해결된 자아, 혹은 자아의 문제가 도사리고 있다. 바로 이점 때문에 집단은 개인적인 상황에서 발생하는 전이와 역전이의 감정을 통해서, 자신의 문제가 어디에 있는지를 발견하게 되는데, 이점은 공감의 단계보다는 통찰의 단계에서 중요한 관점이다. 이점은 무아에 대한 근본적인 통찰을 이룰 때까지 계속 된다.

불교적인 관점에서 보면, 전이와 역전이의 감정도 결국은 상호연기적인 관계에서 비롯된 것이다. 다시 말하면 '본래적으로 존재하는 감정이란 없다'는 통찰이나 '노출시키고 보니, 별개 아니다'는 감정분리의 경험은 무아에 대한 체득과 동일한 내용으로서 집단 모두가 함께 공유하고 자각한다면, 그만큼 인간적인 신뢰는 더욱 깊어지고 자아초월의 체험은 쉽게 찾아온다.

하지만 전이와 역전이의 감정은 두려움의 대상은 아니다. 오히려 두려움의 대상은 그것에 대한 알아차림의 더딤에 있고, 자신의 감정노출을 방해하는 자아의 두려움과 의존성에 있다. 집단에서 자신을 노출하는 것은 자신의 감정으로부터의 독립을 의미하며 그것은 개방화되는 큰 자아의 창조적인 노력을 의미한다.

5) 명상상담의 주요기법

(1) 알아차림

상담자와 내담자가 함께 좌선한다면, 양자간의 상호작용은 도반 의식으로 발전하여, 공감과 신뢰를 깊게 한다. 이때에야 부정적인 의미의 전이와 역전이의 감정은 극복되고, 더 큰 바다로 여행을 떠날 수가 있다.

집단에서 사물을 있는 그대로 보게 하고, 어떻게 마음이 물들어 있는지를 통찰하게 하는 중요한 요소는 대비이다. '대비'는 상황에서 서로 어떻게 다르게 느끼고, 생각하고, 바라는지를 보여주는 것이다. 그럼으로써 자신의 모습을 보게 하고, 그것을 존재하는 그대로 수용하게 한다.

이때 중요한 공부법이 '알아차림'이다. 알아차림에는 거울처럼, 세 측면이 있다. 첫째는 거울의 표면에서 찾아볼 수 있는 텅 비어있음이다. 이것은 고요하고 깨끗한 마음의 본질로서 수용과 개방을 그 특징으로 한다. 둘째는 사물을 있는 그대로 비추는 작용적인 측면이다. 이것의 특징은 분별하지 않는 순수체험에 있다. 세 번째는 사물에 감응하는 감수성이다. 명상상담에서 중요한 한 측면은 바로 이런 알아차림에 대한 공동학습이다.

(2) 머물기

알아차림의 훈련에는 두 가지의 과정이 있다. 하나는 수행의 기준점을 설정하는 판단중지에 따른 머물기(止)요, 다른 하나는 대상에 대한 알아차림의 확립(觀)이다. 비유하면 벼를 벨 때에 먼저 대상을 붙잡고, 다음은 낫으로 벼를 베어내는 과정이다.

집단에서 보면, 기준점 설정은 자신의 입장을 괄호 침으로써, 판단을 중지하는 과정(止)이다. 이것은 자신의 개인적인 가치, 사고, 감정 등의 입장을 유보하거나 분리하여 자신과 다른 사람의 문제의 요점을 객관적으로 파악하는데 중요한 역할을 한다.

알아차림의 확립은 대상에 대한 지속적인 탐색의 과정(觀)이다. 본래적인 의미는 대상에 대한 분석적인 관찰을 의미한다. 분석이란 감정, 사고, 욕구라는 심리적인 상태의 세 측면을 탐색하는 작업이다. 그럼으로써 발생된 궁극적인 결과는 무상과 무아에 대한 성찰이다.

(3) 수용과 통찰의 순환

상담의 과정은 지속적인 수용(止)과 통찰(觀)의 순환관계이다. 수용은 통찰을 가능하게 하고, 깊어진 통찰은 반대로 더욱 포괄적인 열린 태도를 만든다. 이것은 곧 내담자와 상담자에게 상호 깊어진 인간관계를 확립하게 한다.

머물러 수용하기는 상황(緣)에 대한 통합이라면, 통찰은 내적 원인(因)에 대한 분석의 과정이다. 상담은 계속되는 수용과 통찰의 순환과정으로, 좌선에서 일어나는 수용과 통찰의 경험과 동일한 과정이다. 좌선은 자신의 미해결과제인 집착을 발견하고, 자아의 본질을 성찰하는 중요한 통로로서, 내담자나 상담자의 감수성과 통찰 훈련의 중요한 과정으로 활용될 필요가 있다

3. 프로그램 세부 활동지침

사성제(四聖諦)란 고집멸도(苦集滅道) 4가지의 성스런 진리를 말한다. 부처님께서 성도하여 처음 설법을 했던 교설로 이후 대소승을 불구하고 불교의 핵심 가르침이다. 고집(苦集)은 고통과 그 원인을 말하고, 멸도(滅道)는 고통의 소멸과 소멸에 이르는 방법을 말한다. 고통에는 반드시 원인이 있고, 고통의 소멸에는 반드시 그 방법이 있다는 가르침이다. 오늘날로 말하면 고집은 진단이라면, 멸도는 처치를 말한다. 곧 의료적인 관점에서 보면, 질병에 의한 증상과 증상에 상응하는 처방이다.

그런데 왜 붓다는 고통을 성스런 진리라고 했을까? 일단 먼저, 고통, 그것이 바로 삶의 진실한 모습, 곧 **'있는 그대로'**의 모습을 진술한 것으로 이해된다. 삶의 고통이 사실은 우리를 성스럽게 하고 위대하게 만든다는 관점이다. 고통을 관찰함으로써, 고통의 발생과 고통의 사라짐을 경험함으로써 우리는 더욱 강해지고 지혜로워진다. 바로 이점

이 고집멸도 사성제에 기반한 명상상담의 가장 중요한 점이 아닌가 한다.

1) 공감과 지지, 苦聖諦 dukkha-ariyasacca

내담자들은 고통을 가지고 내방한다. 먼저 고객이 고통을 어떻게 경험하고 있는지를 보다 정확하게 이해할 필요가 있다. 그래야 고객의 문제를 파악하여 도울 수가 있다. 고통은 dukkha의 번역이다. 물론 듀카를 '고통', '괴로움' 정도로만 번역된다면 충분한 이해라고 할 수가 없다. 이를테면 경전에서 자주 언급하는 '일체가 모두 고통이다(一切皆苦)'에서 '일체'의 낱말이 말하는 것처럼, 고통뿐만 아니라, 행복까지도 고통으로 해석된다. 양자는 서로 별개의 사실이 아니라, 양자는 서로 의존개념이다. 고통이 있기에 행복하고 행복하기에 고통이 함께 한다. 이들은 모두 같은 뿌리이다. 고통이든지 행복이든지, 일체란 **조건 되어진 현상들**을 의미한다.

이것이 고통인 것은 그 본질이 조건된 것들로 변화하는 과정에 있고, 결국은 무너지게 되는 현상이기 때문이다. 조건 되어진 것들이 고통인 이유는 변화됨(anicca)으로 말미암아, 무엇인가를 붙잡으려는 우리의 기대를 좌절시키기 때문이다. 반대로 기대에 부응된 경우는 행복감을 가져온다. 그러나 어느 경우도 결국은 변화되고, 스스로 고정된 성품을 가지지 못한 점에서, 모든 조건 지어진 것들(samkhāra)이다 라는 점에서 결국은 고통의 씨앗이라고 말한다.

경전에서는 괴로움의 종류를 크게 세 종류로 분류한다. 첫째는 보편적인 삶의 현장에서 쉽게 만나는 괴로움으로서 苦苦(dukkha-dukkha)성이다. 여기에 생로병사(生老病死)와 같은 **신체적인 고통**과 미워하는 사람을 만나는[怨憎會苦] 것이나 사랑하는 사람과 헤어지는[愛別離苦] 것처럼 사회적인 **인간관계**에서 만나는 애증과 원하지만 얻지 못하는[求不得苦] 것에서 말하는 갈망이나 바람에서 오는 비탄과 통증을 말한다. 두 번째는 완전하지 못하고, 변화하여 부서지는 데서 오는 고통이다. 변화가 만들어내는 고통으로서, 壞苦(viparināma-dukkha)성이다. 무너지고 무너짐에서 오는 고통이다. 실직을 하거나 사회적인 변동 등과 연결된다. 세 번째는 조건 되어진(samkhāra) 모든 **존재**

자체가 괴로움이라는 **行苦**(samkhāra-dukkha)성이다. 여기서 상카라란 조건이란 의미로서 이상의 우리들의 인연들을 가리키고 심리적인 모든 현상을 총칭한다. 그것이 바로 집착의 대상이 되기 때문이다.

그렇다면 어떻게 dukkha를 이해하게 하고 충분하게 경험하게 할 것인가? 이 방법은 교리적인 교설을 먼저 설명하는 것은 결코 좋은 방법은 아니라고 본다. 오히려 붓다의 기본정신에 입각히여 삶의 현장 속에서, 직접적으로 배울 수 있는 프로그램을 만들어야 한다.

첫 번째의 공감과 지지적 단계는 내담자가 이야기하는 단계이다. 이때 상담자는 주로 경청을 하면서 공감하는 단계이다. 상담자는 내담자의 힘들어함을 공감하면서 지지를 표시하는 것이 중요하고, 이런 작업을 통해서 비언어적인 라포형성, 주호소문제, 개인적 정보를 파악하여 상담목표를 실정하게 된다.

- 활동1, 사례추출: 각자가 고통스런 경험들의 **목록을 작성**한다. 단 가능하면 개인 및 집단을 몇 개의 조별로 나누어서 각자가 많은 경우를 나열하게 한다. 그것을 각 조별내부에서 발표하게 한다. 이때 발표는 본인이 조사한 항목만을 나열 발표하게 한다.

***참고**: 사례를 추출하여 목록을 작성할 때, 기존의 감사지를 활용하는 것도 좋은 방법이다. 예를 들면 문장완성 검사라든지, 분노, 우울, 불안검사 또는 기타 성격 검사지들을 활용할 수 있다.

- 활동2, 사례경청과 공감: 내담자들이 각자가 작성한 목록에서 대표적인 고통스런 경험을 하나 선택하여 이야기하기를 작업한다. 물론 자주 반복되고, 감정을 불러일으키는 중심문제를 선택하게 한다. 고객들로 하여금 각자가 고통이 발생되는 과정을 말하게 한다. 이때 이야기를 충분하게 말 할 수 있는 **허용된 분위기** 중요하다. 왜냐하면 어떤 내담자, 고객들은 개인적인 부담으로 거절할 수도 있기 때문이다. 이때 상담자는 내담자, 고객의 발언을 듣고, 고객들에게는 무엇보다도 여기서, 충분하게 **공감해주는 정서적인 접근**이 매우 중요하다.

- 활동3, 주호소 문제: 사례 속에서 핵심된 과제가 무엇인지를 평가하여 본다. 예를 들면, 심리적인 감정적 문제인지, 사회적 대인관계 문제인지, 가족과의 문제인지 혹은 그것이 불안인지, 아니면 우울과 같은 정서적인 문제인지, 아니면 성격적인 문제와 관련되는지, 또한 임상적으로 증상이 심한 경우는 그것의 빈도와 강도가 얼마나 되는지를 평가하여, 고객의 주호소 문제가 무엇인지를 분명하게 결정한다.

2) 명료화, 集聖諦 dukkhasamudaya-ariyasacca

경전에서는 dukkha의 원인으로서 '갈애(taṇhā)'를 지목한다. 이것은 다시 첫째는 감각적인 쾌락(kāma-taṇhā)에 대한 갈애, 둘째는 자기 존재(bhava-taṇhā)에 대한 갈애, 셋째는 존재에 대한 회피(vibhava-taṇhā)에 대한 갈애로 분류하기도 한다. 혹은 직접적인 원인과 간접적인 원인으로 구분하기도 한다. 곧 갈애는 직접적인 원인(生因)으로, 외적인 환경과의 상호작용에 의한 습성(業)은 간접 원인(起因)이 된다.

고통의 원인으로서 불교에서는 역시 개인적인 갈망이 그 중심에 있음은 주지의 사실이다. 고통이 발생하는 원인에 대한 **정확한 진단**은 매우 중요한 단계로서, 문제를 해결하는 실마리로 작용한다. 내담자나 고객들은 계속적으로 성장해야하기 때문에 문제를 부정적으로만 보지 말고, **긍정적으로 이해하는** 방향이 중요한 관점이 된다. 일단 내담자가 고통의 발생하는 맥락을 살펴볼 필요가 있다. 여기서 맥락이란 인연으로서 직접적인 원인으로서의 갈애와 간접적인 원인인 상황적인 조건을 말한다.

이 단계에서 상담자가 살펴하는 관점은 두 가지이다. 먼저 환경적인 맥락에서 사건의 줄거리를 전후로 파악하는 것이다. 첫째는 문제 행동B가 있고, 그것이 발생하기 이전의 선행사건A와 발생한 이후의 사건결과C를 구분하는 것이다. 둘째는 원인으로서 갈애 곧 심리적인 측면을 분석하는데, 여기서는 『반야심경』의 '照見五蘊皆空'이라는 교설을 잘 활용할 필요가 있다. 오온은 인간을 구성하는 다섯 가지 요소로서 감각자극[色], 감정[受], 생각[想], 갈망[行], 잠재의식[行]을 말한다. 이것들에 대한 관찰[照見]의 결과가 존재하지 않음의 공(空)인데, 곧 이것이 모든 고통으로부터의 치유[度一切苦厄]이다.

왜냐면 일체(一切)란 바로 인간을 구성하는 다섯 가지 구성요소, 오온이기 때문이다.

이 단계에서 실습은 오온을 구분하는 작업을 해야 한다. 첫째는 사건에서의 외적인 촉발자극과 감각기관을 찾아낸다. 둘째는 촉발자극에서 직접적으로 어떤 감정을 느꼈는지를, 셋째는 상황을 어떻게 **인식(생각)**하고 있는지를, 넷째는 상황에서 본인이 원하는 것, **바램(갈망)**이 무엇인지를, 다섯째는 특정한 판단을 하는데 배경으로서의 잠재적인 의식을 파악한다. 잠재의식이란 유식불교에서 말하는 종자로서 일종의 기억이나 어린 시절에 원류를 둔 도식과 같은 형태를 말한다. 이런 다섯 가지 요소는 유식불교의 마음작동이론[遍行心所]인 촉·작·의·수·상·사(觸,作意,受,想,思)와 상통한다. 여기서 마지막에는 당시에 고객이 취한 행동[業]이 무엇인지를 파악하는 것도 중요한 사항이다. 그래서 고통발생의 메커니즘을 도표로 작성해보는 것도 좋은 작업이다.

- 활동1, 줄거리 중심 ABC행동분석: 고통을 발생하는 하나의 사건(핵심사건B)을 선택하여 경청이 끝났으면, 그것에 대한 외적인 줄거리 중심의 행동적인 분석 작업을 한다. 중심사건B 이전에 무슨 일(선행사건A)이 있었는지? 그 사건의 결과(행동C)가 어떻게 되었는지? 전후 맥락을 분명하게 한다. 선행 사건은 원인이고 이것으로 인하여 사건이 발생했고, 이후 어떤 결과로 결말이 이루어졌는지를 구분하여 본다.
- 활동2, 오온에 의한 5요인 분석: 줄거리가 파악되었으면 고통발생의 원인을 찾아내는 내담자와 공동작업을 해야 한다. 특정한 핵심사건(B)에서의 내적 경험을 '촉발자극', '감정', '생각', '갈망', '행동'으로 오온을 분류하여, 그것을 '고통발생의 메커니즘'의 도표로 작성하고 함께 점검하는 작업이다.
- 활동3, 상담목표: 개인 상담에서는 내담자의 문제(주호소)가 어디에 있는지, 갈등구조가 어떻게 된 것인지, 심리적인 상태나 구성에 대한 자각을 명료화하는 작업이 끝나면, 상담목표를 고객과 협력하여 결정하고, 세부적인 상담전략을 수립한다.

3) 체험과 통찰하기, 滅聖諦 dukkhanirodha-ariyasacca

고통의 소멸은 곧 열반(Nibbanā)을 의미한다. 열반이란 어원적인 의미는 불꽃

3장 명상의 현대적 응용

을 끊다는 뜻이다. 다시 말하면 '고통(苦)'과 '고통의 원인(集)'이 갈애가 소멸된 상태(taṇhākkhaya)를 가리킨다. 그래서 경전에서는 다음과 같이 말하고 있다.

> 조건을 따라 존재하는 모든 것들이 고요해지고,
> 모든 물듦을 포기하고, 갈애가 소멸되고, 떠나고, 그치는
> 그것이 열반이다.
> 비구여,
> 조건을 따르는 것이나 조건에 따르지 않는 것이나
> 그것들에 대한 집착을 여의는 것이 최상의 것이다.
> 비구여, 절대적인 것이란 무엇인가?
> 그것은 탐욕의 소멸, 증오의 소멸, 미혹의 소멸이다.
> 비구들이여, 이것을 절대적인 것이라고 부른다.

고통의 소멸은 경험되는 것이다. 고통이 소멸하는 것을 그 자체로 경험하도록 고객들에게 기회를 제공하는 것이다. 이것을 설명한다고 해도 언어적인 의미는 이해하지만, 열반이 가지는 일상적인 맥락에서 충분하게 이해하지는 못할 것이다. 성장하는 내담자, 고객들의 열망을 버리라고 가르칠 수가 있을까? 오히려 과도한 '욕심과 성냄과 어리석음'을 통찰하는 경험을 하도록 하는 것이 손쉬울 것이다. 열반, 고통의 소멸을 가르칠 수는 없다. 오히려 고통이 사라지는 열반을 경험하는 것이 최상이다.

일단 〈고통과 고통의 발생을 보면, 고통의 소멸은 자동적으로 경험된다〉는 부처님의 말씀을 주목할 필요가 있다. 고통이 발생하는 상황과 그것을 인식하는 자신의 방식과 그곳에서 본인이 원하는 바가 무엇인지를 분명하게 경험하면서 자각하고 그 본질을 통찰한다면, 쉽게 마음은 평화를 얻게 되고, 쉽게 스트레스에서 벗어날 수가 있다고 본다.

- 활동1, 주제, 핵심장면 선택: 여기서는 **고통과 그것이 발생했던 사태로 되돌아가서 그것을 수용하여 통찰하는 것**이 중요하다. 이것을 위해서는 명료화단계에서 찾아낸

〈고통이 내게 찾아오는 메커니즘〉을 영상으로 떠올려 보는 작업이 필요하다. 이것을 위해서 핵심 장면을 선택한다.

- 활동2, 영상관법과 통찰: 일단 결정적인 핵심 장면을 떠올리면, 그곳에 머물면서 충분하게 경험하고, 통찰하는 작업을 실행한다. 호흡명상과 보고형 바디스캔 명상과 결합된 **영상관법**은 감정형, 사고형, 의지형 등으로 분류한다. 이것에 대한 매뉴얼과 훈련은 별도의 수련을 거쳐야 한다. 일단 상담목표를 감정적인 조절에 초점을 맞춘다면 감정형을, 생각이나 신념을 수정하는데 목적을 둔다면 사고형을, 특정한 행동 수정이 필요한 경우라면 의지형 영상관법을 선택하여 실시한다.
- 활동3, 역할극: 영상관법으로 충분하게 경험했지만, 그것이 가족과 같은 다양한 인간관계를 포함할 경우는 역할극이나 가족세우기와 같은 극적이고 활동중심으로 접근할 수도 있다. 영상관법과 상호 연결하여 시행하는 것도 효과적이다.

4) 새롭게 행동하기, 道聖諦 dukkhanirodhagāminīpaṭipadā-ariyasacca

고통의 소멸로 인도하는 길이란 일반적으로는 경전에서는 팔정도(八正道)로 알려져 있다. 팔정도는 정견(正見), 정사유(正思惟), 정어(正語), 정업(正業), 정명(正命), 정정진(正精進), 정념(正念), 정정(正定)을 말한다. 이런 가르침은 이미 앞에서 활동, 체험적인 단계를 통해서 어느 정도는 학습된 내용이다.

그러나 이 단계에서 중요한 요점은 자신의 고통을 극복하고 새롭게 살아가는 방식을 탐색하여 실제로 행동하는 것이다. 구체적으로는 일상으로 돌아가서 고통의 발생과 더불어서, 지속적으로 실습해야 되는, 자신의 습관적인 행동을 개선하기 위한, 새롭게 다시 살아가는데 필요한 명상활동, 명상수련을 포함한 효과적이고 유용한 행동들을 말한다. 만약에 행동에 대한 변화가 일시적인 수준에 머물게 되고, 지속적으로 삶의 현장에서 길을 가지 않는다면, 다시 고통스런 상황이 재연, 재발될 것이기 때문이다.

- 활동1, 문제 확인: 무엇이 문제인가? 지금까지의 상담과정에서 나타난 문제를 다시 재정의하는 단계이다. 일종의 주호소와 같은 것이다.

- 활동2, 목표행동 설정: 상담목표를 다시금 확인하고, 고치고 싶은 자신의 행동을 목록으로 작성하게 하고 그것을 다른 사람 앞에서 발표하게 한다. 이때 여러 가지 많은 행동보다도 주호소문제와 연결된 한두 가지 반복된 행동에 초점을 맞추는 것이 바람직하다. 특히 문제가 된 상황에서 일어나는 본인의 무의식적인 행동을 조별로 집중적으로 탐색한다.
- 활동3, 장애확인: 목표를 향하여 나아가고자 할 때 장애되는 것은 무엇인가? 예전에도 이런 장애가 있기에 도중에 포기한 적이 있었던 것이 아닌가? 이번에는 이런 장애를 분명하게 알고 대처하자는 의미이다.
- 활동4, 구체적 행동기술: 구체적인 행동 계획을 세운다. 매우 현실적이고 실현 가능한 세부 계획을 포함한다. 제3자가 보았을 때도 그대로 실천할 수 있는 수준으로 하면 좋겠다.
- 활동5, 보상계획: 하고 싶은 행동이나 바람직한 행동을 성공적으로 실천했을 때, 이때 꼭 필수적인 요소는 자기보상 계획을 함께 세우는 일이다. 원하는 행동을 할 때, 그때마다 자신에게 어떤 보상을 준비하면 그 행동은 보다 강화가 될 것이기 때문이다.

참고도서

- **인경스님의 저술들**

    [저술]
    - 『에니어그램 성격검사지』(2005)
    - 『염지관 명상』(2005)
    - 『화엄교학과 간화선의 만남』(2006)
    - 『몽산덕이와 고려후기 간화선사상 연구』(2009)
    - 『쟁점으로 살펴보는 간화선』(2011)

- 『현재, 이 순간에 머물기』(2011)
- 『명상심리치료-불교명상과 심리치료의 통합적 연구』(2012)
- 『에니어그램 행동특징과 명상상담 전략』(2016)
- 『보조지눌의 정혜사상 연구』(2017)
- 『순례자의 은빛나무』(2018)

[번역서]

- 『위빠사나 명상, 단지 바라보기만 하라』(1991)
- 『알아차림과 수용』(2010)
- 『수용전념치료 임상가이드』(2011)
- 『심리치료와 불교』(2010)
- 『스트레스 이완 이완명상』(2012)
- 『알아차림 명상 핸드북』(2018)

03
명상의 현대적 응용

자비다선 차명상

지운
보리마을 자비선명상원 선원장

03
명상의 현대적 응용

자비다선 차명상

/ 목 / 차 /

1. 현대사회와 차명상의 의의
    1) 차명상에 대한 이해
    2) 차명상의 필요성
2. 차명상의 역사
3. 차명상의 대상
    1) 무한 잠재능력과 가능성
    2) 올바른 수행의 틀
    3) 잠재되어 있는 힘의 다섯 가지 뜻
4. 차명상의 방법
    1) 차명상의 요소
    2) 차명상의 명상 체계
5. 차명상의 실습
    1) 다실 꾸미기 뜻 새기기
    2) 색·향·미 감로차 마시기
    3) 오색차 명상
    4) 색한마음 다선
6. 차명상 코칭 및 그 효과
    1) 길잡이의 코칭
    2) 행다선의 코칭
    3) 잠재능력의 현현과 자리이타

1. 현대사회와 차명상의 의의

　명상의 목적은 고통 즉 괴로움에서 영원히 벗어나서 대자유를 얻는 것이다. 명상을 통해 수행자는 신체적·정신적 고통이 마음에서 비롯됨을 알고 마음에서 시작된 고통의 원인을 제거하여 고통에서 벗어날 수 있다. 명상은 힘든 순간에도 인간 스스로 무너지지 않으면서 살아갈 수 있게 희망의 의지를 줌으로써 삶 속에서 멍들고 짓눌린 마음을 치료하는 것이다. 또한, 명상은 고통에서 벗어나는 것뿐만 아니라 고통을 예방하여 건강한 삶을 살도록 한다. 현대인들은 명상을 통해 고통에서 해방되거나 다가올 고통을 예방하여 신체적·정신적 건강의 조화를 이룰 수 있는데 이것이 바로 현대사회에서 명상이 가지는 의의라고 할 수 있다. 명상이 가지는 이러한 의의는 곧 차명상이 가지는 의의이다.

　또한, 차명상은 다른 명상법과 비교할 때 상대적으로 시간과 장소에 구애받지 않는다는 점에서 바쁜 현대인들에게 적합한 명상법이라고 할 수 있다. 현대인들에게 있어 압도적으로 우월한 접근성을 가지는 수행법이라는 점에서 의미가 있다. 차명상은 무거운 짐을 내려놓는 방법을 제시하고 상대방의 입장에 서서 자기의 이기심을 내려놓고 상대를 이해하는 자비심, 그리고 존재의 근원을 꿰뚫어보는 일미(一味)의 지혜를 얻도록 한다. 일미의 지혜는 모든 존재를 상호의존, 평등으로 보게 하고 불평등에서 야기되고 있는 테러, 전쟁, 환경오염, 성차별, 계층간의 차별, 인종차별 등을 비판적 시각을 갖게 한다. 그리고 이를 개선시킬 실천적인 행이 자비심이다.

　자비심도 중생연자비에서 법연자비, 무연자비로 상승한다. 이 자비로써 모든 것을 하나로 꿰뚫는 일미를 실천한다. 즉, '지각 있는 모든 유정'을 도와주는 자비심이다. 또한 이 자비의 지혜로써 마음의 본성을 덮고 있는 단단한 번뇌와 무명껍질에 균열을 내고 그 틈새로 불공의 일미가 표출되면서 최종에는 범부를 성인으로, 중생이 붓다로 전환한다. 즉, 모든 것을 하나로 꿰뚫어 보는 일미의 깨달음과 대자유를 성취하는 것이다.

1) 차명상에 대한 이해

(1) 다도와 선다와 다선

차명상에 관해 이야기하기에 앞서 다도(茶道), 그리고 선다(禪茶)와 다선(茶禪)에 대한 이해가 선행되어야 한다. 다도의 도(道)는 수단, 방법의 뜻이다. 그래서 다도는 차 마시는 방법, 차의 색과 향과 맛을 보는 방법 등의 뜻이 있다. 그리고 요즘 많이 사용하는 선다(禪茶)는 전통적으로 내려오는 다선(茶禪)과 혼동되고 있다. 선다와 다선은 차와 명상이 결합한 단어로, 선다는 다법(茶法)을 강조하고 다선은 선법(禪法)을 강조한다. 즉, 선다는 선을 이용하는 '다법'이고 다선은 차를 이용한 '선법'이다. 선다는 차(茶)가 중심이 되므로 차의 종류, 차를 마시는 순서와 방법 등을 중시하는 반면, 다선은 차(茶)가 보조적인 역할을 하므로 다법을 중요시하지 않는다. 차명상의 경우 차를 매개로 하는 '명상'이므로 일반적으로 차명상으로 지칭되는 것들은 다선의 다른 이름이다.

다선에서 선(禪)은 마음의 고요함으로 인해 몸[身]과 입[口] 그리고 뜻[意]이 고요한 것을 의미하며, 이는 사마타와 위빠사나에서 벗어나지 않는다. 사마타는 지(止)로 번역되며 한 가지 대상[무상(無相)이라는 본질]에 마음을 집중할 때 생각의 흐름이 멈춰 마음이 고요해지는 것을 뜻하고, 위빠사나는 관(觀)으로 번역되며 심신에서 일어나는 모든 현상을 원인과 조건(因과 緣)으로 꿰뚫어 본 뒤 지혜를 얻는 것을 일컫는다. 활쏘기를 예를 들어 설명하자면 사마타는 그 표적이 움직이지 않게 고정된 것이고, 위빠사나는 움직이는 표적을 정확히 관찰하여 맞추는 것과 같다.

마음의 고요함은 고통의 원인이 제거될 때 이뤄지며 선(禪)은 그 원인을 제거하는 방법이자 수행이기도 하다. 앞서서 선을 하면 '좌선(坐禪)', 걸으면서 선을 하는 것은 '행선(行禪)'이라 할 때, 차를 마시면서 선을 하는 것이 바로 '다선'이다. 즉 다선은 차를 통해 생사 괴로움의 원인을 제거하는 수행인 것이다.

(2) 차명상과 명상의 정의

차명상은 차를 통해서 명상하는 것으로 정의되는데, 차와 명상은 우리를 무언가로부터 깨어있게 만들어 주는 공통점이 있다. 차명상은 다선과 유사한 의미로 사용되지만, 엄밀히 구분할 때 다선은 예로부터 내려오는 차에 관한 전통 가운데 선의 경지에 이르는 것을 지칭한다. 반면에 차와 명상을 합성한 차명상은 명상의 활용방안 차원에서 생긴 신조어라고 볼 수 있다. 다선과 비교할 때 차명상은 현대적이며 대중적인 용어인 것이다.

차에는 물질적인 차와 정신적인 차가 있는데 물질적인 차는 현대인들이 좋아하는 커피를 비롯하여 녹차와 보이차 같은 전통차, 율무차, 꿀차, 우유 등 온갖 종류의 차를 말한다. 정신적인 차는 차를 다루고, 우리고, 마시는 과정뿐만 아니라 생활과 함께 그 시대를 지배하는 사상과 철학에 바탕을 두고 생긴 차 문화를 통한 차의 정신세계를 말한다. 차명상은 물질적인 차를 대상으로 차를 다루고, 우리고, 마시는 과정 모두를 알아차림의 대상으로 삼고 있으므로 물질적인 차와 정신적인 차를 모두 다룬다고 볼 수 있다.

좋아하는 기호음료를 마시는 동안 명상을 하는 차명상은 생활의 일부인 차생활에서 명상 연습을 시작하여 명상의 일상화를 구축하는 과정이다. 차명상에서 차는 명상을 위한 도구일 뿐이므로 앞서 물질적인 차에서 살펴봤듯이 그 종류는 중요치 않다. 다선과 마찬가지로 차명상도 차보다는 명상에 중점을 두는 것이다. 따라서 차명상에 대해 온전히 이해하기 위해서는 명상이 무엇인지에 대한 이해가 필요하다.

명상(冥想)은 영어의 'meditation'을 일본에서 번역하여 우리나라에 유입된 용어로 문자 그대로 해석하면 눈을 감고 고요히 생각하는 것을 말한다. 그러나 인도의 명상 수행이 서양에 알려지면서 범어 'dhyāna'를 'meditation'으로 번역한 것이다. 'dhyāna'가 중국에서는 'dhyāna'의 속어형인 'jhāna'를 '선나(禪那)'로 번역되고 '나(那)'자를 빼고 '선(禪)'이라고 한 것이다. 선은 '사유수(思惟修)'로 번역한다. 생각으로 닦는다는 뜻이다. 따라서 다선의 선과 차명상의 명상은 같은 어원을 가지고 있고 그 뜻은 생각이 선과 명상의 수단이라는 것이다.

명상은 생각으로 한다. 생각은 '헤아리다' '판단하다' '인식하다'는 뜻을 가지고 있다. 생각의 힘은 사물의 근원과 마음의 본성을 아는 힘이며 직관과 사유라는 깨달음의 수단이다. 왜냐하면 직관과 사유는 집중명상인 사마타와 분석명상인 위빠사나로 하며 모두

3장 명상의 현대적 응용

생각으로 하기 때문이다.

생각에는 염·상·사(念·想·思)의 3종류가 있다. 생각 '념(念)'은 부정적으로 쓸 때는 망념이라는 말을 많이 쓴다. '망념(妄念)'. 이것은 허망할 망자를 써서 허망한 생각이라는 말을 많이 쓴다. 상(想)은 망상, 이것도 많이 사용한다. 사(思)는 업(業)이다. 왜냐하면 조작하기 때문이다. 조작하는 심리는 없던 것을 만드는 생각이다. 만든다는 것[思]은 미래의 일이다. 이미지를 떠올리는 상(想)은 과거의 것이다. 염(念)은 현재이다. 그런데 이것을 명상으로 돌리면 어떻게 될까? 이 세 가지 생각은 다 상호관계를 가지고 있다. 이 세 가지 생각이 명상으로 될 때에는 사마타와 위빠사나 수행이 된다.

념(念)은 정념이 된다. 빨리어로 'sati'라고 한다. 사티는 '기억', '앎' 그리고 '정신차림'의 뜻이 있다. 그래서 정념을 '알아차림', '마음챙김'으로 번역한다. 이 정념으로 망념을 없앤다. 또한 이 알아차림으로 정신현상과 물질현상을 즉각 구분하는 지혜를 얻게 한다. 이것이 남방의 순수 위빠사나이다. 최종으로는 생멸이 없는 열반을 깨닫고 체득하게 한다.

상(想)이라는 생각은 명상이 될 때는 상상이 수단이 된다. 전통적으로는 관상법(觀想法)이라 한다. 사마타명상과 관련이 있다. 관상(觀想)명상은 이미지를 떠올려서 보는 것인데, 상상 속에서 스토리를 전개하고 떠 올린 그 이미지[心像]에 집중하는 관(觀)이 들어간다. 이 관상명상은 사마타의 집중이며 마음의 고요함인 선정을 얻는 수단이다.

사(思)라는 생각이 명상수행으로 될 때 사물의 본질을 아는 사유가 된다. 선(禪)을 번역하면, 사유수(思惟修)라고 번역한다. 생각으로 닦는다는 것이다. 눈으로 볼 수 없고 만질 수 없는 공성은 의식에 의해 파악할 수 있다. 의식의 작용인 이 분석사유에 의해 공성에 집중하고 지혜를 얻는 것이다. 선정에 의지해서 오온(五蘊)을 분석하여 공성을 드러내는 것을, 분석 사유하는 대승의 위빠사나가 사(思)라는 생각으로 하는 것이다. 그래서 생각이 바로 명상하는 방편인 것이다. 위빠사나에도 현상만을 알아차리는 세간 위빠사나가 있고, 현상의 공통되는 무상(無常)·고(苦)·무아(無我)·공(空)을 관찰하는 것을 통해 삶과 죽음을 벗어나는 출세간 위빠사나가 있다. 전자는 집중이 생겨 선정은 얻을 수 있으나 시간과 공간의 한계를 벗어나는 지혜가 없다. 후자는 세간의 시공간을 벗어나 대자유를 얻는 지혜가 생긴다.

다양한 명상의 정의가 있지만 궁극의 목적은 우리의 삶을 행복하고 그 행복으로 풍요롭게 하여 대자유를 얻는 것이라 정의할 수 있다. 말하자면 명상이란 행위와 마음의 고요함을 획득하여 마음을 깨어나게 하고 삶과 죽음의 괴로움에서 벗어나 생로병사가 없는 본래면목인 마음의 본성을 깨닫는 데에 있다.

명상의 대상은 몸과 감각과 마음과 마음의 현상[身·受·心·法]이라고 하며 선(禪)에서는 마음의 본성을 궁극의 대상으로 한다. 고통은 몸으로 오고 고통의 원인은 몸의 감각이며 감각에서 갖가지 심리가 일어나 괴로움을 일으키기 때문이며 감각의 근원은 마음이며 마음의 본성을 깨치고 그 자리에 들어가면 삶과 죽음이 없는 대자유를 얻는다. 마음의 현상은 법으로서 번뇌에 오염된 심리와 청정한 심리를 뜻하며 이 정정한 심리의 염·상·사(念·想·思)가 몸과 감각과 마음의 진실을 깨닫게 하는 수단이다.

염·상·사(念·想·思)의 집중명상인 사마타와 분석사유로 통찰하는 위빠사나 명상으로 마음의 고요와 평화를 얻는다. 매 순간 내적인 감각과 혹은 경험에 주의를 기울이는 알아차리는 집중과 외적인 모든 대상으로부터 자극받아 반응하는 몸의 감각과 생각과 감정을 무상(無常)으로, 고(苦)로, 무아(無我)로 알아차리는 순수한 관찰인 통찰명상으로 세계와 자기 자신을 있는 그대로의 모습으로 꿰뚫어 봄으로써 그에 대한 바른 앎, 통찰을 얻는다. 차명상은 차를 매개로하여 이러한 집중명상과 통찰명상을 하는 것이다. 사마타[止]와 위빠사나[觀]을 함께 닦는 선(禪)수행이다. 그래서 다선(茶禪)이라 하고 차명상이라고 하는 것이다.

2) 차명상의 필요성

차명상은 실용적인 측면과 정신수양 측면 모두에서 현대인에게 필요성을 가진다.

우선 차명상이 실용적인 측면에서 유익하며 현대인에게 필요한 이유는 여섯 가지로 정리해볼 수 있다.

3장 명상의 현대적 응용

첫째, 차 마시기는 그 자체로 신체적·정신적 건강에 도움이 된다. 기호음료로의 차 생활은 앞서 말했다시피 신체적 건강에 도움을 줄 수 있는데 이때 단순히 즐기기만 하는 것이 아니라 명상을 병행한다면 정신건강에도 유익한 효과를 얻을 수 있다.

둘째, 바쁜 생활 속에 명상할 수 있다. 일하거나 공부를 하는 도중에 짧은 쉬는 시간을 가지면서 차 한 잔을 마시는 여유를 가질 때 명상을 곁들인다면 명상을 하기 위한 별도의 시간을 마련할 필요가 없다. 차 한 잔의 여유시간에 명상하면, 바쁜 일과로 인한 스트레스도 줄고, 일과 공부의 능률을 증진시킬 수 있으므로 효과적이다.

셋째, 차명상은 오감을 활용한 명상이므로 초심자들이 명상에 재미있게 접근 할 수 있다. 차명상은 찻잔에 차를 따를 때 소리를 듣고, 차의 색을 감상하고, 차의 향을 맡고, 찻잔의 감촉을 느끼면서 차의 맛을 느끼는 등 모든 감각을 활용할 수 있다. 또한, 모든 감각에 고루 집중할 필요가 없이 자신이 쉽게 명상에 들 수 있는 감각을 하나 정해 알아차리고 집중할 수도 있다. 그래서 수행자는 명상의 재미를 쉽게 느끼며 꾸준히 명상을 즐길 수 있게 된다.

넷째, 차명상은 동(動)과 정(靜)이 함께 이루어지기 때문에 움직임에 익숙한 현대인에게 명상의 지루함을 덜어줄 수 있다. 이때 동(動)은 차를 마시는 움직임을 정(靜)은 차를 음미하는 정지를 말한다. 또한, 찻잔을 가만히 들고 있을 때의 느낌을 감상하고 천천히 움직일 때의 느낌을 바라보는 등 차명상의 동작은 고정된 것이 아니므로 집중력이 약한 사람도 연습하기에 쉽다.

다섯째, 생활 속에서 차명상이 익숙해지면 모든 생활 도구가 명상의 도구로 활용이 가능하다. 차 한 잔 마시는 과정에서 체득한 명상의 방법을 모든 생활에 적용할 수 있는 것이다. 차 맛을 느끼는 감각을 '알아차림' 했던 경험을 식사하며 적용해 볼 수 있고, 찻잔을 들면서 '알아차림' 했던 것을 평소 움직임에 응용할 수도 있다. 소소한 일상 행동에서도 명상이 자유롭게 가능해지면 자신의 감정을 항상 알아차릴 수 있게 되고 원만한 대인관계 형성에도 도움이 된다.

여섯째, 차명상 방법을 익혀두면 차 도구 없이도 기차든 버스든 어느 곳에서도 쉽게 명상할 수 있는 편의성이 있다.

다음으로 차명상이 정신수양 측면에서 현대인에게 필요한 이유는 다음과 같다. 차명상을 통해 사람과 사람의 만남이 이루어지고 차 맛과 혀의 만남, 향기와 코의 만남, 색과 눈의 만남이 이루어진다. 이러한 만남을 통해 차명상 수행자는 인연관계의 흐름을 아주 쉽고 가깝게 알아차릴 수 있다. 이처럼 차명상을 통해 차의 빛깔이나 향기 또는 차 맛을 '알아차림' 하다 보면 차 마실 때뿐만이 아니라 일상생활에도 자연스럽게 연결되면서 일상의 삶도 온전히 깨어있게 된다. 온전히 깨어 인연관계의 흐름을 알게 되면, 만남이 있으면 반드시 발생하는 헤어짐[會者定離]을 통해 일어나고 사라지는 마음의 흐름을 알게 된다. 이를 통해 수행자는 인간관계의 이치를 깨닫고, 과거나 미래의 허상에 매이는 삶에서 현재의 삶으로 깨어나며 궁극에는 죽음의 이치도 깨닫게 된다. 이렇게 이치에 대해 알게 되면 수행자는 삶의 괴로움에서 벗어날 수 있으며 온 우주 만물이 나와 분리되어 존재하는 것이 아니라 나와 남이 둘이 아님을 깨닫게 되어 인간관계가 발전하고 나아가 환경과 생명 살림에도 한몫을 하게 된다. 이러한 경지에 도달할 때 차와 선은 한 맛이 된다고 할 수 있다. 이 한 맛이 사물과 사건을 하나로 꿰뚫어(지혜) 무지와 번뇌망상을 해결하는 이것이 바로 차 명상이 현대인에게 필요한 이유이다.

2. 차명상의 역사

차문화의 정신사 중에서 가장 차명상의 태동이 활발했던 것이 수행을 통한 선(禪)불교 문화의 영향이었다. 오늘날 여러 스님이 앞장서서 구체적으로 차명상을 정립하고 그 활성화를 주도하고 있다. 하지만 문헌적으로 다선일미의 깨달음은 있으나 그 경지에 이르는 구체적인 차명상 방법은 제시된 바가 없다. 단지 직지인심견성성불(直指人心‧見性成佛)의 조사선(祖師禪)이 있을 뿐이다. 그래서 선(禪)수행하는 선승(禪僧)들이 앉으면 좌선이요 걸어가면 행선이 되고 차를 마시면 다선이 되기 때문이다. 굳이 다선(茶禪)하는 방법이 필요하지 않았다. 하지만 선(禪)수행을 모르는 요즘 사람들 대부분은 다법(茶法)은 알아도 차를 통한 선법(禪法)을 모르기 때문에 구체적인 차명상 방법이 필요한 것이다.

현재 수행의 방편으로서 차명상 보급에 적극적인 스님들이 있다. '보리마을 자비선명상센터'의 지운, '맘행복치유센터'의 선업, '초의차명상원'의 지장 등 많은 스님들이 차명상 보급의 필요성에 대하여 인지하고, 활용방안을 준비하고 있다.

동서고금을 막론하고 역사상 차명상을 최초의 정립은 지운이다. 지운은 1998년 송광사 강원에서 학인들을 대상으로 차를 매개로한 수행법을 강의한 내용을 정리하여 1999년에 '찻잔 속에 달이 뜨네'라는 차명상법이 발간되고 2001년 BTN불교TV에서 '차수행법'을 강의하면서 차명상법이 널리 알려지기 시작하였다. 이후 10여 년간 차와 수행의 관계를 연구하였고, 차 마시기가 생활의 고상한 취미 수준을 넘어서 수행이 될 수 있는 차명상 방법을 최초로 체계화시켜 그 효용을 제시했다. 차명상 수행법인 '다선일미 차명상'과 '자비다선'을 통해 차명상 보급에 앞장서고 있는 그는 차를 도구로 삼아 탐진치의 삼독을 없애는 수행법으로 차를 활용하였다.

또한, 상담전문가 1급 자격을 갖춘 마음치유 상담전문가이자 불교방송 '우리는 도반입니다' 프로그램의 인기 진행자인 선업은 90년대 중반부터 차담을 통한 소통대화법으로 마음치유에 차명상을 접목하여 활용하고 있다. 그의 차명상은 '차명상'이 아닌 '차담명상'이라고 해도 좋을 정도로 차를 마시면서 나누는 대화를 통해 공감과 나눔에 의미를 두고 있다. 지장은 차가 어떻게 마음에 작용하는지에 대해 초기불교수행론의 방법을 활용하여, 대중들이 쉽게 명상에 다가갈 수 있게 앞장서고 있다. '차명상'이라는 현대적인 용어는 2005년 지장스님이 '초의茶명상원'을 개원하면서 공개적으로 사용되기 시작했다. 그는 미얀마 등지에서 명상 수행을 직접 경험하고 차명상의 원리를 연구하고 있다.

이와 같은 승가의 노력이 있었기에 오늘날 차명상은 그 이름을 확고히 자리 잡을 수 있었다. 2010년 3월 25일 지운, 지장, 선업을 중심으로 하여 사단법인 '한국차명상협회'가 발족하면서 차명상이 본격적으로 출발하였고, 그 산하에 현재 약 500여 명이 활동 중이다. 이외에도 각 사찰에서 운영하는 템플스테이, 차명상 및 차문화 관련 단체, 지방자치단체와 교육청 등 공공기관의 부설기관, 각 대학의 평생 교육기관 등에서 진행하는 차명상은 그 이름을 대중적으로 확장하는 데 이바지하고 있으며, 이로 인해 차명상은 대중적인 명상방법으로 자리 잡는 추세이다.

3. 차명상의 대상

1) 무한 잠재능력과 가능성

명상 대상은 다르마(法)이다. 다르마라는 이름은 다양하게 쓰이고 있다. 경론에서는 연기, 공성, 진여, 법계, 보리, 원각, 열반, 제일의공, 중도, 일심, 불성, 여래장, 일미(一味) 등의 이름으로, 조사어록에서는 본래면목, 본지풍광, 주인공, 마니주, 일물(一物), 화두 등으로 쓰인다. 이름이 다를 뿐 모두 같은 뜻을 가지고 있다. 이렇게 다양한 이름을 가지고 있는 다르마를 일미로 회통할 수 있다. 그래서 자비다선 차명상에는 다선일미(茶禪一味)를 궁극의 깨달음으로 보며 그에 따른 명상법이 자비다선 차명상이다. 깨달아야 할 대상으로 일미를 알기 위해서는 올바른 명상의 틀을 알아야 하고 그 틀을 통해 자신에게 잠재되어 있는 무한 능력을 현실에 나타나도록 하여 대자유를 얻는 것이 차명상이다. 일미는 마음의 무한 능력의 다른 이름이다. 일미를 드러내는 명상을 통해 대자유를 얻는 것이다.

2) 올바른 수행의 틀 - 경·행·과(境·行·果)

원측 스님은 『해심밀경소(解深密經疏)』에서 명상수행은 경·행·과(境·行·果)가 맞아야 한다고 설한다. 경(境)은 관찰 대상이다. 행(行)은 수행과 수행의 방법을 말한다. 과(果)는 수행의 결과이다.

관찰 대상(境)과 수행(行)과 결과(果)를 교(敎)-리(理)-행(行)-과(果)로 볼 수 있다.

즉, 관찰 대상은 무한 잠재력을 가지고 있는 마음의 본성이다. 『금강삼매경(金剛三昧經)』에서는 공적(空寂)하여 근본이 없고 현상을 일으킬 종자도 없다고 설한다. 또한 불교(佛敎)에서는 불성, 보리, 원각, 법계라고 하며, 조교(祖敎)에서는 주인공, 마니주, 본래면목이라고 한다. 그리고 『금강삼매경론(金剛三昧經論)』에서는 여래가 갈무리되어 있다고 해서 여래장(如來藏)이라고도 한다. 이 여래장에 대하여 교(敎)와 리(理)를 통하여 수행하고 그 결과로 깨달음을 이루는 것이다.

교(敎)는 여래장의 가르침을 들어서 지혜를 얻게 한다. 리(理)는 여래장의 이치를 사유하고 분석하여 통찰의 지혜를 얻어 여래장에 초점을 맞추는 것이다. 행(行)은 교와 리에서 얻은 지혜에 의지하여 여래장에 집중하고 선정과 지혜로써 잠재능력을 개발한다. 과(果)는 수행결과이다. 여래장에 은폐되어 있는 마음의 본성이 불생불멸, 불구부정, 부증불감을 체득하고 생로병사가 없는 대자유의 깨달음을 얻어 모든 속박에서 벗어나는 것이다.

3) 잠재되어 있는 힘의 다섯 가지 뜻

이러한 교리행과의 과정을 통해 마음은 여래를 품고 있는 무한 잠재력을 가지고 있음을 알아차리고 범부가 성인이 되고 중생이 부처가 될 수 있음을 믿고 이해하고 실행을 옮기는 행이 명상이다. 『금강삼매경론(金剛三昧經論)』에 의하면 여래장에는 다섯 가지 뜻이 있다.

(1) 은(隱)

첫째는 은(隱)이다. 은(隱)은 광석에 진금(眞金)이 은폐되어 있음을 뜻한다. 무명과 번뇌망상이라는 광석을 깨트리려면 집중명상인 사마타의 선정과 분석명상인 위빠사나의 지혜가 필요하다. 광석을 녹이는 자비의 불도 필요하다. 집중과 지혜와 자비가 광석인 번뇌망상과 무명을 제거해 가면 마음의 본성인 진금(眞金)의 마음거울이 나타나게 된다. 광석 속에 있을 때는 있는 그대로 텅 빈 진금이지만 마치 항아리에 구멍을 뚫어 가면 그 틈새로 빛이 나타나고 그 항아리를 완전 깨트리면 온전한 빛이 사방에 비추는 것과 같다. 나타나는 마음거울은 모든 사물을 비교 분별하지 않고 비춘다.

(2) 불개(不改)

사마타와 위빠사나에 의해서 잠재되어 있는 힘인 불개(不改)가 나타난다. 사마타와 위빠사나로 무명과 번뇌를 제거하여 마음의 본성인 진금을 드러내는 것이다. 드러나는 마음의 본성은 거울같이 비추는 성격이 있다. 그것도 분별없이 비추는 거울이다. 이것이 여래장의 두 번째 불개(不改)의 뜻인 것이다. 이 불개는 번뇌를 제거하는 원인이다. 불개는 공적하여 생멸이 없다. 이를 청정이라 한다. 불개(不改)는 모양도 색깔도 없고 방향과 장소가 없어 공적(空寂)하다는 것이다. 공적함은 조작이 없고 바뀌지 않는다는 것이다. 반면 번뇌는 생멸하므로 오염이라 한다. 무생멸의 청정과 생멸하는 번뇌가 만나면 생멸하는 번뇌가 소멸할 수밖에 없다. 그래서 여래장의 두 번째 뜻인 불개가 그대로 여래장의 세 번째 뜻인 원인의 뜻이 된다.

(3) 인(因)

원인의 뜻은 거울 속에 나타나는 영상이 고정, 분리, 스스로 존재한다고 보는 것은 모두 환영에 지나지 않는다는 것이다. 번뇌망상에 덮여있을 때에도 텅 비어있던 마음이 번뇌망상이라는 오염을 만날 때 텅 빔이 거울이 되어 거울에 비치는 모든 사물이 고정 독립된 것이 아니고 무상하게 변하고 분리되어 있는 것이 아니며 상호의존하기 때문에 자립이 없다. 그러므로 실체를 가지고 스스로 존재하는 것이 아니다. 이렇게 비추는 거울자체는 텅 비어 공적하다. 가고 옴이 없고, 잃지도 않고 파괴되지도 않아서 더럽고 깨끗함이 없다. 이를 텅 빔 거울이라 하고 지체(智體)라고 하여 움직이지 않는다. 번뇌망상을 없애는 힘으로 작용하므로 번뇌를 없애는 원인이라 하고 이를 지혜라고 한다.

(4) 생(生)

여래장의 네 번째 뜻은 생(生)이다. 진금(眞金)을 자비라는 불로 녹이고 사마타와 위

3장 명상의 현대적 응용

빠사나라는 망치로 두드리고 다듬어 법신(法身)이라는 장신구를 만들 수 있기 때문이다. 그런데 은폐되어 있는 진금의 마음과 불개의 마음은 모양도 색깔도 방향과 장소가 없어 무생이므로 불변(不變)이다. 그리고 사마타와 위빠사나라는 인연을 따라 드러나는 마음의 본성인 진금을 사마타와 위빠사나를 통해 법신이 생기하게 하는 것은 모두 인연을 따르는 수연(隨緣)이다. 그런데 불변은 무생이므로 무자성(無自性)이며, 수연은 인연을 따르므로 자립(自立)할 수 없어 무자성이다.

무자성은 무생무멸(無生無滅)이다. 이를 제일의공(第一義空)이라고 한다. 우리의 본성이 공적(空寂)하다면 아무것도 없는 무(無)로 생각할 수도 있다. 그러나 공적한 본성이 불변일 뿐만 아니라 인연을 따르는 수연이기에 법신을 이룬다. 그래서 공적한 본성이 무(無)가 아니라 불공(不空)인 것이다.

(5) 성(性)

여래장의 다섯 번째 뜻은 성(性)이다. 유정무정(有情無情)의 일체 모든 것은 자성을 지키지 않고 이루므로 자립하는 것이 없어서 수연이며, 수연은 무자성의 성품이므로 성(性)이라고 하는 것이다. 즉, 마음의 무자성으로서 성(性) 차원에서 번뇌망상에 의해 오염된 모든 것을 바라보면, 모든 번뇌와 번뇌에 물든 모든 것은 자성이 없으므로 무자성이 모든 것에 두루하여 통하지 않는 것이 없다. 그래서 움직임과 고요함에 통하여 염오와 청정의 의지가 된다. 마음의 본체인 무자성이 시간과 공간의 제약이 있는 세간법 중에서 떠나거나 벗어나지 않는 것이다. 또한 이를 마음에 갈무리되어 있는 공적한 본성을 항하의 모래 같은 공덕을 갖추지 않는 바가 없기 때문에 무량성공덕(無量性功德)이라고 한다.

무량성공덕이란 한량없는 성품이 훌륭한 결과를 가져올 수 있는 원인(공덕)이라고 『대승기신론』에서 설한다. 바로 이러한 무한 잠재력이 감추어 갈무리되어 있다. 여래가 잠재되어 있는 이 힘을 사마타와 위빠사나와 자비로 드러나게 하고 법신을 이루면 이 힘이 생명 있는 모든 존재를 돕는 힘으로 작용한다.

잠재되어 있는 힘을 드러나게 하는 사마타와 위빠사나와 자비는 도덕성을 바탕으로 한다. 사마타는 집중명상으로 선정을 이룬다. 이를 '정(定)'이라고 한다. 위빠사나는 분석명상으로 지혜를 얻는다. 이를 '혜(慧)'라고 한다. 그러나 알아차림(正念)으로 감각기관을 단속하여 도덕성을 이루는 '계(戒)'를 의지하고 있다. 그러므로 계정혜 삼학이 명상의 대상인 다르마를 드러나게 하고, 다르마를 아는 지혜로 선정을 의지하여 법신을 이루게 하는 것이 차명상 방법이다.

4. 차명상의 방법

수행으로서의 구체적 방법론이 정립된 차명상은 불교수행의 삼학인 계·정·혜(戒·定·慧)를 근간으로 한다. 계·정·혜에는 단속함[戒]·고요함[定]·지혜[慧]를 뜻하며 '단속하기', '집중하기', '통찰하기'로 풀어쓰기도 한다. 모든 명상의 바탕은 단속함·고요함·지혜를 바탕으로 한다. 특히 계(戒)의 단속은 정의 집중과 혜의 분석통찰 속에도 있다. 알아차림을 통한 단속(도덕을 통한 단속), 집중을 통한 단속, 지혜를 통한 단속이 그것이다. 이를 기반으로 마음의 고요함은 집중하기의 사마타로 성취하고 지혜는 통찰하기의 위빠사나로 얻는다.

이 장에서는 차명상의 근간을 끌어내는 차명상의 요소를 살펴본 뒤, 그 근간들이 차명상의 구조적 틀을 어떻게 형성하고, 차명상이 어떻게 이뤄지는지에 대해 살펴볼 것이다. 그런 다음 차명상의 구체적 종류와 그 효과에 대해서 살펴본다.

1) 차명상의 요소
(1) 명상찻잔

차명상의 가장 기본적인 요소는 명상 도구로 사용할 찻잔이다. 마음은 몸을 의지하여 대상의 영향을 받아 일어나며 그 대상이 어떠냐에 따라 마음의 성격이 달라진다. 즉, 마음은 대상을 닮는다. 따라서 마음이 진리의 모습을 닮아가고 결국 진리를 깨치기 위해서는 진리를 대상으로 삼아야 한다. 다선일미의 진리를 깨우치기 위해서 대상으로 삼을 만한 명상도구로 찻잔이 가장 적합하다. 차명상을 할 때 찻잔에 오롯이 집중한다면 수행자는 무경계·무조작 상태의 한마음에 이를 수 있다.

(2) 상상과 자비심, 그리고 연구

상상은 차명상 중에서도 자비다선에 유용한 요소로, 상상은 자비심을 키우고 자비심은 습관화된 부정적인 심리를 없애며 긍정적인 것을 증진 시킨다. 이는 사마타관의 일종으로 투영된 영상을 직관하여 고요함을 얻고 자비심을 키우고자 차 공양의 이미지를 내면에 투영하는 것을 일컫는다. 직관의 힘을 키우고 고요함을 얻는 데는 이보다 더 좋은 방법은 없을 것이다. 투영된 이미지와 합일하여 존재의 본질이 드러나면 그 본질에 대해 집중해 가는 방법 또한 알아차림[正念]으로써 행해지는 사마타관 수행이다.

상상을 통해 자비심을 키우는 과정은 다음과 같다. 우선 상상 속에서 일체의 차 도구를 갖추고 차 공양 올리는 모습을 생생하게 현실처럼 내면에 투영한다. 즉, 동작 하나하나를 실제와 똑같이 상상하는 것이다. 그와 동시에 관계를 소통시키는 느낌·이미지·감정·생각을 상상으로 일으키고 '사랑한다' '감사하다' '고맙다' '용서한다'라고 마음속으로 말을 건다. 이러한 과정을 통해 타자의 어려움을 해결하고자 발원하거나 공양물을 올리는 것을 상상하는 것은 자비심을 키워주고 이러한 자비심은 막힌 것을 뚫어주고 끊어진 것을 이어주며 생명을 불어넣어 그물과 같이 불이(不二)의 연기실상을 구현한다. 자비는 관계 속에서 일어나므로 그 속성은 무아이기 때문에 수행자는 자비심을 일으킨 결과 무아를 깨닫게 된다. 또한, 자비심은 막힘과 단절 때문에 파생한 고통을 해소하고 불생불멸의 열반락(涅槃樂)을 성취케 한다. 자비다선 외에도 현실을 상상력으로 투영하는 것은 행다선, 색향미 한마음 다선에서도 유용한 방법이다.

(3) 알아차림과 분석사유

차명상에서 알아차림과 인연생멸의 현상에 대해 직관하고 분석·사유하는 것은 고요함[定]과 지혜를 일으키는 요소이다. 이는 사마타와 마찬가지로 알아차림[正念]으로써 행해지는 위빠사나와 관계성 사유와 고요함을 의지하여 내면에서 일어나는 갖가지 영상과 심리를 알아차리면서 통찰하여 사유하는 것도 모두 위빠사나 수행이다. 위빠사나의 알아차림은 차를 통해 오감으로부터 일어나는 감각을 알아차리는 것이다. 즉, 눈으로 색을 알아차리고 코로 향기를 알아차리며 혀로 맛을 알아차리며 귀로 소리를 알아차리며 접촉 때문에 일어나는 감촉[가벼움, 무거움, 부드러움, 따뜻함, 차가움 등]을 알아차리는 것인데, 이렇게 오감의 감각을 아는 것은 일체를 아는 것이다. 왜냐하면, 감각을 통해서 일체 모든 것이 드러나기 때문이다. 또한 분석하여 통찰하는 위빠사나는 눈으로 볼 수 없고 만질 수 없는 무아, 공, 마음의 본성을 사유로 분석하고 통찰하여 진실을 알게 하는 지혜명상이다.

(4) 동기

차명상 수행에는 동기가 무척 중요한 요소이다. 수행의 출발을 인지(因地)라고 하며, 수행의 끝인 깨달음은 과지(果地)라고 하는데, 동기는 수행의 출발에서 괴로움을 자각하고 여기서 벗어나고자 깨달음을 구하면서 모든 생명을 괴로움으로부터 구하겠다는 서원을 세우는 역할을 한다. 모든 생명의 괴로움을 자각하면 수행하고자 하는 동기가 일어나는데 동기를 가진 수행자는 모든 생명과 사람들을 괴로움에서 벗어날 수 있도록 돕고자 하며 그러기 위해 지혜를 일깨워 수행함으로써 깨달음이라는 결과를 이룬다. 수행은 모두 인과로 이루어져 있기 때문이다.

2) 차명상의 명상 체계

차명상의 수행방법은 크게 두 가지로 구분할 수 있다.

하나는 '다구(茶具)를 갖추고 차를 우리면서 온도감을 느끼고 차 따르는 소리를 듣고, 차 빛깔을 보고 향을 맞으며 맛을 음미하는 것으로 오감(五感)을 알아차리는 명상'이다. 차의 오감을 알아차리는 명상에는 다구를 갖추고 찻잎과 물과 불 그리고 다구(茶具)를

3장 명상의 현대적 응용

다루고 준비하는 다례(茶禮)와 다도(茶道)의 과정이 포함되어 있다. 이 모두는 감각기관을 단속하고 오감을 알아차리는 명상이 생각과 감정을 길들이고 고요하게 한다. 오감을 알아차리는 명상에도 '차 도구를 갖추고 차를 우리는 모든 과정의 행다선'과 '차의 색향미를 알아차리는 명상'으로 나눌 수 있다. 여기에는 오감을 통해 일어나는 몸과 마음의 감정과 심리까지 알아차림이 되면 알아차림의 힘이 좋아진 것이다.

둘은 차를 통해 일어나는 오감을 알아차리는 명상에서 한 발 더 나아가서 과거는 지나가서 없고, 미래는 오지 않아 없으며, 현재도 머물지 않음을 알아차리고, 이 무상에서 고·무아·공을 알아차려 가면 모든 존재의 공통되는 현상인 법을 알아차리는 명상이다. 이 차명상은 지혜를 계발한다. 대상이 고정되어 있고, 분리, 실체로 보는 무지를 없애고 감정과 생각으로부터 자유롭고 외적 대상으로부터도 자유롭게 한다.

이러한 두 가지 구분되는 명상의 과정은 모두 계·정·혜 삼학으로 연결되어 있다. 차명상을 하는 수행자는 차를 우려내고 마시면서 '단속하기', '집중하기', '통찰하기'를 연습하게 되는데 그 과정을 간단하게 살펴보면 다음과 같다. '오감을 알아차리기 차명상'은 '단속하기'와 '집중하기'이다. 이 차명상을 통해 현재 자신이 어떤 습관으로 어떻게 살고 있는지를 매순간 알아차리게 한다. 차를 통하여 몸과 입과 마음이 반응하는 것을 알아차림으로 감각기관의 단속은 생각과 감정의 표현을 조정하는 계학의 특성과 유사하다. 또 '집중하기'를 통해 탐욕과 분노를 줄이는 유익한 정신 상태를 가지는 법을 배운다.

'법을 선택하는 차명상'은 '통찰하기'의 혜학에 속한다. 차를 통해 일어나는 오감을 알아차리면서 오감이 ①감각기관[根]과 ②차라는 경계[境]가 만나서 일어나는 ③인식[識]의 삼사화합(三事和合)으로 일어남을 알아차리고, 삼사화합의 오감이 무상하게 변하고 불만족스럽고 자아가 없고 실체가 없음을 바르게 사유하고 통찰하여 아는 것이다. 이 앎의 지혜가 경험되는 차의 색향미에 반응하는 감정과 심리를 법으로 보는 것이다. 차를 통해 일어나는 감각과 반응하는 후회, 불안, 초조, 근심 등의 장애를 법으로 보는 지혜에 의해 멈추거나 사라진다. 이 '통찰하기'를 통해 낡은 고정관념을 타파하고 가치관의 변화를 이끌어낸다.

차명상은 마음을 외부의 대상에서 내부의 대상으로 주의를 전환하고, 내 안의 현상들이 모두 조건에 의해 일어나고 사라진다는 사실을 파악하게 된다. 이 알아차림의 집중과 사유통찰이 자신을 객관화시켜 현상을 법으로 보도록 돕는다. 법을 선택하는 지혜란 현상을 있는 그대로 알아차리고, 그 현상의 진실을 분석 통찰하는 지혜를 말한다. 결과적으로 차명상은 마음을 가라앉히면서 집중과 통찰의 힘을 키울 수 있도록 돕는다.

정리하자면 차명상은 심리적 고통과 갈등을 해소하고 대자유를 얻기 위해 먼저 행동을 단속[戒]하고, 이어서 정서적 안정[定]과 그리고 법을 선택하는 인지적 통찰[慧]에 이르기 위한 세 측면을 계발하기 위해 노력하는 명상이다. 마음의 내적 태도를 변화시켜서 계정혜 삼학(단속, 집중, 통찰)의 수행체계를 갖추는 차명상법은 이 시대 현대인들에게 꼭 필요하면서 효과적인 명상법이 될 수 있다. 따라서 '단속하기', '집중하기', '통찰하기'의 각 단계가 차명상 과정에서 어떻게 나타나는지 더욱 자세히 살펴보도록 한다.

(1) 단속하기

차명상에는 단속과 도덕이라는 윤리적 실천덕목이 담겨있다. 차는 고요히 나를 들여다보고 흐트러진 마음을 다스리게 해주는 매개체이다. 차명상은 '단속하기'를 통해 현재 자신이 어떤 습관으로 어떻게 살고 있는지를 대상에 반응하는 몸과 말과 생각, 감정을 알아차리게 한다. 차라는 매개물을 통해 눈, 귀 등의 감각기관을 단속하고 조절하는 것은 외부의 대상에 반응하는 감정표현과 갖가지 생각을 단속하고 정리하는 계학의 특성을 가지고 있다. 이 과정에서 차의 빛깔과 향기와 깊은 맛을 음미하는 경우 차도구의 배열과 물도 중요하고, 물을 잘 끓이는 온도, 차의 양과 물의 양을 적절하게 조절하여 차를 우리는 시간과 차를 마시는 방법까지도 모두 주의를 기울여 알아차린다. 외적 대상에 반응하는 몸과 입과 마음의 욕구를 알아차려 절제하는 길, 이것이 차명상의 첫 번째 과정에서 다루어야 할 내용이다. 차명상의 단속은 단순히 참는 것이 아니라 차를 다루는 과정에서 주의를 기울이고, 알아차리는 그 힘을 기르는 것이다. 이 과정이 원만히 진행되면 다른 외부의 자극을 현저하게 줄이고 자신의 탐·진·치가 외부로 표현되는 것

역시 억제할 수 있다.

　차를 만들 때의 올바른 마음가짐을 위해 차를 마시는 방법을 진행하면서 수행자는 스스로 몸과 입과 마음의 움직임을 알아차려서 감각기관을 단속하여 품성(品性)을 가꿀 수 있다. 이것은 차명상의 기본 가운데 하나로 품성에서 요구되는 것은 윤리적 가치에 있어서 자기 자신을 스스로 길들이는 일이다. 자기 자신을 알아차림으로 부정적인 감정과 생각을 억제하고 자기 자신에게 스스로 이기는 것은 자신에 대한 또 다른 지배자를 갖지 않고 깨어있는 자신의 자유를 얻는 방법이다. 탐욕과 성냄에 자신의 욕구를 표출하는 것을 단속하는 일은 자기 자신과 싸움이라 할 수 있다. 차명상을 통해 번뇌에 휘둘리는 자기 자신의 번뇌를 이기는 것은 그야말로 놀라운 성과 중의 하나일 것이다.

　감각기관을 단속하는 차명상은 계학을 바탕으로 정학과 혜학으로 이끌어주는 과정을 통해 두루 사용된다. 감각기관의 단속은 크게 두 가지로 구성되어 있었다. 하나는 외부 대상의 자극에 안으로 반응하는 것이 일어나지 못하게 하는 단속이며, 다른 하나는 외부 대상의 자극에 의하여 반응하는 이것이 안으로 일어나더라도 비윤리적 행위로 발전되지 않도록 절제하는 단속이다. 차를 통한 차명상의 시작은 절제하고 단속하는 계행이다. 이러한 훈련은 대상에 반응하는 눈, 귀 등의 감각기관을 단속하는 것이다. 이 단속이 집중[정학]의 기반이자 뿌리가 된다. 알아차림으로 단속하는 계행을 갖추어야 육근에 대한 조절과 마음 길들임이 가능해진다. 점진적으로 차를 대상으로 하는 명상의 영역이 확장되는 것이다. 따라서 절제와 단속하는 계행이 없는 집중은 뿌리 없는 줄기와 같다.

(2) 집중하기

　차명상에서의 집중하기는 감각기관을 단속하는 알아차림이 힘을 받아 어떠한 대상을 알아차리든 감정과 생각의 개입 없이 순수하게 알아차림이 될 때 찰나삼매(刹那三昧)가 일어난다. 이 때의 알아차림이 집중하기의 알아차림이다. 물론 내적인 감각, 감정, 생각들도 알아차림의 대상이 되기 시작하는 것이다. 처음부터 내적 통찰을 하는 것은 어렵기에 차라는 물질을 통해 집중의 효과를 유도하는 것이다. 이처럼 몸뿐만 아니라 차도 물질을 이루는 흙, 물, 불, 바람의 4대 요소의 현상을 관찰할 수 있는 수행 도구가 될 수 있다. 허공의 요소까지 더하여 5대의 현상을 관찰할 수 있다. 이 5대 요소의 현상은 물질적이지만 색깔로 나타나며 신체의 차크라에 반응하며 심리도 일으킨다.

흙의 요소는 무거움, 가벼움, 부드러움, 거침 등의 현상으로 나타나며, 색깔은 노랑이며, 노란색 파장은 배꼽 차크라가 반응하게 만든다. 부정적인 심리는 고집, 자만이며 긍정적인 심리는 평등심을 일으킨다.

물의 요소는 응집력으로 나타난다. 몸의 현상으로는 나타나지 않지만 차 맛을 볼 때 나타날 수 있다. 색깔은 흰색이며 그 파장은 심장이 있는 가슴 차크라가 반응하게 한다. 부정적인 심리는 분노이며 긍정적인 심리는 사랑, 연민, 관용, 용서 등을 일으킨다.

불의 요소는 따뜻함과 차가움이라는 체온이다. 찻물에도 이러한 현상이 있다. 색깔은 붉은색이며 그 파장은 목 차크라가 반응하게 한다. 부정적인 심리는 탐욕이며 긍정적인 심리는 이타심을 일으킨다.

바람의 요소는 움직이는 에너지이다. 즉, 기운을 말한다. 몸의 현상으로 나타나며 차 맛의 기운도 알 수 있다. 색채는 녹색이며 그 파장은 미간과 배 차크라에 영향을 준다. 부정적인 심리는 시기, 질투이며 긍정적인 심리는 공정심, 평안을 일으킨다.

허공의 요소는 텅 빔인데 색깔은 파랑이며 그 파장은 정수리 차크라에 영향을 주어 반응하게 한다. 부정적인 심리는 어리석음이며 긍정적인 심리는 지혜를 일으킨다.

차명상을 통해 나타나는 5대 현상은 모두 감각으로 나타나므로 감각 알아차리기가 명상수행이 된다. 여기에는 두 단계로 나뉜다. 첫 단계는 5대의 현상이 감각으로 나타나므로 감각 알아차리기라면 두 번째 단계는 감각 알아차림을 놓치게 되면 그 감각으로부터 갖가지 심리가 일어난다. 갖가지 일어나는 감정과 생각들을 알아차리는 것이다.

1단계에서는 행다를 할 때 찻잔을 들고 놓은 움직임과 찻잔을 잡을 때의 느낌 등을 알아차린다. 차 맛을 보면서 차 맛에 대해 좋아하고 싫어하는 정신적인 느낌도 알아차린다. 1단계의 감각 알아차림이 익숙하다면 감각기관을 단속하는 것이 되며 다음 단계로 넘어간다. 2단계에서 느낌을 통하여 일어나는 정신현상을 알아차린다. 예를 들어,

찻잔을 잡았는데 뜨거움 때문에 반응이 나타날 수가 있다. 1단계에서는 뜨겁다는 감각을 알아차렸다면 2단계에서는 그 뜨거운 감각이 나의 마음에 어떠한 영향을 미치는지 살펴보는 것이다. 만일 뜨겁다고 하면서 기분이 나빠질 수도 있으며 차를 따라준 사람을 원망할 수도 있다. 바로 그 기분이 나빠지거나 화가 나고 있는 마음을 알아차리는 것이다. 차 맛이 좋아서 다른 사람들보다 더 많이 마시고 싶은 욕구가 일어날 수도 있다. 2단계에서는 이러한 마음도 알아차림의 대상으로 삼는다.

그래서 1단계가 외적 대상과 접촉하여 일어나는 감각에 대한 알아차림이었다면 2단계는 내적 대상인 정신현상에 대한 알아차림이라고 볼 수 있다. 만약 탐욕의 마음과 성냄의 마음이 일어났으면 이들의 마음이 일어났다는 사실을 분명히 알아차린다. 알아차림이 분명하면 이와 같은 불선(不善)한 마음은 멈춘다. 만약 불선한 마음이 쉽게 멈추지 않으면 '탐욕', '성냄'이라고 마음속으로 명칭을 붙여 알아차린다. 이러한 과정에서 진행되는 중요한 마음작용은 집중이 생기고 마음을 대상으로부터 챙기게 된다. 그러나 지혜가 계발되지 않는다. 단지 찰나삼매를 얻는 집중이 생길뿐이다. 단순히 감각과 움직임을 알아차리는 수준은 주시와 집중의 힘을 기를 수 있으며 이러한 힘은 현상을 해체시켜 진실을 있는 그대로 볼 수 있는 단계인 통찰하기로 이어진다.

(3) 통찰하기

차명상 과정의 마지막 단계는 바로 통찰하기[慧]이다. 삼학 중 통찰하기와 관련된 혜학은 계학과 정학의 바탕 위에서 확립된다. 따라서 혜학은 현상이 생멸하는 원인과 조건을 파악하는 위빠사나 지혜의 힘을 갖추고 있다. 결국, 몸이나 마음에서 나타나는 현상의 파악에 그치는 것이 아니라 우리 안에 잠재해 있는 삼독심의 잠재적 성향까지도 잘라낼 수 있는 지혜이다.

지혜는 차를 통하여 몸을 이루고 심리를 일으키는 5대의 현상을 알아차리고 몸과 마음에서 일어나고 사라지는 현상을 면밀히 알아차림으로써 '고정되어 있다' '다른 것과 분리되어 있다.' '실체를 갖고 스스로 존재한다.'는 잘못된 견해를 없앤다. 잘못된 견해로 생기는 마음의 움직임이 탐욕과 분노 등의 부정적인 감정과 심리이다. 따라서 마음의 움직임을 업(業)이라고 한다. 이 업이 괴로움을 가져오는 원인이다. 앞서 다룬 차명상의 집중과 알아차림은 현상을 단순하게 알아차리고 집중되어 있기에, 집중하기의 차명상은 엄밀히 따지면 혜학을 돕는 조건이자 바탕이지 혜학 자체가 아니다.

차명상(茶冥想)을 통하여 있는 그대로 볼 수 있는 지혜의 계발은 어렵지 않다. 차는 미세한 음식이다. 주변의 기후, 물의 온도, 습도 등에 가장 민감하게 반응하는 음식이다. 그러므로 미세한 차의 색감, 향기, 맛을 음미하는 과정에서 주의력은 자동으로 향상되고, 그 변화의 관찰을 통해 모든 것이 과거는 지나가서 없고 미래는 오지 않아 없으며 현재도 머물지 않는 무상을 파악할 수 있다. 이 과정에서 현상을 해체하여 진실을 있는 그대로 보는 무상의 지혜가 생기기 시작한다. 차명상은 이러한 무상관찰을 통해 마음이 현재 순간에 경험하는 차를 통해 과거와 미래로 가지 않고 현재 순간에 깨어있게 된다. 대상을 고정, 분리, 실체로 보는 무지는 사라진다. 또한 무상한 것은 만족스러운 것이 없음을 알게 된다. 불만족스러운 것은 소유하지 않는[無所有] 마음이 일어난다. 이것은 괴로움의 지혜이다. 불만족스러운 것은 자기 뜻대로 조절이 불가능하다. 그래서 주재하는 자아가 없는 무아임을 알게 된다. 무상·고·무아는 연결되어 있는 한 세트이다. 이렇게 무상을 통하여 괴로움과 무아의 지혜를 얻는다. 이것이 혜학이다.

앞서 설명했다시피 차명상의 계학에서 알아차림으로써 감각기관을 단속하는 데에 집중했다면, 차명상의 정학에서는 행다와 차의 색향미 자체를 대상으로 알아차림의 집중으로 5대라는 물질의 요소를 알아차리고, 그 물질의 요소에 기반하여 일어나는 자신의 정신현상까지도 객관적으로 알아차리는 명상방법이다. 차명상의 혜학은 물질현상과 정신현상이 일어나고 사라지는 현상을 분명하게 관찰하고, 일어나고 사라지는 현상을 과거, 현재, 미래로 나누어 면밀히 관찰함으로써 현상의 진실을 있는 그대로 보는 지혜의 힘을 계발한다. 단속과 집중이라는 계학과 정학의 성장은 현상을 있는 그대로 보는 지혜의 힘을 키우는 데 조건이 되고 바탕이 된다.

차명상의 계정혜 명상이 몸과 마음의 현상을 객관적으로 알게 하는 메타 인지의 기능까지 활성화시키고, 분노조절장애를 극복하는 자재력과 스스로 하고 있는 모든 행위를 스스로 아는 자각하는 힘과 사물과 사건을 지혜로 꿰뚫어보는 통찰까지 갖추는 것이다.

정리하자면 차명상의 수행자가 차라고 하는 대상에 알아차리고 있을 때 일어나는 불선한 마음이 더 이상 활개를 치지 못하게 한다. 이는 계학이 갖추어지는 것이다. 또한, 그가 차의 현상에 집중하고 있을 때, 알아차림에 의해 집중과 대상으로부터 마음을 챙기는 힘은 유지되고, 차에 대한 순수한 알아차림이 성장하고 찰나삼매를 얻는다. 불선한 마음은 더 이상 숨을 죽이고 의식위에는 올라오지 않는다. 이는 정학이 갖추어지고 있다는 반증이다. 그리고 그가 성숙한 집중과 무상을 알아차리는 힘으로 차를 다루고 있을 때, '나'라고 할 만한 고정된 관념이 들어갈 틈은 없다. 이러한 과정의 반복은 변화하는 조건화된 현상들만이 있다는 사실을 알게 해준다. 더 이상 올라오는 부정적인 감정과 생각은 올라오는 즉시 그 뿌리가 잘려버리고 없다. 이는 혜학이 갖추어지는 현상이다.

5. 차명상의 실습

1) 다실 꾸미기 뜻 새기기

다실 꾸미기 뜻 새기기 명상은 이 순서대로 진행되며 각 단계에서 명상 수행자가 그려내야 하는 구체적 이미지와 그 함의는 다음과 같다.

(1) 전체 이미지 시각화하기

다실에서 차를 마시고 눈을 감고 집을 떠올리고 집에서부터 출발하여 명상정원에 들어서고 나아가 깨침의 다실에서 차를 마시기까지의 그 모든 과정, 즉 다실에서 다실로 되돌아오는 과정은 모두 법계가 하나의 모습임을 말한다. 다실 꾸미기 깨침은 무명에 가려져 있는 우리안의 불성을 회복하는 과정을 의미한다.

(2) 명상정원에서 오솔길을 지나 정자 다실로 가는 이미지

- 숨을 들이마시고 내쉬면서 어깨에 힘을 빼고 척추를 곧게 세우면서 코끝에 잠시 시선을 둔다.
- 시선을 눈앞의 찻잔에 두고 찻잔을 들고 빛깔과 향기와 맛을 음미한다. 기억하기 위해 다시 한 번 색향미를 마시고 눈앞에서 다실을 떠올린다. 찻상에 다관, 물 식힘 그릇, 명상찻잔, 차통, 차 숟가락, 차 수건을 떠올리고 오른 편에는 화로위 주전자에 물이 끓고 있고 왼쪽 벽에는 다선일미 족자가 걸려있다. 창문으로 햇빛이 방안을 따뜻하게 비추고 뜰 앞의 연못의 연꽃 향기가 방안에 감돌고 있다. 다관의 뚜껑을 열고 뜨거운 물을 붓고 좋아하는 차를 넣고 뚜껑을 닫고 물식힘 그릇에 차를 우려낸다. 그리고 다시 찻잔에 차를 따르고 찻잔을 들고 빛깔과 향기와 맛을 음미하고 부피감과 액체 감을 느끼면서 찻물이 목을 통과하여 시냇물 흐르듯이 흐르고 모래에 물이 쓰며들 듯이 연상하여 차의 색향미가 온몸에 흡수됨을 명상한다. 상상속의 찻잔을 내려놓는다.
- 상상 속에서 살고 있는 자신의 집을 떠올려본다. 그 세속의 집은 몸과 마음과 환경이 결합된 사람[五蘊]이다.
- 아름다운 정원으로 들어간다. 수행의 출발을 뜻한다[자량도(資糧道) 시작].
- 자기가 좋아하는 꽃들과 나무들을 떠올린다. 꽃은 반드시 열매를 맺기 때문에 수행하게 되면 깨달음이라는 결과를 얻는다는 것과 그 깨달음으로 지각 있는 존재를 돕는다는 뜻을 동시에 가진다.
- 정원에서 앞을 바라보면서 아늑하고 아름다운 한옥을 그려본다. 한옥은 수행의 목적지이다.
- 정원에서 정자 같은 한옥으로 가는 길은 오솔길이며 그 오솔길은 수행의 길이다. 오솔길은 고요함의 표현으로 고요함은 수행의 길을 열어주는 것이다.
- 오솔길을 걸어간다. 그 수행 길에는 방해꾼도 있는데 정원에 있는 탐스런 과일과 정원에서 살고 있는 새들과 토끼와 원숭이들이다. 행선 또는 걷기선 명상으

3장 명상의 현대적 응용

로 산란심을 일으키는 과일과 새, 들뜸의 원숭이, 그리고 혼침의 토끼라는 번뇌를 제거하면서 걸어간다. 그러면 수행의 길이 분명하게 보이고 고요[三昧]해진다. 길에서 길로 점점 상승하게 하는 것은 삼매이다. 삼매 속에서 지혜와 자비가 계발되고 정신적 성숙이 일어난다.

- 오솔길 끝에는 시냇물이 흐른다. 시냇물은 탐욕과 분노와 어리석음의 흐름이다. 색깔은 탁하고, 들끓고, 냄새나고 검게 오염되어 있다.

- 아담한 한옥 앞으로 가로질러 흐르는 시냇물을 건너는 여섯 개의 징검다리가 있다. 여섯 개의 징검다리는 세간(시간과 공간)에서 출세간(시간과 공간을 벗어남)으로 건너가는 육바라밀의 다리이다. 바라밀은 '건너는 과정'과 '완전 건너간' 두 가지 뜻이 있는데 바라밀은 괴로움에서 벗어남을 의미한다. 보시·지계·인욕·정진·선정·반야라는 여섯 가지 괴로움을 건너는 방법이 있다.

- 여섯 개의 징검다리를 건넌다. 먼저 보시라는 징검다리를 건너갈 때는 탐욕이 없어져 시냇물의 탁함이 점점 맑아진다. 지계라는 징검다리를 건널 때는 도덕성이 살아나 시냇물의 더러운 냄새가 향기로 살아난다. 인욕이라는 징검다리를 건널 때는 분노의 감정이 사라져 세차게 흐르는 시냇물이 조용히 흐른다. 정진이라는 징검다리를 건널 때는 시냇물의 검은 색이 투명해진다. 이는 보시·지계·인욕을 행하여 마음이 투명해졌기 때문이다. 선정이라는 징검다리를 건널 때는 번뇌가 일어나지 않아 흐름을 멈춘 것 같이 잠잠해진다. 지혜라는 징검다리를 건널 때는 무지가 사라져 이 모든 형상이 거울의 반영같이 환영임이 드러난다. 여섯 개의 징검다리를 건너는 것은 보리심을 내어 보시·지계·인욕·정진 바라밀의 도움을 받아서 사마타[止]와 위빠사나[觀]를 쌍수한다[자량도(資糧道)에서 가행도(加行道)로 들어감].

- 징검다리를 건너면 소나무 숲이 있다. 여섯 바라밀의 징검다리를 건너 만난 소나무 숲에서 소나무에 기대어 본다. 소나무에 기대어 관계성 사유를 한다. 즉, 선정에 의지하여 몸과 마음을 분석하는 위빠사나 지혜를 얻는 수행으로 분석하

려야 할 수 없는 데까지 이르면 위빠사나 삼매가 일어나고 위빠사나 삼매와 사마타삼매가 하나가 되어 공삼매(空三昧)를 이루고 공삼매속에서 무분별의 지혜를 얻는 바라밀을 수행하여 번뇌와 무지가 삼매와 지혜로 바뀌어 가는 것을 상징한다[가행도(加行道)]. 작은 부분인 소나무와 전체인 우주가 상호 의존하는 연기이며 공성임을 아는 순간 공성의 빈 마당이 펼쳐진다. 주객이 사라지고 중생과 붓다가 평등해지고 법계가 하나인줄 아는 깨달음을 얻는다[공성을 아는 것이 깨달음, 즉 견도(見道)].

(3) 정자의 다실로 들어가는 이미지

- 공성을 아는 지혜로 소나무 숲을 지나 깨달음의 방이 있는 널찍한 빈 마당을 지나가다[수도(修道)]. 걷는 순간순간 마당 한 켵에는 연못이 나타나고 홍련과 백련도 피어난다. 빈 마당을 지나가는 것은 공성을 아는 지혜로 번뇌가 고요한 선정의 연못이 열리고 깨달음의 연꽃[지혜]이 피어난다.

- 빈 마당을 가로질러 계단을 올라간다. 계단은 깨달음과 수행의 길을 상징한다. 모두 앞뒤를 되돌아보고 알아차리는 지혜이다. 즉, 범부각(凡夫覺)과 상사각(相似覺)의 계단을 올라서 수분각(隨分覺)의 마루에 오르고 구경각(究竟覺)의 깨달음의 방으로 들어간다. 또는 자량도(資糧道)-가행도(加行道)-견도(見道)-수도(修道)-구경도(究竟道)의 다섯 계단을 올라 마루에 올라서고 다실로 들어간다.

- 방문을 열고 들어간다. 문은 진리의 문이며 방은 깨달음의 자리이다[구경도(究竟道)].

(4) 다실에서 되돌아보는 지혜

- 다실의 문을 통해 밖을 본다. 마당, 연못, 연꽃과 소나무, 시냇물, 오솔길 그리고 저 멀리 정원도 보인다. 문밖을 보는 것은 수행의 길을 반조하는 지혜이다.

(5) 다실 안의 이미지

- 창문에는 햇빛이 비치고, 방안은 연꽃향기가 은은하다. 햇빛은 지혜이며, 연꽃향기는 깨달음의 향기다.
- 다포위에는 다관, 물 식힘 그릇, 명상찻잔, 차 통, 찻숟가락, 차 수건이 있다. 오른편에는 물 끓이는 도구(화로 위에 물 주전자)가 있다. 이들은 자비심을 증진시키는 도구이며 깨침에 도움을 주는 도구이다.
- 왼쪽 벽에는 다선일미(茶禪一味) 족자가 걸려있으며 일미(一味)는 깨달음의 내용이다.
- 명상찻잔을 들어 차를 음미한다. 이때는 색·향·미 감로차 마시기 명상, 연꽃찻잔 일곱 가지 뜻 새기기 명상, 오색차 명상, 색·향·미 한마음 차명상, 자비다선 중에 자신이 좋아하는 다선일미(茶禪一味) 차명상을 떠올린다. 그리고 이 중 하나의 차명상을 하거나 차례로 차명상을 한다.
- 깨닫는 순간은 차 도구와 다실의 벽이 사라져 안과 밖이 텅 빔 하나가 됨을 상상한다[진금(眞金)에 비유되는 공적(空寂)한 마음의 본성].
- 다시 차도구와 다실 벽이 다시 원상태로 되살아난다. 진금으로 팔찌 등 장신구를 만들어도 진금의 성품이 바뀌지 않음을 알아차린다. 즉, 사마타와 위빠사나의 수단으로 공적[不變]함이 법신(法身)을 이루더라도 공적한 성품은 바뀌지 않음을 깨닫는다[수연(隨緣)]는 것임을 알아차린다.
- 불변과 수연은 같은 진금인 무자성임을 깨닫는 것임을 알아차린다.
- 차명상을 통하여 처음 출발했던 다실과 지금 도착한 다실이 같은 다실임을 깨닫는다는 것임을 알아차린다. 다실 꾸미기 깨침은 모든 것, 모든 존재가 공적하다는 깨달음 속에 살고 있으면서도 그 사실을 알지 못하고, 생사(生死)의 괴로움에 빠져 있으므로 그 깨달음을 회복함을 뜻한다. 또한 세간의 살림살이, 삼라만상 우주 그대로 깨달음이라는 깨침을 알아차리고 상상해 본다.

(6) 마무리
- 다실 꾸미기 뜻 새기기 명상을 마무리하면서 몸과 마음의 변화를 살펴본다.

2. 색·향·미 감로차 마시기

색·향·미 감로차 마시기 명상의 실습은 다음과 같은 순서로 이루어진다.

- 시작을 알리는 죽비 세 번치고 좌종을 한번 울린다.
- 좌종 소리 따라 허리를 펴고 숨을 들이쉬고 내쉬면서 어깨에 힘을 빼고 척추를 곧추세운다. 눈은 반쯤 감고 시선을 코끝에 잠시 둔다(10여 초).
- 미리 준비한 찻잔을 든다.
- 찻잔을 들어 올릴 때의 무게감을 알아차리고, 찻물의 움직임이 잔잔해질 때까지 가만히 있는다.
- 찻잔을 입으로 가져오면서 찻잔 속에 담긴 연꽃문양을 바라보고 찻물의 맑고 투명한 찻물 빛을 주시한다.
- 찻잔을 들고 마신다. 숨을 들이쉬고 내쉬면서 빛깔과 향기, 그리고 맛을 음미한다. 색·향·미를 기억하기 위해 다시 한 모금 음미한다.
- 찻잔을 내려놓고 상상 속에서 찻잔을 들고 차를 마시고 숨을 들이쉬고 내쉬면서 차향과 차 맛을 음미한다. 찻물이 목으로 넘어갈 때 부피감과 무게감을 느낀다.
- 색·향·미를 머금은 찻물의 맑고 투명한 백색의 미세한 알갱이를 안개 같은 이미지로 시각화하여 그 안개가 온몸을 감싸고 마치 모래에 물이 스며들 듯이 온몸의 세포에 스며들게 한다.
  - 좌종을 한번 친다. 좌종의 울림이 끝나고도 잠시 동안 온몸 스며들기를 한다.
- 의식을 발가락 끝에 두고 찻물이 온몸의 세포에 스며들게 한다.
- 좌종을 한번 친다. 좌종의 울림이 끝나고도 잠시 동안 온몸 스며들기를 한다.
- 의식을 손가락 끝에 두고 찻물이 온몸의 세포에 스며들게 한다.
  - 좌종을 한번 친다. 좌종의 울림이 끝나고도 잠시 동안 온몸 스며들기를 한다.

- 의식을 머리끝 정수리에 두고 찻물이 온몸의 세포에 스며들게 한다.
- 좌종을 한번 친다. 좌종의 울림이 끝나고도 잠시 동안 온몸 스며들기를 한다.
- 의식을 동시에 발가락, 손가락, 머리끝에 두고 찻물이 온몸의 세포에 스며들게 한다.
  - 좌종을 한번 친다. 좌종의 울림이 끝나고도 잠시 동안 온몸 스며들기를 한다.
- 천천히 눈을 뜨고 앞에 있는 찻잔을 들고 한 모금 차 맛을 음미한다. 찻물이 목을 타고 내려가면서 온몸에 스며드는 것을 지켜본다.
- 차의 물빛처럼 맑고 투명한 자비의 마음으로 차의 색·향·미가 온몸에 스며드는 흐름을 지켜본다. 그리고 그 흐름이 지구의 모든 강물로 흐르고 그 흐름이 유유히 흘러 바다에 도달함을 떠올린다. 우리 몸의 부분 부분들에서 흘러내린, 갖가지 이름을 가진 모든 강물들이 흘러 바다를 만나면 바다라는 하나의 맛[一味]이 되어 이 세상 모두가 평등해짐을 생각한다.
- 죽비 세 번치고 합장하고 끝마친다.

3) 오색차 명상

(1) 준비물과 명상 진행방법

준비물로 죽비와 좌종과 차도구 일체를 갖춘다.

명상의 진행방법은 다음과 같다. 죽비는 처음과 끝에 세 번 죽비를 친다. 좌종은 명상시간을 알리며 좌종소리는 약 40초에서 1분 정도 걸린다. 따라서 한번 찻잔을 들고 또는 찻잔을 놓고 명상하는 시간은 약 1분 정도이다.

혼자서 명상할 때는 자기가 자기에게 안내말 하면서 하고 그 다음에는 안내말 없이 한다. 전체 대중과 함께하는 명상은 보통 10분 정도 걸리는 데 20분까지는 괜찮다. 하지만 그 이상 가면 명상의 효과가 떨어질 수도 있으므로 지양한다. 명상언어를 안내말 하는 사람은 그때그때 상황에 따라 좌종을 더 칠 수 있고 횟수를 줄일 수 있다.

주의할 점은 안내말 하는 길잡이가 명상하는 이들과 함께 명상하면서 안내말을 해야 된다는 점이다. 그 이유는 본인이 명상을 하지 않고 안내말만 했을 경우 같은 호흡이 아니어서 명상대중과 어긋날 수 있기 때문이다. 그뿐만 아니라 명상의 체험이 동반되지 않는 안내말은 대중들의 공감을 얻지 못하며 공명(共鳴)이 생기지 않아서 명상의 체험이 매우 약하거나 없을 수 있다.

(2) 실습 순서

- 시작을 알리는 죽비 세 번치고 좌종을 한번 친다.
- 허리를 펴고 숨을 들이쉬고 내쉬고 내쉴 때는 어깨에 힘을 뺀다. 척추는 곧게 하고 눈은 반쯤 뜨고, 시선은 코끝에 둔다.
- 노란색(황금색)-흰색-붉은색-녹색-파란색(청색)의 5색이 심리적임을 상기하고 이해하고 또한, 이 5색이 몸과 심리에 영향을 주는 것을 상기하고 이해한다.
- 찻상 위에 다섯 색의 찻잔을 좌측에서부터 우측으로 노란색(황금색) 찻잔, 흰색 찻잔, 붉은색 찻잔, 녹색 찻잔, 파란색 찻잔의 순서로 일정한 간격으로 나열하고 각기 5색 찻잔에 찻잔의 색과 같은 5색의 찻물을 따른다.
- 앞에 있는 차를 음미하고, 잠시 후 한 번 더 음미한다. 이때 목에 넘어가는 촉감과 향기, 맛을 기억하는 것이 매우 중요하다.
- 좌종을 한번 친다. 좌종소리의 여운이 끝나면 찻잔을 내려놓는다.

① 청차(파랑 차)

- 눈을 감고 제일 먼저 파란색 찻잔을 떠올린다. 그리고 청차를 들고 마신다. 하늘빛을 닮은 청차가 목을 통해 쭉 흘러 들어감을 시각화한다. 숨을 들이쉬고 내쉬면 맛과 향이 일어날 것이다.
- 찻물의 색·향·미가 목 아래로 쭉 흘러 들어가는데, 처음은 색·향·미의 파랑색 찻물이 무게감을 가지고 시냇물이 흐르듯이 흘러내림을 연상하고 모래에 물이 스며들 듯이 연상한다.

3장 명상의 현대적 응용

- 그다음으로 안개같이 연상하여 부드러운 솜에 젖어 들듯이 연상한다.
- 그다음에는 파란색 빛으로 화하여 투과하듯이 연상한다.
  - 좌종을 한번 친다.
- 의식은 정수리에 둔다. 파란색 빛 기운이 정수리로 흐르고 뇌에 위치하고 있는 생명 유지의 바람 기운이 활발해진다. 생명 유지의 기운이 가지고 있는 능력은 마음의 안정과 집중력이 생기게 하고 의식의 명료함과 사유가 지속되게 하여 지혜를 증장시킨다. 그리고 기관을 밝게 한다.
- 색·향·미의 투명한 파란색 찻물은 계속 흘러 들어간다. 모래에 물이 스며들듯이, 안개가 스며들 듯이, 빛이 투과하듯이 연상한다.
  - 좌종을 한번 친다. 좌종소리의 여운이 끝나면 찻잔을 내려놓는다.

② 흑차(검은색 차)
- 상상 속에서 청색찻잔을 내려놓는다. 그런 다음 녹색 찻잔에 흑차를 따르고, 녹색찻잔을 들고 흑차를 마신다. 찻물이 쭉 흘러 들어감을 시각화한다. 숨을 들이쉬고 내쉬면 맛과 향이 일어날 것이다.
- 찻물의 색·향·미가 목 아래로 쭉 흘러 들어가는데, 처음은 색·향·미의 흑색 찻물이 무게감을 가지고 시냇물이 흐르듯이 흘러내림을 연상하고 흑색 찻물이 녹차로 변화하여 모래에 물이 스며들 듯이 연상한다.
- 그다음으로 안개같이 연상하여 부드러운 솜에 젖어 들듯이 연상한다.
- 다음에는 안개 같은 찻물이 녹색 빛으로 화하여 투과하듯이 연상한다.
  - 좌종을 한번 친다.
- 의식은 미간에 둔다. 의식을 미간에 두면 녹색 빛 기운이 미간으로 흐르고 위로 오르는 기운이 생기면서 그 기운에 의해 눈과 신경계, 머리의 뇌 신경세포가 활성화되고 마음이 평안해지고 흐릿한 의식이 맑아지고 지혜의 눈이 생긴다.
- 색·향·미의 투명한 녹색 찻물은 계속 흘러 들어간다. 모래에 물이 스며들 듯

이, 안개가 스며들 듯이, 빛이 투과하듯이 연상한다.
  - 좌종을 한번 친다. 좌종소리의 여운이 끝나면 찻잔을 내려놓는다.

③ 홍차(붉은색 차)
- 상상 속에서 녹색 찻잔을 내려놓는다. 그런 다음 붉은색 찻잔에 붉은색 홍차를 따르고 붉은색 홍차를 들고 마신다. 차가 목을 통과해 쭉 흘러 들어감을 시각화한다. 숨을 들이 쉬고 내쉬면 맛과 향이 일어날 것이다.
- 찻물의 색·향·미가 목 아래로 쭉 흘러 들어가는데, 처음은 색·향·미의 붉은색 찻물이 무게감을 가지고 시냇물이 흐르듯이 흘러내림을 연상하고, 모래에 물이 스며들 듯이 연상한다.
- 그 다음으로 안개같이 연상하여 부드러운 솜에 젖어 들듯이 연상한다.
- 그 다음에는 홍색 빛으로 화하여 투과하듯이 연상한다.
  - 좌종을 한번 친다.
- 의식은 목에 둔다. 홍색 빛 기운이 목으로 흐르고 상승하는 바람이 불어서 말과 호흡하는 등의 기능이 활발해진다. 그리고 기억력이 좋아지고 정신적인 인내와 근면을 조절하는 생명력이 생긴다. 의욕저하가 사라지고 탐욕으로 인하여 상처받았다면, 그 상처가 치유된다.
- 색·향·미의 투명한 붉은색 찻물은 계속 흘러 들어간다. 모래에 물이 스며들 듯이 안개가 스며들 듯이 빛이 투과하듯이 연상한다.
  - 좌종을 한번 친다. 좌종 소리의 여운이 끝나면 찻잔을 내려놓는다.

④ 백차(흰색 차)
- 상상 속에서 붉은색 찻잔을 내려놓는다. 그런 다음 흰색 찻잔에 흰색 백차를 따르고 백차를 들고 마신다. 흰색 백차가 목을 통과해 쭉 들어감을 시각화한다. 숨을 들이쉬고 내쉬면 맛과 향이 일어날 것이다.

3장 명상의 현대적 응용

- 찻물의 색·향·미가 목 아래로 쭉 흘러 들어가는데, 처음은 색·향·미의 흰색 찻물이 무게감을 가지고 시냇물이 흐르듯이 흘러내림을 연상하고 모래에 물이 스며들 듯이 연상한다.
- 그 다음으로 안개같이 연상하여 부드러운 솜에 젖어 들듯이 연상한다.
- 그 다음에는 흰색 빛으로 화하여 투과하듯이 연상한다.
  - 좌종을 한번 친다.
- 의식은 가슴에 둔다. 흰색 빛 기운이 가슴으로 흐르고 가슴에 위치하고 있는 두루 흘러가는 기운이 활발해지면서 팔다리 머리끝까지 몸 전체에 퍼져서 혈액을 맑게 하고 분노와 증오심에 의해 생긴 상처가 치유된다.
- 색·향·미의 투명한 백색 찻물은 계속 흘러 들어간다. 모래에 물이 스며들 듯이 안개가 스며들 듯이 빛이 투과하듯이 연상한다.
  - 좌종을 한번 친다. 좌종 소리의 여운이 끝나면 찻잔을 내려놓는다.

⑤ 황차(노랑 차)

- 상상 속에서 흰색 찻잔을 내려놓는다. 그런 다음 노란색 찻잔에 황금빛이 나는 황차를 따르고 황금색 황차를 들고 마신다. 황금색 차가 목을 통해 쭉 흘러 들어감을 시각화한다. 숨을 들이쉬고 내쉬면 맛과 향이 일어날 것이다.
- 찻물의 색·향·미가 목 아래로 쭉 흘러 들어가는데, 처음은 색·향·미의 황금색 찻물이 무게감을 가지고 시냇물이 흐르듯이 흘러내림을 연상하고 모래에 물이 스며들 듯이 연상한다.
- 그 다음으로 안개같이 연상하여 부드러운 솜에 젖어 들듯이 연상한다.
- 그 다음에는 황금색 빛으로 화하여 투과하듯이 연상한다.
  - 좌종을 한번 친다.
- 그리고 의식은 배꼽 위에 둔다. 배꼽에 의식을 두면 황금색 빛 기운이 배꼽으로 흐르고 배꼽에 불의 기운이 생긴다. 배꼽 주위에 있는 위장과 복부에 머무르는 기운

이 활성화되어 음식을 소화 시키고 신진대사가 활발해진다. 그리고 자존심이 상했다면 고집과 자만이 없어지고 자존감이 생기면서 평등하게 보는 마음이 생긴다.
- 색·향·미의 투명한 황금색 찻물은 계속 흘러 들어간다. 모래에 물이 스며들 듯이 안개가 스며들 듯이 빛이 투과하듯이 연상한다.
  – 좌종을 한번 친다. 좌종 소리의 여운이 끝나면 찻잔을 내려놓는다.

⑥ (녹차(녹색 차)
- 상상 속에서 노란색 찻잔을 내려놓는다. 그런 다음 녹색 찻잔에 녹차를 따르고 녹차를 들고 마신다. 녹차가 목을 통해 쭉 흘러 들어감을 시각화한다. 숨을 들이쉬고 내쉬면 맛과 향이 일어날 것이다.
- 찻물의 색·향·미가 목 아래로 쭉 흘러 들어가는데, 처음은 색·향·미의 녹색 찻물이 무게감을 가지고 시냇물이 흐르듯이 흘러내림을 연상하고 모래에 물이 스며들 듯이 연상한다.
- 그 다음으로 안개같이 연상하여 부드러운 솜에 젖어 들듯이 연상한다.
- 그 다음에는 녹색 빛으로 화하여 투과하듯이 연상한다.
  – 좌종을 한번 친다.
- 의식은 배꼽 아랫부분에 둔다. 배꼽 아래 단전에 의식을 두면 복부에 평등하게 머무는 기운이 활성화되어 시기, 질투 같은 부정적인 심리로 인하여 생기는 복부 통증이 사라진다. 그리고 마음의 평안이 온다.
- 색향미의 투명한 녹색 찻물은 계속 흘러 들어간다. 모래에 물이 스며들 듯이 안개가 스며들 듯이 빛이 투과하듯이 연상한다.
  – 좌종을 한번 친다. 좌종 소리의 여운이 끝나면 찻잔을 내려놓는다.

⑦ 통합 투명한 흰색 빛 백차
- 상상 속에서 녹색 찻잔을 내려놓는다. 이번에는 찻잔에 노란색 차, 흰색 차, 붉

은색 차, 그리고 녹색 차를 따른다. 이렇게 차를 따르면 그 빛이 흰색 빛의 백차로 바뀔 것이다. 그렇지 않으면 따로따로 네 개의 색깔이 그대로 담겨있는 채로 들고 마신다. 찻물은 목을 통해 쭉 흘러 들어감을 시각화한다. 숨을 들이 쉬고 내쉬면 맛과 향이 일어날 것이다.

- 찻물의 색·향·미가 목 아래로 쭉 흘러 들어가는데, 처음은 색·향·미의 흰색 빛의 찻물이 무게감을 가지고 시냇물이 흐르듯이 흘러내림을 연상하고 모래에 물이 스며들 듯이 연상한다.
- 그 다음으로 안개같이 연상하여 부드러운 솜에 젖어 들듯이 연상한다.
- 그 다음에는 흰색 빛으로 화하여 투과하듯이 연상한다.
  - 좌종을 한번 친다.
- 의식은 배꼽 아래 회음부에 둔다. 회음부에 의식을 두면 아래로 향하는 기운이 활성화된다. 이 기운은 소변, 배변과 걸어가거나 앉는 등의 활동을 원활하게 한다.
- 색·향·미의 투명한 흰색 빛 백색 찻물은 계속 흘러 들어간다. 모래에 물이 스며들 듯이 안개가 스며들 듯이 빛이 투과하듯이 연상한다.
  - 좌종을 한번 친다. 좌종 소리의 여운이 끝나면 찻잔을 내려놓는다.
- 회음부에서 다시 정수리 쪽으로 오색차 명상해 간다.
- 녹색의 녹차 → 황금색의 황차 → 흰색의 백차 → 붉은색의 홍차 → 녹색의 녹차(미간) → 파랑색의 청차 순으로 오색차 명상을 한다.
- 상상 속에서 청색 찻잔을 내려놓고 천천히 눈을 뜬다. 앞에 있는 찻잔을 들고 차를 한 모금 마신 다음 내려놓는다. 찻물이 목을 통해 쭉 들어가서 몸속에 흡수되는 걸 쭉 지켜본다.
- 숨을 들이쉬고 내쉬면서 차 명상을 끝내는 죽비 세 번 친다.

4) 색한마음 다선
색한마음 다선 실습은 다음과 같은 순서로 이루어진다.

자비다선 차명상

(1) 도입

- 죄종을 한번 치고 합장 인사한다.
- 다각(차를 달여 여러 사람에게 이바지하는 사람)은 숨을 들이쉬고 내쉬면서 코끝에 시선을 잠시 둔다. 이어서 시선을 차 도구로 옮기고 움직이는 손동작마다 느낌의 변화를 알아채면서 움직임 하나하나 순간순간 알아차림 하여 대상으로부터 마음을 챙긴다. 자를 따르면서 차와 일체 도구가 자신과 하나로 연결됨을 생각하면서 물 흐르고 꽃피듯 자연스럽게 마음이 편안하게 모두와 함께 하듯 일체감 있게 한다.
- 다각은 손님께 차 드리고 자리에 와서 앉은 뒤, 색한마음 다선의 상상 속 이미지를 떠올리고 전체 과정을 생각한다.
- 손님이 있다면 손님과 함께 그 과정을 생각한다.
- 죄종을 한 번 치고 차 명상의 시작을 알린다.
- 찻잔을 앞에 두고 한두 차례 들이쉬고 내쉬면서 어깨에 힘을 빼고 허리를 펴준다. 이렇게 몸과 마음의 긴장을 풀고 시선은 코끝에 두고 호흡을 본다. 이때부터 손님 외의 대중 모두 함께 차 명상한다.
- 눈을 감고 각자 내면에서 다실을 꾸미고 차 도구 일체를 상상으로 갖추는 '깨달음으로 가는 길의 지도(地圖)'명상을 한다.
- 상상의 차방에서 벗어나 눈을 뜨고 앞에 있는 찻잔을 알아차림 하면서 잡으러 간다. 마치 한 송이 연꽃이 피듯이 한 손으로 찻잔을 들고, 한 손으로 받쳐 준다.
- 찻잔과 찻잔 바닥의 연꽃문양을 본다. 봄으로써 찻물 색의 입체적으로 맑고 텅 빈 투명성을 본다. 맑고 투명하게 텅 빈 찻물 색의 빛깔을 바라보면서, 향기를 느끼고 차를 한 모금 마셔 맛을 음미한다.
- 찻잔을 내려놓고 찻잔 바닥의 연꽃을 보면서 차의 맑고 투명하게 텅 빔을 지켜보고 조용히 눈을 감으면서 – 이때 눈은 살며시 감거나 반쯤 감아도 좋다 – 찻잔은 물에 뜬 달같이 실체가 없는 환이라는 이미지를 연상한다. 앞으로 모든 이

미지는 이렇게 연상한다. 그리고 찻잔은 자기의 몸이요, 찻물의 맑고 투명함은 자신의 마음임을 초점 맞추어 생각하고 기억한다. (작게 좌종을 친다.)

※ 찻잔을 들고 해도 된다.

(2) 순행(색즉시공)

- 찻잔에서 찻잔보다 큰 옹달샘으로 간다. 찻잔의 맑고 투명한 찻물에서 맑은 샘물이 투명하게 퐁퐁 솟아오르는 옹달샘을 연상하며, 옹달샘은 자기의 몸이고, 옹달샘의 주위가 아주 고요함을 연상하면서 옹달샘 물의 맑고 투명하여 텅 빔은 자신의 마음임을 변화시켜 초점 맞추어 생각한다. 특히 맑고 투명함이 샘솟듯 살아 움직임을 시각화하여 잊지 않고 기억 한다. (작게 좌종을 친다.)

- 옹달샘에서 옹달샘보다 수십 배 큰 연못으로 간다. 맑고 투명한 옹달샘에서 큰 연못을 연상하며 연꽃이 피어 있는 연못은 연꽃의 정화 작용에 의해 맑고 투명한 물속에 금붕어들이 유유히 헤엄치는 것을 본다. 그리고 연못은 자기의 몸이며, 연못의 맑고 투명하게 비어있음은 자신의 마음임을 알아, 맑고 투명하게 빈 이미지에 초점 맞추고 기억한다. (작게 좌종을 친다.)

- 연못에서 연못보다 수백 배 큰 호수로 나아간다. 맑고 투명한 연못에서 햇살이 반사되어 반짝반짝 빛나는 바람 한 점 없는 잔잔한 호수를 연상한다. 산 그림자와 나뭇가지 그림자가 거울 같은 호수 면에 비치고 돛단배가 유유히 한 폭의 그림같이 미끄러져 가는 자리의 맑고 투명하게 빈 그 이미지에 초점 맞추고 시각화하여 본다. (작게 좌종을 친다.)

- 호수에서 호수보다 수천 배 큰 바다로 간다. 저 멀리 수평선이 보이고 갈매기도 날아다니고 여객선의 한가한 모습이 수평선을 등지고 지나간다. 바람 한 점 없으며 한없이 넓고 그 깊이 또한 측량할 수 없는 바다 그 자체가 큰 거울과 같이 맑고 투명하게 텅 있다. 이제 맑고 투명하게 빈 그 이미지에 초점 맞추고 시각화하여 본다. (작게 좌종을 친다.)

- 바다에서 무한의 하늘로 올라간다. 하늘에 올라가는 것이 무겁고 힘들다면 연꽃을 상상하여 타고 올라가면 된다. 무거운 것은 번뇌의 힘이 크기 때문이며 본인의 심리적인 문제이다. 수평선이 보이는 바다에서 동서남북 상하가 텅 비어 깊이와 넓이를 알 수 없는 텅 빈 파랑 하늘을 상상하고 쪽빛 하늘에 흰 구름 한 조각 유유히 지나감을 시각화하여 지켜본다. 그림 같은 한 조각 구름 사이로 파랑이 맑고 투명한 허공이 수평선 하나 없는 무한 그대로 맑고 투명하게 텅 빔에 초점 맞추고 시각화하여 본다. 하늘의 거울같이 맑고 허공같이 투명하면서 텅 빈 상태에 머물러 가만히 있는다.(작게 좌종을 친다. 30여 초 이상) 즉, 보고자 듣고자 느끼고자 하는 의도가 일어나면 멈추고 그냥 그대로 가만히 머문다.
- 눈을 뜨고 앞에 있는 찻잔을 들고 차를 마신다. 숨을 들이쉬고 내쉬면서 향기와 맛을 음미하고 기억한다.
- 하늘에서 허공에 머물러 차를 마신다.
  ※ 하늘에서 허공에 머물러 차를 마시는 명상은 앞 명상의 맥이 끊어지지 않게 상상으로 차를 마셔도 되며 죽비도 치지 않는다.

(3) 삼매(중간 점검)

- 죽비를 작게 한 번 친다.
- 찻잔을 앞에 내려놓고 눈을 감는다.
  거울같이 맑고 허공같이 투명하면서 텅 빈 하늘에 머물어 구름으로 만든 방석에 앉아 찻자리에서 다시 차를 마신다. 파랑 하늘 빛깔을 보고 향을 맡고 맛을 음미하면서 한가득 마심을 상상한다. 이 차 마심은 잡생각이 많이 올라오거나 과거 기억으로 감정이 올라오는 것을 진정시킨다. 맑고 투명하면서도 찬란한 파랑 빛이 나는 차를 상상하여 생생하게 마신다. 손끝 발끝 머리끝까지 온몸의 하나하나 세포마다 모래에 물이 스며들 듯이 한다. 스며드는 이미지를 지켜본다. (좌종을 작게 한번 친다.)

- 온몸의 형태가 점점 사라질 때까지 상상의 차를 마신다. 만일 몸이 사라졌다면 몸의 허공과 몸 밖의 허공이 똑같은 허공이 되어 안팎의 경계가 사라짐을 지켜본다. 지켜보는 마음을 크고 둥근 거울과 같이 시각화하여 큰 거울이 비추듯이 앞뒤 상하좌우 무한 공간을 비추면서 지켜본다. 그 큰 거울로 텅 빈 자기에게 비추고, 비추고 있는 자기 마음이 포착되면 그 마음에 초점을 맞추고 생멸 없음[흔적 없음]에 집중한다.
- 만일 몸의 형태가 그대로라면 몸을 허공같이 연상하고 밖의 허공도 연상하여 안팎이 똑같은 허공이 됨을 지켜보면서 지켜보는 마음을 크고 둥근 거울과 같이 시각화하고 큰 거울이 비추듯이 앞뒤 상하좌우의 무한 공간을 비쳐본다. 그리고 자신에게 돌려 비춘다. 이 길이 삼매에 들어가는 길임을 잊지 않는다. (작게 좌종을 친다.)
- 상상의 찻잔을 내려놓는다.
- 이제 하늘에서 찻잔 방향으로 내려간다. 여기에서는 '지나가서 없고, 사라져서 없고, 항 상함이 없는 무상함'을 체득한다.

(4) 역행(공즉시색)

- 하늘에 구름 한 조각이 유유히 지나서 사라지고, 마신 차의 향기와 맛도 변화하여 무상함을 시각화하여 지켜본다. (작게 좌종을 친다.)
- 다시 하늘에서 보다 작은 바다로 되돌아온다. 동서남북 상하가 텅 비어 깊이와 넓이를 알 수 없는 파랑 하늘 허공에서 맑고 투명한 바다를 상상하고 – 큰 거울로 비추는 것이 되면 큰 거울로 비추고 – 갈매기도 날아가고 없고 수평선에 의지하고 있는 여객선도 지나가고 없어 무상함을 실감한다. 수평선을 의지하여 파랑의 맑고 투명하게 텅 빔에 초점 맞추고 머문다. (작게 좌종을 친다.)
- 바다에서 바다보다 작은 호수로 되돌아온다. 바다의 맑고 투명하게 텅 빔을 보던 마음으로 호수의 전경을 투명하게 시각화하여 기억한다. 호수에 떠놀던 그

림 같은 돛단배는 지나가서 없고, 그 자리 또한 고요함을 지켜본다. 물빛 비치는 산과 나무 그림자에 거울과 같이 맑고 투명하게 텅 빔에 초점 맞추고 머문다. (작게 좌종을 친다.)

- 호수에서 호수보다 작은 연못으로 되돌아온다. 호수의 맑고 고요함에서 연못의 전체 경관을 투명하게 시각화하여 구현하고 기억한다. 연못의 맑고 투명한 물 속에 헤엄치던 금붕어들은 흔적이 없고 아주 고요하면서 텅 빔만이 있음에 초점 맞추고 머문다. (작게 좌종을 친다.)

- 연못에서 연못보다 작은 옹달샘으로 되돌아온다. 연못처럼 맑고 투명하게 텅 빔에서 옹달샘의 경관을 투명하게 시각화하여 잊어버리지 않는다. 집중하여 퐁퐁 솟아오르는 샘물을 본다. 지나간 물은 돌아오지 않아 없고, 미래에 올 물은 오지 않아 없으며, 현재 지금 솟아오르는 샘물도 머물지 않아 없다. 머물지 않음은 소유할 수 없고, 소유할 수 없음은 곧 애착(갈망과 붙잡음)을 가질 수 없어 대상으로부터 자유로움을 확인하고 체험해 본다. 그리하여 지금 샘물에 초점을 맞추지 않고 머물지 않아 흔적 없음에 초점을 맞춘다. (작게 좌종을 친다.) 또한, 과거와 미래는 없으며 현재도 머물지 않아 현재 이 순간 늘 깨어 있는지 살핀다. 이제 자유로움의 체험과 늘 깨어있는 체험 그 상태로 맑고 투명하게 텅 빔에 머물러 초점 맞추고 가만히 머물러 본다. (작게 좌종을 친다.)

- 옹달샘에서 옹달샘보다 작은 찻잔 속의 맑고 투명한 상태로 되돌아온다. 옹달샘의 맑고 투명하여 텅 빔에서 찻잔 속의 맑고 투명하게 텅 빔을 시각화하여 기억한다. 고요하면서도 맑고 투명하게 텅 빔에 머물러 초점 맞추고 가만히 머물러 본다. (작게 좌종을 친다.)

- 맑고 투명하게 텅 빔은 이미지이며, 마음이며 또한 부동임을 알아차려 물이 본래 움직임이 없듯이 마음의 본체는 움직임이 없음을 이해한다. 지금 맑고 투명하게 텅 빔을 보고 있는 마음이 포착되면, 그 마음에 초점 맞추고 집중하여 머문다. (작게 좌종을 친다.)

(5) 마무리

- 이제 상상의 차방에서 나온다. 숨을 들이마시고 내쉬면서 시선을 잠시 코끝에 두고 호흡을 본다. 차의 맑고 투명함을 거울같이 하여 차를 마신다. 맑고 투명하게 텅 빈 차의 이미지를 시각화하여 향기를 맡고 맛을 보고 찻물이 목에서 온몸까지 모래에 물이 스며들 듯이 시각화한다. 색한마음차가 이제 투명 감로차가 된다. (작게 좌종을 친다.)
- 투명 감로차가 온몸의 세포 속으로 스며들어감을 관상한다. 만일 몸이 맑고 허공같이 투명해지며, 번뇌 또한 사라져 마음의 안팎이 없는 텅 빈 경계가 오면 무한히 자유로움을 맛본다.
- 천천히 알아차림 하면서 찻잔을 찻상에 내려놓는다. 잠시 맑고 투명하게 텅 빈 마음 상태로 코끝에 시선을 두고서 고요함 속에서 자기의 몸과 내면의 변화를 관찰한다.
- 천천히 눈을 뜨면서 코끝에 시선을 두고, 자기 몸을 주시하고 마음속의 마음의 눈으로 옆 사람 옆 사람 모든 사람을 하나로 연결하여 바라본다. 바라보는 것이 빈 마음을 보내는 것임을 알아차린다. 찻물처럼 맑고 투명한 빈 마음을 보낸다. 이는 이렇게 자비심을 키우는 것이다. (작게 좌종을 친다.)
- 다각은 찻상을 정리하고 나서, 좌종을 한번 치고 죽비 세 번 칩니다.
- 행복을 기원한다.

"강물이 흘러 바다에 이르듯
기운 달이 차서 둥근달을 이루듯
하시는 일 모두 이루시고
건강하시고, 평안하시고 행복하십시오."

자비다선 차명상

4. 차명상 코칭 및 그 효과

1) 길잡이의 코칭

코칭은 심리 상담과 다르다. 굳이 내담자의 정신적인 문제의 원인을 찾아 그 원인을 없앨 필요가 없다. 자존심이 강한 내담자라면 체면손상을 우려하기 때문에 자기문제를 드러내지 않을 수 있고 드러내더라도 곧 바로 마음의 문을 닫아버릴 가능성이 많다.

그러나 코칭은 그런 문제의 해답을 자신의 내면에 갖추어져 있으므로 스스로 자기문제를 직시하도록 인도하는 것이다. 명상을 통해 정신적인 성숙이 이루어지면 거울로 자신을 비쳐보듯이 하여 자신의 문제 해결이 되기도 한다. 또한 나타나는 현상을 다르마(법)로 보기 시작하면 지혜가 생겨서 자신의 모든 문제를 다르마로 볼 것이고 그러하면 문제는 저절로 해결된다. 지혜는 망설임 없이 결정하는 힘이 있기 때문에 우유부단하거나 결정하지 못하고 망설이는 현상이 없어진다. 더 나아가 자기에게 갖추어진 무한 능력을 발휘할 수 있다. 자기의 삶을 바람직한 방향으로 전환할 수 있다. 또한 창조적 삶을 살아갈 수 있다. 뿐만 아니라 사회적 역량도 생겨서 사회에 도움을 줄 수 있는 역량을 발휘할 수 있다.

다르마는 모든 현상의 시작점이자 무한 잠재능력이다. 문제의 근원적인 것을 보게 하는 것이 차명상이다. 그리고 그렇게 이르게 하는 것이 코칭이다. 명상은 있는데 코칭이 없다면 명상의 문제는 해결하기 어렵다.

완전한 깨달음을 성취하여 대자유를 이루기 전에는 목적지에 이르는 수행 과정이 결과이고, 그 결과가 원인이 되어 더 향상된 결과를 가져온다. 그러기 위해서는 코칭이 필요하다.

차명상을 통해 체험한 바를 코칭하여 명상한 분들의 잠재력을 이끌어내고 본인의 문제를 스스로 해결해 줄 수 있도록 코칭하는 것이다.

첫째, '나에게 무한 잠재력과 무한가능성이 있다'는 것은 명상의 대상인 '경(境)'이다. '경'은 무한 잠재력과 무한가능성인 마음의 본성을 말한다. 이러한 마음의 본성에 대하여 코칭한다.

둘째, '모든 문제의 해답은 내안에 있다'는 것은 수행의 결과로서 '과(果)'이다. '과'는 시작점을 알면 결과를 알 수 있다고 코칭한다. 그런데 시작점이란 결국 마음의 본성이다. 내안의 본성을 수행을 통해 직접 체험하고 체득하는 것이다.

셋째, '이것을 해결해 줄 수 있도록 수단도 내안에 갖추어져 있다'는 것은 명상의 수단인 '행(行)'이다. '행'을 통하여 마음의 본성인 '경'을 알고 '과'를 아는 것이다. 바로 이 본성과 명상수단의 일치점을 코칭한다.

넷째, '경·행·과'를 알게 하고 해답을 찾게 하는 길잡이의 인도가 필요하다'는 '경·행·과'의 모든 것을 바르게 인도하는 코칭이다. 코칭도 마음의 본성에서 나옴을 잊지 말아야 한다. 즉, 인도자의 인성과 지식과 체험의 삼박자를 갖추어야 한다. 인성(人性)은 열정과 인내와 연민이다. 지식은 대소승의 경론에 대한 지식이며 그 지식은 본인의 선정과 지혜체험과 일치하는 것이어야 한다.

이와 같이 코칭의 네 가지는 모두 마음에 갖추어져 있는 것이다.

(1) 나에게 무한 잠재력과 가능성이 있다

'나에게 무한 잠재력과 가능성이 있다'는 것은 마음의 본성이 공적하다는 것이다. 공적함은 조작이 없고 근본이 없고 어떠한 현상도 나타내는 종자가 없다. 그래서 마음의 본성은 허공같이 인식대상이 없어 텅 비어 있어 아무 것도 없지만 허공자체가 없는 것이 아니듯이 마음의 본성도 이와 같다. 이 본성에는 불변과 수연의 두 가지 뜻이 있다. 불변은 공적하여 모양도 색깔도 방향도 처소도 없어 자성(自性)이 없다. 수연은 공적함이 인연을 따라 모양을 나타내어도 즉, 진금을 장신구로 만들어도 진금의 성품이 바뀌지 않듯이 공적함이 여러 인연을 따라 모양과 색깔로 나타내더라도 자립함이 없어서 자성이 없음은 같다. 즉, 환경이 다르고 생활습관이 다 다르고 다양한 인종에 다양한 지식습득과 문화가 다르고 식생활이 다르고 키와 얼굴모양이 다르고 선하기도하고 악하기도 하다. 그러나 인연을 따르는 그 본성은 진금과 같이 항상 공적하다. 그래서 자기의 인생을 자신이 얼마든지 바꿀 수 있고 자유롭게 행복한 삶을 영위할 수 있다.

첫째, 주객이 없어 평등하며 세상의 불평등을 치유할 수 있으며 둘째, 모든 주의 주장이 공하기 때문에 모든 얽히고설킨 심리를 풀고 쟁론을 멈추게 하며 셋째, 마음의 본성이 공적하여 어떤 것으로도 결정되어 있지 않다는 것이다. 그래서 남녀, 사람, 동물 등이 될 수 있고 어떤 것으로도 결정되어 있지 않아서 직업, 성격, 습관, 다른 것이지만 이 또한 얼마든지 바꿀 수 있다. 그리고 고귀한 자비와 지혜를 계발할 수 있다.

(2) 모든 문제의 해답은 내 안에 있다

'모든 문제의 해답은 내 안에 있다'는 것은 삼라만상 모든 것이 공적한 마음의 투영된 현상이기 때문이다. 그러므로 삶을 망가뜨리고 부자유롭게 하는 탐욕과 성냄과 어리석음으로부터 마음의 본성을 회복하면 그 해답이 내안에 있다는 것이다. 모든 문제의 답은 시작점에 있기 때문이다. 삼라만상 우주 모든 것의 근원은 마음에 있다. 왜냐하면 공적한 마음의 투영된 현상이기 때문이다. 마음의 본성인 공적한 마음은 공하면서도 공하지 않다. 불공은 은(隱)·불개(不改)·생(生)·인(因)·성(性)이지만 『대승기신론』에서는 공적한 마음은 그 본성을 진여라고 한다. 진여자체는 모든 범부와 성인에 이르기까지 늘어남도 없고 줄어듦도 없으며, 앞선 때에 생겨난 것도 아니고 뒤에 없어지는 것도 아니며, 절대적으로 항상하다. 원래부터 진여본성이 모든 공덕을 만족하고 있는 것이다. 그래서 진여자체로서 큰 지혜광명의 뜻, 온 세상을 다 비춘다는 뜻, 참되게 알아차린다는 뜻, 자성이 청정한 마음이라는 뜻, 상·락·아·정(常·樂·我·淨)의 뜻, 청량하고 변하지 않으면서 자재한다는 뜻이 있다. 그러므로 모든 삶을 망가트리고 자유롭지 못하게 하는 감정은 탐욕과 성냄과 어리석음이다. 이와 같은 부정적인 마음에서 오는 삶과 죽음의 괴로움에서 벗어나는 그 해답을 찾는다면 내안 마음에 있다는 것이다.

(3) 이것을 해결해 줄 수 있도록 수단도 내안에 갖추어져 있다.

명상의 대상과 명상의 수행방법과 그 결과인 세 가지가 맞아야 한다. 마음의 공적한 본성은 명상의 대상이며 명상의 수단이며 그 결과이기 때문이다. 마음의 공적인 은(隱)·불개(不改)는 불변의 뜻이라면 인(因)·생(生)은 수연의 뜻이 있다. 인(因)의 뜻은 공적의 생멸 없는 이 성품은 생멸하는 느낌, 생각, 감정적 번뇌를 만나면 없애는 작용을 한다. 그 작용은 명상의 수단이다.

염·상·사의 생각과 그 생각으로 무상·고·무아의 삼법인을 닦고 육바라밀을 수행하면서 계정혜 삼학의 단계를 성취해 가는 무한 향상이 모두 마음에 갖추어져 있다. 마음의 본성이 수단이기 때문이다.

이와 같이 마음의 본성을 알기 위해 내면을 보는 것이 명상이다. 수행 중에 대상에 반응하는 느낌, 감정, 생각이 무상하고 고이며 무아라는 다르마를 아는 지혜가 생기면 비로소 사물과 생각과 감정으로부터 자유로워지는 것이다. 더 나아가 마음의 본성까지 알게 되면 삶과 죽음으로부터 자유롭게 된다. 더 나아가 지혜가 생기면서 지각 있는 모든 존재들을 돕는 실천 행으로서 자비심을 펼친다.

(4) 문제를 해결해 줄 수 있는 길잡이의 인도가 필요하다

'이것을 해결해 줄 수 있도록 길잡이의 인도가 필요하다'는 것에서 '길잡이'는 단지 길을 가리키는 역할만 할 뿐이다. 그 가리키는 길을 걸어가는 것은 명상자 본인이 해야 한다. 도달하고 못하는 것은 본인의 몫이다. 비유하면, 목동이 목마른 소를 이끌고 물가에 이르러 물을 마시게 한다. 하지만, 물을 마시고 안 마시는 것은 소에게 달려있는 것과 같다.

그러므로 코칭은 경·행·과의 마음의 본성을 잘 알아서 '나에게 무한 잠재력과 가능성이 있다', '모든 문제의 해답은 내 안에 있다', '이것을 해결해 줄 수 있도록 수단도 내 안에 갖추어져 있다'를 체험자를 위하여 명상방법의 점검과 수행의 현상을 살펴 바른 길로 나아갈 수 있도록 제시 해 주는 것이다. 마치 명의가 환자의 병 상태를 정확히 진단하고 치료 후, 회복상태를 살피듯이 차명상 체험을 점검해야한다. 여기서는 어떤 장애가 있고 어떤 심리가 일어나고 있는지 살피고 정신적인 진보가 있는지에 대해서도 코칭해야 한다. 또한 이 코칭은 곧 자신의 문제를 스스로 해결할 수 있는 능력을 키우는 것이기도 하며 코칭 능력 배양은 곧 지도자로서의 지도요건을 갖추는 것이 된다. 그리고 자기가 자신의 명상체험을 코칭할 수 있다. 이제 여러 차명상 중에 행다선의 코칭을 예로 들겠다.

2) 행다선의 코칭

행다선의 코칭 기준은 다음과 같다.

① 접촉에서 일어나는 모든 느낌을 알아차렸는가?

접촉하는 모든 부분에는 느낌이 일어난다. 그 느낌을 알아차리는 것이다. 예를 들면, 시선과 찻잔을 잡으러 가는 손의 움직임을 알아챌 때는, 시선과 손과의 접촉이 있기 때문에 손의 움직이는 느낌[視覺]을 알아차리는 것이다. 또 찻잔을 잡으러 가는 손에 공기와 접촉이 일어나면 공기의 저항감을 느낀다. 그 느낌[촉각]을 알아차리는 것이다.

손으로 찻잔을 잡으면 손과 찻잔의 접촉에 의해서 차가운 느낌이나 매끄러운 느낌 등을 알아챌 수 있다. 다관이나 찻잔, 물 식힘 그릇에 물이 떨어질 때 바닥과 접촉하여 일어나는 소리를 알아차린다. 소리라는 느낌은 청각이다. 이 청각을 알아채는 것이다. 차향[후각], 차 맛[미각] 등은 알아차려야 할 대상이다.

② 각 동작마다 일어나는 몸의 반응을 알아차렸는가? 나아가 그 반응들이 매순간 변해나감을 알아차렸는가?

③ 행다하는 동안 생각이나 감정이 개입되었다면, 그 즉시 알아차렸는가?

④ 각 동작이 일어나기 전, 움직이고자 하는 '의도'가 먼저 일어나는데 이 의도를 알아차렸는가?

⑤ 행다를 하기 전과 하는 동안, 또 끝난 직후 마음 상태는 같은가?[고요함의 정도 비교]

⑥ 행다하는 동안 자기 몸의 움직임이 한눈에 들어오는가?

⑦ 행다선을 통해 일어나는 일곱 가지의 깨달음의 요소가 있는지를 점검한다. 즉, 이 일곱 가지는 깨달을 수 있는 인연, 깨달을 수 있는 고리라고 한다. 알아차림으로 이루어진 깨달음의 요소[念覺支], 법에 대한 선별로 이루어진 깨달음의 요소[擇法覺支], 정진으로 이루어진 깨달음의 요소[精進覺支], 기쁨으로 이루어진 깨달음의 요소[喜覺支], 편안함으로 이루어진 깨달음의 요소[輕安覺支], 집중 삼매로 이루어진 깨달음의 요소[定覺支], 평정으로 이루어진 깨달음의 요소[捨覺支] 등이다. 이러한 행다선의 체험을 코칭한다.

3) 잠재능력의 현현과 자리이타

차명상을 통하여 집중이 생기면 번뇌가 일어나지 않게 하는 능력이 나타나는데 그것이 선정이다. 집중력이 생기면 밖으로부터 어떠한 부정적인 자극을 받더라도 마음의 동요가 없고 내부에서 일어나는 감정과 갖가지 잡생각도 일어남이 현저히 줄어든다. 마음은 평온을 유지할 수 있다. 하물며 선정을 얻게 되면 마음의 자유, 심해탈(心解脫)이 일어난다.

그리고 차명상을 통하여 다르마가 드러날 때 지혜라는 능력이 나타나면서 번뇌를 잘라가는 힘으로 작용한다. 상호의존을 아는 지혜, 무상을 아는 지혜, 괴로움을 아는 지혜, 무아를 아는 지혜, 무자성을 아는 지혜, 오직 마음뿐이고 다른 경계가 없음을 아는 지혜를 얻는다. 이것은 자기역량을 가지게 된다.

그리고 집중 선정과 지혜에 의해 생긴 자기관리역량은 도덕성에 맞는 행을 하게 된다. 몸으로 짓는 살생, 도둑질, 삿된 음행을 하지 않게 되고, 입으로 짓는 거짓말, 이간질, 악담, 꾸미는 말을 하지 않게 되고 마음으로 짓는 탐욕, 성냄, 어리석음에서 벗어나게 된다.

이렇게 도덕성인 계와 선정의 정과 지혜의 혜가 자기역량만이 아니라 밖으로 '지각 있는 모든 존재'를 이롭게 하는 사회적 역량으로 발휘하게 된다. 감성역량, 의사소통역량, 갈등관리역량, 공동체 역량으로 발휘하게 된다. 자비희사의 한량없는 마음을 발휘하고 보시·애어·이행·동사섭으로 지각 있는 존재를 돕고 궁극에는 중생을 돕고 효과적으로 돕기 위하여 위없는 깨달음을 얻는 보리심을 일으키고 보리심을 실천하는 행을 하게 된다.

03
명상의 현대적 응용

하트스마일명상의 이론과 실제[1]

미산스님
하트스마일명상연구회 대표

---

[1] 하트스마일명상의 매뉴얼은 계속 수정 보완 중이며, 『참여와 명상, 그 하나됨을 위한 여정』, 운주사(2018), 155-166쪽에 게재된 글을 편집자의 허락을 얻어 재편집하여 실었음을 알려둔다. 프로그램이 완성되는 시점에서 매뉴얼과 워크북을 출판할 예정이다.

03
명상의 현대적 응용

하트스마일명상의 이론과 실제

/목/차/

1. 하트스마일명상의 개요
2. 하트스마일명상의 실제
3. 하트스마일명상의 특징과 과학적 효과성 검증
4. 하트스마일명상의 역사

1. 하트스마일명상의 개요

하트스마일명상은 우리의 본성에 지혜와 자비가 본래 갖추어졌다는 선불교의 가르침을 바탕으로 개발된 자비명상이다. 대승불교에서 자비를 훈련하는 궁극적 목적은 내가 고립된 개별적 실체가 아니라 우주의 모든 존재와 하나로 연결되어 있다는 사실을 깨닫는데 있다.

우주 만물 모두를 나로 여기고, 나처럼 아끼고 사랑하는 마음이 바로 자애심이고 그들의 아픔과 고통을 함께 보살핌이 연민이다. 자애심과 연민심을 키우기 위해서는 수행을 통해 자신의 본성에 내재된 자비심을 일깨우는 것이 필요하다. 우리 몸과 마음의 자비로운 본성은 편안함과 고요함, 그리고 따스함과 훈훈함의 특성이 있으며, 수행이 깊어지면 자신과 세계의 온전함을 이해하는 징힘을 하게 된다. 하트스마일명상은 이같이 본성에 이미 내재된 자애의 특성을 효과적으로 이끌어 내기 위한 수행 방법이라고 할 수 있다. 그러므로 이 명상의 특징은 진정한 현존에 이르게 하는 행복마음 매트릭스의 덕목들, 즉 맑음과 향기로움, 편안함과 고요함, 따스함과 훈훈함, 풍요로움과 행복함 가운데 '따스함과 훈훈함'을 가장 우선적으로 개발하도록 고안된 선불교를 기반으로 한 자비명상이다.

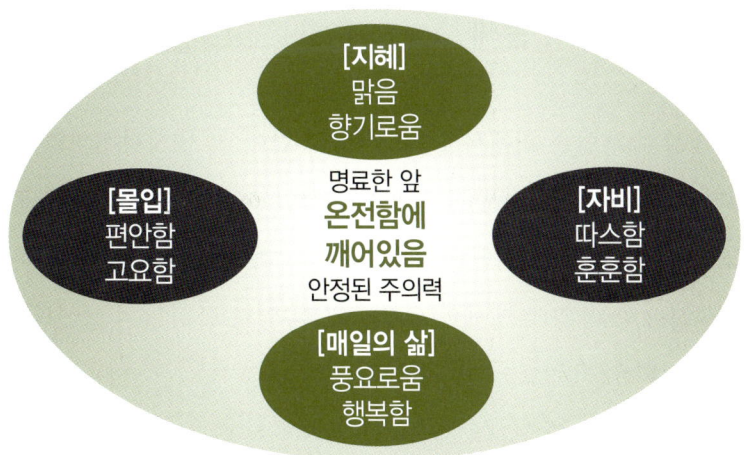

행복마음 매트릭스

하트스마일명상은 지금 이대로, 있는 그대로 편안하고, 고요한 우리의 본성을 체험하고 깨닫는 수행이다. 하트스마일명상의 모든 수행법들은 몸과 마음에 자애로운 느낌을 불러 일으켜 충만해지는 것을 경험할 수 있도록 고안되었다.

이를 위해 하트스마일명상 프로그램에는 하트스마일 본명상을 중심으로 하트스마일 무브먼트 33, 감사·사랑 무브먼트, 감사·수용명상, 따기온스명상, 소리명상, 행복마음 매트릭스명상이 포함되어 있다. 수행 초기에는 보조 명상법이라고 할 수 있는 하트스마일 무브먼트 33과 따기온스, 감사·수용명상 등을 통해 참가자들의 몸과 마음을 충분히 이완하는데 중점을 둔다. 소리명상은 소리의 울림과 공명을 일으켜 다른 수행자들과의 연결감과 일체감을 불러일으킨 뒤 고요함에 들어 자애미소의 느낌이 본성에서 드러나게 해준다.

본명상은 부드러운 미소를 지어 생긴 따스하고 훈훈한 느낌이 일정 시간 동안 지속되게 함으로써 그 느낌이 온 몸으로 확산되어 가득 차게 한다. 자애가 충만하면 친밀한 대상, 보편적 대상, 마지막으로 싫어하는 대상까지도 자애와 사랑으로 품어 모두 함께 지금 여기에서 온전함을 느끼는 체험으로 이어지게 된다.

2. 하트스마일명상의 실제

하트스마일명상 수행법은 위에서 살펴 본 바와 같이 본 명상과 5개의 보조 명상으로 구성되어 있다. 본명상은 하트스마일명상의 특성인 사마타 명상의 진면목을 경험하게 해준다. 보조 명상은 행법에 따라 마음챙김을 익숙하게 해주거나 몸과 마음의 이완을 도와줘서 본 명상에서 더욱 효과적으로 수행할 수 있도록 하는 수행이다. 구체적인 수행법은 다음과 같다.

1) 본 명상

하트스마일명상의 핵심 행법으로 자애로운 미소를 통해 따스하고 훈훈한 느낌을 온몸과 마음에 충만하게 함으로써 지금 여기에서 온전함을 체험하도록 한다. 입 꼬리를 위로 올려서 미소를 지어 따스하고 훈훈한 느낌을 온몸에 가득하게 하는 수행이다. 단순히 입 꼬리만 올리는 가식의 미소가 아닌 생명 본연의 상태에서 올라오는 진정한 미소가 중요하다. 이를 위해 입 꼬리와 눈 꼬리를 연결시켜 얼굴 전체가 밝은 해님처럼 웃고 있음을 상상한다. 먼저 이마의 세포마다 맑고 향기로움이 가득하고, 양 눈과 양 볼, 윗입술과 아랫입술, 턱과 목의 세포 깊숙이 따스함과 훈훈함이 가득해짐을 느낀다.

따스함과 훈훈함의 느낌이 일정 시간 동안 유지 될 수 있도록 가슴 중심에 주의력을 모아 깨어있다. 여기서 자애로운 미소를 지어 생긴 따스하고 훈훈한 느낌은 마중물 역할을 한다. 다시 말하며 사랑스런 미소를 통한 따스하고 훈훈한 느낌은 우리의 몸과 마음에 본래 내재되어 있는 사랑이 무궁하게 드러나도록 촉매 역할을 하는 것이다.

이 충만한 자애와 사랑의 느낌을 먼저 친근한 대상들에게 방사하고, 더 나아가 중립적인 대상들에게도 방사한다. 마지막으로 불편하고 미워하는 대상에게도 방사하면서 현재의 마음 상태를 깨어서 알아차린다. 모든 대상에게 평등한 마음으로 자애와 사랑을 나눌 수 있을 때까지 이 과정을 반복한다.

2) 보조 명상

(1) 하트스마일 무브먼트 33

무브먼트 33은 몸의 움직임을 알아차리는 마음챙김과 자애로운 미소, 그리고 손동작인 무드라를 통해 따스함과 훈훈함이 온몸과 마음에 일어나도록 하는 수행법이다. 절 동작을 아주 천천히 하면서 몸의 움직임을 깨어서 알아차린다. 두 손으로 하트 모양의 손짓과 연꽃 모양의 무드라를 만들고, 얼굴은 자애롭고 사랑스러운 미소를 짓는 동작이 물 흐르듯 이어진다. 하트스마일 33은 몸의 움직임을 통해 마음챙김 명상과 함께 온몸의 세포에서 따스하고 훈훈한 자애와 사랑이 배어 나오도록 하는 동적 명상이다. 개인의 형편에 따라 3번, 7번, 21번, 33번까지 반복하면 된다.

(2) 감사 · 사랑 무브먼트

받아들임(감사)과 나눔(사랑)의 손짓과 몸짓, 그리고 내려놓음(letting go)의 손짓을 통해서 감사와 사랑의 느낌과 내려놓음을 체화하는 동적 명상이다.

(3) 감사 · 수용 명상

감사 · 수용 명상은 지금까지 살아오면서 가져온 자기혐오, 자기폄하 등 자신에 대한 왜곡된 상(像)으로 인해서 생긴 마음의 짐을 내려놓도록 하고, 지금 현재의 몸과 마음의 상태를 있는 그대로 수용하며, 모든 일에 감사의 마음을 갖게 하는 명상이다. 자신에게 감사의 마음을 보내고 있는 그대로의 자신을 수용할 수 있게 하여 본래 갖추어져 있는 자애와 사랑을 회복시켜 준다. 자기 사랑과 연민은 자애명상의 토대를 만들어 준다.

(4) 따기온스-깊은 바디스캔

따기온스는 '따스한 기운이 온몸에 스미는 것'의 준말이다. 따기온스는 자애의 느낌을 피부 깊숙이 근막과 장부까지 스며들게 하여, 따스하고 훈훈한 기운을 온몸 전체에 활성화시키는 수행법이다. 몸과 마음에 깊은 휴식과 이완을 유도해줌으로써 일상생활에서 스트레스 받은 몸과 마음을 풀어주는데 도움을 준다.

따기온스에는 누운 자세(와법)와 앉은 자세(좌법) 두 가지의 행법이 있다. 누운 자세의 따기온스는 온몸의 근막에 따스하고 훈훈한 기운을 보내주는 방식이며, 앉은 자세의 따기온스는 우리 몸의 장기 하나하나에 감사와 사랑의 마음을 보내주는 방식으로 이완하는 수행법이다.

(5) 소리 명상

소리명상은 소리의 울림과 공명을 통해 타인 및 우주와의 연결감과 일체감의 느낌을 불러일으키는 명상법이다. 들숨과 날숨과 함께 마음을 집중하여 모음을 길게 소리 내면서 가슴 한 가운데로 소리의 울림과 공명을 느낀다. 소리가 끝나는 점에서 가슴에 의식을 모아서 좌종의 진동을 느끼다가 진동이 완전히 사라지면 잠시 '텅 빔'에 깨어 있도록 한다. 생각과 감정, 그리고 오감 정보가 일시적으로 모두 사라진 순간에 오롯이 드러나는 무심과 무념의 상태에 깨어 있도록 한다. 텅 빔(眞空)에서 충만(妙有)함이 자애와 연민으로 발현되도록 하는 행법이다.

3. 하트스마일명상의 특징과 과학적 효과성 검증

1) 특징

하트스마일명상은 대승불교 전통을 바탕으로 한 명상이다. 따라서 자애구의 암송을 중심 수행법으로 사용하는 전통적인 남방불교의 자애명상과 다음과 같은 점에서 차이가 있다.

첫째, 직접적으로 몸을 통해 자애의 느낌을 불러일으킨다. 하트스마일명상은 자애구의 암송을 통해 간접적인 방식으로 자애의 마음을 일으키는 것이 아니다. 필요할 때만 자애구를 사용하고 본명상에서는 자애구를 없이 바로 사랑과 자애의 느낌으로 바로 진입한다. 이러한 방식을 택하는 이유는 자애구를 느낌 없이 반복적으로 되뇌다 보면, 실제의 느낌이 잘 일어나지 않기 때문이다.

둘째, 하트스마일명상에서는 미소가 중심이 된다. 하트스마일명상의 미소는 따뜻하고 훈훈한 자애의 느낌을 가슴에 불러일으키는 유도체 역할을 한다. 미소는 마중물처럼 수원지에서 자비의 물을 끌어올려 온 몸에 따스한 사랑과 자애, 그리고 연민의 느낌을 생성하고, 이로 인해 생성된 자비의 느낌은 하트스마일 무브먼트 33, 소리명상, 따기온스 등을 통해 온 몸에 확산되어 사랑의 기운이 온 몸과 마음에 충만하게 하는 작용을 한다.

셋째, 하트스마일명상은 선불교에 기반한 자비 행법이며 지금 이대로 있는 그대로 온전한 자신과 세계에 대한 체험적 이해를 할 수 있게 한다. 생각과 감정이 일어나는 편안하고 고요한 의식의 근원적 바탕을 체험하게 하여 우리의 몸과 마음에 이미 있는 자비로운 본성을 접촉하게 하는 선불교의 수행법이다.

2) 과학적 효과성 검증

하트스마일명상은 20회 이상의 집중명상 수행 프로그램을 진행해 오는 과정에서 수행 경험자들로부터 긍정적인 경험이 상당수 보고되고 있다. 하지만 하트스마일명상연구회에서는 지구촌 시민들이 보편타당하게 믿을 수 있는 근거를 제시하기 위해 심리학에 바탕을 둔 과학적 연구를 실시하여 입증된 효과만을 공표하기로 결정했다.

하트스마일명상연구회는 통제집단 사전-사후-추후 실험 연구 및 체계적인 질적 연구를 통해 다음과 같은 효과들을 보고하였다.

- 자기에 대한 연민(self-compassion)과 자존감 향상
- 자신에 대한 수치심과 자기비판 경향의 감소
- 스트레스 상황에서 정서를 조절할 수 있는 효능감의 증가
- 이완 능력 및 긍정적 정서의 증가
- 분노와 적개심의 감소
- 타인에 대한 공감과 수용 및 이해능력이 향상되고, 연결감이 증대됨
- 자신을 해친 사람에 대한 용서하는 능력 증가
- 자신의 내적 능력에 대한 신뢰, 세계와의 연결감, 삶의 목적감 등 영성 능력의 증가

다음은 지금까지 발표된 2편의 논문에 대한 요약문이다.

〈논문 1〉
- 자애명상 체험의 질적 분석
 (A Qualitative Research Project on Experience of Heart- Smile Meditation)

성승연 박성현 미산 (불교학연구, Vol.47, [2016]) [KCI등재]

현재 심리학계에서는 불교적 수행방법에 기반한 심리치료 프로그램이 유행하고 있다. 주로 마음챙김에 기반한 프로그램들이 대다수였다면, 최근 자비가 주목받으면서 관련된 연구들이 활기를 띠고 있다. 본 논문에서는 불교 대승 전통에 기초하여 개발된 자애미소명상1)을 체험한 11명의 일반인을 대상으로, 명상체험에 관한 인터뷰를 실시하고, 그 내용을 질적인 연구방법인 합의적 질적 분석2)으로 분석하여 경험구조를 살펴보았다. 분석결과 수행동기, 수행 중 체험, 수행 후 변화, 수행에 대한 이해의 4개 영역으로 구분되었고, 4개 영역의 하위로 총 22개의 범주가 생성되었다. 자애미소명상의 핵심체험은 에너지가 순환되고, 몸이 이완되며 따뜻해짐, 몸에 대한 자각이 섬세해지고, 변화에 민감해짐, 우주와 존재와의 연결감과 합일감을 느낌, 있는 그대로 수용함으로써 고요하고 온전함을 경험함, 행복과 감사의 마음을 경험함, 자신과 의지에 대한 깨달음 등으로 요약되었다. 이를 통해 심리 치료적 효과는 자기이해와 수용, 긍정정서의 확장, 정서를 조절하는 힘, 긍정적인 신체적 변화, 관계에서의 변화, 신심이 깊어짐 등 다양하게 변화를 나타냈다. 이에 대한 심리 치료적 의미와 기제에 관해 논의하였다.

〈논문 2〉

자애명상의 심리적 과정 및 효과에 관한 혼합연구

(A Mixed-Methods Study of the Psychological process of Loving-Kindness Meditation and its Effects on Heart-Smile Meditation Participants)

박성현 성승연 미산

(한국심리학회지 상담 및 심리치료, Vol.28 No.2, [2016]) [KCI등재]

최근 10여 년간 마음챙김 명상과 더불어 불교의 주요 수행법인 자비명상에 대한 연구가 활발히 진행되고 있다. 이 연구는 불교 대승 전통에 기초하여 개발된 자애미소명상의 심리 사회 영적 영향에 대한 탐색적 연구이다. 연구 1에서 일반성인 참가자들은 실험집단(16명)과 대기자집단(20명)으로 할당되었고, 사전, 사후 및 추후검사가 수행되었다. 실험집단은 통제집단에 비해 사후 및 추후점수에서 자기-관련변인(자기-자비, 자기-존중감), 사회적 관계변인(자비적 사랑, 사회적 연결감, 용서) 및 영성 관련 변인에서 통계적으로 유의한 차이를 보였다. 연구 2에서는 참가자 7명을 대상으로 포커스 그룹 인터뷰를 실시하여 수행 중 체험 및 수행 후 일상생활의 변화를 분석한 결과 신체적, 정서적, 인지적, 대인 관계적 영역에서 총 13개의 범주가 나타났다. 신체적 영역에는 이완과 스트레스 반응의 감소 등이, 정서적 영역에서는 분노의 감소, 긍정정서의 증가 등이, 인지적 영역에서는 자각 및 공감능력의 증가 등이, 대인관계 영역에서는 타인에 대한 연결감과 수용능력의 증가가 나타났다. 이러한 결과를 초기 불교 전통의 자애명상 연구 결과와 대비하여 논의하였다. 또한, 자애미소명상을 심리치료 프로그램으로 활용하기 위한 방안과 자애미소명상의 치료 기제 및 치료 효과 지속성에 대한 추후 연구 과제를 제시하였다.

4. 하트스마일명상의 역사

하트스마일명상연구회는 하트스마일명상을 과학적으로 연구하고 대중화하기 위한 목적으로 2013년 설립되었다. 하트스마일명상의 초기 명칭은 자애미소명상이었다. 이 자비명상 프로그램의 개발자인 미산 스님은 2011년 12월 자애미소명상 집중수행을 처음으로 선보였으며, 이 수행법을 지속적으로 개발하고 수행 효과를 과학적으로 연구하기 위해 2013년 1월 자애미소명상연구회를 출범시켰다. 2015년 7월에는 자애미소명상의 국제화와 대중화를 위해 공식명칭을 하트스마일명상(Heart-Smile Training : HST)으로, 연구회 이름도 하트스마일명상연구회로 변경했다. 더하여, 특허청에 '하트스마일'의 국내 상표출원을 등록하고 외국에도 국제 상표를 등록해 하트스마일명상 고유 사용권을 확보했다. 현재, 캐나다, 유럽연합, 호주는 'Heartsmile', 일본과 중국은 'Heartsmile, 자애미소명상'으로 등록되었고, 미국에는 'HST'로 상표 등록이 완료 되었다.

연구회는 회장인 미산 스님을 비롯한 연구원이 함께 지혜를 모아 명상 수행법과 명상 프로그램 개발을 진행하는 독특한 방식으로 하트스마일명상을 발전시켜 왔다. 이와 함께 2014년부터는 하트스마일명상의 효과성 검증을 위하여 양적연구조사와 질적연구조사를 포함한 과학적 연구를 시작했다. 그 결과 하트스마일명상연구회는 2016년 2년여에 걸친 아래의 과학적 연구 결과를 국내 유수(有數)의 학술연구재단 등재지에 발표하고, The Mind & Life Institute에서 주최하는 국제명상심포지엄인 2016 ISCS(International Symposium for Contemplative Studies)에서 하트스마일명상 효과성에 대한 연구결과를 발표하기에 이르렀다.

연구회는 앞으로 명망있는 국제연구기관을 통해서 심화연구를 진행할 예정이며, 명상과 과학의 만남에 동참하고 있는 세계적인 명상 수행자 및 연구자들과의 활발한 교류를 통해 한꽃 세상(世界一華)이 열리도록 성심껏 노력할 것이니.

03
명상의 현대적 응용

가피명상

적경스님
가피명상 대표

03 명상의 현대적 응용

가피명상

/ 목 / 차 /

1. 들어가는 글
2. 주의(注意)와 연결감
3. 함께 나누기
4. 하나 되어보기 명상– 실습
5. 의식에 대하여
6. 마무리

1. 들어가는 글

〈행복〉
행복한 사람은 자기 주변에 기쁨을 주고, 불행한 사람은 자기와 주변에 고통을 준다. 삶의 모든 순간을 기쁨으로 누릴 수 있어야 한다. 삶의 목표는 기쁨을 누리는 것이다.

〈성공〉
성공은 삶에 대한 우리의 꿈이다. 학교, 직업, 관계에서 성공을 꿈꿀 수 있다.

만약 사람이 행복하다면, 타인의 관점을 받아들이기가 더 쉽다. 성공해서 행복해지기보다는, 행복할 때 성공이 쉽게 이루어진다. 우리의 목표는 행복하고 성공적인 사람이 되는 것일 것이다. 거기에 깨달음까지 얻는다면 엄청난 가피라고 할 수 있다. 우리의 내면 세상은 외부 현실 세상에 반영되며, 이 둘 사이에는 직접적인 연관이 있다. 우리가 외부 세상을 개선시키기 바란다면, 내면에서 긍정적인 생각과 밝은 얼굴, 따뜻한 말, 자유로운 표현, 명료한 목표 등을 가져야 한다.

1) 가피명상의 개요

이 프로그램의 이름은 [가피명상]이다.

가피명상은, 태어나서 죽어가는 동안에 경험하는 모든 것들이 바로 내가 지어낸 것임을 자각하게 한다. 또한 관점의 변화로 세상을 보는 안목 자체가 바뀔 수 있도록 해준다. 모든 정신적·물질적 작용이 사라진 상태인 닙바나(니르바나)라고 불리는 깨달음의 길을 향해서 기원(祈願)이라고 하는 실천적 작업(수행)이 중시된다. 붓다의 가르침은 지극히 자력(自力)을 강조하였으며, 그것이 기본이 되어 왔다. 수행을 통해 고귀한 진리를 체험하여 깨달음에 이른 승가(僧家)들 중 소수가, 생명을 가진 모든 이(중생)를 돕기 위한 삶을 살고자 발원하였는데, 그들을 우리는 보디사트바(보살)라고 부른다.

3장 명상의 현대적 응용

붓다 생존시와 입적이후, 많은 분들이 붓다의 가르침을 따르는 실천과 수행을 통하여 닙바나에 이를 수 있음을 몸소 보여주었다. 그러나 그들은 중생들 각자의 업(karma)에 따른 삶은 스스로 해결해야만 하는 것으로 보아, 수행을 통한 업의 소멸만을 강조할 뿐이었다. 이와 같이 수행자 중심의 불교가 중생들에게 베풀었던 자비 원력이 부족했던 탓에 대승(마하야나)이 싹트게 된다. 대승(大乘)의 보살(뛰어난 지혜를 지닌 존재)을 보석처럼 귀한 존재로 여기는 이유는 자신의 최종적 깨달음을 미룬 채 중생을 돕는 존재이기 때문일 것이다.

가피명상의 궁극적 목표는 지적 통찰과 신비스러운 능력을 갖추는 것보다는 모든 존재가 결국 둘이 아니라는 것(不二)을 생생하게 깨닫는 것이다.

세상에는 숱한 가르침이 있고 나름대로 고유한 가치가 있다. 그러나 아무리 뛰어난 가르침일지라도 인간의 삶과 관계되어질 때 그 가치가 드러나는 것일 뿐, 홀로 가치 있는 것이란 없을 것이다. 그러기에 중생을 외면한 붓다란 있을 수가 없다.

자신이 처한 상황을 극복하거나 수용해 나가는 것은 우리 삶의 균형을 잡아 나가는데 필요하다. 때로는 인내심이 큰 덕목이 될 수 있다. 잘 참고 견디어냄은 까르마(업)를 빨리 해결하는 방법이며, 잘못된 습관을 고쳐나가는 것은 나뿐만 아니라 타인들을 위한 길이기도 하다.

가피명상 프로그램에는 특정한 교의주입(敎義注入)은 없다. 특정한 그룹이 믿는 것을 옳다고 해서 자신의 의식 및 행동규범을 규격화시키는 것은 의식의 확장을 장애 하는 경우가 많다. 따르지 않으면 처벌시켜버리는 특정신념들은 세상을 고통으로 빠지게 하는 원인이 되기도 하기 때문이다. 물론 신념의 주입이 때로는 세상을 아름답게 바꿀 수 있는 힘이 되기도 한다는 것을 알고 있다. 하지만 우리는 어떠한 신념이든, 어떠한 철학 또는 종교이든지 서로를 반목(反目)하는 단절감 없이 모두를 하나로 엮어가는 여행을 시작할 것이다. 여행에는 믿어야 할 어떠한 신념도 필요치 않으며, 꼭 해야만 하는 압박감은 더욱 없다. 다만, 그때그때 주어진 주제나 기원(祈願)을 충분히 경험해 보기를 권할 뿐이다.

2) 가피명상의 배경 및 특징

가피란 무엇인가? 가피란 말은 우리의 업(karma)을 정화하고 깨달음의 에너지를 전달한다는 뜻이다. 종교적인 신념을 떠나, 가피를 신의 은총, 축복이라고 이해하면 될 것이다.

가피명상은 남방불교의 위빠사나(vipassana – 통찰수행)를 바탕으로 하여 대승불교의 기도, 기원을 접목한 명상프로그램이다. 가피명상 프로그램 속에는 불교의 삼법인(三法印 : 무상, 고, 무아)이 녹아있으며, 맛지마니까야(중아함경)를 기본으로 하여 형성되었다.

기원(祈願)이나 기도가 명상이 될 수 있다는 사실을 아는 이는 매우 드물다. 가피명상에서의 기원(祈願)은 단순한 기복(祈福)에 가깝다. 기복불교(祈福佛敎)에 대한 부정적인 시각은 아마도 욕심을 채우기 위한 탐욕스러운 기도라고 보기 때문인 것 같다. 그러나 기원(祈願)은 나의 바람이 무엇인지를 보다 선명하게 해주는 매개가 되어 목표설정에 중요한 정보가 된다. 또한 마음의 구조를 들여다 볼 수 있는 매우 탁월한 효과가 있다.

이와는 달리 위빠사나를 깊이 수행하다보면 스승이 그 수행자의 공부의 진척을 보고 기원을 하도록 권하는 단계가 있다. 이 상태에서의 기원, 어떠한 곁가지(딴생각-잡념)도 없는 순수함이 가져다주는 기원의 힘은 경이롭기까지 하다.

3) 가피명상이란?

가피명상에서의 명상이란 청소하는 과정이라고 정의할 수 있다.

설거지를 깨끗이 하고 청소를 잘하면 쾌적하게 살 수 있을 것이다. 이와 마찬가지로 우리의 혼란한 마음상태를 정리하고 맑혀 나간다면 삶이 훨씬 쾌적해 질 것이다. 기업에서 중간중간 과정을 돌이켜보는 결산을 하는데 이를 중간결산이라고 한다. 이러한 중간결산은 기업에서만 필요한 것이 아니다. 명상이 바로 삶을 되짚어 보는 중간결산이라고 할 수 있을 것이다.

불교에서 말하는 삼독(三毒 – 탐진치)은 누구나 다 가지고 있는 요소이다. 사람마다 차이는 있겠지만 삼독심이 크면 심리적 병적 질환이라고 해도 될 것이며, 삼독심이 완전히 사라져 치유되었다면, 그런 분을 우리는 성인(聖人)이라고 부를 것이다.

2. 주의(注意)와 연결감

이 프로그램에서는 주의(注意)와 연결감을 매우 중시한다.

필자가 어린 시절 학교를 다닐 때, 선생님이 교실에 들어오면 제일 먼저 칠판이나 교탁을 치며 "주목!"이라고 하셨던 것을 기억한다. 학생들의 주의를 모아 산만해지지 않도록 하기 위함인 것이다. 주의를 모은다는 것은 '집중'한다는 뜻이고 주의가 어디에 있는가를 점검하는 것은 '관찰'이라고 표현하기도 한다.

우리의 생각은 매 순간 왔다 갔다 한다. 멀리 달나라도 가고, 어제도 가고, 10년 뒤의 미래에도 간다. 그야말로 시간, 공간 다 초월해버립니다. 우리의 생각은 이렇게 놀랍다.

나의 주의가 지금 어디에 있는지를 점검하는 것이 중요하다. 호흡에 주의가 가있는지, 걸음걸음에 주의가 가있는지, 어떤 감정이 올라오면 그 감정을 알아차리고 있는지 등등 이런 것들을 알아차려 들어가는 것이 명상으로 이끌어준다. 명상. 그냥 지금 내 주의가 어디 있는지를 알아차리면 되는 것이다. 그러면 내면의 청소가 시작된다.

이 주의(注意)라는 것은 매우 흥미로운 것이다. 우리에게는 지금의 나 말고 다른 어떤 모습으로 보여 지고 싶은 마음이 있다. 그러나 지금의 내 모습이 가장 아름답다. 그런데 더 멋있게, 아름답게, 우아하게, 좋은 사람으로 보여 지고 싶어 한다. 이렇게 다른 이에게 '어떤 모습으로 보여 지고 싶다.' 라고 여겨진다면 스스로 '나는 아직 갈 길이 멀었구나.' 이렇게 진단하면 된다.

가피명상에서는 내가 원하는 목표를 정해놓고 열심히 치열하게 노력하는 것 보다는 내가 어떤 사람인지를 알아가는 것을 더 중시한다. '나는 질투심이 많다.' '나는 욕심이 사납다.' '나는 이중적이다.' 등등 이렇게 자기를 잘 점검해 들어가는 것은 정말 중요하다고 할 수 있다.

사람들로부터 주의를 받기를 원할 때, 우리는 나를 포장하기 시작한다. 어떤 모습으로 보여 지고 싶어 하고 주의를 받고 싶어 한다. 그중에서도 직업적으로 주의를 먹고사는 직업이 있다면 아마도 연예인이나 정치인일 것이다. 연예인들은 팬들로부터 주의를 못 받으면 굉장히 슬퍼하고 심지어는 자살까지 하는 극단적인 선택을 하기도 한다. 정치인들의 경우 국민이나 시민들로부터 주의를 못 받으면 정치생명이 끝이 난다. 그래서 정치인들은 주의를 끌어 모으기 위해서 지키기도 힘든 공약들을 마구 쏟아내는 것이다.

반면 내가 누군가에게 주의를 쏟기 시작할 때에는 관계가 형성되고, 사랑이 싹트게 된다. 이렇게 삶이라고 하는 것을 잘 들여다보면 주의(注意)밖에 없을 것이다. 내 주의가 어디 있는가를 알아차리고 점검해 들어가면 명상으로 이끌어주지만, 내가 누군가로부터 주의 받기를 원하면 나를 포장하기 시작한다. 나를 포장하니까 내 에고(ego)가 강화되어지고 이미지를 형성하게 된다. 이미지를 갖는 것이 나쁘다거나 잘못되어졌다는 말은 아니다. 이미지는 있어야 한다. 스님은 스님의 이미지가, 선생님은 선생님의 이미지가 있어야 한다. 이미지는 필요하지만, 이미지에 연연해하는 것, 이것이 문제가 될 수 있다. 명상하고자 하는 사람은 온전히 자기모습이 되는 것이 중요하다. 명상지도자가 되겠다고 하면서 명상가의 특별한 이미지를 만들어 가며 공부해 간다면, 이것은 그냥 스펙 쌓는 것에 불과하다. 이는 지극히 경계해야 할 부분이다.

우린 어떤 목표를 정해놓고, 그 목표를 향해서 노력하는 것이 아니라 내가 어떤 사람인지를 알아들어가는 것에서부터 시작해야 된다.

이미지에 너무 연연해 하다보면, 삶에 이상한 옵션이 주어지게 된다. 살다보면 성공하는 일도 있고, 실패하는 일도 있다. 성공하면 기쁘고 즐겁고, 자랑하고 싶어진다. 그런데 이미지가 강한 사람들은 성공하면 기쁘고, 신나는 것만으로 끝나지 않고 끝내 교만하게 된다. 그 이유가 무엇일까? 내 이미지에 맞는 사람만 만나고, 맞지 않는 사람은 만나지 않게 되는 것이다. 이런 식으로 교만해지게 되는 것이다. 이와는 달리 살다보면 실패할 수도 있다. 실패하면 슬프고, 힘들 것이다. 그런데 이미지가 강한 사람들은 슬프고

3장 명상의 현대적 응용

힘든 것으로 끝나지 않고, 좌절을 해버리는 경우가 많다. 주변사람들에게 '내가 얼마나 무능한 사람으로 보일까' 하는 무능한 이미지에 대한 두려움 때문에 좌절하는 것이다.

명상을 하게 되면 최소한 이런 자기 이미지를 내세우는 삶으로부터 벗어날 수 있을 것이다. 왜냐하면 명상한 만큼 자기를 자각하는 힘이 생기며, 그에 따라 이미지에 연연해하지 않게 되기 때문이다. 명상은 삶의 방향제시가 된다고 볼 수 있다. 이미지를 내세우지 않는 것만으로도 훨씬 더 아름다워질 수 있게 되는 것이다.

이미지를 많이 내세우다보면 그만큼의 제약이 따른다. 예를 들어 밥 먹을 때, 우아하게 먹어야 된다는 이미지를 갖게 되면, 맛있게 먹지 못한다. 그냥 밥을 맛있게 먹으면 될 텐데, 남들에게 어떻게 보일까 이미지에 신경 쓰여서 제대로 먹게 될 리가 없는 것이다.

명상을 하면, 자기를 잘 보게 되고, 남들에게 주의를 받기위해서 자기를 포장하거나 자기 이미지에 집착하지 않는 힘을 갖게 된다. 그리고 누군가에게 주의를 쏟게 되면, 자비심이나, 사랑이 넘치는 그런 방향으로 삶을 가꾸어 갈 수 있게 된다. 더 나아가 주의가 주어질 때 사람 관계 속에서 깊이 있는 연결감이 형성되어간다.

3. 함께 나누기(brainstorming)

1) 세상 사람들이 모두가 원하는 것은?

세상 사람들이 모두가 원하는 것은 무엇일까? 사랑, 건강, 돈, 성공, 자유, 행복 등등일 것이다. 그런데 사랑과 관련해서 예를 들어보자면, 사랑과 행복이 관련이 있는가. 물론 그렇다고 할 수 있다. 그렇다면 어느 단어가 큰 단어일까? 사랑하니까 행복한 것일까 아니면 행복하니까 사랑하는 것일까? 필자는 사랑하니까 행복한 것이 아닐까 생각한다. 사랑은 작은 단어이다. 일반적으로 각각의 단어들은 그 자체만으로 굉장히 큰 의미로 쓰이고 있는데, 행복과 함께 사용될 때 어떤 단어가 큰지를 아래에서 살펴보겠다.

수강생 : 자유로울 수가 없으면 행복할 수가 전혀 없을 거 같은데요. 제 생각에는

그것은 어떻게 되는 관계예요?

강 사 : 자유로우면 행복해질 수 있죠. 부처님을 대 자유인이라고도 부릅니다. 어떠한 신념에도 구속되지 않으시기에 그렇습니다. 그러니까 지금까지 나왔던 모든 단어들은 행복의 조건들인 거예요. 건강하면 행복해질 수 있고, 돈 많으면 행복해질 수 있고, 사랑이 있으면 행복해질 수 있고, 자유가 있으면 행복해질 수 있고, 그렇죠?

이런 저런 조건이 다 갖춰지면 행복해지는가? 우리는 지금 무엇을 위해 살고 있을까? 성공? 재산? 자유? 사랑? 성공하면 행복할 수 있지만 그 성공을 지키기 위해서 애를 써야만 한다.

어떻게 해야 행복해질까? 행복은 획득하고, 얻어내는 그런 것이 아니고 스스로 찾아내는 것이다. 예를 들면 "이 시간에 이렇게 이런 공부를 할 수 있어서 너무 행복해." 이런 식으로 공부할 수 있는 순간이 행복임을 찾아내는 것이다. 날씨가 추운데 따사로운 햇살이 있다면, "이 햇살이 너무너무 행복해." 이렇게 행복은 획득하기 보다는 찾는 것이다.

부처님이나 예수님이나 모하메드와 같은 분들이 무엇을 위해서 이 세상에 오셨을까? 아마도 인류에게 행복을, 그리고 그 행복에 이르는 길을 가르쳐주기 위해서 오셨을 것이다. 우리가 세상 살아가는데 보면, 성공하려고, 돈 많이 벌려고, 평화를 만들겠다고, 혹은 사랑도 갈구한다. 그러나 이런 것들이 행복을 가져다주는 것만은 아닌 것은 분명하다.

그러면 조건 없는 행복이라는 것은 과연 존재할까? 불교에서는 "조건된 모든 것은 무상(無常)하다."라고 표현하고 있다.

"늘 행복할 수는 없어도, 행복한 일은 늘 있는 법이야." ≪곰돌이 푸우≫ 만화영화에서 나오는 말이다. 행복은 자신의 의식의 영역만큼 찾는 것이라 생각한다. 명상을 하게 되면, 행복에 이르는 길을 스스로 발견해낼 수 있는 의식의 폭이 넓어진다. 명상을 하게 되면 처음에는 편안하고 기쁘고 아주 평온하고 좋아진다. 그런데 조금 더 하다보면, 잡념이 더 많이 생기는 것 같고, 힘들어지게 된다. 예전에 별거 아니라고 생각했던 것들이

3장 명상의 현대적 응용

가슴에 깊이 와 닿고 힘들게 하고, 슬프게 만들기도 하고, 또 고통이 올라오기도 하는데, 그것은 자연스러운 과정이다.

간혹 어떤 사람들은 이 명상을 하면 고통은 사라지고, 평화와 행복만이 남는다고 광고를 하는 경우도 있다. 필자의 경험에 비추어 솔직히 말하자면, 항상 그렇지는 않다.

내가 행복해지기를 바란다는 것, 나에게 고통이 없기를 바란다는 것은 나는 존재하고 고통은 없기를 바라는 것이다. 잘못된 바람이다.

내가 고통인 것이다. 내가 없어져야 고통도 없는 것이다.

내가 없어질 수 있는 길이 있을까? 깊은 명상가들은 무아(無我)를 체험한다. 우리는 신비하고 비범한 순간을 경험하기 위해서 가피명상을 하는 것이 아니다. 왜 명상을 해야 하는가?

"그냥 행복해지기 위해서", "조건 없는 행복을 발견하기 위해 의식의 영역을 더 넓혀보고자 명상을 한다." 이것이 맞는 답이 아닐까.

"가피명상"은 "그것과 함께하기"이다. 고통스러운 일이 있으면 고통을 회피 하지 않고, 그 고통과 함께하기라고 보면 된다. '세상에~ 고통과 함께하라니, 그런 걸 왜 해?' 이렇게 생각이 들 수도 있을 것이다. 다음의 대화를 보자.

강　사 : 자, 우리 두 번째 앉아계신 안경 쓰신 분. 고통스러울 때 어떻게 해요?

수강생 : 일단 피해가려고 합니다.

강　사 : 예. 일단 피해가려고 해요? 어떤 식으로 피했나요?

수강생 : 그 고통스러운 일을 생각 안하려고 한다든지, 그 장면에서 벗어나려고 한다든지.

강　사 : 그러기 위해서는 여행을 하거나, 술을 마시거나, 잠을 자거나. 영화를 보거나. 그래요. 어릴 때부터 우리는 고통을 피하는 법들은 나름 익혀온 것 같습니다. 명상지도를 해보겠다고 하는 여러분들은 고통을 피하는 법을 배우지 말고, 고통을 직시하는 법을 배우십시오. 고통을 직시함으로 해서 고통으로부터 자유로워질 수 있도록 해보라는 것입니다.

2) 생각과 신념에 대하여

강　　사 : 지금부터 머리로 생각하지 말고, 가슴에 단어를 던집니다. 가슴에다가 "신념"하고 단어를 툭 던져봅니다. 어떤 기분이 듭니까? 어떤 느낌이 듭니까? 신념.

수강생 : 확고함, 딱딱함, 강함

강　　사 : "생각"으로 넘어옵니다. "생각", 단어를 가슴에 던져봅니다. 어떤 기분이 듭니까? 생각.

수강생 : 죽 끓듯 한다.

강　　사 : 다시 "신념"을 가슴에 던집니다. 어떤 느낌?

수강생 : 신뢰, 다짐, 의지, 불변, 굳건

강　　사 : 다시 "생각"으로 갑니다. "생각", 어떤 느낌? 생각의 기능에 대해서 이야기하지 말고, 생각이라는 단어를 가슴에 던지는 것입니다. "생각"

수강생 : 다양, 변화무쌍, 복잡

강　　사 : 다시 "신념"으로 넘어갑니다. "신념", 어떤 느낌?

수강생 : 목표, 의무감

강　　사 : "생각"으로 갑니다.

수강생 : 바쁨

"신념"에는 어떤 일관성이 있고, 옛부터 내려온 것 같은 지속력 같은 것이 있다. 그러나 "생각"은 어떠한가? 일시적이고 순간적이다. "신념"은 확고하고 딱딱한 반면, "생각"은 좀 여유로움, 자유로움, 유연함이 있다. "생각"이 한쪽으로 방향을 가지기 시작하면 "신념"이 된다. 한쪽으로만 쭉 해나가면 그것이 "신념"이 된다. "신념"은 확고하고, 딱딱하고, 강하고, 어떤 신뢰감이 있고, 다짐, 의지, 굳건하고 불변, 목표, 의무, 일관성 있고 지속력이 있다. 반면에 "생각"은 여유롭고 자유롭다. 복잡하고, 산만하고, 바쁘다. 죽 끓듯 하고, 변화무쌍하며 일시적이고, 순간적이고, 아주 유연하다.

"생각"과 "신념", 우리 삶속에서 굉장히 필요한 부분들인데, 우린 어릴 때부터 "신념을 가져라", "신념대로 살아라." 이런 교육을 받으며 살아왔다. 만약 어떤 사람이 신념

3장 명상의 현대적 응용

대로 생각하고 신념대로만 살아간다면 굉장히 존경스러울 것이다. 하지만 그 사람과 같이 산다고 생각하면 숨이 막힐 듯이 답답함을 느낄 것이다. 결과적으로, "신념을 가져라", "신념대로 살아라."라고 하는 교육은 숨 막히게 살라는 의미일 수도 있는 것이다.

이번에는 신념은 없고 생각나는 대로 행동한다고 생각해보자. 생각나는 대로 막 살아간다면, 그런 사람하고 같이 산다면, 불안하고, 대책이 안서고 미래가 불분명 할 것이다. 이럴 때 우리는 '기가 막혀'라고 표현한다. 신념대로 생각하고 신념대로만 살아가면 숨 막히고, 신념은 없고 생각나는 대로 행동해버리면 기가 막히게 되는 것이다.

때론 신념과 반대되는 생각을 할 수도 있다. 내가 어떤 신념을 가지고 있는데 그 신념과 반대되는 생각을 할 수 있다. 예를 들어, 우리 민족에게는 아주 좋은 신념이 있다. '어른을 잘 모셔야한다', '부모님께 효도해야한다'라는 아름다운 신념. 그런데 며느리가 시부모를 모시고 살면서 가끔 반대되는 생각을 할 수 있다. 그럴 때 며느리는 죄책감이 든다. 신념과 반대되는 생각을 하게 되면 죄의식이 올라오게 된다. '내가 이런 생각을 하다니…' 죄책감을 느끼게 되어있다. 이것이 번뇌가 형성되어지는 대표적인 모습이다. 우리는 이러한 의식구조 속에서 살고 있다. 그렇다면 우리는 어떻게 살아야 하는가?

명상지도자가 되겠다고 하는 우리는 일단 명료해질 필요가 있다.

다른 예를 들어보겠다. 지나치게 게임만 하고 있는 아이를 혼내고 나서 엄마는 아이에게 '몇 시부터 몇 시까지는 공부해야만 해.' 하고 약속을 했다. 아이는 방과 후, 약속한 시간에 공부를 해야 하는데, PC방가서 게임을 하였다. 엄마와의 약속시간을 어기고 있는 아이의 마음이 어떨까? 게임은 재미있지만, 마음은 불안해진다. 이중성이 형성된다. 그러면 '엄마에게 어떻게 둘러댈 것인가' 라고 하는 생각이 올라온다. 그냥 약속을 지키고, 그 시간에 '엄마랑 약속한 것이니까 공부해야지'하고 약속을 이행하면 아무런 문제가 없다. 까르마가 형성될 일이 없는 것이다. 그런데 어떤 신념이 형성되어졌거나, 약속이 이루어진 다음에 그것을 지키지 않을 때에는 무엇인가를 구상하기 시작한다. 거짓말을 하거나, 자기 방어를 할 수 있는 무엇인가를 찾아낸다. 우리 대부분이 그렇게 살아가고 있다는 사실을 명심해야한다. 우리는 자기 자신부터 일단은 좀 명료해질 필요가 있다. 그래야 번뇌가 많이 사라진다. 이렇게 명상에 대한 기초적이고, 지적인 이해가 어느 정도 필요하다.

4. 하나 되어보기 명상-실습

명상은 의식성장을 도와주는 길이다. 간단한 명상을 시작해보자.

앞에 부처님 계십니다. 부처님을 바라봅니다.

불상을 바라보면서 호흡을 들이마십니다. 이 때, 부처님 상을 내 가슴에 담아봅니다. 호흡을 내쉴 때에는 내가 부처님 가슴속으로 들어갑니다.

이제 눈을 감고 아버님을 떠올립니다. 생존해 계시든, 돌아가셨든 아무 관계없습니다. 아버님을 떠올리시고, 호흡을 들이마시면서 아버님을 내 가슴속에 담습니다. 호흡을 내쉬면서 내가 아버님의 가슴속으로 들어갑니다(간격).

자 이번에는 어머니를 떠올립니다. 호흡을 들이마시면서 어머니를 내 가슴속에 담고, 호흡을 내쉬면서 내가 어머니의 가슴속으로 들어갑니다(간격).

자 이번에는 나에게 소중한 사람, 그 사람을 떠올리고 호흡을 들이마시면서 그 사람을 내 가슴속에 담습니다. 호흡을 내쉬면서 내가 그 사람의 가슴속으로 들어갑니다(간격).

이번에는 불쌍하다고 여겨지는 사람, 가엾은 사람, 그 사람을 떠올리고, 호흡을 들이마시면서 그 사람을 내 가슴속에, 호흡을 내쉬면서 내가 그 사람 가슴속으로 들어갑니다(간격).

이번에는 나를 버렸다고 여겨지는 사람, 그 사람을 떠올리고, 호흡을 들이마시면서 그 사람을 내 가슴속에 담고, 호흡을 내쉬면서 내가 그 사람 가슴속으로 들어갑니다(간격).

이번에는 아주 싫은 사람, 정말 생각하기도 싫은 사람을 떠올려봅니다. 마찬가지입니다. 호흡을 들이마시면서 그 사람을 내 가슴속에, 호흡을 내쉬면서 내가 그 사람 가슴속으로 들어갑니다(간격).

자 - 이제는 지금 만난 모든 사람들을 가만히 내 가슴속에 품어보도록 해봅니다. 잘 감싸주고 그분들을 위해서 기원해줍니다. 모두 건강하시고, 행복하십시오. 깊게 호흡을 들이마시고 내쉬면서 눈을 뜹니다.

우리 몸도 이완해야하지만 마음도 이완할 줄 알아야 한다. 우리가 호흡을 들이마시면서 산소를 받아들여서 혈액으로 피를 통해서 온몸으로 보낸다. 경험의 시간들이다. 반대로 호흡을 내쉴 때에는 내려놓음의 순간들이다. 경험과 내려놓음. 낮 시간 동안은 일을 하고, 사람을 만나는 경험의 시간들이다. 밤에는 내려놓음의 시간이고, 편안히 쉬는 시간이다. 밤에 내려놓지를 못하면 우리는 불면증에 걸린다. 계속 붙들고, 생각하고, 고민하지 말고 내려놓아야 한다. 호흡에 의해서 생명이 유지되듯, 경험과 내려놓음이 균형을 잘 맞춰야 한다. 명상하고자 하는 사람들은 균형과 조화(調和)부터 시작해야 한다. 이렇게 살아가는 우리 인생도 경험의 시간이라고 볼 수 있다. 그렇게 되면 죽음이라는 것은 또 다른 내려놓음이라고 할 수 있다. 죽음에 대해서도 심각하지 않고, 여유 있게 경험과 내려놓음의 과정으로 볼 수 있으면 더욱 좋을 것이다. 그렇게 우리의 의식이 성장해가길 기대한다.

5. 의식(意識)에 대하여

의식이란 무엇인가? 사람의 의식이 낮은 수준이라면, 그 사람은 좋은 가치관이 부족하다. 의식 수준이 올라간다면, 실패하지 않을 것이다. 우리가 더 높은 의식 상태에 있으면 상대를 배려해 주는 사랑이 싹튼다. 다툼이 없이 마음을 열고, 사랑의 마음이 자라게 된다. 결론적으로, 우리 삶의 모든 행동, 상황, 관계 등은 우리의 의식 수준에 달려 있다. 의식 수준을 높이는 방법이 바로 명상이다.

우리가 의식이 크다면 문제가 발생하지 않는다. 의식이 작으니까 '내가 옳다, 네가 틀렸다.' 시시비비를 다투는 것이다. 우리는 남과의 경쟁에서 지기 싫어한다. 이는 특히 부부(夫婦)관계에서 그러하다. 에고(ego)는 인정받고 싶어 하고, 이기고 싶어 한다. 상대를 지배하고 싶어 하는 마음이 있어서 상대에게 지배당하는 것은 견디지 못한다. 에고가 강할수록 더욱 더 그러하다. 그렇다면, 상대를 지배하는 좋은 방법이 무엇일까요? 상대에게 죄의식을 느끼게 만드는 것이다. 예를 들면, "당신이 나한테 해준 것이 뭐가 있어?"라고 말하는 것이다. 상대에게 죄의식을 느끼게 만들면 상대를 지배할 수가 있게 된다. "그게 당신이 나한테 할 말이냐?", "그게 친구한테 할 말이야?", "너 그러면 죄받아." 이런 것들은 에고가 하는 일들이다. 불교식 표현으로는 아상(我相)·인상(人相)·중생상(衆生相)·수자상(壽者相)들의 게임인 것이다.

　주의(注意)와 관련하여 질문을 하나 던져보겠다. 우리가 자면서 꿈속에서 무서운 짐승에게 쫓기는 꿈을 꾸고 있다고 가정해보자. 코를 골고 있는 것이 현실인가, 아니면 쫓기고 있는 것이 현실인가? 어느 쪽이 현실일까? 또 다른 질문을 던진다. 우리가 밥 먹고 있을 때 머릿속에서는 누군가를 만나고 있다고 가정해보자. 지금 밥 먹는 것이 현실인가? 아니면 머릿속에서 만나고 있는 것이 현실인가?

　수강생 : 의식이 어디에 가있는가 그것이 중요하지 않을까요?

　강　사 : 의식이 가있는 쪽이 현실이다. 즉 주의가 더 많이 간 쪽이 현실이 아니겠느냐? 이렇게 볼 수 있을 것 같습니다. 그러니까 내가 현실을 잘 살려면 항상 주의가 지금여기에 있어야 해요. 그래야 지금 여기를 살아갑니다. 지금 여기에 있지 못하고, 과거에 대한 미련이나, 미래에 대한 걱정을 하면서 왔다 갔다 하고 있으니까 현실감이 떨어지지요.

6. 마무리

　길. 세상의 가시밭을 모두 포장할 순 없습니다. 내가 가죽신을 신으면 됩니다.

3장 명상의 현대적 응용

공부의 시작은 욕심을 버리는 것으로부터 시작한다. 자기가 되고자 하는 이상을 향해서가 아니라 지금의 자신이 어떤 사람인지를 아는 것에서부터, 지금 이 자리에서부터 시작하는 것이다. 일반 사람들은 다른 이의 긍정이나 확신을 얻으려 한다. 하지만 가피 수행인은 바로 자기 자신이 인정할 만한 고요(평온)를 얻으려 한다.

지금의 "나"가 가장 아름답다. 지금의 나 말고 다른 뭐가 되려고 하면 나를 더 포장해야 한다. 우리는 행복하게 살 권리가 있다. 행복은 우리 스스로가 창조해 가는 것이다. 삶은 생각보다 즐거우며 마음만 열면 세상은 정말 아름다운 것들이 많다. 아름다움을 발견해 가는 여러분이 되길 간절히 기원한다.

가피명상

03
명상의 현대적 응용

표현명상

선업스님
통합매체표현명상상담아카데미 대표

03 명상의 현대적 응용

표현명상

/ 목 / 차 /

1. 삶은 접촉과 표현의 변주
2. 표현명상의 정의
3. 표현명상의 역사
4. 표현명상의 구성요소
5. 표현명상의 필요성과 유용성
6. 표현명상의 종류
7. 표현명상의 치유과정과 단계
8. 표현명상 프로그램

1. 삶은 접촉과 표현의 변주

우리는 '접촉' 아니 할 수 없고, '표현' 아니 할 수 없다. 대상을 접촉하고 접촉을 통해 현행(現行)한 심상을 표현하면서 사는 것이 우리의 삶이다.

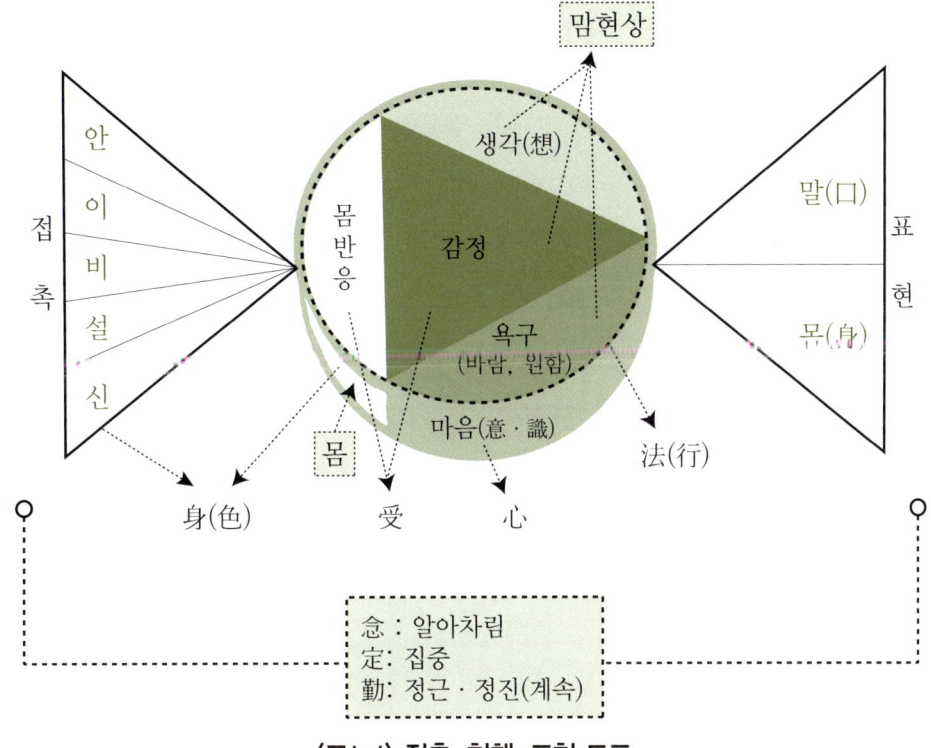

〈표1-1〉 접촉-현행-표현 도표

위의 표를 토대로 설명하면 다음과 같다. 개인이 상황에 접촉을 하게 되면 형태와 색상을 보고, 소리를 듣고, 향기를 맡고, 맛을 보고, 대상에 몸이 닿아 몸 반응이 일어나게 되고, 다음으로 마음에 여러 현상들이 일어나게 되는데, 그것을 정리한 것이 바로 想(인지)·受(정서)·行(의지·의도·갈망·욕구)이다. 이 상·수·행이 현재 일어났다는 의미를 나타내는 단어가 바로 현행(現行)으로 유식에서는 현행심소라 표현하고 표현명상에서는 현행심상이라고 한다. 삼독이라고 불리는 치·진·탐은 현행한 상·수·행의 문제적 상태이다.

'염·정·근'은 자극이 들어온 상황에서부터 접촉, 심상의 현행, 그리고 그 심상을 표현하기까지 계속(勤)해서 알아차림(念)하고, 집중(定)하는 과정을 통해 좋은 심상은 유지하고, 좋지 않는 심상은 버리며, 좋지 않는 심상이 일어나려고 하면 일어나지 않도록 하고, 좋은 심상은 일으키도록 하는 3가지 긍정적 마음 요소이다.

더불어 위의 그림은 3업(意·口·身)과 오온(색·수·상·행·식), 사념처(신·수·심·법), 12처, 18계를 모두 보여주고 있다.

접촉과 표현으로 이루어진 찰나 찰나를 연결하여 '삶'이라고 부르고, 지금 여기에서 그 순간을 통찰하면 '바른 앎'이라고 한다. 명상적 삶은 바른 앎으로 바른 삶을 사는 것이다. 그 시작은 접촉과 표현의 변주에 속지 않는 것으로부터 시작된다.

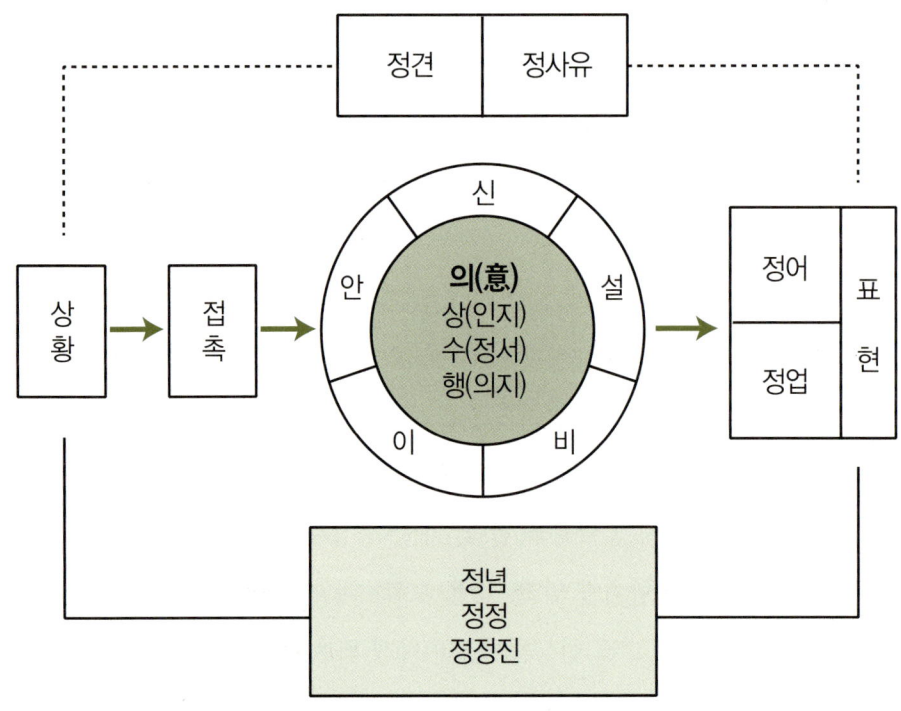

〈표1-2〉 팔정도 '접촉-현행-표현' 도식

〈표1-2〉는 접촉과 표현에 대해 마음챙김하는 일반적인 명상이 심화된 팔정도 도식으로 "팔정도 '접촉-현행-표현' 도식"이라는 명칭에서 보이듯 팔정도를 활용한 불교적

표현명상 프로그램의 이론적 근간이 되는 도식이다. 이 틀을 통해 고통을 행복으로 전환하는 사성제의 구조를 파악할 수 있게 된다.

팔정도 명상이 되면, 먼저 '자극'으로부터 시작하여 개인이 '표현'하기 까지 일어나는 과정 전체가 보이는 '정견(正見)' 즉 바른 안목과, 감각적 욕망과 성냄과 해코지가 없는 '정사유'로 '정어, 정업, 정명'하면서 살게 된다. 여기서 감각적 욕망과 성냄과 해코지가 없는 '정사유'는 〈대념처경〉에서 언급되고 있는 '지금 탐욕이 있는 마음을 탐욕이 있는 마음이라고 알아차리고, 탐욕이 없는 마음은 탐욕이 없는 마음으로 알아차림'을 기반으로 한다.

'정어, 정업, 정명'은 삶의 방식을 뜻하고 '정념, 정정, 정정진(4정근)'은 일상에서 계속 사용되는 중요한 기능들이다. 다시 말해 '정념과 정정, 정정진'은 '지금 여기에서' 순간순간 자신에게 일어나는 모든 상황을 '알아차리고 집중하여 바르게 선택하는 것'을 말하고 '정어, 정업, 정명'은 알아차리고 집중해서 선택한 것을 '바르게 표현하고 사는 것'을 말한다. 이것이 바로 팔정도로 삶을 사는 것이다. 또한 이런 삶이, 사성제가 체화된 바른 안목, 즉 통찰과 그에 동반된 번뇌 다함의 결과인 '무주심상'으로 걸림 없이 사는 표현명상의 목적과 일맥상통하는 바른 삶이다.

2. 표현명상의 정의

표현명상은 Expressive Meditation의 한글 표현으로, '내면의 심상을 외현화하는 일련의 과정을 포함한 명상'[1]을 의미한다.

Gordon(2008)에 의하면, 표현명상이란 "내재화된 것들을 외현화하는 것으로, 돋우어 올린 힘으로, 감정과 생각, 두려움과 고통을 밖으로 표출시켜 표현될 수 있도록 하는" 일련의 명상활동이며, 또한 이를 통해 "오랜 심리패턴의 고리를 끊어 미활용 감정

---

[1] 선업은 표현명상을 정의하면서 위와 같이 표현했다.

을 활성화시키고, 새로운 심리적 기능을 현재화하여 본인이 원하는 방향으로 삶을 이끌어 가도록 하는 것"이다.

선업(2015, 2016)은 표현명상에 대해 "'텔(Tell)의 명상적 외현화'이자 '심상(심리상태, 심리현상)의 외현화 과정이 포함된 명상'이며 접촉, 현행, 표현으로 구조화된 삶의 방식에 주목해서, 이를 보고, 알고, 다루고, 나누는 과정에 동반되는 심상의 외현화를 촉진 발화하는 방식을 활용하여, 심리내적·관계적·사회적 기능을 회복하고 걸림 없이 어울려 살게 하는 명상"[2]이라고 정의하고 있다.

두 정의의 공통점은 '심상의 외현화를 통해 삶의 문제를 해소하는 명상'을 표현명상으로 보고 있다는 점이다.

3. 표현명상의 역사

표현명상(Expressive Meditation)은 여러 명상의 수행방법들을 총괄적으로 지칭하는 명상의 유형을 분류하는 과정에서 나타난 용어이다. Naranjo와 Ornstein (1971)[3]은 다양한 형태의 명상을 유형화하여 형태의 방법 (Way of Forms), 표현적 방법 (Expressive Way), 그리고 부적인 방법 (Negative Way)의 3가지로 분류하였다. Tart(1975, p.78)[4]는 이 분류법을 이어받아 명상을 집중명상, 개안명상, 그리고 표현명상으로 재분류하면서 Expressive Way를 expressive meditation 으로 바꾸어 명명한다. 현재 Expressive Meditation은 Gordon이 1991년 설립한 The Center for Mind-Body Medicine (CMBM)의 프로그램[5]으로 활용되고 있으며 De Anza Colleage 등

---

2) 선업 명상 대강좌 강의교재(2015, 2016), 표현명상(2016) 대화명상출판사
3) Naranjo, Claudio and Ornstein, Robert E. (1971) On the Psychology of Meditation, Viking Press
4) Tart (1975) States of Consciousness (1975), E. P. Dutton; 1st edition
5) 그는 그의 최신 책 Unstuck: Your Guide to the Seven-Stage Journey Out of Depression (Penguin Press, 2008).에서 우울증 감소프로그램으로 표현명상을 소개하고 있다.

의 대학에서 강좌로 개설되어 있다. 대표적인 강사로는 미국의 경우 Pragito Dove, Shireen Luma Woo, 필리핀의 경우 Artist Madhouse의 공동 설립자인 Jem Benzon 과 Carol Tongco 한국의 경우 표현명상아카데미 설립자 선업스님을 들 수 있다.

4. 표현명상의 구성요소

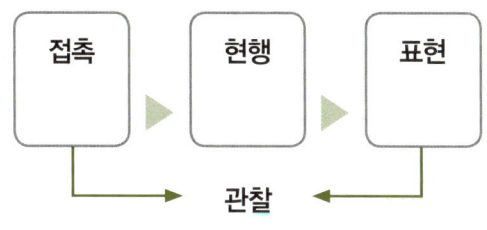

〈표4-1〉 표현명상의 구성요소

표현명상은 Expressive Meditation의 한글 표현이자 '표현'과 '명상'으로 이루어진 합성어로 구성요소는 크게 '표현'과 '명상'으로 나눈다. 앞의 〈표 4-1〉에서 볼 수 있듯이, 표현은 다시 접촉, 현행 그리고 표현으로 나눌 수 있다.

1) 표현

표현은 '근·경·식 3사 화합'인 '접촉'과 심리현상들의 '현행' 그리고 신·구·의 (몸·말·맘) 삼업의 '표현'등의 요소로 구성되어 있다.

〈표4-2〉 표현의 3요소

3장 명상의 현대적 응용

(1) 접촉

접촉은 7지 연기의 첫 번째 요소이자 12 연기의 여섯 번째 지분이고, 유식의 첫 번째 필수 심소이다. 즉 촉, 작의, 수, 상, 사로 구분된 자극의 수용에 동반된 심리적 요소의 첫 번째 마음현상이다.

초기불교의 '촉'의 개념은 펄스에 의해 게슈탈트 심리학에 도입되어 "전경으로 떠오른 게슈탈트를 해소하기 위해 환경과 상호 작용하는 행위"로 전환되어 쓰이게 된다. 알아차림-접촉 주기로 명명된 게슈탈트의 접촉 이론을 조금 더 살펴보면, 유기체적 삶은 게슈탈트의 끊임없는 반복 순환이며, 개체는 알아차림과 접촉을 통해 전경과 배경을 교체한다. 이때 알아차림은 게슈탈트 형성과 관계하며, 접촉은 게슈탈트의 해소에 관계한다. '알아차림 awareness'은 개체가 자신의 유기체 욕구나 감정을 지각한 다음 게슈탈트로 형성하여 전경으로 떠올리는 행위를 말하며, 누구에게나 있는 능력이다. 다만 접촉경계 혼란이 개입함으로써 개체는 자신의 알아차림을 인위적으로 '차단'하고 그 결과 게슈탈트 형성에 실패하고 만다.

접촉은 전경으로 떠오른 게슈탈트를 해소하기 위해 환경과 상호작용하는 행위를 말한다. 따라서 '알아차림-접촉 주기'는 게슈탈트가 생성되고 해소되는 반복과정을 말한다. 이 과정의 6단계[6] 설명은 다음과 같다. ①배경에서 ②어떤 유기체의 욕구나 감정이 신체감각의 형태로 나타나고 ③이를 개체가 알아차려 게슈탈트로 형성하여 전경으로 떠올리고 ④이를 해소하기 위해 에너지(흥분)을 동원하여 ⑤행동으로 옮기고 ⑥마침내 환경과의 접촉을 통해 게슈탈트를 해소한다. 그러면 그 게슈탈트는 배경으로 물러나 사라지고 개체는 휴식을 취한다. 잠시 후 새로운 욕구나 감정이 배경으로부터 떠오르고, 이를 알아차려 게슈탈트를 형성하고 해소하는 새로운 알아차림-접촉 주기가 되풀이된다. 접촉은 감각기관의 사용과도 관련이 있어서 어떤 감각 기관을 접촉의 매체로 주로 사용하느냐에 따라 자극 수용방식의 차이에 따른 개별적 성격 특성으로 고정된다. 접촉

---
[6] 징커(Zinker, 1977)는 게슈탈트의 알아차림-접촉 주기 모델을 6단계로 구성하였다.

기능에 문제가 있을 때 '접촉 불량'이 발생하게 된다. 접촉을 통한 정보 수집 기능에 이상이 발생한 경우도 있고, 심상과의 접촉에 문제가 생긴 경우도 있으며, 정보를 내보내기 위해 수행해야 하는 대상과의 접촉에 이상이 발생한 경우도 있다. 알아차림은 이런 접촉 상태의 이상 유무를 파악하는 역할을 하고 있다. 그래서 접촉에 알아차림이 동반된다고 말하는 것이다.

(2) 현행

'현행'은 '행'의 쓰임에 따라 두 가지 의미로 나눌 수 있다. 먼저 '행'이 명사로 쓰이면, '현행'은 '행(行)의 현현(顯現)'을 말하며 이 때 '행(行)'의 의미는 '심리현상들(심소, 심상)'이 된다.

전통적으로 '행'은 다양한 이미를 내포하고 있나. 〈니까야〉에서 '행'은 '모든 有爲法[7]', 의도적 행위[8], 느낌(受)과 인식(想)을 제외한 50가지나 되는 여러 가지 심리현상들, 심리내적 현상으로서의 身行·口行·意行, 그리고 모든 심리현상으로서의 '행' 등으로 사용되고 있다. 여기에서 '행'은 수온(受蘊)과 상온(想蘊)을 포함한 행온(行蘊)의 행(行)을 뜻하며, 행(行)은 결국 마음의 모든 심리 현상들을 의미한다.

다음으로 '행'이 동사로 쓰이면, '현행(現行)'이란 종자로부터 현재에 가시적으로 나타난 것을 의미한다. '접촉'을 통해 의식 안에 있던 종자들 중 해당 종자가 심리적 현상으로 작용하게 된 '종자의 가시화 상태'를 뜻한다. 종자가 내면에 심소(심상·심리현상)로 현행(나타남)한 것으로 유식의 설명과 부합한다. 일반적으로 이때의 심소 즉 심상은 '수(受)상(想)행(行)' 또는 三行(身行·口行·意行)으로 표현되며, 내용상으로는 긍정적 심리현상과 부정적 심리현상으로 현현한 것을 '현행'이라고 말한다.

---

[7] 諸行無常과 諸行皆苦의 문맥에서의 '諸行'
　이때의 行은 '有爲法'을 말한다. 불교에서 有爲法이란 因緣에 의하여 生滅하는 만유일체의 법, 즉 涅槃을 제외한 모든 법은 有爲法이다. 涅槃을 제외하면 그것을 諸行이라고 한다. 이때 諸行을 '형성된 것들'로 말할 수 있다. 결국 여기서 말하는 '行'은 五蘊(色,受,想,行,識) 全部를 의미한다.

[8] 12연기의 두 번째 구성요소인 無明緣行
　이때의 行을 '의도적 행위'(業)라고 말한다. 즉 심리현상들 중에서도 의도가 개입된 것을 말한다.

현행된 심소와 심상을 또 다른 말로 '텔(Tells)'이라고 부른다. 텔(Tell)은 Poker-tell에서 유래를 찾을 수 있는 용어로, 반복에 의해 구별 가능한 습관으로 정착된 몸과 말과 마음의 반응이나 현상을 일컫는 말이다. 수많은 이야기 중에 자신이 꽂혀있는 현상인(개성, 특성으로 다른 삶과 구분되는 이야기, 핵심각본) 핵심감정, 핵심욕구, 핵심 사고를 Mental-tell이라 하고, 단순한 몸짓을 포함하여, 옷차림, 서 있는 자세, 눈짓, 걸음걸이, 생김새, 땀, 홍조현상, 물건을 쥐는 방식 등 모든 몸의 습관을 Physical/Bodily-tell이라 하며, 사람의 성향이나 속마음을 드러내는 말투, 음성의 높낮이, 특정 용어 사용을 비롯한 언어적 습관을 Verbal-tell이라고 한다. 또한 특정 사회적 관계와 사회적 맥락을 Social-tell이라고 부른다.

심리적 내재화 상태인 三行(身行·口行·意行)이 바로 텔(Tells)이며, 三業(身業·口業·意業)으로 외현화되는 '표현'의 대상이 또한 텔(Tells)이 된다.

위 텔(Tells)의 내용을 정리하면 아래와 같다.

명칭	내용
Mental Tell	심리적인 습관(개성, 특성으로 다른 삶과 구분되는 이야기, 핵심각본)인 핵심감정, 핵심욕구, 핵심사고
Physical/Bodily Tell	단순한 몸짓을 포함하여, 옷차림, 서 있는 자세, 눈짓, 걸음걸이, 생김새, 땀, 홍조현상, 물건을 쥐는 방식 등 모든 몸의 습관
Verbal Tell	사람의 성향이나 속마음을 드러내는 말투, 음성의 높낮이, 특정 용어 사용을 비롯한 언어적 습관
Social Tell	특정 사회적 관계와 사회적 맥락

〈표4-3〉 텔(Tells)의 종류

다시 말해, 현행한 심리현상들(Tells)은 身·口·意 3業의 형태로 표현된다.

(3) 표현

① 표현의 정의

표현에 대한 사전적 정의는 "생각이나 느낌 따위를 언어나 몸짓 따위의 형상으로 드러내어 나타냄"이라고 되어 있다. 예술의 입장에서 표현은 세상을 비추는 거울이자 감정의 푸른 꽃이며, 때로는 정의할 수 없는 다원론적 개념일 수 있다. 나탈리 로저스의 "외부 형태들을 창조함"[9]은 내면의 감정들이 표현된 것이라는 의미가 바로 위에 언급한 '감정의 꽃'에 해당된다.

'움직임'의 입장에서는 "내적인 것이 운동이나 형태로 되어 나타나는 것"으로 표현에는 자연적 표출과 의도적인 표현이 있다. '표출'은 표현하고자 하는 의지가 없는데 저절로 나타나는 것으로, 슬플 때 울며, 기쁠 때 즐거워하는 것을 가리킨다. 이에 대하여 '표현'은 과거의 정서적 경험이나 타인의 표현 또는 표출을 상기해서 추체험(追體驗)된 것을 일정한 형식이나 움직임으로써 밖으로 나타내고자 하는 것으로, 음을 갖고 할 때는 음악적 표현이 되며, 신체의 운동이나 리듬으로써 할 때는 무용적 표현이 된다. (체육학 대사전, 민중서관)"라고 명확하게 정의하고 있다.

표현명상에서의 표현은 맘 이야기(Tells)의 외현화를 의미한다. 대상과의 접촉에 의해 발생한 맘 이야기 즉 심상을 몸짓과 말짓으로 발화하는 일련의 과정을 '표현'이라고 하는 것이다.

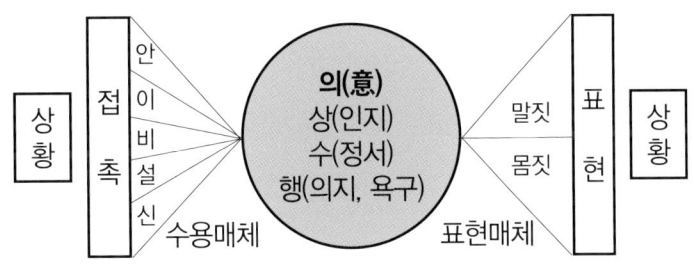

〈표4-4〉 접촉-현행-표현 세부도식

② 'Tell(심상, 마음 이모티콘)의 외현화'로서의 표현

다시 한 번 '텔'의 의미를 살펴보자. 텔(Tell)은 이미 전술한 바와 같이, 반복에 의해

---

9) 스티븐 레빈, 엘렌 레빈 편저, 최은정 옮김, 표현과 치료(시그마프레스,2013), p.130

구별 가능한 습관으로 정착된 몸과 말과 마음의 반응이나 현상을 일컫는 말이다. 자신이 내재화한(개성, 특성으로 다른 삶과 구분되는 이야기, 핵심각본) 핵심감정, 핵심욕구, 핵심 사고를 Mental-tell이라 하고, 단순한 몸짓을 포함하여, 모든 몸의 습관을 Physical/Bodily-tell이라 하며, 말투나 음성 그리고 특정 용어 사용을 비롯한 언어적 습관을 Verbal-tell이라고 한다. 또한 특정 사회적 관계와 사회적 맥락을 Social-tell이라고 부른다.[10] '텔'은 유식의 입장에서 보면 신·구·의 3행이자 표현의 대상에 해당한다. 반복에 의해 습관화된 맘짓과 몸짓과 말짓이 바로 '텔'이며, 텔은 3행(三行)으로 마음 내부에서 현행하다 3업으로 표출되어 그 모습을 나타낸다.

이런 연유로 접촉과 심상의 현행 그리고 심상의 표현이라는 일련의 과정을 'Tell의 외현화'라 명명한 것이다.

2) 명상

(1) 명상의 의미

명상은 일차적으로 지금 여기(이곳)에서 자기를 바로(제대로) 보는 것을 말한다. 명상의 대상은 지금(只今) 여기(此處)에 있는 '자기(自己)'이며 명상의 대상인 자기 자신에 대한 바른 앎, 즉 바른 이해를 통해 자신의 삶을 행복하게 사는 것이기도 하다. 좀 더 세분화해보면 명상은 접촉, 심상현행, 표현으로 구조화된 삶의 방식을 보고 알고 다루는 일련의 방식이라고 할 수 있다.

(2) 선과 명상

선과 명상에 대한 용어 정의 내용을 살펴보면, 두 용어를 비교해서 한 쪽을 다른 쪽에 종속시키려는 시도가 여러 곳에서 일어나고 있음을 발견하게 된다. 禪을 크게 보거나 명상을 크게 보는 방식의 설명이 존재하는 것이다.

---

10) 피터콜릿은 그의 저서 "몸은 마음보다 먼저 말한다"(피터콜릿 지음, 박태선 옮김, 몸은 마음보다 먼저 말한다(2004, 청림출판)

사실 명상(瞑想)은 일본의 근대화 과정에서 탄생한 단어로 선(禪)에 대한 번역어가 아니라 서구의 'meditation'을 번역한 것이다. 선이라는 말은 산스크리트어 'dhyāna'와 빨리어 'jhāna'에서 온 말로 중국에서는 빨리어 'jhāna'를 음사해서 '선나(禪那)'가 되었고, 현재는 '선나'에서 '나'가 탈락되어 禪만 남아 중국어 발음인 'chan'으로 읽히고 있다. 한자에 대한 동아시아 각 나라의 발음체계가 달라 한국에서는 '선'으로 일본에서는 '젠'으로 발음된다.

빨리어 'jhāna'는 원래 초기불교에서는 '쟈나티'라고 하여 '마음공부를 하다'라는 의미로 사용된 용어이다. 그렇게 'jhāna'는 부처님 당시에 불교에 들어와서 쓰이다가 중국으로 건너와 대승불교가 꽃을 피우면서 '선정'이라는 말로 쓰이게 되었다. 이 글자 구성은 '선'이라는 용어에 '정(定)'이라는 의미번역어를 덧붙인 것이다. 불교용어가 중국에서 번역되어 쓰일 때 하나의 용어를 어떤 때는 소리로 옮겨서 사용하고, 또 어떤 경우는 의미로 옮겨서 사용했던 것이다. 이런 까닭으로 불교용어는 일반적으로 음사용어와 의미번역어 두 가지가 존재한다. 예를 들면 불교용어 중에 'Vipassana'는 '비파사나'라고 쓰기도 하고 '관법'이라고 의역해서 쓰기도 한다. 'Samatha' 역시 '사마타'나 '定'으로 옮겨 사용하고, 'Panna'는 '빤야'라고 하거나 '지혜'라고 쓴다. 이런 맥락에서 선의 어원인 빨리어 'jhāna'는 '선나(禪那)'로 쓰거나 '정(定)'으로 번역되어 사용되었다.

빨리어 원어인 'jhāna'의 번역어가 '선(禪)'이지만, 본래 선(禪)이라는 한자의 의미는 '터를 닦다'였다. 뒤에 불교에 들어와서 불교만의 독특한 조작적 정의의 산물로 '마음의 터를 닦다'라는 의미로 전환되어 쓰이게 된다. 선(禪)이란 한문글자를 보더라도 재미난 구성임을 알 수 있다. 볼 시(示)자와 홑 단(單)자가 합쳐져서 만들어진 글자인데, 홑 단(單)자의 모양은 두 눈을 형상화 한 듯하고 그래서 '둘을 하나로 보기', 또는 '둘 아니게 보기'라는 뜻도 되는 것이다. 선(禪)이라는 글자를 '우리 몸 안에 있는 빛나는 존재를 완벽하게 보기'라고 해석하는 곳도 있다. 한문은 글자 자체를 파자로 풀어 볼 수 있기 때문에 다양한 해석이 존재하는 것이다.

정리해보면 '터를 닦다'라는 의미를 지닌 선(禪)이란 글자가 'jhāna'를 음사한 '선나(禪

3장 명상의 현대적 응용

邪)'로 사용되다가 '나(那)'자를 뺀 '선(禪)'이란 글자로 사용된 이후에는 '마음의 터를 닦다'라는 의미로 통용된 것이다. 보태어 글자의 의미를 좀 더 부여하기 위해 정(定)이라는 글자를 덧붙여서 '선정(禪定)'이라고 다시 번역해서 사용하게 된 것임을 알 수 있다.

선정(禪定)이라는 용어는 선종(禪宗)에 들어와서는 그 의미가 기존의 의미와 다르게 새롭게 해석되어 사용된다. 〈육조단경〉에 의하면 선정은 "밖으로 모양을 떠남이 선(禪)이요, 안으로 어지럽지 않음이 정(定) 이니라. ---중략---모양(상相)을 떠나는 것이 곧 선(禪) 이요. 안으로 어지럽지 않은 것이 곧 정(定) 이니 밖으로 선(禪) 하고 안으로 정(定) 함"을 의미한다.

이렇듯 선종에서 선(禪)의 의미는 초기불교의 선의 의미도 아니고, 대승불교에서 쓰던 선의 의미도 아닌 선종만의 독특한 의미로 재탄생하게 된다. 여기서 선(禪)은 '직지인심(直旨印心)'이라 하여, 군더더기 없이 바로 부처님의 심법(心法)을 가리킨다는 의미이다. 禪을 '부처님의 마음'에 바로 닿는 수행법이라고 적시한 것이다. 요가행파가 자신들의 정체성을 '요가를 수행하며 몸과 마음을 관찰하는 단체'라고 표방한 것처럼, 선종에서는 '선을 수행하는 단체'라는 기봉이 확립된 것이다.

요사이 명상을 언급함에 있어서 '정념을 기반으로 한 선(禪)으로서 명상'이 등장한 이유는 '지금 이곳에서 내 몸과 마음을 제대로 알아차리는 방식'을 통해서 견성의 기초를 닦을 수 있기 때문이다. 심신관찰을 통해 무아를 체득하고, 그 무아인 성품을 바로 보아서 내 본래성품을 회복하는 과정이 바로 '치유'이자 견성인 것이다.

여기에서 '알아차림'이라는 선의 요소와 '본래성의 회복'이라는 선의 효용은 선과 명상이 연결되는 중요한 지점이 된다. 장현갑에 의하면 명상의 어원은 원래 라틴어의 "치료하다"라는 'mederi'에서 온 것으로 'mederi'는 Measure(측정하다, 알아차리다)와 Medicine(약)의 의미를 가지고 있으며, 이를 토대로 명상은 "마음과 몸을 측정하여 비정상적인 것을 알아차려 원래의 온전한 상태로 되돌려놓으려 하는 것"으로 정의될 수 있다고 한다. 즉 명상과 선은 '관찰'을 활용한다는 측면과 '회복의 기제'라는 맥락에서 교집합이 되고 있으며 두 용어를 병용해서 사용하게 된 한 이유가 되는 것이다. 또 한 가지

선과 명상은 몸과 마음의 치유를 뜻하는 '힐링'의 역할을 하고 있다는 점도 중요 하다.

이를 종합해 보면, 명상은 '정념(지금 이곳에서 내 몸과 마음을 바로 아는 것)을 기반으로 해서 우리 마음의 성품을 제대로 보아서(禪) 내 자신을 회복하고(선과 명상), 치유하는(선과 명상) 일련의 과정이 되는 것이다. 이 모든 과정에서 정념이 없으면 선도 없는 것으로, 선은 정념을 필수 덕목으로 하고 있고, 선의 지향점은 '본래성 회복'으로서 명상의 의미인 '힐링, 치유'와 맥을 같이하고 있기 때문에 "정념을 기반으로 한 禪으로서의 명상"이라는 말이 성립되는 것이다.

3) 표현과 명상의 결합

표현의 전체 과정과 그 과정을 명상의 요소들(알아차림·집중·정진)을 활용하여 관찰하는 것을 결합하여 도식화 하면 아래와 같다.

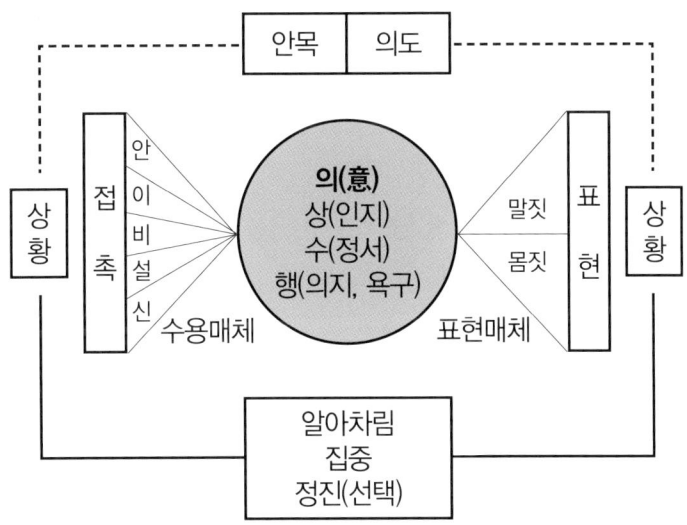

〈표4-5〉 일반 접촉-현행-표현 도식

이 도표에서 주목할 점은 '표현매체'의 등장이다. 표현매체를 사용하여 현행한 심상들이 자연스럽게 외현화 될 수 있도록 하는 일련의 과정을 진행한다는 의미이다. 심상을 안으로 내재화하는 것이 아니라 밖으로 투사시켜 바로 확인 가능하도록 하는 것이다.

이러한 작업을 통해 심리상태는 분명해지고, 관여하고 있는 심리현상은 그 모습을 확실히 드러내게 된다. 이래야 심상을 제대로 보고, 알고, 다룰 수 있게 된다.

심상에 해당하는 마음 이모티콘이 몸·말 이모티콘으로 외현화 되어야 하는 이유에 대해 나탈리 로저스는 "자기 통찰과 자기 분석 과정을 촉진"하기 때문이라고 밝히고, 외현화 과정 속에서 "창의적 연결"을 경험하고 외현화된 심상의 의미를 탐구하는 과정에서 "성장과 통찰"이 일어난다고 밝히고 있다.

창의적 연결을 가능하게 하는 '명상적 외현화'를 통해 심상을 제대로 보고, 알고, 다루게 되면 안목은 바른 안목으로, 의도는 바른 의도로 변하게 된다. 물론 '표현'은 정확·명확해지고 자기 소통의 확대에 기반한 관계적, 사회적 소통이 원활하게 된다. 아래의 도표는 바른 접촉-표현 관찰 도식이다.

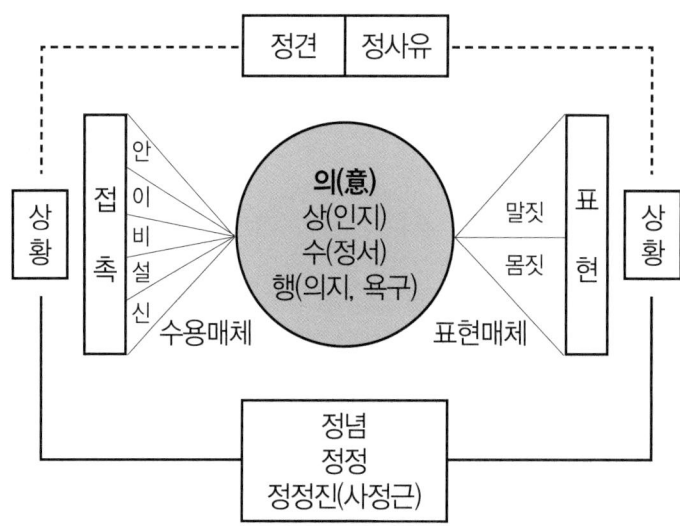

〈표4-6〉 바른 접촉-현행-표현도식

이처럼 접촉, 심상현행, 표현으로 구조화된 삶의 방식에 주목해서, 이를 보고, 알고, 다루고 나누는 과정에 동반되는 심상의 외현화를 촉진 발화하는 방식을 활용하여, 심리 내적·관계적·사회적 기능을 회복하고 걸림 없이 어울려 살게 하는 명상을 표현명상이라고 한다. 그리고 그 기반은 바로 텔의 명상적 외현화이다.

5. 표현명상의 필요성과 유용성

표현명상이 필요한 이유는 명상 안으로 숨는 '영적우회(Spiritual Bypass)'를 '드러냄(드러내기, 자기노출)'을 통해 극복할 수 있도록 돕는 기제로 쓸 수 있기 때문이다. 웰우드[11]에 의하면 자신의 "오래된 방어를 합리화하고 강화"하기 위해 "수행을 개인적인 혹은 감정적으로 '해결되지 못한 문제'를 우회하거나 회피하기 위한 수단으로 이용하는 경향"이 있다고 한다. 특히 영적인 우회의 성향인 "시시때때로 변하는 나약한 자아와 같이 어렵고 불쾌한 것을 외면"하는 성향은 표현을 통해 나타난 모습을 직면함으로서 해결가능하다. 또한 문제를 내사하여 내적으로 상처(내상(內傷))를 입는 경향성을 '명상적 표현하기'를 통해 완화시킬 수 있으며, 반대로 문제를 밖으로 투사하여 남 탓을 하는 외곡된 표현 양식을 '적절한 표현하기'를 통해 전환시킬 수 있다.

프라지토 도브[12]는 표현명상(Expressive Meditation)의 유용성에 대해 먼저 인지·정서적 감옥에서 풀려나 몸이 건강해지고, 정신적으로 행복해지도록 돕는다고 했다. 두 번째로 우리의 분노를 다른 사람에게 투사하는 경향성을 피할 수 있도록 도우며, 세 번째로 분노에너지를 창조적인 자애와 기쁨의 에너지로 변화시켜 사용할 수 있도록 하는 방법을 배울 수 있게 해준다고 주장한다. 그리고 우리 안에 현존하는 긍정적인 내적 기능을 발견하여 활성화시킬 수 있도록 돕는다고 덧붙이고 있다.

Marisa Cordella, Aldo Poiani[13]는 호흡과 움직임에 기반한 표현명상이 암 환자들의 이완과 기력 회복에 도움이 된다는 자료에 주목하고 있다.

---

11) 존 웰우드 저, 김명권 주혜명 공역, 깨달음의 심리학(학지사, 2008, 2014) p.36

12) Pragito Dove, laughter, tears, silence(New World Library, 2010)
   The benefits are: "Releasing mental and emotional poisons from our body and mind, which is good for our health and happiness...중략...Discovering the inner silence, peace and wisdom that reside within us all"

13) Marisa Cordella, Aldo Poiani, Behavioural Oncology: Psychological, Communicative, and Social Dimensions(Springer, 2014) p 593

6. 표현명상의 종류

Allen Holmquist(1983, 2009 pp152-156))[14]는 Expressive Meditation의 분류에 들어가는 명상법으로 Reflective Meditation, Receptive Meditation, Creative Meditation, Healing Meditation, Walking Meditation, Invocation 등을 예로 들고 있다.

현재 표현명상의 종류를 개괄해 보면, 미국의 경우는 범 명상적 경향을 띄고 있으며 필리핀은 예술치료 병합형, 그리고 한국은 불교명상 및 상담 중심형으로 분류할 수 있다. 하지만 다양한 정보 교류 기회를 통해 프로그램이 혼용되는 지금은 통합형으로 진행되는 추세라고 보는 것이 합당할 것 같다.

지금부터 '접촉-현행-표현'이라는 일련의 과정을 통해 마음의 상태와 마음 현상을 가감 없이 드러내는, 다양한 명상 전통에서 발견되고 있는 표현명상의 대표적 경향성을 정리해 보고자 한다.

1) 불교명상 중심
(1) 전통불교

우선 불교명상에서 초기불교에 등장하는 9분교에서는 감흥어가 이에 해당된다. 붓다는 마음의 상태, 즉 감흥을 소리매체를 통해 바로 표현한다. 팔정도에서 정어와 정업은 표현매체를 바르게 사용하는 방법론으로 주목할 필요가 있으며, 자애관의 경우는 행복을 자타로 방사하는 표현방식을 통해 자신의 마음을 드러낸다.

대승불교의 경우, 반야는 '공(空)', 법화는 '성(性)', 유식은 '장(藏)', 그리고 화엄은 '화(華)'를 통해 마음의 요체를 드러낸다. 주목할 점은 육바라밀의 보시를 모티브로 한 무재칠시(無財七施)의 내용이 표현방법의 가장 좋은 활용 예라는 점이다.

---

14) Allen Holmquist(2000) Alternative Rtates of Consciousness in Shamanism, Imaginal Psychotherapies, Hypnotherapy, and Meditation Including a Shamanism and Meditation Inspired Personal and Professional Traning Program for the 21st Century Psychotherapist:: A cognitive, Intrapsychic, Experiential, and Transpersonal Research Project and Program (Universal-Publishers, 2009)

> "첫째는 '화안시(和顔施)'로 얼굴에 화색을 띠고, 부드럽고, 정다운 얼굴로 남을 대하는 것이요. 둘째는 '언시(言施)'로 말로서 얼마든지 베풀 수 있으니 사랑의 말, 칭찬의 말, 위로의 말, 격려의 말, 부드러운 말 등이다."

결국 마음의 현상을 표현하는 맘짓을 몸짓과 말짓을 통해 표현하는 것이 최상의 보시이며, 어울려 사는 삶의 초석이 된다는 것이다.

선종은 '심우도'를 통해 명상 과정에서 심리상태의 변화를 확인할 수 있는 장치를 마련하고 있다. 다양한 선화와 선시, 그리고 선차의 전통 속에서 마음 상태를 표현하는 방식을 발전시켰으며, 선문답을 통한 인터뷰 방식은 표현명상의 백미라고 할 수 있다. 이를 모은 『공안집』은 그 자체로 '표현명상자료집'이라고 할 수 있다. 또한 선무와 선무도의 등장은 몸짓으로 마음을 표현하는 양식의 발달을 보여준다.

탄트라명상의 방법론은 다양한 표현명상의 양식을 보여준다. 먼저 빈다라는 마음상태와 마음현상을 시각적으로 표현하는 양식이다. 산스크리트어 "만달라(मण्डल Mandala)"는 원래는 본질을 뜻하는 만달(Mandal)과 소유를 뜻하는 라(la)가 결합되어 이루어진 낱말로, "본질의 것", "본질을 소유한 것", 또는 "본질을 담고 있는 것"이라는 의미를 가지고 있다. 이런 의미에서 불교의 본질은 보리(菩提), 즉 깨달음이기 때문에 만다라는 부처의 깨달음의 경지(境地)를 상징화하여 신성(神聖)한 단(壇)이라는 물리적·입체적 형태로 표현한 것이라 할 수 있다. 이런 면에서, 만다라는 수행자의 심리상태를 나타내어 깨달음의 지도로 쓰일 수 있다.

다음으로 소리를 사용하는 만트라는 주·신주·밀주·밀언으로 번역하고 '진실하여 거짓이 없는 말'이란 뜻이다. 진언을 '다라니'라고도 하는데, 진언은 비교적 단구로 되어 있고 다라니는 장구로 되어 있다. 다라니는 불경의 내용을 마음에 새겨 잊지 않으려는 목적에서 만들어졌으며 총지(總持)라고 번역한다. 만트라는 마음속으로만 부르면서 일정시간 계속 반복하기도 하고, 밖으로 소리를 내어 반복하기도 한다. 다시 말해 내적소리로 표현하기도 하고, 외적 소리로 표현하기도 있다. 김진묵[15]은 명상음악 중에서 범

---

15) 김진묵 저, 세계명상음악 순례(정신세계사, 2006)

패와 화청과 회심곡, 그리고 만트라와 다라니 등을 묶어 불교명상음악이라는 카테고리로 정리하고 있다. 벤슨[16] 박사는 '이완반응과 믿음을 결합하기'프로그램에서 만트라를 표현매체로 활용하고 있다.

'상징적인 몸짓(symbolic or ritual gesture)[17]'을 가리키는 무드라는 몸짓을 통해 마음의 상태와 깨달음의 경지를 표현하는 양식이다. 손짓과 몸짓 그리고 인도의 전통 무용[18]과 요가 동작을 통해 전승된 무드라는 그 형태에 따라 불상의 명칭과 역할을 구분하는데 쓰이기도 한다. 또한 동양 무술과의 연관성도 상당부분 연구가 진행되어 있다. 결론적으로, 어떠한 모양이나 상징으로 발견된다 하더라도 무드라의 쓰임을 관통하는 무드라의 의미는 마음의 상태와 마음 현상을 몸짓을 통해 표현한 것이라는 점이다. 범패에서 쓰이는 다양한 몸짓들도 역시 명상표현의 영역에서 다루어져야 한다.

현재 선시와 음악의 만남 등을 통해 '①선시읽기, ②명상하기, ③나누기'등으로 표현명상을 구조화한 프로그램이 진행되고 있다.

(2) 응용불교

특히 알아차림을 뜻하는 사띠(Sati)를 기반으로 하는 개입방법(SBI : Sati-based Intervention)은 많은 분야에서 치유적 효과를 증명해 내고 있다.

① MBI(Mindfulness based Intervention) 계열

마음챙김에 근거한 개입방법에서 표현명상은 광범위하게 활용되고 있다. 특히 MBAT(마음챙김을 활용한 미술치료)와 MBDMT(마음챙김을 활용한 댄스·움직임 치료)는 알아차림을 기초로 각종 표현치료 양식을 결합하여 프로그램을 운용하고 있다.

---

16) 허버트 벤슨, 윌리엄 프록터 공저, 장현갑, 장주영, 김대곤 공역, 과학명상법(학지사, 2003)

17) Wikipedia

18) 인도 무용의 한 종류로 무드라의 개념은 동양 최고의 연극무용 교전서(教傳書)인 《나타 사스트라》에 완전하게 표명되어 있다. 이것에 의하면 ① 순수한 무용적 손 동작, ② 단일한 손 동작, ③ 복합된 손 동작으로 구분된다. ①은 단순히 무용적인 아름다움을 창조하는 데만 사용하며, ②, ③은 암호언어를 구성하는 중에 여러 뜻을 나타낸다. 무드라는 인도 전역은 물론, 동남아시아·중국 및 한국에까지 영향을 주었다.

② 게슈탈트 계열

펄스의 게슈탈트 심리치료를 활용한 게슈탈트표현예술치료도 사띠[awareness]를 기반으로 한 표현명상의 요소가 결합되어 있다.

2) 범 명상[몸짓:움직임] 중심

(1) Expressive Meditation

프라지토 도브는 그녀의 책을 통해 80여종이 넘는 표현명상 기법을 소개하고 있다. 웃음명상과 울음명상 그리고 지버리쉬 등이 대표적이다.

Gordon의 경우 The Center for Mind-Body Medicine (CMBM)의 프로그램[19]으로 사용되는 표현명상 종류를 빠른 깊은 숨 쉬기 명상(Fast deep breathing), 춤 명상(dancing), 흔들기 명상(shaking), 회전명상(whirling) 및 기타로 소개하고 있다.

Jeannine Walston은 '움직임은 치료제[20]'라는 Gabrielle Roth의 말을 인용하면서 움직임 중심의 표현명상으로 춤과 흔들기 중심의 동적 명상을 예로 들고 있다.

(2) Action Theater

루스 자포라에 의해 1970년대 개발된 즉흥 메소드로, 즉흥 신체훈련과 즉흥 공연 기법이다. 몸과 마음에 일어나는 '순간의 경험'을 즉각적으로 인식하고 자유롭게 표현하도록 훈련함으로써, '몸과 마음의 결합', '행동과 존재 사이의 일치'를 체득하게 한다. 알아차림과 표현을 활용한 움직임 명상이다.

(3) Authentic Movement [적극적 명상(Active Imagination) 기반]

융 학파의 심리학자 마리 화이트 하우스는 융의 적극적 명상을 활용하여 '진정한 움

---

19) Fast deep breathing, dancing, shaking, whirling, and other types of movement to evoke, transform, release, empty, and energize.

20) "Movement is medicine."

직임(Authentic Movement)' 개념을 만들어 낸다. '진정한 움직임'이란 "몸이 의식과 이성의 대상물로서 통제의 대상에 머무르는 것이 아니라, 몸 스스로 자신을 드러내게 함으로써 무의식을 표면화시키는 것"을 말한다. 이때 의식은 관조자로서의 역할만 할 뿐 어떠한 간섭도, 지시도, 통제도, 의지도 가지지 않으며, 몸으로부터 자발적으로 우러나오는 움직임은 우리의 깊은 내면을-또 그를 통해 이어져 있는 전 세상에 대한 정보를 드러낸다. 이것이 바로 명상적 표현이다. 그리고 몸에 주목한 이유는 언어를 포함한 다른 예술의 매체들 그 자체가 하나의 매개자로서 자신의 힘을 가지고 있기 때문에, 필연적으로 그 매체만의 특성에 가두어져 그 매체를 통해 드러나면서 동시에 그 매체로 인해 가려지기 때문이다.

하지만 몸은 그 어떤 매체보다도 직접적인 표현으로, 분열·고립된 의식과 몸을 통합시켜 우리 자신의 본래적 통일성을 되찾도록 한다. 그 몸은 또한 동시에 무의식과의 접촉을 가능하게 함으로써 우리를 진정한 자기 자신과 나아가 전 존재와의 연결을 되찾게 하는 것이다.

(4) 5 Rhythms

Jeannine Walston은 표현명상의 한 형태로 가브리엘 로스의 '5 리듬스'를 소개[21]하고 있다. 5 리듬스 (Rhythms)는 1970년대 후반 가브리엘 로스(Gabrielle Roth)가 고안 한 움직임 명상으로 신비주의 및 동양철학에 기반을 두고 있으며, 또한 Gestalt 치료, 인간 잠재력 개발운동 및 자아초월 심리학과도 연동되어 있다. Roth는 움직임을 영혼의 여행으로 비유하면서 몸의 움직임을 통해 마음을 풀고, 마음을 자유롭게 함으로써 모든 이들이 무한한 가능성과 잠재력을 가진 영감의 원천에 연결될 수 있다고 말한다.

5리듬은 Flowing 흐름, Staccato 스타카토, Chaos 혼돈, Lyrical 영혼의 노래,

---

[21] http://jeanninewalston.com/integrative-cancer-care/mind/how-to-calm-yourself/meditation-techniques/

Stillness 침묵의 춤 등으로 구성된 다섯 가지의 리듬을 바탕으로 자신의 여성성과 남성성을 움직임과 춤으로 통합하여 본래의 자기(Self)를 만나게 한다.

3) 표현예술 병합(Expressive art meditation)유형

필리핀의 예술가 Jem Benzon과 Carol Tongco에 의해 시작된 표현명상 운동으로 표현명상과 표현치료를 병합해서 사용하고 있다. 특히 암 환자들을 돕기 위한 자원봉사 활동을 비롯하여 청소년 등을 돕기 위한 프로그램 등의 활동이 두드러진다.

프로그램의 일반적 진행 순서는 ①명상(Guided Meditation), ②예술적 표현(Art Making), ③자기 점검(Reflection), ④나누기(Group Sharing)등으로 이루어져 있다. 다양한 표현 기법을 사용하여 흥미 유발을 지속한다는 점과 자기점검 시간과 집단원들과의 나누기를 통해 자기를 돌이보도록 한다는 점이 특성이다.

4) 명상상담 & 몸짓·말짓·맘짓 통합 유형

몸짓 표현, 즉 움직임 중심의 범명상 유형과 맘짓 표현 중심의 표현예술 병합유형에 명상적 의사소통과 코칭, 그리고 명상상담이 결합된 '통합형 표현명상'[22]은 선업에 의해 구조화[23]되었다. 기분전환을 위한 정담용 명상과 마음요인(심리요소)의 증감을 위한 상담용 명상, 그리고 본래적 자기회복(신구의(身口意) 삼업 청정 기반)을 위한 통담용 명상으로 이루어진 표현명상프로그램은 현재 통담아카데미아에 개설된 표현명상지도사 과정과 표현명상 상담사 과정을 통해 몸짓·말짓·맘짓 통합형 프로그램으로 보급되고 있으며, 이를 기반으로 한 지도자 양성 과정을 통해 표현명상의 정착 및 확대가 진행되고 있다.

---

22) '표현명상상담'이라는 용어로 사용하기도 한다.
23) 선업, 명상대강좌 자료집(2015, 2016), 선업, 표현명상(대화명상출판사, 2016)

7. 표현명상의 치유과정과 단계

1) 치유과제

표현명상에서 문제적 상황은 크게 네 가지로 분류된다. 첫째는 접촉 불량이다. 둘째는 현행 불량이다. 셋째는 표현 불량이다. 넷째는 관찰 불량이다. 앞의 네 가지 문제적 상황은 다양한 문제를 야기하는데, 표현명상에서는 3가지 치유과제로 나누어 접근한다. 먼저 훼손된 욕구와 부정적 감정, 그리고 고장난 사고 등의 심리적 습관을 비롯하여 행동 습관, 언어 습관 등을 개선하는 것을 1차 치유 과제로 하고, 이어서 가족을 비롯한 주변 사람들과의 '관계 개선'을 2차 치유 과제로, 그리고 이를 통해 사회에서 정상적으로 기능하고 주변의 돕는 이로 활동할 수 있도록 하는 과정을 3차 치유 과제로 설정한다.

2) 변화단계와 치유과정

표현명상 리더 중 한명인 루수 자포라에 의해 구조화된 행동양식의 변화 3단계는 Shift, Transform, develop 이다. 그녀는 행동이 변화하는 양식인 행동양식의 변화가 발달을 의미한다고 보았다. 그 첫 번째인 '변경'은 기존의 습관적 행동을 멈추고 낯선 행동을 해보는 것이다. 두 번째인 '전환'은 기존 행동이 다른 것이 될 때까지 점차적으로 행동을 바꾸는 것으로 그 변화가 점진적으로 일어난다. 마지막으로 발전은 행동 이면에 미묘하게 변한 요소를 찾아 그 행동을 계속하는 것이다. 모든 것은 변하기 마련이고 행동으로 확인된다. 모든 습관, 행동, 상황은 훈련을 통해 변경, 전환, 발전된다.

표현명상의 치유과정은 '심상관찰', '심상표현', '심상평가'를 통해 접촉에 의해 현행된 심상이 표현되는 과정을 관찰·평가하고, 이를 통해 파악된 심상을 '심상전환(치유, 회복)' 절차를 통해 유지·중지·계발·제거하여 걸림 없는 '무주심상'의 삶을 살도록 하는 일련의 절차를 의미한다.

3) 치유 단계

표현명상의 치유단계인 信回圓道를 도형으로 표현하면 다음과 같다.

(1) 신(信)의 단계 : 뫔 열기

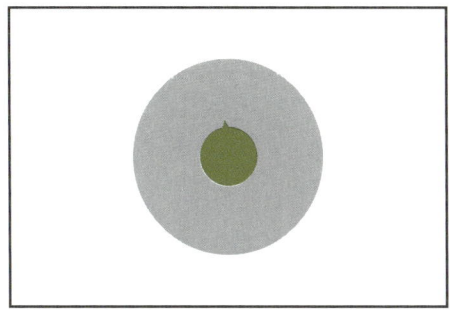

〈표7-4〉 신

信의 내용은 '불, 법, 승, 계'를 그 내용으로 한다. 여기서 '계'는 지계(持戒)로서 철저하게 나와 남에 대한 문제, 즉 관계에 대한 내용이다. 다시 말해서 불, 법, 승, 그리고 나와 타인이라고 하는 5가지에 대한 신뢰를 그 내용으로 한다. 지계는 자신에 대한 신뢰와 타인에 대한 신뢰로 구성되어 있으며 둘 중 하나만 없어도 성립되지 않는다. 예를 들어 가정에서도 부모가 아이에게 무언가 지켜야 한다고 말하는 것은 아이가 지킬 수 있는 능력을 가진 존재라는 확신에 기반한 '신뢰'에서 시작되는 것이다. 또한 가정 내에서 규칙을 세우는 것도 부모 자신이 스스로 지킬 수 있다는 '자기신뢰'에서 비롯된 것이다. 이렇듯 본인과 타인을 본래 온전한 존재로 보는 안목이 '신뢰'이다. 위에서 '황금빛 물방울'은 '황금빛 씨앗'으로도 표현될 수 있다고 했는데, 그것이 의미하는 바가 바로 존재의 온전함에 대한 '신뢰'이다. 신뢰가 생기게 되면 "뫔이 열리게" 된다. 즉 치유절차에서 가장 중요한 라포가 형성되어 마음(心)과 틀(機)을 돌릴 수 있는 준비가 된 것이다.

(2) 회(回) : 뫔 바루기

본인에게 일어난 상황이 이해되고(解), 행동이 수정되어(行), 뫔은 제자리를 찾기 시작

3장 명상의 현대적 응용

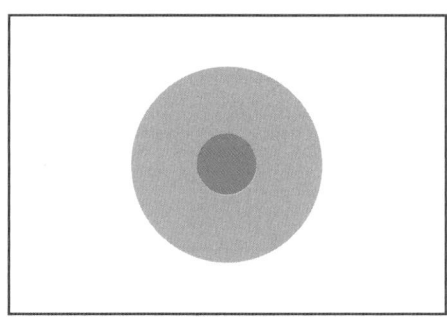

〈표7-5〉 회

한다. 가운데 금빛의 확대는 해(解)와 행(行)이 일치되어가는 맘 바루기 과정을 의미한다.

회(回)는 돌릴 '회'자로 회심(回心, 마음의 틀 돌리기), 즉 습관적으로 움직이는 몸과 마음의 틀을 돌린다는 의미이다. 지금 자신에게 붙어 있는 잘못된 오랜 습관의 틀을 돌려 본래의 바름으로 회복하는 과정을 말한다.

선종에서는 사람의 능력을 베틀[機]에 비유하여 설명하고 있다. 세상을 만들어 내는 존재, 즉 순간 순간을 창조하는 존재로서 주인공으로 살 수 있지만, 고정관념과 매너리즘에 빠져 고정된 틀 속에서 헤어 나오지 못하고 살 수도 있다는 것이다. 심지어 고장이 나면 제대로 쓸 수도 없어 그냥 방치될 수도 있다. 이 때 틀지어진 마음의 사슬을 깨기 위해 오른쪽으로, 왼쪽으로, 아래로, 위로 해 보도록 하는 귀한 인연, 즉 회기인연(回機因緣)으로서의 선지식을 만나면 고정관념의 틀에서 벗어나게 된다. 구체적으로 살펴보면, 인지적 차원의 해(解)와 행동적 차원의 행(行)을 합일시켜 정의적 장애인 번뇌장과 인지적 장애인 소지장을 해소해나간다. 치유 과정 속에서 고장난 사고와 부정적 감정과 훼손된 욕구가 전환되어 바른 언어와 행동으로 수정되는 경험을 통해 변화를 실감하게 된다. 그리고 몸과 맘과 말의 습관을 바꾸는 회기(回機)는 서원(결심-解)이 행원(결행-行)으로 실행될 때 폭발적으로 이루어진다.

(3) 원(圓) : 맘 누리

'표현명상 치유계위'의 3번째 단계인 원(圓)은 전5식, 제6식, 제7식, 제8식을 모두 전

〈표7-6〉 원

환시켜서 지혜를 증득한 단계이다. 이것을 '전식득지'라 하고, 식이 전환되어 지혜가 열린 상태이다. 여기서 '전식'은 회(回)이고, '득지'는 원(圓)을 뜻한다. 즉 전식득지의 '지'는 원(圓)을 뜻하는 것이다. 여기서 전(轉)과 득(得)은 동사이고, 식(識)과 지(智)는 명사가 된다. 식(識)을 지(智)로 바꾼 것이 바로 '올바른 회복' 즉 '깨침'인 것이니.

사성제(고집멸도)에서 고(苦)가 멸(滅)해 없어진 단계를 '이고득락', 즉 락(樂)으로 표현하고 있다. 즉, 멸(滅)이 곧 락(樂)이 되는 것이다. 여기서 멸(滅)은 공(空)한 상태이고, 이 공은 법정스님의 표현처럼 "텅 빈 충만"이라고 할 수 있다.

원(圓)은 '멸야증야(滅也證也)'라고 할 수 있다. 이 말은 탐·진·치가 없어지고 열반이 증득된 상태, 즉 지극한 행복으로 충만한 상태를 말한다. 바로 '텅 빈 충만'의 상태이다. 또한 원(圓)은 '본야락야(本也樂也)'라고 할 수도 있다. 본(本)은 선종에서의 본각(本覺)을 뜻하고 락(樂)은 대승불교의 극락을 뜻한다. 이 말은 "나의 본래 모습", 즉 고향 같은 본래 내 모습인 최상의 즐거움을 의미한다.

여기에서 한 가지 기억할 것은 치유를 경험하게 되면, 본래적 자기가 회복된 상태를 충분히 "누리는 것"이 중요하다는 점이다. 치유를 마무리하고 회기의 종결하는 과정에서 전환의 순간들을 누리는 것이 매우 중요한 이유는 '본지풍광'의 경험을 통해 오래된 습기가 제거되기 때문이다.

'누리는' 것에 대한 적절한 표현은 "삼매"이다. 삼매는 사마디 즉 '고도의 집중'을 통해 얻는 삼매를 말한다. 삼매의 첫 시작은 '행복감'이다. 그 행복감으로 몸과 마음에 경안

(輕安)이 열리게 된다. 그래서 이 삼매를 "행복으로 물들기"라고 표현한다. 바로 이 순간 온전히 물들어 있음을 바로 보는 통찰이 작동한다. 치유로 되찾은 고향은 삼매와 통찰이 함께하는 정혜불이(定慧不二)의 세계이다. 그 안에서 온전한 자기를 충분히 누리다 보면, 자리를 털고 일어나야 할 이유가 명백해지고, 삶의 선택권을 확보한 자신을 발견하게 된다.

(4) 도(道) : 몸 나누기

〈표7-7〉 도

표현명상의 치유는 회복된 상태에서 끝나는 것이 아니다. 실제 회복 되었는지 여부는 일상의 삶속에서 확인된다. 심우도의 마지막 그림을 보면, 제목이 '저자에 들어가 손을 드리우다.'라고 붙어 있다. 그림의 내용을 보면, 그림 속 인물이 지팡이에 큰 포대를 메고 사람들이 많은 곳을 향해 가고 있다. 여기에 등장하는 큰 포대는 중생들에게 베풀어 줄 복과 덕을 담은 포대이다. 치유적으로 보면, 아픈 이들을 회복시켜줄 치료방법이 담긴 상자인 것이다. 치유 과정을 통해 회복한 이들이 그들의 길을 가는 것이 바로 이 단계이다. 회복된 이는 공동체 속에서 스스로 빛을 내고, 사회적 공기의 기능을 하게 된다.

"가슴을 헤치고 맨발로 거리에 서니,흙을 바르고 먼지투성이지만 얼굴 가득 웃음.신선의 비결 쓰지 않고,바로 가르쳐 마른나무에 꽃이 피게 한다."

표현명상의 치유 과정을 통해 자기의 본래적 의미를 회복한 이들의 걸음은 그대로 공동체의 회복에 기여하는 큰 발자국으로 전환되게 되어 있다. 진정한 회복은 결국 '사이'에서 빛을 발하고, 누구의 길도 아닌 자기의 길을 '무소의 뿔'처럼 가게 된다.

8. 표현명상 프로그램

1) 표현명상 기법

표현명상의 기법은 개입방법에 따라 맘짓 중심, 말짓 중심, 몸짓 중심 그리고 통합형으로 구분할 수 있다. 개입방법에 따른 기법들은 다음과 같다.

중심영역	프로그램 명
맘짓 중심 (맘짓명상, 만다라, 만톨라)	'과'와'와'(만톨라), 과거심현재심미래심, 미래와 함께, 감정표현, 욕구표현, 생각표현, 고통속의 나, 내가 보는 나 남이 보는 나, 방하착, 지우개, 사성제, 팔정도, 사섭법, 사무량심, 사오정 만다라, 자화상 그리기, 행복자아 만다라, 오는 삶, 만다라 편지, 만다라 일기, 해피 만다라, 마음 동물원, 자기사용설명서, 오유지족, 거미줄, 눈물이 앞을 가려, 마음의 낚시
말짓 중심 (대화명상, 만트라)	TONG기법, 저팔계 만트라, 무엇을 도와드릴까요, 만트라 명상, 나는 누구인가, 옴 사바하, 권청, 붓다톡과 마라톡, O.K.Doitnow, 변하는 생각은 나가 아님을, 우물에 빠진 돼지 찾기, 욕구와 요구 구별하기,
몸짓 중심 (몸짓명상, 무드라)	옴감, 바디 톡, Go Back Jump Stop, 인례명상(안대), 리듬(느림과 빠름), 템포(1-10), '몸 이모티콘'으로 느낌 표현하기, 몸짓조각, 몸으로 말해요, 오륜명상, 춤추는 108배, 손오공 무드라, 무드라 질문, 붓다요가, 호흡명상, 호흡과 감정, 매체명상(로프), 절 명상, 둘 하나, 몰입 무드라, Tension &No-Tension, 몸 체크리스트, 몸 사용설명서
통합형	오감명상, 매체명상, 푸드명상, 자기표현명상, 휴명상, 감사명상, 뫔톡, Stop 123, 마음에 드론띄우기, 탐진치야 놀자, 장점관점(이름표 붙이기)

〈표8-1〉 개입방법 중심 표현명상기법

2) 표현명상 프로그램

표현명상을 활용한 프로그램은 표현명상 기법들을 대상과 치유단계, 그리고 증상과 개입방법 및 표현요소에 맞게 구조화 하는 것이 중요하다. 대상이 변화하는 경우에는 '신회원도'나 '사성제'의 틀을 가지고 회복 단계를 구조화할 수 있다. '팔정도'를 활용한 프로그램은 사성제 중 도성제를 모티브로 프로그램 틀을 구성한 좋은 예이다. 또한 텍스트를 중심으로 표현명상프로그램을 구조화 하는 것도 한 방법이다. 〈대념처경〉이나 〈육방예경〉 그리고 〈유식삼십송〉등 경전을 기본 틀로 활용하는 것도 바람직하다.

대상 중심	증상 중심	개입방법 중심	표현 요소	교리중심	텍스트중심	치유단계 (효과)
청소년	스트레스	맘짓 중심	접촉	사성제	대념처경	
대학생	우울	말짓 중심	현행	팔정도	육방예경	4향4과 (四向四果)
청년	강박	몸짓 중심	표현	사섭법	백유경	3도 (견도수도무학도)
주부	불안	통합형		사무량심	반야심경	신해행증
직장인	히스테리			육바라밀	유식삼십송	유식5위
장년	경계선장애			무재칠시	법화경	10지
노년	학업부진				화엄경	

〈표8-2〉 표현명상프로그램의 기본요소

(1) 개인발달 기반 맘짓 중심 프로그램

회기	주제	회기별 세부 목표	활동내용
1	오리엔테이션	1. 프로그램에 대한 목적 및 소개로 참여 동기를 높이기 2. 인사 나누기로 유대감 형성하기	1. 사전검사 실시 및 프로그램 설명 2. 규칙정하기 3. 인사 나누기 (9분할)

회기	주제	회기별 세부 목표	활동내용
1	이렇게 생긴 나는	자기가 보는 자기 모습 알기	1. 웜업 2. 통그램 그리고 나누기 3. 통그램 설문 작성하기 4. 나누기
2	엄마 안에서 나는	발달 속의 나 알기	1. 자기 들여다보기 2. 장점 찾아 닉네임으로 이름표 꾸미기 3. 나누기 4. 닉네임 몸으로 표현하기
3	어린 시절 나는	변화의 시기 나 알기	1. 몸 풀기 MBD(신체부위에서 스트레스 찾기) 2. 업무 중 가장 힘들었거나 힘들 때를 떠올려 보기 3. 마인드 맵으로 표현하기 (원인 – 신체적, 심리적, 정신적, 해소하기 위해 필요한 것) 4. 나누기 5. 털기
4	감정에 물든 나는	자신의 핵심감정 알기	1. 웜업 : 붓다요가 2. 만트라 명상(몸에서 일어나는 반응을 알아차림하고 에너지를 느껴본다.) 3. 나누기: 자신 내면적 욕구를 소리로 찾기 4. 자신의 내면소리 명상하기 5. 나누기 6. 털기– 내면소리 몸으로 표현하기
5	사고에 매인 나는	자신의 마음을 조종하는 핵심사고 알기	1. 웜업 – 인연(주위사람과의 인연을 떠올려보기) 2. 호흡명상 (수식관) 3. 자신의 마음속에 불편한 감정이나 아픈 감정 또는 해결하지 못한 문제, 사람, 상황 등을 떠올려 보기 4. 찰흙으로 표현하기 (색마분지, 찰흙, 다양한 장신구)

3장 명상의 현대적 응용

회기	주제	회기별 세부 목표	활동내용
5	사고에 매인 나는	자신의 마음을 조종하는 핵심사고 알기	5. 몸으로 나누기 　　주제: 어떻게 하고 싶은가? 6. 털기
6	동기화된 욕구에 '확'한 나는	자신의 내면적 욕구를 알아차리고 안전하게 밖으로 표출하기	1. 웜업 – 다양한 걷기 2. 로프로 모양 만들기 3. 로프 위를 걷기 → 눈 감고 걷기 → 짝지어 걷기 4. 나누기 5. 털기
7	방어하기 바쁜 나는	자신의 방어기제 알기	1. 절명상에 대한 이해와 설명 2. 웜업 (춤추는 108배 배우기) 3. 춤추는 108배 4. 나누기
8	결국, 그래서 나는	자신의 모습을 있는 그대로 바라보고, 알아차리고, 수용하기	1. 웜업: 신체탐색하기 2. 자화상그리기(짝과 함께 신체본 뜨기) 3. '나는 누구인가?'화두명상하기 4. 나누기 5. 털기 – 행복해요 ~, 나는 행복합니다.
	마무리		

〈표8-3〉 개인발달 기반 맘짓 중심 프로그램

(2) 8정도 기반 말짓 중심 프로그램

회기	제목(주제)	회기별 세부 목표	활동내용
1	불통과 소통	연기와 사성제 *소통 짱되기	신구의 삼업 VS 십선법 불통으로 듣고 말하기 VS 소통으로 듣고 말하기 (관세음 경청(듣기))

회기	제목(주제)	회기별 세부 목표	활동내용
2	바른 의도	NO TENSION! 무탐 무에 무해(정사유말하기) *의도 짱되기	탐·에·해로 듣고 말하기 VS 자·비·희·사로 듣고 말하기 (관세음 경청(듣기))
3	계속 알아차림과 집중하며 상황 바로보기 (올바른 상황파악)	알아차림, 집중, 선택(정근)으로 듣고 말하기 (경청과 표현) 오감으로 접촉한 세상 (오감으로 본 상황) *상황 짱되기	불타는 눈으로 본 세상 VS 있는 그대로 본 세상 오감으로 표현하기
4	몸 바로보기	불타는 눈으로 보기 VS 있는 그대로 보기(관세음 경성) *몸 짱되기	수관하기 몸 상태 확인하기 (몸 그림 활용) 몸 사용 설명서 작성
5	감정 풀기	불타는 눈으로 보기 VS 있는 그대로 보기 *감정 짱되기	불타는 감정(진에) VS 있는 그대로의 감정 O. K. Do it now
6	생각 바루기	불타는 눈으로 보기 VS 있는 그대로 보기 *생각 짱되기	불타는 생각(사견, 4치) VS 있는 그대로의 생각 O. K. Do it now
7	욕구 해소하기	불타는 눈으로 보기 VS 있는 그대로 보기 *욕구 짱되기	불타는 욕구(탐욕) VS 있는 그대로의 욕구 O. K. Do it now
8	지혜와 자비의 화법 권청(바른 요청)	앎과 함의 변주 *권청 짱되기	알아봅시다. 해봅시다. 알고 싶어요. 해주세요.

〈표8-4〉 8정도 기반 말짓 중심 프로그램

(3) 신회원도(사성제) 기반 몸짓 중심 프로그램

단계		주제	회기주제	주제별 활용 프로그램 명칭
사전검사		준비	사전검사	
信		관계형성	받아들임	몸톡, 호흡명상, 옴감, 붓다요가, 인례명상, 템포(1–10)
回	苦	증상확인	불편한 나, 지금의 나 (몸 불통, 맘 불통)	요즘 어때요, '몸 이모티콘'으로 느낌 표현하기, 몸짓조각, 과거심·현재심·미래심, 내가 보는 나/남이 보는 나, 자화상 그리기, 무엇을 도와드릴까요, 나는 누구인가, 마음에 드론띄우기,
	集	원인파악과 직면	수상사와 탐진치	어째서, 탐진치야 놀자, 감정표현, 욕구표현, 생각표현, 호흡과 감정, 몸짓조각, 마음 동물원
	道	문제해결	지우고 버리고	방하착, 지우개, 옴 () 사바하, 장점관점(이름표 붙이기), 권청
圓	滅	행복체험	누리는 나, 본래의 나 (몸통 맘통)	휴명상, 감사명상, 자기표현명상, 해피 만다라, 몰입무드라
道		실천수행 및 추수	'계속'의 가치, 함께하는 삶	미래와 함께, '과'와'와'(만톨라), 오는 삶, 만다라 편지, 만다라 일기
사후검사		마무리		

〈표8-5〉 신회원도(사성제)기반 몸짓 중심 프로그램

(4) 사무량심 기반 관계 증진 프로그램

회기	주제	제목	목표	주제별 활용 프로그램 명칭
1	프로그램 및 부부소개	반갑습니다	• 프로그램의 목적을 인식한다. • 구성원간 친뢰감[24]을 형성한다.	부부교실 설문지, 결혼만족도, 부부관계요인, 집착 척도 배포 및 작성

[24) 친밀감과 신뢰감의 합성어로 표현명상 프로그램 현장에서 쓰이는 용어이다.

회기	주제	제목	목표	주제별 활용 프로그램 명칭
2	慈(존중)	소중한 나	• 발달(몸 변화와 마음 변화)이해를 통한 자기 존중을 익힌다.	자애표현명상, 발달과정 속의 '나'알기
3	慈(존중)	소중한 당신	• 배우자에 대한 존중을 훈련하고 체험한다.	절명상, 관불 세족
4	비悲(공감)	나의 욕구, 감정, 사고	• 나의 마음 상태를 알아차리고 표현한다.	무엇이 나를, 현행
5		당신의 아픔 나의 아픔	• 배우자의 심리를 공감하고 표현한다.	주고받기, 신통방통 명상실습, 희비 나누기
5	喜(공감)	당신의 기쁨 나의 기쁨	• 배우자의 심리를 공감하고 인정한다.	주고받기, 신통방통 명상실습, 희비나누기
6	捨(일치)	버리고 또 놓기	• 서로 다름을 인정한다.	방하착, 보내고 또 보내고
7		하나 된 우리	• 서로 다름을 표현하고 수용한다.	대화명상, 만다라, 무드라
8	마무리 및 사후검사	어울려 잘 살아보세	• 더불어 사는 의미를 재확인 한다. • 프로그램소감을 나눈다.	부부교실 설문지, 결혼만족도, 부부관계요인, 집착 척도 배포 및 작성

〈표8-6〉 사무량심 기반 관계 중심 프로그램

03
명상의 현대적 응용

서구 사회의 마음챙김 혁명과 MBSR

안희영
한국MBSR연구소 소장

03
명상의 현대적 응용

서구 사회의 마음챙김 혁명과 MBSR

/ 목 / 차 /

1. 들어가기
2. 마음챙김 혁명, MBSR을 중심으로
3. 마음챙김이란 무엇인가?
   1) 마음챙김의 정의
   2) 마음챙김과 현존
   3) 마음 챙겨 생각에서 빠져 나오기
   4) 머리에서 가슴으로
   5) 마음챙김은 나약한 사람을 위한 것이 아니다
   6) 전체성과 연결성, 마음챙김
4. 마음챙김을 왜 해야 하는가?
   1) 마음챙김과 삶의 질서
   2) 마음챙김과 삶의 숨겨진 차원
   3) 주의력이 실재를 만든다.
   4) 주의력과 성공
   5) 마음챙김의 세 가지 유익함
5. MBSR 임상효과 연구
6. MBSR 프로그램 개괄
7. 나오기

서구 사회의 마음챙김 혁명과 MBSR

1. 들어가기- 스트레스로 가득한 삶과 마음챙김 명상

우리는 누구나 온전하게 태어난다. 하지만 살아가는 동안 스트레스를 받으면서 위축되고 뒤틀리며, 본래의 온전함이 가려진다. 첨단 기술의 발달로 생활은 더 편리해졌지만, 사람 사이의 소통은 더 어려워졌다. 각박한 사회에서 우리는 외로움과 고립감을 느낀다. 우리나라의 스트레스 지수는 OECD 국가 중 최상위권이다. 뿐만 아니라 자살률과 40대 남성 사망률도 매우 높은 불명예를 안고 있다. 우리나라가 초고속 경제 성장의 신화를 달성했고, 문화와 스포츠 등 여러 방면에서 우수성을 인정받고 있지만, 실제로 사람들은 삶을 힘겹게 느끼고 있다는 뜻인지 모른다.

불교의 핵심 가르침인 사성제(四聖諦) 중 첫 번째 진리인 고성제(苦聖諦)는 '삶에는 고통이 있으며, 고통은 인간의 조건'이라고 말한다. MBSR(Mindfulness-Based Stress Reduction, 마음챙김에 근거한 스트레스 완화) 프로그램 역시 삶에는 고통, 즉 스트레스가 있음을 인정한다. MBSR은 이러한 스트레스를 어떻게 지혜롭게 다룰지를 중요하게 여긴다. 여기서 말하는 스트레스를 깊이 들여다보면, 우리가 흔히 "나 스트레스 받았어."라고 하는 것보다 훨씬 더 포괄적이고 근원적임을 알 수 있다.

현대 생활은 아주 복잡하다. 시험, 일, 결혼 생활 등 다양한 삶의 사건과 상황에서 끊임없이 압박감이 밀려온다. 인터넷이나 각종 매체에서 쏟아지는 정보의 양은 100년 전과는 비교할 수 없을 만큼 방대해서 뇌가 혹사당할 정도이다. 결과적으로 우리는 극도로 산만한 세상에서 살고 있다. 우리는 항상 쫓기는 듯 압박감을 느낀다. 마음이 산만해서 한 가지 일에 집중하기 어렵다. 불필요한 곳에 에너지를 빼앗기면서 살아간다. 바쁘다는 뜻의 한자어 바쁠 망(忙)자를 보면, '마음 심(忄)'자와 '망할 망(亡)'자로 이루어져 있어 '마음이 바쁘면 망한다.'라고 해석할 수도 있다.

우리 마음이 너무 바빠 중심을 잃고 삶의 파도에 압도된다면 어떻게 될 것인가? 바로 여기가 명상이 들어서는 자리일 것이다. 여러 가지 명상 중에서도 마음챙김 명상, 불교에서는 위빠사나 명상이 많은 주목을 받고 있다. 서양에서는 Mindfulness meditation, 또는 마음챙김을 하면 통찰력이 생긴다고 해서 통찰 명상(Insight meditation)이라고도 한다. 마음챙김 명상은 급변하고 힘든 세상에서 우리가 중심을 잡고 삶을 지혜롭게 잘 살도록 해주는 매우 귀한 삶의 교훈이자 실천법이다. 이 장에서는 마음챙김을 둘러싼 배경, 그리고 마음챙김에 근거한 서양의 대표 프로그램인 MBSR을 소개하고자 한다.

2. 마음챙김 혁명, MBSR을 중심으로

2014년 2월 3일 영어권 대표 시사 주간지인 타임(Time)지에 "마음챙김 혁명(Mindful Revolution)"이라는 제목의 표지 기사가 실렸다. 부제는 '스트레스에 지쳐 있는 멀티태스킹 문화 속에서 집중하도록 해주는 과학(The science of finding focus in a stressed-out, multitasking culture)'이다. 혁명이라는 어감이 강한 단어에서 느껴지듯이, 서구 사회의 마음챙김 열풍은 일시적인 유행에 그치는 것이 아니라, 주류 사회에 깊은 영향을 주고 있는 듯하다. 기자는 자신이 직접 MBSR 수업에 참여하면서 마음챙김의 다양한 측면을 보도했다. 그 기사 중에 눈길을 끄는 내용이 있는데 마음챙김이 서구의 주류 사회에서 성공한 두 가지 이유에 관한 것이다.

첫째는 지혜로운 마케팅이다. 즉, 마음챙김 명상을 종교적이거나 신비적인 것으로 전달하지 않고, 명상을 근육 운동에 비유하면서 상식적으로 접근하고 있다는 점이다. 실제로 MBSR 프로그램은 마음챙김이 인간의 보편적인 능력이기 때문에, 누구나 배워서 실천하면 그 유익함을 누릴 수 있다고 강조한다.

둘째는 과학성이다. 특히 뇌는 훈련을 통해 일생동안 변화 가능하다는 신경가소성(neuroplasticity, 神經可塑性)에 관한 연구 결과는 마음챙김 명상의 효과를 입증하고 있다. 이 과학성에 힘입어 명상을 모르거나 명상에 대해 편견을 가지고 있던 사람들이 마음챙김 명상에 관심을 가지고 적극적으로 참여하게 되었다.

서구 사회의 마음챙김 혁명과 MBSR

이 기사에서 다루고 있듯이, 지금 서구 사회에서는 많은 사람들이 마음챙김을 건강과 행복의 비밀로 수용하고 일상생활에서 활용하기 시작하고 있다. 심리학 분야에서도 마음챙김 치료법이 확립되고 있으며, 학교, 기업, 교도소, 법조계, 스포츠 등 주류 사회에서 마음챙김을 활용하고 있다. 점점 더 많은 기업에서 마음챙김 교육을 하고 있다. 생산성을 가장 중요시하는 기업체에서도 조직 문화 혁신이나 생산성 향상을 위해 마음챙김을 주목하기 시작했다는 의미로 볼 수 있다. 이러한 현상은 MBSR이 처음 등장한 1979년경에는 상상하기 힘든 일이었다. 1980년대 초반 마음챙김 명상 관련 연구는 MBSR을 창안한 존 카밧진 박사의 논문을 포함해서 일 년에 약 2편정도 발표된 것이 전부였다. 시간이 지나면서 연구 논문의 수가 폭발적으로 늘어나서 이제 영어권 연구논문만 연간 약 600편에 달한다. 현대 서구사회에서 마음챙김 명상 연구가 얼마나 활발하게 진행되고 있는지 잘 알 수 있다.

이 열풍의 뒤에는 "마음챙김 선생님(Mr. Mindfulness)"이라는 별명을 가진 MBSR의 창시자 존 카밧진 박사가 있다. 컬럼비아 대학 면역학 교수인 아버지와 화가인 어머니 사이에서 태어난 카밧진 박사는 이 시대가 낳은 세계적인 명상 지도자이다. 동시에, MIT 대학에서 분자 생물학 박사 학위를 받은 과학자이다. 카밧진 박사는 대학 교수이자 과학자의 삶을 살면서도 선(禪)수행과 위빠사나, 요가, 베단타 등 다양한 영성 전통을 두루 경험하였다. 그러한 전통들의 공통적인 가르침을 바탕으로 MBSR이라는 명상 프로그램을 만든 것이다.

MBSR은 서구 최초의 마음챙김 명상에 근거한 프로그램으로, 임상 효과가 가장 많이 발표된 의료명상 프로그램이다. 1979년 세상에 소개된 뒤, MBSR은 지난 38년간 수많은 과학적 연구에서 그 효과가 증명되었다. 구체적으로는, 불안, 우울, 공황 장애, 슬픔, PTSD(post traumatic stress disorder, 외상 후 스트레스 장애), 피부병, 고혈압, 당뇨, 두통, 만성 통증, 피로, 심장병, 암, 식이장애, 수면장애 등 다양한 형태의 심신질환에 효과가 있다고 알려졌다.

이렇듯 MBSR의 효과를 뒷받침하는 과학적인 근거가 쌓이면서, 많은 병원과 클리닉

3장 명상의 현대적 응용

에서 MBSR을 받아들여, 지금은 전 세계 약 800여 곳의 병원과 클리닉에서 MBSR 교육을 하고 있다. 미국 MBSR본부(CFM)에서 하는 수업만 해도 현재까지 약 24,000명이 참여했고, 약 16,000명의 건강 전문가들이 MBSR 본부가 여는 워크숍에 참가했다. 참가자들은 MBSR에 참여하면서 스트레스에 더 잘 대처하고, 자존감이 높아지고, 대인 관계 능력이 좋아지며, 통증이나 질병에 더 잘 대응할 수 있게 되었다고 보고했다. MBSR본부(CFM)에서 인증한 MBSR지도자는 전 세계에 약 180명 정도 있다. 한국, 중국, 대만, 홍콩에서는 인증 지도자가 각 한 명 정도 있고 이 인증 지도자를 중심으로 MBSR이 널리 보급되고 있다.

MBSR 프로그램에는 두 가지 훌륭한 전통이 융합되어 있다. 하나는 마음챙김 명상이라는 동양의 명상전통이고 다른 하나는 의학과 심리학이 대표하는 서양의 과학이다. 두 전통 모두 맹목적인 믿음보다는 과학에 근거한 검증과 실천에 뿌리를 내리고 있다. MBSR은 마음챙김 명상을 통합의학 또는 심신의학의 맥락에서 과학적으로 체계화하였다. 특정 종교에 치우치지 않고, 누구나 쉽게 일상에서 마음챙김의 유익함을 체험하도록 만들어졌다는 평판을 얻었다. 그래서 MBSR은 전통명상의 핵심에 기반을 두고 있으면서도 현대 의학과 조화를 이룬다. 통합의학 안에서 보완의학으로 자리 매김한 MBSR은 의료인들의 강력한 지지와 추천을 받는 심신통합치유 프로그램이기도 하다.

서구의 마음챙김 열풍에서 우리는 하나의 교훈을 얻을 수 있다. 무엇보다도 카밧진 박사를 비롯한 서양의 명상 지도자들은 일반인들이 어렵게 생각할 수 있는 명상을 일상생활에서 쉽게 실천할 수 있도록 체계화에 성공하고 있다는 점이다. 명상을 일반인이 이해하기 쉽게 체계화하고 그 원리를 인간의 보편성에서 찾아내서 누구나 공감할 수 있게 구조화한 것은 그 공로를 크게 인정해야 할 것이다. 참선을 비롯한 우수한 명상 전통을 이어받은 우리나라도 서구인들의 과학적인 성과와 구조화하는 능력을 본받을 필요가 있다고 생각한다. 이렇게 동서양이 명상의 보편성을 향해 더욱 노력할 때, 마음챙김 명상은 특정 사회, 특정 종교를 넘어서 동서양 모두에게 유익한 진정한 인류의 정신유산이 될 것이다.

3. 마음챙김이란 무엇인가?

1) 마음챙김의 정의

마음챙김은 원래 불교명상의 핵심인 고대 명상 전통에서 유래한 것이다. 마음챙김은 인도 고대의 빨리어 sati에서 나온 말로 영어권에서는 약 100여 년 전에 mindfulness로 번역되었고 이것이 우리말 마음챙김으로 번역된 것이 최근의 일이다. 마음챙김은 '마음지킴', '알아차림', '마음새김' 등 다양한 번역어가 함께 쓰이고 있는 가운데, 점차 학술어로 널리 쓰이고 있는 추세이다. 사띠(sati)라고 불리는 마음챙김의 특성은 현존, 개입하지 않는 초연한 수용이며, 마음챙김의 목적은 대상을 제거하는 것이 아니라 대상을 알아차리는 것이다. 전통적으로 사띠는 들뜨지 않고 대상 속으로 뛰어들게 해주는 특성이 있다고 알려져 있다. 마음챙김은 수의와 자각, 연민, 지혜를 체계적으로 훈련하고 심화시키는 매우 효과적인 정신훈련으로 여겨져 왔다. 마치 씨를 뿌리기 위해서 농부가 땅을 갈고 고르는 것처럼, 마음챙김은 지혜가 일어날 수 있도록 준비하는 과정으로 설명되기도 한다.

MBSR 창시자 카밧진 박사는 마음챙김을 "독특한 방식으로 – 의도를 가지고, 현재 이 순간에, 판단하지 않고 – 주의를 기울임으로써 생겨나는 자각"으로 정의하였다. 마음챙김의 핵심은 주의를 기울이는 것에 있으며, 단순한 주의력이 아닌 특별한 태도, 즉 판단하지 않음, 인내, 초심, 신뢰, 분투하지 않음, 수용, 내려놓음, 감사함, 관대함 이라는 태도를 가지고 주의를 기울이는 것에서 생겨나는 자각이다.

마음챙김은 주의를 기울여 현재 자신의 몸과 마음이 어떤 상태인지, 지금 이 순간 무엇을 경험하고 있는지 있는 그대로 알고 있는 것이다. 이렇게 하는 것이 아주 쉬운 것처럼 들릴지도 모른다. 그렇지만 실제로 대부분의 사람들이 하루 중 상당한 시간을 현재경험에서 마음이 벗어나 다른 곳에서 방황한다. 이러한 '방황'의 시간 중에는, 자신이 무엇을 하고 있는지 알아차리지 못하면서 습관적으로 하게 된다. 이것이 마음의 자동조종 모드이다. 마음챙김은 주의를 기울여 지금 이 순간의 경험을 알아차리고, 자동조종

3장 명상의 현대적 응용

모드에서 빠져나오는 열쇠라고 할 수 있다.

마음을 챙기는 것은 현존하는 것, 마음이 지금 여기에 와 있는 것이다. 지금 내 마음이 어디가 있는지 한 번 질문해 보면, 마음이 어디에 있는지 알 수 있을 것이다. 마음은 자주 과거나 미래로 왔다 갔다 한다. 어떤 생각이든 마음에 일어날 수 있다. 평상시의 마음 상태로는 이를 알아차리기가 쉽지 않다. 길을 잘 모르는 곳에서 목적지까지 찾아 갈 때 우리가 자주 사용하는 스마트폰 지도 앱에는 '현 위치'라는 기능이 있다. 내가 지금 어디에 있는지를 알려 주는 기능이다. 마음챙김은 이와 같이 내가 어디에 와 있는지를 알려준다. 마음이 어디가 있는지도 모르고 어수선할 때 '지금 내가 어디 있지? 내 마음이 어디 있지?' 하는 자문하는 순간 현재로 돌아올 수가 있다. 내가 어디로 가야 하는지와 내가 어디에 있는지를 자꾸 알아차리다 보면 마음이 더욱 명료해지고 내적인 질서와 균형이 생긴다.

우리가 딴 생각을 하고 있으면서 지금 현재 무슨 일이 일어나는지 모르면, 마음이 흐릿하고 산만해진다. 이렇게 되면 삶의 에너지가 낭비되고 생산성이 낮아질 수밖에 없다. 삶의 소용돌이에 휩쓸려 살다보면 중심을 잃고 정신없이 살게 되는 경향이 있다. 이렇게 하루, 한 달, 일 년이 순식간에 지나간다. 마치 손가락 사이로 바람이 빠져 나가는 것처럼, 소중한 삶이 쑥쑥 빠져 나간다. 그렇게 살면 언젠가는 지나간 인생을 후회할 가능성이 높다. 마음챙김은 정신없는 마음 상태와 정반대이다. 지금 몸과 마음에서 무슨 일이 일어나고 있는지를 아는 것이다.

마음을 챙기는 것에 익숙한 사람이라면 일상생활에서 몸에 어떤 일이 일어나는지 알 수 있다. '몸이 지금 무겁구나.', '몸에서 열이 나는구나.' 하고 아는 것이다. 몸의 상태를 신경생리학적으로 지식으로 안다는 것은 아니다. 자의식이 강한 사람들이 하듯이 '어! 내 몸 아파서 큰일 났네, 여기도 저리고, 저기도 아프고…….' 이런 식으로 아는 것이 아니다. 전체적인 방식으로 몸에서 어떤 일이 일어나는지 판단이나 걱정 없이 그냥 있는 그대로 느끼고 아는 것이다. 판단하지 않고 있는 그대로 알아차릴 때 몸의 질서가 증가하고, 신경 회로가 바뀐다.

마음도 마찬가지이다. 지금 내 마음이 어떠한 상태인가 알아차리고 있을 때, 마음이 편안해지고 명료해진다. 옛날부터 선가에서는 참선이나 마음챙김 수련을 하면 '성성적적(惺惺寂寂)' 즉 마음이 고요하면서도 맑고 명료해진다고 하였다. 이러한 고요함과 명료함은 마음챙김 명상수련에서 아주 중요시되고 있다. 마음이 고요하고 명료하면 삶이 더 윤택해질 것이 분명하다. 현재 순간으로 마음을 데려오는 마음챙김 은 내 인생과 상황의 "현 위치"를 알게 하는 핵심기술이다.

2) 마음챙김과 현존

마음챙김은 독특한 방식으로 주의를 기울이는 것이다. 판단하지 않고, 처음 하는 마음으로 그냥 거기서 일어나는 느낌이나 그 현상들을 있는 그대로 알아차릴 때, 우리는 생생하게 살아 있다. 여기 살아있는 삶과 접촉되고 있는 것이다. 몸은 여기 와 있는데 마음이 다른 곳에 가 있으면, 아무도 살지 않는 빈 집과 같다. 빈집은 금방 폐허가 된다. 마음이 지금 여기에 없을 때 어떤 일이 일어나는가? 친구나 배우자, 가까운 관계의 사람들과 함께 이야기를 나눌 때 우리가 그 순간 거기에 없다면, 겉으로는 대화에 참여하고 있는 것 같지만, 어딘지 모르게 소통이 되지 않을 것이다. 진정한 만남이 이루어지려면 어떻게든 마음을 현재 순간으로 데려와야 한다.

그런데 삶이 주는 압박감이 너무 강해지면 우리는 힘든 상황에서 벗어나기 위해 현재 상황을 도피, 억압하고, 즉각적인 즐거움을 주는 활동에 빠져들어 지금 여기라고 하는 삶의 실재에서 멀어지게 된다. 삶의 실재에 주의를 기울이지 않을 때 마음은 산만해지고 만족감은 줄어든다. 마음챙김은 '지금 여기'에 주의를 기울여, 삶과 직접 접촉하여 삶의 중심으로 들어가는 훈련이라 할 수 있다.

3) 마음 챙겨 생각에서 빠져 나오기

어떤 유명한 명상 수행자는 서구 사회의 문제를 묻는 기자들에게 '생각에 사로잡혀 있는 것'이라고 말했다고 전해진다. 우리는 생각 속에 살면서, 세상을 내가 원하는 대로 만들려고 한다. 이런 자기중심적인 생각 때문에 우리 안에서는 끊임없이 실제 세계와는 다른 가상의 세계가 펼쳐진다. 우리는 내 생각이 진리이고 세상의 이치라고 믿으면서 엄청난 실수를 하게 된다. 실제 세상은 내 생각과 일치하지 않는 경우가 너무나도 많기 때문이다. 우리가 생각에 빠지면 생각을 통해서 세상을 보기 때문에, 자기 생각의 오류와 한계를 깨닫지 못하고, 마치 세상이 진짜로 그런 것처럼 착각하게 된다. 마음챙김은 그러한 착각에서 빠져 나오는 것이다. 머리에서 빠져나와서 가슴 중심의 삶을 사는 것이다. 그렇다고 생각을 없애 버리는 것은 아니다. 생각하는 마음의 차원은 대단히 유용한 것이기 때문에, 생각에 빠지지 않으면서도 좋은 생각과 판단이 필요할 때는 그것을 유용하게 사용 한다는 뜻이다.

우리는 세상을 있는 그대로 보지 않고, 내가 보고 싶은 대로 보고, 듣고 싶은 대로 듣는다. 매트릭스라는 영화에서 모피어스와 레오가 나누는 대화를 들어보면, 어딜 가나 존재하는 매트릭스 때문에 우리가 실제 세계와 멀어져 감옥에 갇혀 있다는 진실을 못본다는 내용이 나온다. 매트릭스가 우리와 실재 사이를 가로막을 때, 우리는 실제 세계와 분리되어 부자연스럽고 자유롭지 못한 삶을 살게 된다.

4) 머리에서 가슴으로

마음챙김을 머리로 이해하려고 할 때, 자칫 관념으로 빠질 수 있고, 아주 위험해질 수 있다. 우리는 관념에서, 머릿속에서 빠져나오기 위해서 마음챙김을 하는 것이다. 마음챙김은 행위 양식(Doing mode)에서 존재양식(Being mode)으로 들어가는 마스터키라고 할 수 있다. 머리에서 가슴으로의 여행이기에 그 거리는 불과 30cm도 안 되지만 평생을 수련해도 도달하기가 쉽지 않다. '머리' 중심으로 살면서 물질적인 성공을 최우선으로 하는 가치관의 지배를 받기 때문에 우리의 시야는 물질중심으로 제한되어 있고 조망은 넓지 않다. 마음챙김을 한다고 해서 머리 위주의 삶, 행위 양식을 모두 버린다는 뜻은 아니다. 우리 중심을 존재에 두되 생각과 판단 중심의 행위 양식을 잘 활용하면서 사는 것이다.

존재 양식으로 들어가서 가슴 중심의 삶을 살기 위해서는, 일상에서 마음챙김을 계속해서 수련해야 한다. 세수할 때나 양치질할 때 등 일상의 모든 순간에 몸과 마음에서 어떤 일이 일어나는지를 판단 없이 지켜보고 알아차릴 때, 자신에 대한 새로운 데이터가 차곡차곡 쌓인다. 생각이나 기억으로 산만하고 혼란스럽던 마음이, 지금 일어나는 일을 명료하게 알아차리면서 질서를 되찾고, 몸과 마음이 새롭게 정렬된다. 그것이 바로 치유이다. 부정적인 생각이 거듭되면서 형성된 조건화와 패턴이 서서히 해체된다. 긍정적인 패턴이 새로 새겨지면서 치유가 일어나고 삶이 건강해진다.

5) 마음챙김은 나약한 사람을 위한 것이 아니다.

흔히 동양에서는 명상을 무념무상으로 표현하는데 초심자들은 이 말을 곧이곧대로 해석해서 생각을 없애는 것이 명상이라고 오해하기 쉽다. 마음챙김 명상은 생각을 없애버리는 것이 아니라 생각을 알아차리는 것이다. 생각에 빠지지 않고 생각이 일어나고 사라지는 것을 명료하게 '알아차림'할 때, 내 안에 질서가 증가하고 힘이 강해지는 것이다. 이는 마음챙김을 하면 어느 대상에 치우치지 않고 균형이 생기기 때문이다. 명상을 하면 힘이 약해지고 세상에서 패배자가 될 것이라는 생각, 명상하는 사람은 세상에서 늘 물러나고 소극적으로 산다는 생각은 명상에 대한 커다란 오해이다. 카밧진 박사의 말처럼 명상은 용감한 사람을 위한 것이지, 나약한 사람을 위한 것이 아니다. 자신의 내면에 무엇이 있는지 그대로 바라보고, 세상을 있는 그대로 만나려는 사람들을 위한 것이다. 마음챙김으로 자신과 세상을 있는 그대로 알아차릴 때, 우리는 보다 분명하고 중심 잡힌 주체적인 삶을 살 수 있다. 실제로 명상을 제대로 하면 안 할 때보다 훨씬 힘이 느껴진다. 마음이 한데 모여서 한없이 넓어지면서 열리고, 몸도 이완이 된다. 평상시 산만하고 쫓기는 마음 상태에 있을 때보다 훨씬 더 힘이 느껴지고 명징(明澄)한 느낌이 강해진다.

6) 전체성과 연결성, 마음챙김

MBSR은 전체성과 연결성을 강조한다. 명상이 깊어지면, 내가 세상과 분리된 존재가

3장 명상의 현대적 응용

아니라 주변의 모든 것과 연결되어 더 큰 전체를 이룬다는 것을 깨닫게 된다. 나와 세상이 연결되어 있고, 세상과 내가 둘이 아니라는 체험으로 연결된다. 연결성과 전체성은 많은 영성 전통에서 다양한 방식으로 언급된다고 볼 수 있는데 불교의 '연기 불이(不二)' 사상도 이와 맥락이 닿는다.

우리 각자는 하나의 전체이면서도 서로 서로 연결되어 더 큰 전체의 부분이 된다. 우리 몸에는 100조개의 세포가 있다고 한다. 하나의 세포는 다시 수많은 하위요소로 이루어진다. 이렇듯 우리 몸만 해도 상상을 뛰어넘는 수의 독립적인 생명이 모여 있다. 원자가 모여 세포를 이루고, 세포가 모여서 신체 기관을 이루고, 각각의 기관들이 유기적으로 연결되어 서로 피드백을 주고받으며 몸의 생명을 유지한다. 그래서 우리 몸은 그 자체로 하나의 우주라고 한다. 우리 지구는 태양계에 속해 있고, 태양계가 모이면 은하계가 된다. 은하계가 1000억 개쯤 모이면 우주가 된다고 한다. 그 우주가 유일하지 않고 여러 개가 있어 Universe가 아니라 이제 Multiverse라는 말이 등장한다. 수없이 많은 우주가 있어서, 전체 우주의 크기는 우리가 상상할 수 있는 범위를 넘어선다. 우리와 같은 생명체나 또는 더 고등한 생명체가 그 우주 어딘가에 살고 있는지 알지 못한다. 끝없는 시공간의 교차 속에서 대부분의 사람들은 삶의 의미를 알지 못한 채 그저 하루하루를 살아간다. 자기 삶에 지나치게 몰입되어 살다보면 전체성과 연결이 끊어지고 그 결과 풍요롭고 행복한 삶에서 점점 멀어지게 된다.

마음챙김은 어떻게 하면 자기중심적인 좁은 관점에서 빠져 나와서 더 넓은 관점으로 살 수 있을지에 관한 것이다. 어떻게 하면 실재를 있는 그대로 볼 수 있을까? 어떻게 하면 후회 없이 제대로 잘 살 수 있을까? 마음챙김은 이러한 실존적 물음에도 큰 도움이 될 수 있다. 마음챙김은 우리가 단순히 이완하고 집중하는데 그치지 않고 보다 넓은 관점으로 세상을 있는 그대로 바라보고, 더욱 풍부하게 열려서 진정으로 행복한 삶을 살도록 힘을 부여한다.

4. 마음챙김을 왜 해야 하는가?

1) 마음챙김과 삶의 질서

마음챙김을 왜 해야 하는가? 마음챙김이 없을 때 어떤 일이 일어날까? 마음챙김이 없으면 내면의 질서가 없는 상태가 된다. 판단하지 않고 지금 여기에 주의를 기울일 때, 과거나 미래로 떠다니며 자동적으로 반응하던 마음이 지금 여기로 돌아오게 된다. 몸과 마음이 지금 여기에서 연결되고 소통하면서 내면의 질서가 증가한다. 결과적으로 몸과 마음이 편안해지고, 집중력이 높아지고, 명료함을 느끼게 된다. 초점이 흐릿한 사진을 좋은 사진이라고 할 수 없듯이, 우리 삶도 초점이 안 맞고 분산되어 있으면 힘을 발휘할 수 없다. 마음챙김으로 마음이 깨어있고 질서가 생길 때, 삶은 힘을 되찾는다. 깨어있음은 건강은 물론이고, 생산적인 삶의 기초이다. 마음챙김은 내면의 혼란이나 분노와 같은 부정적인 요소들을 조절하고 정화해서, 정신적으로 최적의 상태에 있게 한다. 이렇듯 마음챙김은 몸과 마음이 최적의 상태를 유지하는 데 도움을 준다. 뇌의 신경 회로망이 새롭게 형성되면서 정서적인 안정과 균형이 자리 잡고, 몸이 이완되고 면역력이 강해지면서 신체 또한 건강해진다.

2) 마음챙김과 삶의 숨겨진 차원

우리 인생은 목표에만 정신이 팔리거나 중요하지 않은 일에 얽매여, 순간순간 다가오는 삶의 귀중한 순간들을 놓치는 수가 허다한 것 같다. 지금 이 순간은 항상 처음이며 아주 귀한 순간이다. 우리에게 기쁨을 주는 그 순간은 우리의 배우자와 함께하는 시간일 수도 있고, 당연하게 여겼던 주변의 어떤 것을 새로이 발견하는 순간일 수도 있다. 마음이 어느 순간 활짝 열리고, 질서가 생길 때 우리는 전에는 보지 못했던 것들에 눈뜨게 된다. MBSR에서는 이를 숨어있는 삶의 차원이라고 이야기한다. 우리 앞에 가려져 있는 것이 너무나 많다. 평상시의 흩어진 마음으로는 그것들을 볼 수 없다. 마음챙김을 하면, 삶의 숨겨진 차원을 더 잘 경험하게 된다. 예를 들면, 늘 무심하게 지나치던 나뭇

잎이 어느 순간 이제껏 한 번도 느껴보지 못한 생생한 모습을 드러낸다. 나뭇잎이 이렇게 푸르고 선명한 줄, 햇살이 이렇게 따뜻한 줄 예전에는 전혀 경험하지 못하고 살아온 것이다. 마음챙김이 일상생활에서 실천되면, 마음에 여유공간이 커지고, 세상을 보는 눈이 선명해지면서 거친 마음에 가려진 세상이 보이기 시작한다. 그럴 때의 마음은 사물을 낯설게 보는 시인의 마음과 크게 다르지 않을 것이다. 마음챙김은 통찰력으로 숨겨진 삶의 차원을 보게 한다. 스무 살 때 안 보이던 것이 서른이 되어 보이기 시작하고, 서른에 안 보이던 것이 마흔이 되니 보이고, 오십이 되어서 보이고…이렇게 삶의 경험이 무르익으면서 전에 보이지 않았던 숨겨진 차원이 더욱 잘 드러나기 때문에 우리 삶이 더욱 풍요롭고 원숙해 진다고 할 수 있다.

3) 주의력이 실재를 만든다.

주의를 어떻게 기울이느냐에 따라서 실재가 만들어진다. 양자 물리학에서 빛을 이야기할 때, 빛이 입자인지 파동인지가 미리 결정되어 있는 것이 아니고, 관찰자의 개입에 따라 입자냐 파동이냐가 결정된다고 한다. 관찰자에 따라 실재가 변한다는 것이다. 이것을 우리의 주의력과 연관해서 이해할 수 있다. 우리는 각자 자신의 살아온 역사를 가지고 있다. 우리 안에 과거가 있다. 중요한 것은 '나는 이렇게 살아왔기 때문에 앞으로도 이렇게만 살아야 해'가 아니라, 지금 이 순간 주의력을 어떻게 기울이느냐, 이 순간을 어떻게 만나느냐에 따라서 현재가 만들어지고, 미래의 역사를 새로 쓸 수 있다는 것이다. 과거를 극복하면 새로운 나, 새로운 삶을 개척할 수 있다. 마음챙김은 그런 면에서 창의적이고 강력한 힘을 발휘한다. 마음챙김은 단지 고요함에서 끝나는 것이 아니라 삶의 주인이 되어 자신의 역사를 다시 쓰기 위한 열쇠와 같은 것이다.

4) 주의력과 성공

성공을 최고의 가치로 알고 살아가는 현대인들은 명상이 성공에 도움이 되지 않는다고 생각할 수 있다. 성공이란 바라는 것이 이루어진 결과다. 결과가 있으려면 행동을 해야 한다. 이러한 행동은 어디서 나오는 것일까? 바로 우리의 선택에서 나온다. 모든 것을 다 할 수는 없기 때문에, 바람직한 결과가 나올 수 있는 행동을 선택해야 한다. 이 선택을 할 수 있는 힘은 주의력에서 나온다. 무엇을 하느냐, 어디를 가느냐 하는 것들이 지금 내가 주의를 어디에 기울이는지, 주의를 기울이는 대상이 무엇인지에 따라 달라진다. 예를 들어 도둑은 어떻게 하면 남의 물건을 훔칠까 하고 주의를 기울일 것이다. 그러면 삶은 부정적이고 남을 해치는 방향으로 흐를 수밖에 없다. 선한 사람은 어떻게 하면 자신과 남에게 유익한 삶을 살 수 있을까에 주의를 기울일 것이고, 그 결과 삶이 선순환의 흐름을 탈 가능성이 높아질 것이다. 마음챙김은 주의를 기울여 올바른 선택을 하도록 돕는다. 그 선택은 행동으로 이어져 바람직한 결과를 만들어내서 삶을 성공으로 이끌어 가는데 도움이 된다. 그냥 물질적인 성공만이 아닌 몸, 마음, 영성이 잘 조화된 진정한 성공, 행복은 우리의 주의력을 신하게 실 사용하는 것에 달려있다고 할 수 있다.

5) 마음챙김의 세 가지 유익함
(1) 몸이 편안해진다.
마음챙김은 이완을 목적으로 하지 않지만, 마음챙김을 잘하면 몸이 이완되고 편안해지는 부수적 효과도 있다.

(2) 집중력이 높아진다.
마음을 챙긴다는 것은 마음이 지금 내 몸과 마음에서 어떤 일이 일어나고 있는지 살피고 있는 상태다. 이렇게 마음을 챙기는 순간이 많아질수록 의식은 명료해지고, 집중력이 강해진다.

(3) 통찰력과 지혜가 생긴다.
몸이 이완이 되고, 편해지면서 마음도 집중력이 강해지고 산만하지 않으면서, 결과적으로는 통찰력, 지혜가 생긴다는 뜻이다. 이러한 유익함은 단순한 이완의 효과를 훨씬 넘어서는 것이다.

마음챙김에서 이완, 집중, 지혜가 자라날 수 있고, 그 결과 우리 삶은 훨씬 더 윤택해진다.

중요한 사실은 마음챙김이 우리의 경험을 바꾸는 것이 아니라, 매 순간의 경험을 보다 깊이 있게 해 준다는 것이다. 매 순간의 경험을 억압하거나 반응하는 대신 초연하게 수용함으로써 치우침 없이 보다 명료하게 알게 해 주는 것이다. 마음챙김은 우리가 상황을 있는 그대로 보고 경험하도록 도와준다. 마음챙김이 없을 때는 현재 경험에 습관적으로 반응하거나 자기 식으로 잘못 해석하기 쉬우며, 자신이 그렇게 하고 있다는 것조차 알아차리기 어렵다. 마치 어둠 속에서 모든 것이 흐릿하게 보이다가 불이 켜지는 순간 분명하게 보이는 것처럼, 마음챙김은 현재 경험에 순수한 자각의 빛을 비추어 우리를 더욱 깨어있게 한다.

마음챙김은 아무리 해도 지치거나 몸과 마음에 무리가 가지 않는다. 집중은 지나치게 하면 무리가 되거나 부작용이 나타날 수 있다. 예를 들어 운전하는 사람이 전방에 너무 집중하면 오히려 사고의 위험이 커질 수 있다. 마음챙김은 오히려 전후좌우 전체를 자연스럽게 골고루 알고 있는 것에 비유할 수 있다. 집중만으로는 일상생활을 자연스럽게 이어나가기 어렵다. 순간순간 일어나는 일들을 집중하지 않고, "단지 알고 있는" 마음챙김이 일상생활에서 커다란 도움이 된다는 것은 마음챙김을 수련해 본 사람들의 공통적인 경험이다. 마음챙김은 하루 종일 해도 대상을 있는 그대로 수용하는 것이기에 몸과 마음이 더욱 가벼워지고 명료해진다. 마음챙김은 스트레스로 가득한 우리 삶에서 균형과 질서를 되찾아주는 최선의 수련법이라 할 수 있다.

5. MBSR 임상효과 연구

마음챙김이 불안, 공황 장애, 우울은 물론 스트레스 및 스트레스 관련 질환들을 완화 또는 치료하는 데 효과적이라는 연구결과가 많이 보고되어 있다. 또 환자들이 만성 통증에 더 잘 대처하게 하고, 암 환자와 다발성경화증 환자들의 삶의 질을 높이며, 우울증 재발 방지에 매우 효과적인 것으로 보고되고 있다.

최근 명상의 효과에 대한 연구는 뇌과학에서 신경가소성 혁명에 힘입어 폭발적인 증가를 보이고 있다. 즉 뇌는 성인이 되면 발달이 중지되는 것이 아니고, 경험을 통해 변화할 수 있다는 것이다. 우리가 행동하는 방식에 따라, 그리고 단순히 정신적 활동만으로도 특정 뇌회로의 활동이 증가하기도 하고 감소하기도 하면서 뇌가 변한다는 사실이다. 세계적인 신경과학 전문가들이 발표한 논문 몇 가지를 알게 쉽게 소개해 본다.

리차드 데이비슨 박사는 마음챙김이 뇌의 구조에 미치는 영향을 연구하였다. 연구 대상은 병원 환자가 아닌 일반인들로, 건강하지만 스트레스를 느끼는 생명공학 회사 직원들이었으며, 8주간의 MBSR 프로그램에 참여하였다. 연구 결과, 뇌가 스트레스나 부정적인 감정을 처리하는데 마음챙김이 긍정적인 영향을 주는 것으로 나타났다. MBSR 프로그램에 참여한 사람들은 그렇지 않은 사람들과 비교할 때, 불안증이 12퍼센트 감소했다. 그리고 왼쪽 전두엽이 MBSR을 하기 전과 비교할 때, 3배나 더 활성화되었다. 행복감, 기쁨, 에너지, 명료함과 같은 긍정적 정서를 경험할 때 왼쪽 전두엽이 활성화되며, 두려움이나 슬픔 같은 고통스러운 감정을 느낄 때는 오른쪽 전두엽이 활성화된다. 이는 긍정적인 마음상태가 증가한 것으로 해석된다. MBSR을 하지 않은 집단은 오히려 불안 수준이 높아졌고, 왼쪽 전두엽의 활성화 수준이 감소했다. 더 놀라운 것은 8주간의 마음챙김 훈련이 끝나는 시점에 참여자들은 독감 백신을 맞았는데, 마음챙김 훈련을 한 사람은 그렇지 않은 사람에 비해 항체가 더 많이 형성되었다는 사실이다. 그리고 앞서 언급한 왼쪽 전두엽의 활성화가 클수록, 형성된 항체의 수가 더 많았다. 즉, 뇌의 변화 정도가 클수록 면역 기능도 활발했다. 이 결과는 마음챙김이 뇌의 구조에 영향을 미칠 수 있으며, 그로 인해 면역계 또한 강화될 수 있음을 말해준다.

이 실험연구는 MBSR 프로그램에서 마음챙김 수련이 참여자의 전두엽이 강한 부정적 경험을 편도체에 그대로 전달하지 않고, 더욱 긍정적이고 덜 반응적인 방식으로 마

3장 명상의 현대적 응용

음의 회로를 변화시킨다는 것을 보여주는 획기적인 논문이다. 이러한 신경 회로의 변화에 따라, 마음은 더 이상 스트레스나 부정적인 생각이나 정서에 파괴적으로 반응하지 않고, 보다 새롭고 건강한 방식으로 작용하게 된다. 즉, 마음에 새로운 신경망, 새로운 길이 난다는 것이다.

토론토 대학에서 진행한 연구에서는 마음챙김 훈련을 받은 사람은 현재 순간을 직접 경험하는 것과 관련된 뇌의 연결망이 활성화된다고 나타났다. 이 연결망이 활성화되면 마음은 현재 순간을 있는 그대로 경험하며, 안정감과 행복감을 느낀다고 한다. 마음챙김 훈련을 받지 않은 사람은 자신의 경험을 평가하고 해석하는 '이야기'를 만들어내는 것과 관계되는 연결망이 더 크게 활성화되었다. 이 두 번째 연결망이 활성화되면 마음은 경험에 대한 '이야기'에 빠져들어 현재에 있지 못하고, 과거나 미래로 방황한다. 또한 자신을 주인공으로 한 '이야기'를 만들어 내고, 이것을 절대적인 진실로 믿기도 한다. 그러면 '이야기'가 정해놓은 틀 안에 자신을 가두게 되고, 있는 그대로의 실재를 잘못 해석하기 쉽다. 이런 연구 결과가 보여주는 것은 마음챙김이 현재 순간을 있는 그대로 경험하는 데 영향을 미치며, 경험에 관한 그릇된 '이야기'를 만들어 자신을 제한하는 정신적 습관에 변화를 가져올 수 있다는 것이다.

이 밖에도 마음챙김 훈련이 뇌의 변연계에 위치한 편도체 부위의 변화를 가져온다는 연구 결과가 있다. 편도체는 불안과 공포 등 부정적인 감정 반응을 주관하는데, 이 부위가 과도하게 활성화되면, 자주 불안하고 걱정이 많은 스트레스 상태에 놓이게 된다. 마음챙김은 편도체를 안정화시켜 몸과 마음이 최적의 상태를 유지하는 데에 도움을 줄 수 있다. 또한 마음챙김 훈련을 한 사람들은 학습과 기억을 관장하는 뇌의 해마 부위가 더 두껍게 변화되었다.

또 MBSR 수련이 주의력과 관련된 신경회로를 긍정적으로 변화시킨다는 연구도 있다. 매사추세츠 대학과 하버드 공대의 과학자들이 한 MBSR 실험 연구에서 참가자들의 체감각피질에서 알파파의 증가가 나타났는데, 이는 뇌가 배경 잡음을 감소시켜 주고, 개인이 선택한 정보를 더욱 집중하도록 도와준다는 의미이다.

마지막으로, 매사추세츠 병원에서 피부 질환인 건선을 앓고 있는 환자를 대상으로 한 실험이 있다. 건선은 환자에게 신체적, 심리적으로 큰 괴로움을 주는 질환으로 이를 치료하는 데는 광선요법을 사용한다. 이 실험에서는 건선 환자들을 무작위로 두 집단으로 나누어서, 한 집단은 치료를 받으면서 마음챙김 명상 테이프를 듣게 하고, 다른 집단은 마음챙김 훈련 없이 광선 치료만 받게 했다. 실험 결과, 명상을 한 환자들이 그렇지 않은 환자들에 비해 거의 네 배 빠른 속도로 피부가 치료된다는 사실이 확인되었다. 이 연구는 첫째로 통합의학의 실례라고 할 수 있다. 즉, 기존의 의료적 치료에 명상과 같은 심신 개입을 통합할 때, 마음이 치유 과정에 영향을 미칠 수 있음을 말해 준다. 둘째로, 이는 참여의학의 좋은 예가 될 수 있다. 즉, 환자의 의도와 적극적인 참여가 치유 과정에서 중요할 수 있다는 가능성을 제시한다. 이 연구의 피실험자들은 집에서 명상 테이프를 듣거나, 다른 공식 명상을 수련하지 않았다. 이 사실은 마음챙김 수련 시간이 짧더라도 알맞은 조건이 갖추어지면 몸과 마음의 치유에 긍정적인 영향을 미칠 수 있음을 의미한다.

앞으로 명상이 어떤 방식으로 전파될 것인지 예측하기는 어렵지만, 현재이 상황을 보면, 과거처럼 종교나 신앙의 형태로 전해지는 방식도 유지될 것이고, 미국을 중심으로 서구에서 이루어지는 것처럼, 종교와 관계없이 누구나 쉽게 배울 수 있는 하나의 마음 훈련, 정신훈련의 형태로 전파되기도 할 것이다. 마음챙김 명상이 궁극적으로 인류문명 전체에 어떤 영향을 가져오게 될지는 아무도 모르지만, 현재 불고 있는 마음챙김 열풍이 일시적 유행이 아닌 것만은 분명한 것 같다.

6. MBSR 프로그램 개괄

MBSR은 참여자가 마음챙김 훈련을 통해 스스로 스트레스를 다스리는 힘을 회복하는 자각 치유 프로그램이다. MBSR에서는 마음챙김이 특정 전통이나 종교에 관계없이

3장 명상의 현대적 응용

보편적이라고 설명한다. 물론 불교 전통에서 마음챙김이 가장 체계적으로 발달해 온 것은 사실이나 마음챙김은 주의를 기울여 알아차리는 우리 마음의 특성이기에 특정 전통이나 종교와 관계없이 누구나 배워서 능숙하게 할 수 있다는 것이다. 마치 근육 운동을 꾸준히 하면 누구나 튼튼한 근육이 생기는 원리처럼.

MBSR 프로그램의 기원은 1979년 미국 매사추세츠 주립대학 병원으로 거슬러 올라간다. MBSR의 창시자인 존 카밧진 박사는 오랫동안 마음챙김 명상을 수련하면서, 마음챙김이 몸과 마음의 질병을 치료하고, 학습과 성장의 가능성을 열어준다는 것을 깨닫게 되었다. 그렇지만 그 당시에는 종교가 달라서, 또 너무 어렵다는 이유로 마음챙김 명상의 유익함을 누리지 못하는 사람들이 대부분이었다. 그래서 카밧진 박사는 종교에 관계없이, 누구나 쉽고 체계적으로 마음챙김을 배워서 자신을 돌보고 성장할 수 있도록 MBSR 프로그램을 시작하게 된다.

MBSR에는 두 가지 인식론이 녹아들어 있다. 하나는 명상 전통에서 전해지는 우주의 이치와 원리인 다르마(dharma)이고 다른 하나는 과학으로, 심신의학 또는 스트레스 의학이다. MBSR은 전통적인 마음챙김 명상의 핵심을 그대로 담고 있으면서도 현대 사회의 맥락에 알맞게 마음챙김 명상을 응용한 것이다. 서구 사회를 중심으로 현대 의학의 틀 안에서 보완의학, 행동의학의 한 영역으로서 자리 잡은 MBSR은 가장 널리 알려진 의료명상 프로그램으로 인정받고 있다. MBSR은 Time, Newsweek지, ABC, NBC 등 유수 언론을 통해 소개되면서 효과적인 심신 이완 및 스트레스 감소 프로그램으로 인정받고 있다. 미국 PBS 방송 "빌 모이어스(Bill Moyers)의 치유와 마음(Healing and the Mind)" 특집에도 자세하게 보도되었고, 국내에서는 2006년에 KBS 특집 다큐멘터리 '마음'과 2011년 대장경 천년 특집 다르마 제 2부 치유 편에 자세히 소개되었다.

MBSR은 마음챙김에 근거한 치료법 중에서 가장 긴 역사와 가장 많은 임상 연구 결과를 자랑하는 의료명상 교육 프로그램이다(Baer, 2006; Shapiro & Carlson, 2009). MBSR은 마음챙김을 단순한 스트레스 감소 기법이 아닌, 존재의 길(a way of being)로 제시하며, 치료적인 접근을 하지 않지만, 상당히 치료적인 효과를 가져온다고 알려져 있다. 지난 38년간 수많은 과학적 연구를 통해 그 효과가 검증되면서(Kabat-Zinn, 1982; Baer, 2006), 성장, 치유, 변화, 학습의 가능성을 최적화해 주는 대표적인 심신건강교육 프로그램으로 자리 잡았다. MBSR이 만성통증(Kabat-Zinn, 1982), 불안(Miller, Flecher, &Kabat-Zinn, 1995), 우울(Teasdale 등, 2000), 범불안장애 및 공황장애(Kabat-Zinn 등, 1992), 수면 장애(Shapiro 등, 2003), 유방암 및 전립선암(Carlson 등, 2003), 건선(Kabat-Zinn 등, 1998), 암(Speca 등, 2000), 외상(Urbanowski & Miller, 1996), 섭식장애(Kristeller & Hallett, 1999), 중독(Marcus 등, 2003), 면역강화(Davidson 등, 2003) 등의 다양한 신체적, 정신적 증상의 완화 또는 치료에 효과가 있다고 보고되어 있으며, 최근에는 자살, 조현병에 이르기 까지 그 임상 영역이 확대되고 있다.

MBSR 프로그램은 심리치료 분야에도 커다란 영향을 미쳐 우울증환자의 재발방지에 효과적인 임상결과를 갖고 있는 마음챙김에 근거한 인지치료(MBCT), 노인돌봄(MBEC), 관계증진(MBRE), 중독 재발 방지(MBRP), 섭식 장애(MB-EAT) 및 외상 후 증후군(MBTT) 치료 등 다양한 치료법이 등장하고 있다.

마음챙김은 통합의학의 중심개념으로 미국에서는 10여 년 전부터 하버드, 듀크, 스탠포드, 아리조나대, 미네소타대, 죠지타운대, 제퍼슨 의과대학 등 수십 개의 의과대학 등에서 주목을 받고 있다. 국내에서는 2009년 5월 국립암센터와 보건복지부 주최로 열린 중간공청회(암 환자 삶의 질 향상을 위한 디스트레스 관리권고안 개발 공청회)에서 비약물개입 관리권고에서 MBSR프로그램이 성인 암환자의 우울, 불안 등 다양한 항목에서 최고의 평가를 받은 것으로 알려져 있다.

MBSR은 마음챙김 명상을 처음 배우는 사람도 어렵지 않게 따라갈 수 있도록 체계적인 교과 과정을 갖추고 있다. 1회기부터 8회기까지 마음챙김 수련, 대화와 탐구를 통한 나누기가 교과 과정의 근간이다. 강의식으로 지식을 전달하기 보다는 참여자가 마음챙김을 직접 수련하면서 실제로 느끼고 깨닫도록 한다. MBSR 프로그램의 각 회기의 주제와 내용은 다음과 같다.

3장 명상의 현대적 응용

회기	주제 및 내용
1회기	주제 : 내적인 자원의 재인식 내용 : 오리엔테이션, 건포도명상, 바디스캔, 호흡 알아차림
2회기	주제 : 지각과 창조적 대응하기: 보는 방식과 반응방식 내용 : 바디스캔, 앉기 명상 (호흡 알아차림)
3회기	주제 : 현존하는 기쁨과 힘 내용 : 마음챙김 요가, 앉기 명상(전신 감각), 유쾌한 일 알아차리기
4회기	주제 : 조건화와 지각이 우리 경험을 어떻게 조형하는가 내용 : 마음챙김 걷기, 앉기 명상(소리), 불쾌한 일 알아차리기
5회기	주제 : 고통을 피하고자 하는 조건화된 경향 알아차리고 선택적 반응하기 내용 : 앉기 명상(생각, 감정), 스트레스 반응과 마음챙김 자율반응
6회기	주제 : 스트레스성 의사소통, 특히 급성 또는 만성 스트레스 상황 하의 관계 속에서 알아차리고 균형 잡기 내용 : 선택없는 알아차림, 통찰대화
집중수련 All Day Intensive	마음챙김 수련 강화 마음챙김 명상 총 복습, 산 명상, 자애명상, 쾌속보행
7회기	주제 : 마음챙김 수련을 일상생활에 통합하기 내용 : 대인관계 의사소통과 일상 속의 관대함
8회기	주제 : 지난 7주간 배운 마음챙김 수련과 관성력 지속하기 내용 : 장/단기 실행 목표 설정, 8주 자기 피드백

7. 나오기

지금까지 한국명상지도자 협회에서 한 필자의 강의 녹취록을 중심으로 서구사회에서 일어나고 있는 마음챙김 열풍을 MBSR 맥락에서 살펴보았다. 마음챙김은 본래 오랜 역사를 지닌 불교 전통의 값진 유산이다. 마음챙김이 현대 서구 사회에 전파되면서, 새로운 모습으로 주류사회에 변화를 가져오는 커다란 원동력이 되고 있다. 종교적인 맥락을

서구 사회의 마음챙김 혁명과 MBSR

넘어서 의료, 교육, 산업, 예술, 스포츠 등 다양한 영역에까지 마음챙김 전통의 영향력이 흘러가고 있는 것이다. 마음챙김의 전통을 잘 살리면서도, 새로운 시대적 요구에 맞추어 마음챙김을 유익한 방식으로 다양하게 활용하는 노력이 절실하게 요구된다. 과거 출가수행 중심의 마음챙김 전통을 일상생활 속으로 가져와 개인이 자신의 삶을 더욱 밝고 풍요롭게 살수있도록 도와주는 MBSR은 진정한 의미에서는 단순한 프로그램을 넘어서 조직과 사회전체의 의식수준을 높여주는 사회운동이라 할 수 있다. 국내의 다양한 명상 전통과 서구에서 새로 들어온 MBSR 같은 프로그램들이 잘 교류하여 개인과 사회에 더욱 유익할 수 있는 새로운 전통이 개화되기를 기대해 본다.

알기쉬운 **명상입문**

초판 1쇄 인쇄 | 2019년 3월 25일
초판 1쇄 발행 | 2019년 3월 30일
초판 2쇄 발행 | 2021년 3월 31일

펴낸이 | 한국명상지도자협회
펴낸곳 | 도서출판 한길
출판등록 | 1997년 8월 4일 제7호
주소 | (472-831) 경기도 남양주시 진건면 송릉2리 304
전화 | 031-574-5585
전송 | 031-547-0808
홈페이지 | www.bonginsa.net

한국명상지도자협회
홈페이지 | www.kamto.net
전자우편 | kamto2016@daum.net

* 이책의 전부 또는 일부를 사용하려면 반드시 저작권자와 한국지도자협회 모두의 동의를 받아야 합니다.
* 책값은 표지 뒷면에 표시되어 있습니다.